Steve Saint

DIE SPITZE DES SPEERS

Steve Saint

Die Spitze des Speers

Eine wahre Geschichte

francke

Über den Autor:
Steve Saint wurde in Ecuador geboren, wo er seine Kindheit verlebte. Zum Studium zog er in die USA. Auch als erfolgreicher Geschäftsmann unternahm er regelmäßig Missionseinsätze. 1994 zog er mit seiner Frau Ginny und den vier Kindern in den Urwald. Heute lebt er in Florida.

Bibliografische Information Der Deutschen Bibliothek
Die Deutsche Bibliothek verzeichnet diese Publikation in der Deutschen Nationalbibliografie; detaillierte bibliografische Daten sind im Internet über http://dnb.ddb.de abrufbar.

ISBN 978-3-86827-108-9

End of the Spear, German

Deutsch von Andrea Wegener

Satz: Verlag der Francke-Buchhandlung GmbH
Druck: Bercker Graphischer Betrieb, Kevelaer

www.francke-buch.de

Inhaltsverzeichnis

Die Spitze des Speers

Wenn man mein Leben als Fallschirm-Show darstellen wollte, wüsste ich genau, welche Formation es am besten charakterisieren würde: Zwei Fallschirmspringer, die im Abstand von vielleicht 400 Metern nebeneinander herfliegen, auf ein Zeichen hin gleichzeitig losspringen und in der Luft aufeinandertreffen. Sobald sie einander festhalten, öffnet sich ein großer Fallschirm und sie gleiten zufrieden zusammen zu Boden.

Na und?, denken Sie jetzt wahrscheinlich. Was ist denn schon dabei? Aber ich habe in meiner Beschreibung eine Kleinigkeit vergessen: Die Fallschirmspringer haben zusammen nur einen einzigen Schirm. Wenn irgendetwas schiefgeht und sie sich in der Luft nicht treffen, stürzt einer von ihnen ab.

Wenn Sie das so lesen, gehen Ihnen vermutlich zwei Fragen durch den Kopf. Erstens: Warum springen die beiden überhaupt mit nur einem Fallschirm? Und zweitens: Was hat das alles in der Einleitung zu diesem Buch zu suchen? Die zweite Frage kann ich beantworten.

Der Springer ohne Fallschirm bin ich. Ich wusste genau, wo es hinging. Mein Leben verlief in einer irren Geschwindigkeit und war unbestreitbar aufregend. Aber es konnte so nicht besonders lange weitergehen. Und dann, am entscheidenden Punkt meines Falls, traf ich auf eine Kollegin, die vorschlug, dass wir unsere beiden Solo-Sprünge zu einem richtig guten Partner-Sprung verbinden sollten. Naja – eigentlich stammte dieser Vorschlag von mir, aber sie hatte auch schon darüber nachgedacht.

Ich widme dieses Buch meiner besten und längsten Freundin, ohne die mein Part in dieser Geschichte ganz anders ausgesehen hätte – vermutlich kürzer und es hätte nicht halb so viel Spaß gemacht.

Ich habe Virginia Lynn Olson im Jahre 1973 kennengelernt. Schon nach nur drei Monaten war mir klar, dass ich ohne sie nicht lange würde weiterleben können. Daraufhin dauerte es doch noch ein bisschen länger, Ginny und ihre Familie zu überzeugen, dass sie ihre Arbeit aufgeben und mit mir nach Ecuador zurückgehen sollte. Und dann brauchten wir weitere drei Monate, bis wir unsere beiden Familien davon überzeugt hatten, dass dieser Partner-Fallschirmflug besser war als unsere beiden Solo-Flüge. Nicht alle unsere Verwandten fanden, dass ein halbes Jahr als Probezeit ausreichte, aber nach zweiunddreißig glücklichen Jahren haben wir, glaube ich, auch die größten Skeptiker fast überzeugt.

Weil ich meine Lebensgeschichte nur einmal schreiben kann, möchte ich dieses Buch gerne auch einer Schar von kleinen Fallschirmspringern widmen, die sich unserem Flug in den letzten Jahren angeschlossen haben – und der ganzen Reihe von Springerchen, die Ginny und ich in den nächsten Jahren gerne auch noch in unsere Formation einarbeiten möchten.

Unseren bislang acht wunderbaren Enkeln, von denen ein kleiner Junge noch auf seine Geburt wartet, und all denen, die bisher nur ein kleines, verschwörerisches Zwinkern in den Augen unserer Kinder sind: Dieses Buch ist auch für euch geschrieben. Es ist das Vorwort zu eurer Geschichte.

Vorwort – Reiseführer im Amazonasgebiet

Als ich die billige Herberge in Quito betrat, merkte ich sofort, dass diese Studenten, die ich durch den Dschungel des Amazonas führen sollte, keine Ahnung hatten, auf was für ein Abenteuer sie sich da einließen. Sie ließen sich unbekümmert in Sesseln und auf Stühlen nieder, die in der Herberge herumstanden, und mir war klar, dass sie keine Vorstellung von den Gefahren und Risiken ihres Unternehmens hatten.

Ein Dozent der Universität Washington hatte mich gebeten, eine Gruppe Collegestudenten in das Gebiet des berüchtigten Waodani-Stammes zu führen. Die US-Botschaft hatte ihm erklärt, dass die Gefahr, von kolumbianischen Terroristen entführt zu werden, in den nördlichen Dschungelgebieten von Ecuador zu hoch war, als dass er mit seinen Studenten dort hineingehen könnte. Er hatte irgendwie mitbekommen, dass ich weiter im Süden, in einer abgelegenen Gegend im Stamm der Waodani lebte. Selbst kolumbianische Terroristen wagten es nicht, in das Gebiet dieses Stammes vorzudringen – und das nicht nur, weil es so abgelegen war, sondern auch wegen der berüchtigten Vergangenheit der Waodani.

Für mich gab es nur einen Grund, Besucher tief in den Regenwald hineinzuführen, und zwar meinen Wunsch, den Waodani beim Aufbau ihrer eigenen Wirtschaft zu helfen, was dringend nötig war. Diese Gruppe hier war ausgesprochen groß: mehr als dreißig Studenten, außerdem der Leiter und eine ganze Reihe Assistenten. Damit sie ihr Budget nicht überschritten und trotzdem noch genug für die Waodani übrig blieb, hatten wir beschlossen, die Kosten für den Flug in den Dschungel zu sparen. Die Studenten würden einige Tage auf steilen, schlammigen Wegen unterwegs sein, sie würden Flüsse durchwaten und den Kampf mit der einzigartigen Flora und Fauna aufnehmen müssen, die den Amazonas gerade auch für Neulinge so faszinierend machen.

Gerne hätte ich diesen Auftrag abgelehnt, da ich diese Gruppe überhaupt nicht kannte. Bei anderen Gruppen, die ich in den Dschungel geführt hatte, waren mir wenigstens die Leiter oder einzelne Teilnehmer bekannt gewesen. Ich wusste, dass sie sich an die Regeln halten würden, die die Waodani und ich für solche Touren aufgestellt hatten. Aber die Entscheidung lag bei den Waodani. Ich war immer wieder überrascht, mit welcher Begeisterung sie diese *cowodi*, diese Ausländer, aufnahmen und sie so viel wie möglich über das Leben im Dschungel lehrten.

Wir stiegen in den Bus, der uns eine Tagesreise weit zum Rand des riesigen Amazonasdschungels bringen sollte, und ich spürte, dass ich mir die Achtung dieser Gruppe erst würde verdienen müssen. Sie waren nicht direkt respektlos, aber zwischen uns schien eine unsichtbare Wand zu bestehen. Verglichen mit dem Leben im Amazonasgebiet ist Nordamerika unwahrscheinlich schnelllebig. Die Mode ändert sich ständig, und auch was als politisch korrekt gilt, wird ständig neu definiert. Zu der Zeit mussten zwei Gruppen von Menschen sich gefallen lassen, dass allerorts über sie geschimpft wurde: Missionare und Ölgesellschaften.

Diese Gruppe hatte keine Ahnung davon, dass ich einmal in der Öl- und Gasbranche gearbeitet hatte. Somit konnten ihre Vorbehalte nicht daher stammen. Aber sie hatten vielleicht gehört, dass meine Eltern Missionare waren, was natürlich erklärte, warum mir das Amazonasgebiet so vertraut war und ich ihnen so als Guide zur Verfügung stand. Wenn meine Eltern Missionare waren, so dachten die Studenten, war ich wahrscheinlich auch einer. Aber sie lagen falsch. Ich war nicht von Nordamerikanern in das Amazonasgebiet geschickt worden, um den Menschen dort zu helfen. Ich bin hier geboren. Obwohl ich äußerlich wie ein Nordamerikaner wirkte, war ich im Denken und Fühlen doch mehr Lateinamerikaner. Und mein Pass bewies, dass ich genauso ecuadorianisch war wie der Staatspräsident.

Wir verbrachten einen weiteren Tag damit, die Gruppe mit der nötigen Ausrüstung auszustatten, Vorräte zu kaufen und das, was sie an persönlichen Gegenständen mitnehmen wollten, auf einen Bruchteil des ursprünglich Geplanten zu reduzieren. Dann waren wir so gut vorbereitet, wie man es eben sein kann, wenn man die Welt der Straßen, Geschäfte, Krankenhäuser und Fernseher, der öffentlichen Verkehrsmittel, Restaurants und der englischen – oder jeder anderen weit verbreiteten Sprache – hinter sich lässt.

An diesem ersten Tag ging ich nicht mit der Gruppe in den Dschungel, sondern übergab sie drei Freunden aus dem Stamm. Stattdessen fungierte ich als Pilot: Während die Studenten sich, immer auf der Hut vor Riesenanacondas, Giftschlangen und Taranteln, über die schlammigen Wege quälten, wollte ich ihre Sachen und die Vorräte zum letzten Dorf der Quechua fliegen, hinter dem das Stammesgebiet der Waondani lag.

Der Marsch nach Pitacocha nahm normalerweise ungefähr sechs Stunden in Anspruch. Die Quechuas und Waodani konnten diese Strecke in vier Stunden bewältigen, selbst wenn sie schwere Lasten trugen. Ich hatte die Studenten um sieben Uhr morgens an der Straße abgesetzt und rechnete damit, dass sie mittags zwischen zwölf und eins in Pitacocha ankommen würden. Zu der Zeit war ich gerade damit beschäftigt, den Darm eines kleinen Jungen wieder in sein Körperinneres zu stopfen, nachdem sich fast fünf Zentimeter nach einer langwierigen, schweren Durchfallerkrankung nach außen gestülpt hatten.

Inzwischen war es schon früher Nachmittag. Ein wolkenbruchartiger Regen überschwemmte diesen Teil des Dschungels derart, dass das Wasser selbst auf der Rollbahn knöchelhoch stand. Eine Stunde später begann die Sonne hinter dem Gebirge zu verschwinden, welches sich gut hundert Kilometer westlich von uns auftürmte. Mittlerweile machte ich mir große Sorgen und flog in meinem kleinen Buschflugzeug los, um nachzuschauen, was aus dreiunddreißig Gringos und ihren drei Waodani-Führern geworden war.

Der Dschungel war viel zu dicht, als dass man vom Flugzeug aus irgendetwas hätte sehen können. Weil ich bis zum Tagesanbruch nichts weiter tun konnte, landete ich wieder und beschloss, mich in meiner Hängematte schlafen zu legen. Gegen zehn wurde ich von merkwürdigen Geräuschen geweckt; was ich sah, erinnerte an eine Armee überdimensionaler Glühwürmchen. Die Gruppe war nicht vom Weg abgekommen; sie hatte einfach nur fünfzehn Stunden für eine Vier-Stunden-Wanderung gebraucht. Zum Glück hatte Doug, der Leiter, genug gesunden Menschenverstand, dass er die Gruppe zusammenhielt. Sie waren also so langsam gewesen wie der langsamste Teilnehmer – aber immerhin waren sie angekommen.

Am nächsten Morgen flog ich sie jeweils zu zweit von Pitacocha nach Caenawaeno, dem ersten Dorf des Waodanigebiets. Die Studenten waren vom Vortag so erschöpft, dass sie mir förmlich aus der Hand fraßen. Die einzige Schwierigkeit bestand nun darin, jeweils einen schwereren Teilnehmer so clever mit einem leichteren zu kombinieren, dass das Flugzeug überhaupt von der Piste abheben konnte. Die Piste endete mit einem kleinen Grasbuckel, hinter dem gut hundert Meter Gestrüpp und Unterholz lagen, gefolgt von einem sechzig Meter steilen Abhang. Ich nutzte den Buckel, um hoch genug zu kommen, dass ich über die Klippen hinwegkam, dort ließ ich das Flugzeug dann absacken, um mehr Geschwindigkeit zu gewinnen. Für die Ausländer war alles in dieser Welt so ungewohnt, dass die meisten mein nicht ganz ungefährliches Manöver nicht einmal zu bemerken schienen.

In Caenawaeno wartete schon eine Abordnung von Waodani mit Kanus, die aus ausgehöhlten Baumstämmen bestanden. Sowohl die Gruppe als auch alle Vorräte wurden den Ewengunofluss (auf Landkarten wird er als Curaray bezeichnet) hinuntergeschifft bis zu einer einfachen Unterkunft im Stil eines Waodanidorfs. Diese Unterkunft hatten die Waodani extra für die Gruppe gebaut. Bis wir beim „Waaponi-Lager", zu Deutsch „Es-gefällt-mir-Lager" angekommen waren, hatten all diese komplizierten Intellektuellen aus einer anderen Welt sichtlich Respekt vor diesem unberührten Paradies. Sie hatten Achtung vor den Waodani gewonnen, die sie geduldig und ohne die geringste Überheblichkeit versorgten, beschützten und im Land ihrer Vorfahren willkommen hießen – und das alles, ohne sich auch nur mit einem Halbsatz verständigen zu können.

Ich hatte die Vorräte, die trocken bleiben sollten, von Caenawaeno aus zu einem kleinen Dorf geflogen, das rund eine Dreiviertelstunde weiter flussabwärts lag, denn dort lebte ich mit einigen der Waodani. Später am Nachmittag ging ich noch einmal zum Lager der Gruppe, um sicherzustellen, dass alle Hängematten richtig in dem strohgedeckten Langhaus hingen, das für die nächsten fünf Tage unser Zuhause sein sollte. Ich hatte es den Waodani nie begreiflich machen können, dass Ausländer so simple Dinge wie das richtige Aufhängen einer Hängematte wirklich nicht beherrschen.

Und ich wollte sicherstellen, dass die größten *cowodi* die größten Hängematten bekamen. Die Waodani sind wahre Riesen, was ihren Mut und die Größe ihrer Herzen angeht, aber vom Körperbau her sind sie eher klein.

Als die Sonne unterging und Insekten und andere Tiere im Dschungel ihr Abendkonzert anstimmten, setzte ich mich zu einer Gruppe von Studenten und Waodani, die zusammen an einem Lagerfeuer saßen. Eines der Mädchen wandte sich mit einer Frage an mich.

„Als ich mich auf die Reise hier vorbereitet habe", begann sie, „hab ich ein paar Recherchen für die Hausarbeit angestellt, die ich schreiben will. Dabei habe ich von einem Stamm gelesen, der ganz berüchtigt ist für seine Gewalttätigkeit. Der müsste hier irgendwo in der Gegend leben. Kannst du die Waodani bitte fragen, ob sie diesen Stamm kennen?"

Ich war mir nicht sicher, ob sie mich auf den Arm nehmen wollte. Die Waodani wurden früher „Aucas" genannt, eine abwertende Bezeichnung, die „nackte Wilde" bedeutete und für Menschen reserviert war, an deren Menschlichkeit man so seine Zweifel hatte. Die Quechuas, mit denen sich die Waodani seit Urzeiten bekriegen, hatten ihnen diesen Namen gegeben. Er ist zutiefst geringschätzig (wenn auch vielleicht nicht ganz unbegründet), und ich habe ihn nur dann verwendet, wenn ich deutlich machen wollte, dass es sich bei den Waodani und den „Aucas" um ein- und denselben Stamm handelt. Anthropologen beschrieben sie als eine der vermutlich gewalttätigsten Menschengruppen, die man je untersucht hat. Bevor Missionare sich ihnen auf friedlichem Wege näherten, waren von 100 Todesfällen 60 auf Mord zurückzuführen.

Die junge Dame, die diese Frage an mich richtete, erklärte mir weiter, dass diese Leute auf besonders bösartige Weise Angehörige anderer Stämme, Kautschuksammler oder Abenteurer umbrachten, die in ihr Stammesgebiet vorgedrungen waren oder an dessen Grenzen lebten. Es war offensichtlich, dass sie von den Waodani sprach. Also erklärte ich ihr: „Die Leute, von denen du da sprichst – das sind die Waodani."

Sie dachte ganz offensichtlich, dass ich keine Ahnung hatte, wovon ich redete. Wahrscheinlich steckte ich bei ihr immer noch in der Schublade „naiver Missionar". „Die Leute, von denen ich rede, sind in der ganzen Welt bekannt geworden, weil sie 1956 fünf Missionare aus Nordamerika umbrachten, die sich mit ihnen anfreunden wollten", erklärte sie. „Die Geschichte ist um die ganze Welt gegangen und sogar in der Zeitschrift *Life* und in *Reader's Digest* zum Thema gemacht worden."

Weil sie mir nicht so ohne Weiteres glaubte, schlug ich vor: „Frag doch einfach die erwachsenen Waodani, wo ihre Väter sind." Ich brachte ihr bei „Bito maempo ayamonoi?" zu sagen, was bedeutet: „Dein Vater, wo ist er jetzt?" Sie wunderte sich, was das eigentlich mit ihrer Frage zu tun hatte, aber wandte sich an einen der Männer, der unserem englischen Gebrabbel sichtlich amüsiert zuhörte. Er meinte nur: „Doobae", was so viel wie „schon" heißt. Sein Vater war schon tot. Ich fügte hinzu: „Ist er an einer Krankheit gestorben oder weil er schon so alt war?"

Der Krieger schnaubte verächtlich und deutete mit dramatischen Gesten an, dass sein Vater mit einem Speer erstochen worden war.

Das Mädchen wandte sich entsetzt an mich: „Ist sein Vater erstochen worden? Mit einem Speer? Wer tut denn so etwas?" Ich erklärte ihr, dass meines Wissens die Waodani die einzigen waren, die im zwanzigsten Jahrhundert in Ecuador Menschen mit dem Speer umgebracht hatten. Ich erwartete nicht, dass sie mir das abnahm.

Ein anderer Student stellte einer der Waodani-Frauen dieselbe Frage und bekam die gleiche Antwort. Nach zwei weiteren Versuchen, die zu ähnlichen Ergebnissen führten, baten mich zwei Mädchen, diese Frage auch an Ompodae zu richten, Mincayes Frau. Sie konnten sich einfach nicht vorstellen, dass jemand, der so liebevoll und nett war wie Ompodae, ein solches Trauma durchlebt hatte, dass der eigene Vater mit einem Speer erstochen worden war. Aber Ompodae antwortete: „Mein Vater, meine zwei Brüder ...", sie zählte sie an den Fingern ihrer Hand auf, „... meine Mutter, meine kleine Schwester ..." Es schien noch mehr zu geben, aber sie setzte hier einen Punkt. „Sie sind alle mit Speeren erstochen und mit Macheten in Stücke gehackt worden." Dann deutete sie auf den ältesten Krieger im Lager, der still mit einem der Besucher auf einem Baumstumpf saß. „Dabo war böse und hat uns alle gehasst, und dann hat er uns umgebracht."

Als ich diesen Satz übersetzt hatte, sprang der junge Student, der neben Dabo gesessen hatte, wie von der Tarantel gestochen auf und platzte heraus: „Mein Gott, und ich sitze hier so nahe bei ihm!"

Inzwischen war es ziemlich dunkel geworden. Die Frösche waren längst mitten in ihrem lauten Sinfoniekonzert, was Dschungelbewohner nicht weiter wahrnahmen, Gäste aber doch ziemlich aus der Fassung bringen konnte. Ein Student meinte: „Leute, mir ist das hier nicht ganz geheuer."

Eine Stammesoma hatte inzwischen mitbekommen, worum sich die Unterhaltung drehte. Sie wollte ihre Antwort beisteuern und erzählte, wie ein anderer Waodani-Clan ihrer Familie aufgelauert hatte. Als das große „Speer-Stechen" vorüber war, standen nur noch ein anderes Mädchen, das gerade im heiratsfähigen Alter war, und sie lebend auf der Lichtung. Als Dawa ihre Erzählung beendet hatte, wies sie auf einen der Krieger und sagte sachlich: „Er hat meine Familie umgebracht und mich zur Frau genommen."

Eine Studentin stammelte: „Aber wie kann sie mit dem Mann zusammenleben, der ihre ganze Familie umgebracht hat?" Ich erklärte ihr, dass die andere junge Frau, die zusammen mit Dawa verschleppt wurde, über den Mord an ihrer ganzen Familie geklagt hatte. Einer der Krieger bekam das mit und jagte auch ihr einen Speer durch den Leib. Dann ließ man sie einfach alleine auf dem Weg liegen und eines qualvollen Todes sterben. „Dawa hatte eigentlich keine andere Wahl", erklärte ich.

Und dann wurde mir plötzlich bewusst, dass diese jungen Leute ja auch nicht wussten, in welcher Beziehung ich zum Stamm stand. Ich saß zwischen Dawas Mann, Kimo, und Mincaye, der mich in seine Waodani-Familie hineinadoptiert hatte, als ich noch ein Kind war. Diese beiden hatten 1956 die Missionare erstochen.

„Meinen Vater haben sie auch mit dem Speer erstochen", erklärte ich. Ich hatte meinen Arm um Kimo gelegt, und Mincaye lehnte sich gegen mich und hielt meine Hand in der Vertrautheit, wie sie unter Waodani-Männern ganz selbstverständlich ausgedrückt wird. „Mein Vater“, sagte ich zu der jungen Dame, die dieses dramatische Gespräch begonnen hatte, „war einer dieser fünf Missionare, die du eben erwähnt hast.“

1. Willkommen im Steinzeitalter

November 1994

Die Stewardess hatte ihr übliches Sprüchlein aufgesagt, bevor unser Flugzeug abhob. Englisch war offensichtlich nicht ihre Muttersprache. Ich merkte, wie die Aufregung von mir Besitz ergriff, als die starken Motoren losdröhnten und ich in meinen Sitz zurückgepresst wurde.

Nach meiner Ankunft würde ich eine Nacht in den Anden verbringen. Ich hoffte sehr, dass ich von diesem bedrückenden Erstickungsgefühl verschont bleiben würde, das mich bei früheren Besuchen in der dünnen Luft von Quito oft am Schlafen gehindert hatte. Vor vielen Jahren, als ich auf gut dreitausend Metern Höhe lebte und zur Schule ging, konnte ich locker ein Basketballspiel durchspielen, ohne dass es mir etwas ausgemacht hätte. Aber jetzt, fünfundzwanzig Jahre später, konnte ich verstehen, worüber Touristen sich oft beklagten: „Ich bekomm' keine Luft" oder „ich wache auf, weil ich nach Luft schnappe."

Wenn sie Tante Rachels Leichnam fertig vorbereitet haben, kann ich mich eigentlich gleich morgen früh in den Dschungel aufmachen, überlegte ich.

Noch am Tag zuvor war ich zu Hause gewesen. Ich war herumgefahren, hatte von meinem Handy aus telefoniert, hatte um ein paar Cent hier und da gefeilscht, die auf lange Sicht gesehen ein paar tausend Dollar Unterschied machen konnten. Es war ein weiterer dieser für gewöhnlich ermüdenden, sich langsam dahinschleppenden Tage im Leben eines Geschäftsmannes gewesen. Als das Telefon klingelte, wäre ich fast nicht rangegangen. Zu Hause geht immer Ginny ans Telefon. Sie ist meist viel freundlicher zu diesen Werbefritzen, und weil ich schon den halben Tag mit dem Hörer am Ohr verbracht hatte, wollte ich einfach nicht mehr.

Wir hatten den Anruf erwartet, aber ich war trotzdem nicht darauf vorbereitet. „Hi, sind Sie das, Steve?" Ich merkte, dass das Gespräch von außerhalb der Vereinigten Staaten kam. „Ihre Tante

Rachel ist heute Nachmittag gestorben. Es tut mir wirklich leid. Ich glaube, es wäre gut, wenn jemand von Ihrer Familie hierherkommen könnte. Sie wissen ja, dass wir unsere Leute hier innerhalb von vierundzwanzig Stunden beerdigen müssen. Ich kann den Arzt bitten, sie ein bisschen einzubalsamieren, aber auch damit gewinnen wir höchstens ein paar Stunden. Wenn Sie zu lange warten, werden die Behörden uns nötigen, sie hier in Quito zu beerdigen."

Tante Rachel war wegen einer Krebsbehandlung in Quito gewesen. Aber ich wusste, dass sie zu Hause im Dschungel begraben werden wollte, bei den Menschen, die sie liebte – den Waodani. Meine Mutter und mein Stiefvater Abe waren nicht in der Stadt. Es würde zu lange dauern, bis sie in Ecuador eintreffen konnten. Ich musste die Familie vertreten und „Stern", wie die Waodani meine Tante nannten, beerdigen helfen.

Als wir über Kuba flogen, überlegte ich, wie wir den Körper meiner lieben alten Tante wohl am besten in den Dschungel transportieren könnten. Und ich dachte darüber nach, wie wir es den Waodani, die sie geliebt hatten, ersparen konnten, von Scharen Fremder regelrecht überlaufen zu werden, die dieses „historische" Ereignis miterleben wollten.

* * *

Als ich auf dem Flugplatz von Quito ankam, lag Tante Rachels Leichnam schon in Tücher gewickelt auf der Ladefläche der Cessna, die uns nach Hause – in den Dschungel – bringen sollte. Während wir über die Vulkane hinwegflogen, erhoben sich schneebedeckte Bergspitzen weit über unserem Flugzeug und schienen im wolkenverhangenen Himmel über uns zu verschwinden. Wir flogen über das Gebiet, in dem ich meine Jugendjahre verbracht hatte. Tante Rachel hatte in dieser sehr prägenden Zeit eine bedeutende Rolle in meinem Leben gespielt, und ich hätte ihr so gern noch einmal gesagt, was sie mir bedeutete, wie viel Achtung ich vor ihrer Bereitschaft empfand, alles für ihren Glauben aufs Spiel zu setzen. Sie war die bescheidenste, aber auch die dickköpfigste Frau, die ich kannte. Ohne ihre Bescheidenheit hätte sie es nie geschafft, in einer strohgedeckten Hütte im Nirgendwo zu leben. Ohne ihren Dickkopf hätte sie das kulturelle Chaos nie überstanden, in das sie durch das Leben bei den Waodani geraten war. Es kann sehr gut sein, dass es ohne ihren Einsatz gar keine Waodani mehr geben würde.

Die Waodani hörten, wie sich das Flugzeug näherte, und standen schon an dem kleinen Kies- und Grasstreifen bereit. Die provisorische Piste war auf allen Seiten von dichtem Dschungel umgeben. Als ich die Flugzeugtür öffnete, sah ich zuerst Dayumae, Tante Rachels engste noch lebende „Verwandte" im Stamm. Sie begrüßte mich und sah dann, was von der *cowodi*, der Ausländerin, die sie vor mehr als vier Jahrzehnten als ihre Schwester adoptiert hatte, übrig war. Ihre Reaktion überraschte und erschreckte mich: Sie begann laut loszuheulen. Die Waodani, zu deren Stamm sie gehörte, verhalten sich nicht so. Aber Dayumae hatte fünfzehn Jahre bei den Quechua gelebt, von denen sie viele Bräuche übernommen hatte. Die Totenklage der Quechua gewährt einen Blick in die furchtbare Qual der menschlichen Seele, die ihr eigenes Schicksal nur sehr begrenzt in der Hand hat. Der Rest der Gruppe zog sich von Dayumae und ihrer Trauer zurück.

* * *

Schließlich wickelten der Pilot, ein paar der Waodani und ich Tante Rachel aus den Tüchern und trugen ihren Leichnam vom Flugzeug zu der schlichten Sperrholzkiste, die ihr als Sarg dienen sollte. Er passte genau zu dieser Frau, die an überflüssigen Luxus oder an ihre eigene Bequemlichkeit nie einen Gedanken verschwendet hatte. Ihr Sarg war so einfach wie ihr Haus, das nur hundert Meter entfernt stand. Wir trugen sie für die letzten Vorbereitungen dorthin.

Anschließend wurde der Sarg zu der schlichten kleinen Kirche gebracht, die auch nur ein paar Meter entfernt stand. Ich war erstaunt, eine ganze Reihe Ausländer zwischen den Waodani zu sehen. Es handelte sich um Tante Rachels nahe Mitarbeiter und Freunde, die sie mit dem Flugzeug befördert, ihr Funkgerät am Laufen gehalten und sie dabei unterstützt hatten, den Waodani zu helfen. Ich konnte wirklich nichts dagegen einwenden, dass sie hier waren, aber ich bat sie doch, die Waodani Rachel auf die ihnen eigene Weise beerdigen zu lassen.

Bei den Waodani gibt es keinen Häuptling oder eine ähnlich anerkannte Autorität. In den letzten vierzig Jahren hatten sie sich daran gewöhnt, Entscheidungen den *cowodi* zu überlassen – diese konnten fliegen und kleine Metallkisten zum Sprechen bringen, hatten kleine Samenkörner, die Krankheiten verschwinden ließen und konnten auch sonst ganz erstaunliche Dinge tun. Mir wurde plötzlich bewusst, dass sie erwarteten, dass einer der Ausländer das Kommando übernahm. Also sprang ich in die Bresche.

Ich händigte denen, die Stern am nächsten standen, einen Nagel für den Sarg aus.

Die mutige, impulsive Dayumae hatte Stern adoptiert und ihr den Namen ihrer Schwester gegeben: Nemo war bei einem der Speerzüge der Waodani in Stücke gehackt worden, als sie und Dayumae noch kleine Mädchen waren. Dayumae war es zu verdanken, dass die Waodani Tante Rachel eingeladen hatten, bei ihnen zu leben, gemeinsam mit Elisabeth Elliot, deren Mann Jim genauso wie mein Vater erstochen worden war. Tante Rachel und „Tante" Betty waren die ersten Ausländer, die eine solche Einladung erhielten.

Ich gab auch dem attraktiven Kimo und dem tüchtigen Dawa Nägel. Sie waren die Ersten, die glaubten, was Tante Rachel ihnen erzählte: dass es einen anderen Weg zu leben gab, einen, in dem Hass und Mord keinen Platz hatten. Kimo hatte es gewagt, Tante Rachel ein Haus zu bauen. Andere Männer des Stammes hatten sich darüber sehr geärgert und ihm gesagt, dass er in diesem Haus umkommen würde.

Ich gab Mincaye einen Nagel, der gar nicht gerne Fremde im Gebiet der Waodani sah. Er hatte Tante Rachel und Tante Betty gedroht, dass er sie auch mit dem Speer erstechen würde. Und dann hatte sich Mincayes Herz von einem Tag auf den anderen gewandelt, und er hatte Tante Rachel erklärt, er wolle nun Gottes Pfad gehen. Mincaye wurde ein umgänglicher und fröhlicher Zeitgenosse.

Auch dem alten Dyuwi reichte ich einen Nagel. Als Dayumae

damals mit den zwei Fremden aus der anderen Welt in den Stamm zurückgekehrt war, war er erst zwanzig gewesen, hatte aber schon zahllose Menschen umgebracht. Innerhalb kürzester Zeit wurde aus einem Mann voller Hass und Mordlust ein Friedensstifter.

Den letzten Nagel behielt ich für mich selbst.

Bevor wir den Sarg nach draußen zu dem Loch trugen, das zwischen ihrem Haus und der kleinen Kirche mit den drahtverkleideten Fenstern und den grob gesägten Kirchenbänken gegraben worden war, begann Kimo eine Rede auf die Tote.

„*Waengongi* Taado ante odomoncaete ante Nemo pongantapa" – Stern kam und lehrte uns, Gottes Weg zu gehen.

Als wir nach dieser Rede am Grab ankamen, sprangen mehrere Waodani-Männer in die Grube, um den Sarg sanft hineinbetten zu können. Es berührte mich zu sehen, mit wie viel Sorgfalt und Ehrfurcht sie die abgenutzte Hülle eines Menschen behandelten, der uns allen so viel bedeutet hatte. Tante Rachel war nun das zweite Mitglied meiner Familie, das dort beerdigt wurde.

Dyuwi verpasste das Zeichen, aus dem Grab zu klettern, und klemmte plötzlich allein unter dem Sarg, als er den letzten Meter in die Erde gesenkt wurde. Er versuchte verzweifelt, sich am Sarg vorbeizudrücken, und kippte ihn dabei um. Starr vor Entsetzen hörten wir, wie Tante Rachels Leichnam auf die Seite des Sarges rollte und dieser, aus dem Gleichgewicht geraten, mit einem dumpfen Schlag auf dem Boden des Grabes aufschlug. Niemand rührte sich.

Zuerst sahen wir uns betreten an wie Schulkinder, die man beim Abschreiben erwischt hatte. Ob wir jetzt wohl Ärger bekamen? Aber dann sah ich, wie Mincaye mühsam versuchte, sein Lachen zu unterdrücken. Schließlich gab er ein kleines unfreiwilliges Grunzen von sich und wir alle lachten verhalten. Stern hätte es genossen zu sehen, wie die Trauergesellschaft bei ihrer Beerdigung lachte.

* * *

Es waren merkwürdige Umstände gewesen, die diese alte Frau mit den silbergrauen Haaren dazu gebracht hatten, die Hälfte ihres langen Lebens im Dickicht des Amazonasdschungels zu verbringen. Sie war umgeben von Steinzeitmenschen, die keinen Anführer, aber eine äußerst gewalttätige Vorgeschichte hatten. Tante Rachels Mutter, Katherine, wurde in eine sehr reiche Familie hineingeboren; sie wuchs inmitten von Luxus auf und wurde sehr verwöhnt. Ihr Vater war ein bekannter Gestalter von Kirchenfenstern.

Rachel war das dritte von acht Kindern, die Lawrence und Katherine Saint geboren wurden. Da ihre Mutter eine ziemlich schwache Konstitution hatte, wurde Rachel ihren kleinen Brüdern, darunter war mein Vater Nate, so etwas wie eine zweite Mutter.

Als junges Mädchen war Rachel einer wohlhabenden Witwe in Philadelphia aufgefallen, die keine eigenen Kinder hatte. Sie überschüttete Rachel mit all den Annehmlichkeiten und dem Wohlstand, den Katherine abgelehnt, ihre Tochter aber nie kennengelernt hatte. Auf der Rückreise von einem Sommerurlaub in Europa eröffnete die alte Dame Rachel, dass sie beschlossen hatte, sie als ihre Alleinerbin einzusetzen.

Mit einem solchen Erbe hätte Rachel sowohl eine dringend nötige Tuberkulosebehandlung für ihre Mutter finanzieren können als auch eine gute Ausbildung für ihre Brüder. Sie hätte die Familie auch finanziell versorgen können, der sie schon jetzt fast vorstand.

Aber Rachel lehnte das Angebot ab, weil sie ihrer reichen Wohltäterin dann bis zu deren Tod als Gesellschafterin hätte zur Verfügung stehen müssen. „Ich habe Gott schon zugesagt, dass er mit meinem Leben machen darf, was er möchte“, erklärte sie der Frau. „Ich kann keine Verpflichtung eingehen, die dieses Versprechen in Frage stellen könnte.“

Die ältere Dame, die keinerlei Ablehnung gewohnt war, wies Rachel für ihre Undankbarkeit und ihren hoffnungslosen Idealismus scharf zurecht. Sie schloss kategorisch aus, dass Rachel oder ihre Familie je Geld von ihr erhalten würden. „Du undankbare Göre wirst von mir nicht einen Cent bekommen“, drohte sie und machte es Jahre später auch wahr, indem sie Rachel durch den Testamentsvollstrecker ein Paar billige Manschettenknöpfe zukommen ließ. „Es war der einzige billige Gegenstand, den sie besaß", erklärte Tante Rachel mir später.

Weil sie sich abgelehnt fühlte und sich ängstlich fragte, was ihre Familie wohl zu ihrer konsequenten, aber vielleicht etwas übereilten Antwort sagen würde, zog sich Rachel zurück und schüttete mitten auf dem Atlantik ihr Herz dem Einen aus, an den sie sich emotional und geistlich gebunden hatte.

„Das ist mir vorher und auch nachher nie wieder passiert", erklärte sie, als ich sie wieder einmal länger im Dschungel besuchte, „aber als ich da am Bug hockte, hatte ich plötzlich eine Vision von einem Stamm von dunkelhäutigen Menschen, die noch nie gehört hatten, dass der Herr Jesus sie lieb hatte. Und Gott versprach mir, dass er mir eines Tages das Vorrecht schenken würde, diesen Menschen seine kostbare Botschaft der Liebe und des Friedens zu bringen, wenn ich mich weiter treu an ihn hielt."

Sie schloss die Schule ab und arbeitete die nächsten zwölf Jahre in einer christlichen Einrichtung für Drogen- und Alkoholabhängige. Die Familie war auf das Geld, das sie beisteuerte, angewiesen, um ihren Brüdern eine angemessene Ausbildung finanzieren zu können. Rachel glaubte fest, dass Gott sein Versprechen hielt, nachdem sie ihrer Familie gegenüber keine Verpflichtungen mehr empfand.

Obwohl Rachel schon über das Alter hinaus war, bis zu dem man sich bei den Wycliff-Bibelübersetzern bewerben konnte, wurde sie als Kandidatin angenommen und nach Peru geschickt, um dort für eine Übersetzerin einzuspringen, die in einem Stamm von Kopfgeldjägern arbeitete. Auf dem Weg dorthin machte sie bei meinen Eltern, Nate und Marj, halt, die in Peru als Missionare arbeiteten. Papa flog mit ihr verschiedene Stationen im Dschungel an und umflog dabei sorgfältig das „Auca"-Gebiet. Rachel, die eine scharfe Beobachterin war, fragte ihn, warum er dieses Gebiet mied.

„In diesem Teil des Dschungels leben Menschen, die bislang noch jeden umgebracht haben, der es gewagt hat, ihr Gebiet zu betreten", erklärte Papa. „Wenn wir dort notlanden müssten, würden wir vielleicht den Absturz überleben, aber die ‚Aucas' sicher nicht."

„Als Nate mir das erzählte, wusste ich, dass dies die Menschen waren, von denen Gott gesprochen hatte“, erklärte mir Tante Rachel. An dieser Zuversicht änderte sich nichts – auch dann nicht, als die „Aucas“ Jahre später ihren kleinen Bruder erstachen, den sie wie einen Sohn liebte.

* * *

Ich sah zu, wie die Waodani das Grab mit Erde füllten. Kimo und Dyuwi beobachteten mich.

Ich hatte schon einmal ganz in der Nähe dieser Stelle gestanden. Damals hatten Kimo und Dyuwi mich ebenfalls genau beobachtet. Ich war vierzehn gewesen. Damals hatte es weder ein Dorf noch eine Flugzeugpiste gegeben. Wir waren mit einer Gruppe Waodani vom nächstliegenden Tal in den Süden herübermarschiert.

Kathy, meine Schwester, wollte sich gerne taufen lassen. Da unser eigener Vater tot war und die Taufe nicht übernehmen konnte, schlug Mama vor, dass Kathy ein paar Männer aussuchen sollte, die ihr in ihrem Leben mit Gott weitergeholfen hatten. Obwohl ich zwei Jahre jünger war, wurde mir klar, dass auch für mich die Zeit gekommen war, diesen Schritt zu gehen.

Mir war bewusst, dass die Taufe ein symbolischer, aber trotzdem entscheidender Akt war. Ich bekräftigte damit meinen Beschluss, nach den Maßstäben zu leben, die Itota – das ist Jesus –, der Sohn des Schöpfers, für seine Nachfolger aufgestellt hatte. Iniwa, mein Jagdkumpel, und Oncaye, ein Waodani-Mädchen ungefähr in Kathys Alter, schlossen sich an und wollten sich ebenfalls taufen lassen.

Mama hatte schon immer die Stelle sehen wollen, an der Papa und seine vier Freunde umgekommen waren, und so beschlossen sie und Tante Rachel, diese „Besichtigung“ mit unserer Taufe zu verbinden. Wir würden zum Ewengunofluss laufen, um uns taufen zu lassen, und Papas Grab besuchen, das wir in den neun Jahren seit seinem Tod nicht zu Gesicht bekommen hatten.

Wir schleppten uns also einige Stunden über schlammige Wege und stakten dann in Holzstamm-Kanus den Fluss hinunter. Kurz vor Einbruch der Dunkelheit kamen wir an und fanden am Ufer ein paar Jaguarspuren, die meine Fantasie Purzelbäume schlagen ließen. Ich half beim Angeln, da unser Abendessen noch gefangen werden musste. Die Waodani stellten wieder einmal ihre Dschungelfertigkeiten unter Beweis und errichteten uns in kurzer Zeit ein Lager. Ich war immer wieder neu beeindruckt, wie wenig die Waodani auf ihre Wanderungen mitnahmen und wie viel dann plötzlich da war, wenn sie ihr Lager aufschlugen.

Als sich der Abendnebel über unserem kleinen Lager ausbreitete und die Geräusche der Nacht einsetzten, waren alle Unterkünfte errichtet, alle Feuer angezündet und die Fische und Affen im Kochtopf gelandet. Einfach himmlisch, dachte ich bei mir.

Am nächsten Morgen waren wir bereit zu unserem kleinen Taufgottesdienst. Kathy wollte, dass Kimo und Dyuwi uns tauften. Beide waren Krieger, die ich zu achten gelernt hatte, und sie behandelten mich, als gehörte ich zur Familie. Ich war mit Kathys Wahl einverstanden.

Kimo sprach mit *Waengongi* – Gott – und wir neigten die Köpfe. „Vor langer Zeit kamen wir an diesen Ort, um eine ganz, ganz schlimme Sache zu tun. Aber jetzt loben wir deinen Namen und haben dich in unseren Herzen. Heute sind wir gekommen, um eine gute Sache zu tun. Wir tauchen diese vier jungen Leute unter Wasser, damit sie ihrem alten Leben absterben und zeigen, dass sie sich wirklich auf deinem Pfad halten und deinem einzigen Sohn, Itota, folgen wollen, der uns auf dem Pfad vorangegangen ist."

Mir wurde erst in diesem Moment bewusst, wie gut Kimo und Dyuwi diesen Uferstreifen kannten. Genau die Männer, die wir ausgewählt hatten, um uns zu taufen, hatten zusammen mit einigen anderen meinen Vater und seine Freunde erstochen – genau an dieser Stelle. Zu diesen freundlichen und liebevollen Menschen, die wir alle so sehr mochten, schien es gar nicht zu passen, eine so grausame Tat vollbracht zu haben. Den Schmerz, den ich beim Tod meines Vaters empfunden hatte, vergaß ich nicht, aber ich konnte mir auch nicht vorstellen, wie ich Kimo und Dyuwi und all die anderen Waodani, die mit uns an diesen fürchterlichen und zugleich wunderbaren Ort gekommen waren, nicht hätte lieb haben können.

Dann führten Kimo und Dyuwi Kathy, Oncaye, Iniwa und mich in den Fluss und ließen uns ins Wasser hinab, als würden sie uns beerdigen. Als sie uns wieder an die Oberfläche hoben, wünschten sie uns, dass wir glücklich und in Frieden leben und immer auf Gottes Pfad bleiben würden.

Wir standen alle wieder am Ufer, als Dyuwi betete. Er ist normalerweise kein Mann von vielen Worte, aber wenn er mit *Wangongi* redete, fand er kaum einen Punkt. Ich öffnete die Augen, weil ich es irgendwie nicht einsah, dass ich sie geschlossen halten sollte, wenn es ringsherum so viel zu sehen gab. Im Sand, in der Mitte unseres kleinen Kreises von Menschen, saß ein knallgelber Schmetterling, der der kleinen Piper Cruiser, die mein Papa geflogen hatte, irgendwie ziemlich ähnlich sah.

Als Dyuwi seine lange Rede an den Schöpfer endlich beendet hatte, saß der Schmetterling immer noch im Sand, genau da, wo „56 Henry", wie Papas Flieger genannt wurde, gelegen hatte. Ich hätte Kimo und Dyuwi zu gerne gefragt, warum sie das Flugzeug zerstört hatten, aber ich wusste nicht, wie ich das anstellen sollte. Und ich war mir ziemlich sicher, dass es Tante Rachel nicht recht gewesen wäre. Gerne hätte ich gewussst, warum sie meinen Vater und die anderen erstochen hatten. Aber ich sagte nichts. Ich war auch noch zu jung, um zu begreifen, wie merkwürdig es auf andere Menschen wirken musste, dass Kathy und ich gerade an diesem Ort und von diesen Männern getauft wurden. Tante Rachel liebte diese Menschen und Mama hatte für sie schon gebetet, bevor Papa und die anderen getötetet wurden. Ich war ihrem Beispiel gefolgt und es wäre mir nie in den Sinn gekommen, anders zu handeln und sie zu hassen.

Als wir mit dem Beten fertig waren, führten die Waodani uns vier ein Stück in den Dschungel hinein und zeigten uns einen Baumstumpf „Hier bauten die fünf fremden Nachfolger Gottes ihr Schlafhaus, als sie kamen, um uns Gottes Zeichen zu bringen und uns beizubringen, wie wir besser leben konnten." Die Leichen waren ebenfalls an dieser Stelle begraben worden. Zu diesem Zeitpunkt wussten wir damals nicht, dass auch einer von uns eines Tages hier beerdigt werden würde. Und wir hatten keine Ahnung, dass 56 Henry wieder hier auftauchen würde.

2. Können Cowodi eigentlich jagen?

Die Flugzeuge der „Mission Aviation Fellowship“ flogen schließlich wieder ab und nahmen alle Besucher der Trauerfeier mit. Ich war endlich allein mit den Waodani. Im Dorf war gerade eine Gruppe der Aenomenani, die ein Stück weiter flussabwärts lebten. Theoretisch gehörten sie zum Stamm der Waodani, aber bis vor kurzem hatten sie sich noch blutige Kriege mit ihren Verwandten geliefert. Ich kannte die Aenomenani bislang nicht. Offensichtlich hatten sie mitbekommen, dass ein Ausländer zu Besuch war, der Sterns „Sohn“ sein sollte. Sie wollten mich, den alle hier „Babae“ nannten, mit eigenen Augen sehen.

Gerne, ich hatte damit kein Problem! Mincaye schnappte sich eins der drei Meter langen Blasrohre und redete wild auf die Aenomenani ein. Ich verstand nur einen Bruchteil dessen, was er sagte, aber offensichtlich gab er damit an, was für ein großartiger Jäger ich doch sei. „Wie einer von uns, nur mit weißer Haut“, sagte er. Alle lachten. Er benutzte das Blasrohr als Requisit für seine Pantomime und stellte dar, wie ich durch den Dschungel schlich und mich unbemerkt selbst an die Tiere heranmachte, die besonders schwer zu jagen waren. Aber die Aenomenani waren nicht gekommen, um Mincayes Geschichten zu hören – sie wollten, dass ich mein Können unter Beweis stellte.

Fieberhaft suchte ich nach einer Ausrede, als ein Junge vom Jagen zurückkam. Er hatte einen winzigen Vogel in seinen Tanga gestopft. Einer der Aenomenani-Krieger schnappte sich das Vögelchen, stieg auf einen Baum und band das Tier an einem der Zweige fest. Ich ahnte, was er vorhatte, und protestierte. Sie würden mich für einen Schwindler halten, und die Männer, die mich in so hohen Tönen lobten, würden das Gesicht verlieren, wenn ich hier versagte. Ich konnte den Vogel so hoch im Baum kaum sehen. Wenn ich es nicht irgendwie schaffte, das winzige Körperchen unter dem ganzen Flausch von Federn zu treffen, würde der Pfeil einfach weiterfliegen. Vor 25 Jahren war ich das letzte Mal jagen gewesen. In Florida hatte ich ein Blasrohr, mit dem ich

Waschbären und andere Tiere von unseren Mülleimern vertrieb. Das Gift auf meinen Pfeilen war viel zu alt, als dass es wirklichen Schaden hätte anrichten können, aber immerhin machten die Viecher inzwischen einen weiten Bogen um unser Grundstück. Doch so richtig zum Jagen hatte ich ein Blasrohr seit meiner Jugend nicht mehr verwendet.

* * *

Mir war bewusst, dass die Aenomenani mich bis an den Rest meines Lebens danach beurteilen würden, ob ich diesen winzigen Vogel traf oder nicht. Jedes Blasrohr ist ein Unikat. Ich wusste ja nicht einmal, wie groß das Loch war, das durch dieses spezielle Rohr lief. Davon hing schließlich ab, wie viel Kapok – eine baumwollähnliche Substanz – ich um den Pfeil wickeln musste, um ihn mit einem einzigen gewaltigen Atemstoß durch das gesamte Rohr in Richtung Vogel zu befördern.

Ich achtete darauf, einen einigermaßen geraden Pfeil auszusuchen, und zwirbelte einfach so viel Kapok um den Pfeil, wie es sich unter meinen Fingern gut anfühlte. Die Aenomenani waren erstaunt zu sehen, dass ich wusste, wie man den Kapok richtig um den Pfeil zwirbelt, denn selbst ein solch kleiner Handgriff setzt eine Menge Übung voraus.

Als ich alle Verzögerungstaktiken ausgereizt hatte, fügte ich mich schließlich in mein Schicksal. Ich hielt das lange Rohr, wie ich es vor Ewigkeiten einmal gelernt hatte, wobei meine Hände nur etwa zwanzig Zentimeter voneinander entfernt waren. Meine Zuschauer begriffen, dass ich so etwas wirklich schon einmal gemacht hatte. Vielleicht würde der Test im Zweifelsfall für den Getesteten ausgehen, wenn mein Pfeil in die Nähe des Vogel kam.

Ich atmete tief ein, blies die Backen auf, hielt beide Augen weit offen und pustete mit all der Kraft, die mein abgeschlafftes Zwerchfell aufbringen konnte, in das Rohr. „Tae, tae, wootae." Mincaye begann sofort aufgeregt auf und ab zu hüpfen, und brüstete sich mit den Worten, die bei erfolgreichen Waodani-Jägern üblich sind: „Ich hab getroffen, ich hab getroffen!" Ich hatte nicht einmal sehen können, wo mein Pfeil hingegangen war. Das

Tier drehte sich immerhin an dem Seil, mit dem es festgebunden worden war, so dass ich ziemlich nahe herangekommen sein musste. Als es sich ausgeschwungen hatte, bemerkte ich auch, warum Mincaye so stolz war. Mein Pfeil steckte mitten im dünnen Hälschen des Vogels.

In einem solchen Moment wäre es unter den Waodani völlig unangebracht, sich bescheiden zu geben. Ich setzte also meinen arrogantesten Gesichtsausdruck auf, drückte das Blasrohr seinem Besitzer in die Hand und forderte ihn heraus: „Bito diae?" – „Und was ist mir dir?"

Eine halbe Stunde später versuchten die anderen immer noch, meine Glanzleistung nachzuahmen. Sie wollten, dass ich mich auch noch an ihren Wettkämpfen beteiligte, aber ich wollte mein Glück nicht noch weiter herausfordern. Es war schon ein Wunder, dass ich beim ersten Mal getroffen hatte, und ich hatte nicht vor, mir meinen Rekord selbst zu vermiesen.

Viele Waodani hatten sich im Dorf versammelt, um Stern zu begraben.

Während die jüngeren Männer ihren Blasrohr-Wettkampf zu Ende führten, wurde ich in Dayumaes Kochhütte eingeladen, um ein bisschen Fleisch und Maniok zu essen. Sie hatten scheinbar etwas Ernstes auf dem Herzen. Schließlich ergriff Dayumae, meine Großmutter im Stamm, das Wort: „Jetzt ist Stern tot und beerdigt. Wir sagen, komm und wohne bei uns!"

Was sollte das denn bedeuten? Hatte ich sie falsch verstanden? Ich sollte bei ihnen wohnen? Es war wirklich nett von ihnen, das zu sagen, aber ich konnte doch meinen Beruf nicht einfach so an den Nagel hängen, und außerdem hatte ich über zwanzig Jahre kämpfen müssen, um mich an das Leben in Nordamerika zu gewöhnen. Nach all den Jahren in Ecuador war es mir wirklich schwergefallen, das Studium abzuschließen und meinen Platz in der Berufswelt zu behaupten. Ich war nicht wie viele meiner Kommilitonen in einer Unternehmerfamilie groß geworden, die die entsprechenden Beziehungen hatten und auch das nötige Kapital besaß. Und wie wäre das wohl für Ginny? Ihr bislang größtes Abenteuer hatte sie im Alter von zweiundzwanzig Jahren erlebt, als sie mit einer Musikgruppe zwei Wochen lang in Südamerika auf Tournee gewesen war. Dawa und meine Dschungelfamilie hatten ja wirklich keine Ahnung, wie Ginny und unsere vier Kinder auf einen so absurden Vorschlag reagieren würden. Shaun begann gerade mit dem College. Jaime machte die Highschool fertig. Unser jüngster Sohn, Jesse, und unsere einzige Tochter, Stephenie, hatten ihren festen Freundeskreis und waren in der Jazzband der Highschool und anderen Gruppen aktiv. *Nein. Worum ihr mich bittet, ist unmöglich, aber trotzdem danke der Nachfrage,* dachte ich im Stillen.

„Wenn ihr eine Botschaft an mich sendet, komme ich und besuche euch", schlug ich vor und dachte, dass das Gespräch damit beendet sein würde. Aber ich hatte mich gründlich geirrt. „Wir sagen noch einmal – komm und wohne bei uns. Bring deine Frau und Kinder mit." Ich versuchte, meine Absage ein bisschen abzuschwächen: „Sterns Haus gehört ja jetzt mir. Wenn ihr mich ruft, kann ich manchmal für eine Weile kommen und hier wohnen, wenn ihr mich braucht."

Dawa gab sich nicht so leicht geschlagen. „Bring deine Famile, wir sagen, komm und wohne hier."

Ich war wirklich überrascht. Erwachsene Waodani sagen anderen Erwachsenen nicht, was sie tun sollen. Selbst kleinen Kindern erteilen sie keine Befehle. Sie sind vermutlich mehr als alle anderen Nationen der Welt ein Volk von Gleichen, in dem jeder tun und lassen kann, was er will. Was mochte Dawa, die die anderen offensichtlich hinter sich hatte, nur bezwecken?

Und dann dämmerte mir, was hier geschah. Tante Rachel hatte mir einmal Folgendes erklärt: Wenn eine Waodani-Siedlung, die für gewöhnlich zwei Krieger und deren Familien umfasste, einen unmittelbaren Anschlag befürchtete, zog man in einen anderen Bereich des Dschungels, um den Feinden zu entgehen. Oder man forderte Verwandte aus einer anderen Siedlung auf, vorübergehend zu ihr zu ziehen. Die Gefahr eines Angriffs war dann nicht mehr so groß, weil sich mehr Krieger in einem Haus befanden.

Die Gruppe, die man aufforderte, sich einer anderen Familiengruppe anzuschließen, konnte das zwar ablehnen, aber damit riskierte sie einen Bruch in den Familienbeziehungen.

Mir wurde klar, dass es genau darum ging: Die Waodani baten

mich nicht, zu ihnen zu ziehen. Sie forderten mich dazu auf. Sie zählten mich zur Familie. Aber sie schienen nicht mit zu bedenken, dass ich noch ein anderes Leben mit einer anderen Familie hatte, und dass diese Familie fast nichts von den Waodani und ihrer einzigartigen Kultur wusste.

Ich konnte die Forderung meiner Waodani-Familie nicht einfach mit einer Handbewegung abtun, aber ich konnte natürlich auch nicht leichtfertig zusagen. Ich beschloss, es mit der uralten Ausrede zu versuchen: „Redet mit *Waengongi*. Wenn er sieht, es ist gut, komme ich und wohne bei euch." Was übersetzt heißt: „Ich werde drüber beten." Aber was ich eigentlich dachte, war natürlich: „Ich möchte nicht zu euch ziehen, aber ich will auch nicht nein sagen, also tue ich so, als würde ich Gott fragen, und irgendwann sage ich euch dann, was ich will – in der Hoffnung, dass ihr wirklich glaubt, dass das Gottes Wille ist – und gegen den könnt ihr ja nicht allen Ernstes etwas einzuwenden haben."

Meine Ausflüchte und Verdrehungen schienen die Waodani nicht weiter zu beeindrucken. Dawa wandte sich einfach der Gruppe zu, die sich dort in der winzigen, rauchverhangenen Hütte versammelt hatte, und verkündete: „Ich habe schon mit *Waengongi* gesprochen und weiß, er sieht es gut." Wie hatte ich meine Waodani-Verwandten nur so unterschätzen können? Dass Dawa und die meisten anderen das Buch nicht lesen konnten, bedeutete nicht, dass sie mit seinem Inhalt nicht vertraut waren. Und es bedeutete auch nicht, dass sie nicht verstanden, was darin über den Schöpfer geschrieben stand und über seinen Wunsch, mit seiner Schöpfung zu reden. Mir tat es leid, dass ich in meinen Gedanken so überheblich gewesen war. Das hatte ich nicht gewollt. Aber ich brauchte trotzdem einen guten Grund, um ihre Anfrage abzulehnen.

„Ich rede mit *Waengongi* und meiner Frau, Ongingcamo (das steht für Ginny). Wenn sie beide sehen, es ist gut, dann komme ich." Die Waodani konnten ja vielleicht mit Gott reden, aber ich wusste, dass sie es nicht schaffen würden, sich mit Ginny in Verbindung zu setzen. Das nächste Telefon war ein paar Tagereisen entfernt, und keiner von ihnen wusste, wie man es benutzte, selbst wenn sie sich zum Anrufen durch den Dschungel gekämpft hätten. Außerdem hatten sie weder Telefonkarten noch Geld.

Ich war sehr erleichtert und auch nicht wenig zufrieden mit mir selbst, einen so schwierigen kulturübergreifenden Konflikt gemeistert zu haben.

Dawa war alles andere als eingeschüchtert. „Ongingcamo ist eine Gott-Nachfolgerin“, erklärte sie den Versammelten, „und wenn Gott sieht, es ist gut, dass Babae kommt, wie kann Ongingcamo dann nicht sehen, es ist gut?“ Ich war verblüfft, aber auch sehr bewegt. Ich musste daran denken, was ein guter Freund mir oft gesagt hatte, wenn er in seinem Leben Schwierigkeiten erlebte: „Wen kümmert es in hundert Jahren denn noch, wie viel Erfolg wir hatten oder wie bequem wir gelebt haben? Das Einzige, was dann noch zählt, ist, wofür wir unser Leben eingesetzt haben.“

Ich wollte mir gar nicht ausmalen, wie ich meiner liebevollen und sanften, aber nicht gerade abenteuerlustigen Frau und meinen vier Kindern erklären sollte, dass ich über die Aufforderung der Waodani ernsthaft nachdachte. Die Forderung des Clans katapultierte mich in eine merkwürdige Zwangslage zwischen meinen beiden Kulturen. Egal, wie ich mich entschied – ich würde immer Menschen vor den Kopf stoßen, die mir unermesslich viel bedeuteten. *Gott allein weiß*, dachte ich, *wie ich mit heiler Haut aus dieser Zwickmühle herauskommen kann.*

* * *

Ich musste hier weg. Aber wohin sollte ich gehen? Ich kannte den Dschungel um das Dorf Tiwaeno herum, wo ich mit Tante Rachel gewohnt hatte, aber die Wege um Toñampade herum, wo wir sie beerdigt hatten, waren mir ganz fremd. *Na so was,* fiel mir plötzlich ein, *dem alten Gikita hat noch gar niemand gesagt, dass Stern tot ist.* Gikita musste es unbedingt erfahren. In der Stammesverwandtschaft war Gikita Tante Rachels Onkel. Er war auch der Krieger, der den Angriff am „Palmenstrand“ damals angeführt hatte. Bestimmt konnte ich Mincaye dazu bringen, mich zu ihm zu begleiten. Ich hatte diesen faszinierenden und eindrucksvollen alten Krieger schon lange nicht mehr gesehen, aber ich wusste, dass er im Quellgebiet des Tzapinoflusses lebte.

Eine Gruppe Jugendlicher standen zwischen Dayumaes und

Tante Rachels Haus, das nun mir gehörte. Mir fiel auf, dass einige von ihnen *nenkinga* trugen – Sonnendinger, Uhren. Mir blieb nur ein Tag, bis das Flugzeug kommen und mich aus dem Dschungel herausfliegen würde. Wenn ich Gikita von Sterns Tod erzählen wollte, musste das innerhalb der nächsten 24 Stunden geschehen.

Zeit bedeutet den Waodani wenig. Sie teilen sie in Arbeit und Freizeit ein. Sie haben am Wochenende nicht frei. Sie nehmen keinen Urlaub. Alles ist für sie einfach *cae* – tun. Die Waodani würden die Frage, ob ich es an einem Tag zu Gikitas Haus und wieder zurück schaffen würde, gar nicht verstehen. In ihrem Denken hängt das davon ab, wie schnell ich gehen wollte, ob ich rennen würde oder einen schwere Last dorthin tragen oder nur ein wenig Essen und meinen *tiamo* – mein Gewehr mitnehmen wollte.

Aber wenn diese Jungs hier Uhren hatten, besuchten sie aller Voraussicht nach die weiterführende Schule. Sie würden mir sagen können, wie viele Stunden ich einplanen musste.

„Aepodo nenki, Gikita weca, gote pomoi?“, fragte ich und deutete auf meine Armbanduhr. Sie sahen sich an und schienen unentschlossen. Schließlich machte sich einer tapfer zum Sprecher der Gruppe. Er hob den Arm mit ausgestreckten Fingern hoch, so dass er in einem fünfundvierzig Grad Winkel zum Horizont stand.

So gibt man bei den Waodani an, wo die Sonne stehen wird, wenn eine Sache stattfindet. Aber ich wollte keine Waodani-Zeitangabe; ich wollte wissen, was das in „Gringo-Zeit“ bedeutete. Ich klopfte auf meine Uhr und fragte noch einmal. Sie flüsterten nervös untereinander, schauten auf ihre eigenen Armbanduhren und hoben dann alle gemeinsam den Arm, um dorthin zu zeigen, wo die Sonne gegen drei Uhr stehen würde.

Das half mir wenig. Ich wollte wissen, wie viele Stunden ich zu Gikita und zurück brauchen würde, außerdem hatten sie mich ja nicht einmal gefragt, wann ich überhaupt losgehen wollte. Wie wollten sie dann denn wissen, wann ich zurückkommen würde? Doch dann fiel es mir wieder ein: Diese Jungs wussten natürlich doch, wann ich losgehen würde.

Waodani wachen gegen sechs Uhr auf und baden dann schnell im Fluss, bevor es ganz hell wird. Gegen halb sieben trinken sie zum Frühstück Maniok- oder Pisangsaft oder essen die Reste, die noch vom Vortag in den Kochtöpfen sind.

Wenn man irgendwohin gehen möchte, macht man sich auf den Weg, wenn die Sonne über den Bergen im Osten zu sehen ist – um sieben.

Sie hatten mir Folgendes erklärt: Wenn ich morgens um sieben loszog, war ich gegen drei Uhr nachmittags wieder zurück. Aber jetzt wurde mir klar, dass ich das noch weiter abklären sollte. Bei den Waodani gibt es drei Laufgeschwindigkeiten. „Schnell" ist ungefähr so schnell, wie Ausländer laufen, wenn sie ihr Flugzeug nicht verpassen wollen. In diesem Tempo marschieren die Waodani, wenn sie schwere Lasten tragen und einen weiten Weg vor sich haben, bei dem sie ständig Abhänge hinauf- und hinunterklettern müssen. Daneben gibt es „schneller", was einem schnellen Trab entspricht; die Waodani laufen so, wenn sie an einem Tag eine Strecke zurücklegen wollen, für die man normalerweise zwei Tage braucht. Und zuletzt gibt es noch „Gib alles" – was sie dann auch tun, zum Beispiel wenn sie mitbekommen, dass es irgendwo eine Herde wilde Schweine zu erlegen oder ein großes Fest zu feiern gibt. Sie halten dieses Tempo, zu dem man starke Beine, mehr Ausdauer als ein Marathonläufer und eine sehr hohe Schmerzresistenz braucht, übrigens locker von Sonnenauf- bis Sonnenuntergang durch.

Ich stellte noch ein paar Fragen, um herauszufinden, welches Tempo und wie viel Schmerz ich würde einplanen müssen, um gegen drei Uhr zurück zu sein. Die älteren Leute, die mir das Marschieren durch den Dschungel beigebracht hatten, mischten sich in unser Gespräch ein und versicherten mir, dass ich das schon schaffen würde. Ich erinnerte sie daran, dass ich schon sehr lange wie ein Ausländer gelebt hatte, aber ich hatte den Eindruck, dass sie immer noch stolz darauf waren, wie sehr ich einer von ihnen war. Bei dem Test mit dem Blasrohr hatte ein Glückstreffer meine Ehre gerettet. Aber bei diesem Marsch konnte ihre Fehleinschätzung meiner Fähigkeiten mich glatt das Leben kosten.

Mincaye wollte mich begleiten, und dafür war ich dankbar. Weil er gut zwanzig Jahre älter war als ich, ging ich natürlich davon aus, dass ich bestimmt mit ihm würde Schritt halten können.

Am nächsten Morgen bei Sonnenaufgang zogen wir los. Als wir eine halbe Stunde gelaufen waren, kamen wir zu unserem ersten größeren Hügel. Ich war nach fünf Minuten bergauf so erschöpft, dass ich langsamer wurde. Ein paar Minuten später war ich völlig fertig. Die letzten hundert Meter dieses Steilhangs waren die reinste Qual. Als wir endlich oben angekommen waren, schluckte ich die letzten Überreste von Stolz, den ich durch den Schmerz in meinen Muskeln und meiner Lunge überhaupt noch wahrnehmen konnte, herunter, und bat Mincaye darum, mein Gepäck zu tragen.

Als wir den langen Abstieg in Gikitas Tal begannen, zitterten meine Beine unkontrollierbar. Bei Gikitas Haus angekommen war ich völlig taub vor Erschöpfung. *Ob das Flugzeug kommt oder nicht,* dachte ich, *ich werde jedenfalls nicht da sein, wenn Mincaye mich nicht irgendwie zurückschleppt.* Mangamo, Gikitas Frau, drückte mir eine Kürbisflasche mit Pisangsaft in die Hand, als ich mich in eine Hängematte in ihrer Hütte gelegt hatte. Ich begann zu trinken, um nicht unhöflich zu sein, aber mir fiel schnell wieder ein, warum die Waodani nirgendwohin gehen, ohne vorher Maniok- oder Pisangsaft zu trinken, und warum sie auch bei ihrer Ankunft sofort davon trinken. Nachdem ich einen Liter davon heruntergekippt hatte, ging es mir sofort viel besser. Nicht gut, aber immerhin besser als vorher. Mincaye war schon bei seinem dritten Liter, und er und Gikita lachten, weil ich bereits mit meinem zweiten Mühe hatte. Die Waodani schaffen mühelos vier Liter dieses dicken Safts, ich dagegen hatte schon nach dem ersten das Gefühl zu platzen.

Gikita verzog keine Miene, als ich ihm erzählte, dass Stern gestorben war und wir sie beerdigt hatten. Dieser alte Kämpfer hatte im Clan der Gikitaidi, die seinen Namen trugen, die meisten Menschen auf dem Gewissen. Er war in einer Kultur des Todes aufgewachsen und hatte es dort bis ganz nach oben gebracht. Er war ein *tempo* geworden – ein Mensch, der andere ohne Gewissensbisse tötet. Als die beiden *cowodi*, Stern und Specht (so hatte der Stamm Tante Betty genannt), mit Dayumae in seinen Stamm zogen, hatte er alle anderen Männer des Stammes überlebt. Er war ein alter Mann – Anfang dreißig.

Ein so beeindruckendes Alter ließ sich nur erreichen, wenn man alle Feinde tötete, bevor man seinerseits von ihnen erledigt wurde. Gikita hatte es darin zur Meisterschaft gebracht. Aber ich hatte ihn erst kennen gelernt, als er das Töten aufgegeben hatte. Ich sah zu Gikita auf, wie man vielleicht zum Vorstandvorsitzenden eines großen Unternehmens aufschaut. In seiner Welt war Gikita einfach der Größte, derjenige, der am besten beherrschte, worauf es bei den Waodani ankam: das Töten.

Als er die Nachricht von Tante Rachels Tod verarbeitet hatte, setzte Gikita zu einer eigenen kleinen Rede an. „Ich bin jetzt auch alt und werde bald sterben, Babae. Wenn ich dann an Gottes Ort lebe, schlinge ich meine Arme um deinen Vater, den ich mit dem Speer erstochen habe. Dort leben wir immer glücklich.

Früher haben wir sehr schlecht gelebt, wir haben uns gehasst und uns gegenseitig erstochen. Und die jungen Leute leben jetzt wieder schlecht. Sie wollen viele Dinge haben und nicht miteinander teilen, und sie leben auch wieder voller Zorn.

Jetzt ist Stern tot und ich sterbe auch bald. Ich denke, du sollst kommen und die jungen Leute lehren, gut zu leben." Ende der Rede. Kurz und knapp. Schwierig und bestechend für mich. Jetzt hatte Gikita dem Durcheinander in meinem Herzen noch weiter Vorschub geleistet.

Mincaye nahm mein Gepäck für den Rückweg wieder auf, ohne mich überhaupt nach meiner Meinung zu fragen. Zum Glück lief uns auf dem Rückweg ein dachsähnliches Tier über den Weg, und weil ich beide Hände frei hatte, erschlug ich es. Wir würden Fleisch mit nach Hause bringen! Ich fühlte mich wie ein Schwächling, weil ich Mincaye meine Sachen tragen ließ, aber vielleicht ließ sich meine Ehre ja wenigstens zum Teil wiederherstellen, wenn ich etwas Erbeutetes mitbrachte. Mincaye trug auch das Tier.

Ich fragte Mincaye, warum Gikita eigentlich so weit von allen anderen entfernt lebte. Er erzählte mir, dass Gikita zwei seiner Töchter mit einem jungen Krieger verheiratet hatte. Eines Tages hatte dieser zwei Schweine erlegt. Er trug das eine zu der Lichtung, auf der sie lebten, und forderte die ältere seiner Frauen auf, das andere Schwein zu holen. Sie weigerte sich und verlangte, dass er die jüngere Frau losschickte. Als sie ärgerlich davonlief, wurde er wütend und schoss ihr mit seiner Schrotflinte in den Rücken. „Sie hat geblutet, sich erbrochen und ist gestorben", schloss Mincaye.

Gikita hatte die Nase voll. Er war mit Hass und Mord aufgewachsen. Als er dann ein Gott-Folger geworden war, hatte er all den Hass und die Angst hinter sich gelassen, die sein Leben vorher zur Hölle gemacht hatten. Aber als er dann merkte, wie sich die alten Weisen in neuer Form wieder einschlichen, zog er sich mit Mangamo, seiner Frau, und Mintake, seiner Schwester, tiefer in den Dschungel zurück.

Das Durcheinander und die Gewalt in diesem kleinen, abgelegenen Stamm war scheinbar längst nicht überwunden. Ich hatte gelernt, diese Menschen zu lieben, lange bevor ich sie auch zu verstehen versuchte. Und nun fragte ich mich, ob mir das wohl je gelingen würde.

Als Mincaye und ich zurückkamen, stand die Sonne irgendwie doch etwas tiefer, als die jungen Männer das ausgerechnet hatten. Ich hatte vergessen, ihnen zu sagen, dass ich ein bisschen Pisangsaft trinken und mich eine Weile unterhalten wollte. Sie hatten nur die Zeit berücksichtigt, die man brauchte, um dorthin zu marschieren und wieder zurück.

Wir waren noch etwa eine Stunde vom Dorf entfernt, als ich ein Flugzeug landen hörte. Oh nein! Sie waren zu früh gekommen, um mich abzuholen! Also rang ich meinem geschundenen Körper seine letzten Reserven ab und setzte zu einem Sprint an. Ich wusste, dass der Pilot nicht allzu lange würde warten können.

Als Mincaye und ich an der Landebahn ankamen, erfuhr ich von den Waodani, dass das Flugzeug am anderen Ende der Bahn stand. Also verlängerte sich mein Weg um weitere vierhundert Meter. Ich schnappte mir meine Sachen und lief, gefolgt von einer Gruppe Waodani, die Piste entlang. Auf halber Strecke kamen uns ein paar Leute entgegen, die unübersehbar Gringos waren. Das Flugzeug war gar nicht für mich gekommen. Es hatte Gäste hergebracht. Ihre makellose Kleidung und das Fehlen einer dschungeltauglichen Ausstattung wies sie als Leute aus, die diese Welt zum ersten Mal betraten.

Ich war zu müde, um meine Energie auf ausgefeilte Begrüßungszeremonien zu verschwenden. „Hallo, und wer sind Sie?", fragte ich.

„Und wer sind Sie?", kam die Frage zurück, als wäre ich hier der Eindringling. Weil ich schließlich hierhergehörte, antwortete ich einfach: „Ich heiße Steve Saint."

Ich ging davon aus, dass mein Nachname ihnen ein Begriff war, aber ich hatte mich geirrt. Sie gingen einfach an uns vorbei, bevor sie sich noch einmal zu uns umdrehten. „Wussten Sie eigentlich, dass das die Leute sind, die die fünf Missionare umgebracht haben?", fragten sie. „Wir kommen gerade von dem Strand zurück, an dem das geschah."

Ich war wie vor den Kopf geschlagen, als ich sie so reden hörte. *Wie können diese hoffnungslos taktlosen Menschen es wagen, hier einfach aufzutauchen und herumzustolzieren, als gehörte ihnen das Dorf?*, dachte ich. Sie waren offensichtlich hergekommen, um sich den Sandstrand anzuschauen und ihrem Urlaub noch eine Prise Abenteuer hinzuzufügen. Sie würden nach Hause fliegen und ihren Freunden erzählen, dass sie den berüchtigten Palmenstrand gesehen hatten, wo die Wilden die Missionare getötet hatten. Vielleicht hatten sie sich sogar ein bisschen Sand mitgenommen als Souvenir.

„Wer hat diesen *cowodi* erlaubt herzukommen?", fragte ich die Waodani. „Wir wissen es nicht." Sie zuckten die Achseln. „Sie kommen immer, sie wollen nur den Strand sehen, wo die Missionare getötet wurden", erklärten sie mir. Aber ich nahm den Ärger und die Unzufriedenheit hinter ihrer Antwort wahr. Sie sprachen es zwar nicht aus, aber ich wusste, dass sie es dachten: „Für die Ausländer werden wir immer die Leute sein, die die Missionare umgebracht haben."

Ich konnte mich kaum beherrschen. Irgendwie hatte ich das Gefühl, die Waodani beschützen zu müssen. Da hatte gerade jemand meine Familie bedroht, und ganz automatisch hatten sich alle meine Verteidigungsinstinkte eingeschaltet. Wenn ich das schon so empfand, wie musste es dann erst den Waodani gehen? Was sie damals getan hatten, war aus der Sicht ihrer verzerrten Wahrnehmung, die von Hass und Angst geprägt war, völlig logisch gewesen. Was sie den fünf Ausländern angetan hatten, ergab aus ihrer Weltsicht Sinn. Sie hatten die aufwendigen Bemühungen der Fremden darum, ihre Freundschaft zu gewinnen, einfach nicht verstehen können. Aber ich weiß genau, dass meine eigene Welt genauso verzerrt und verdreht ist und dass es in ihr nicht weniger Hass und Angst gibt. Wir haben nur mehr Regeln, um das Töten in halbwegs akzeptablen Grenzen zu halten, und wir haben jede Menge Polizisten und Soldaten, um diese Regeln durchzusetzen.

Was die Waodani damals böse gemeint hatten, hatte Gott benutzt, um etwas Gutes daraus zu machen. Sicher hatte es viel Trauer und Kummer gegeben, aber mit der Zeit hatte ich gelernt, den Schmerz, der Papas Tod umgab, mit anderen Augen zu sehen. Wenn ich etwas hätte ändern können, wäre mein Papa vielleicht am Leben geblieben. Aber dann hätte Mincaye mich nicht adoptieren können. Dyuwi und Kimo wären mir keine geistlichen Vorbilder gewesen. Ich wäre nicht Teil dieser Waodani-Welt voller Wunder und Rätsel geworden. Dawa wäre nicht meine Oma und Dayumae nicht meine Tante. Und in der Welt draußen würden viele tausend Christen ihr Leben nicht dem Zweck geweiht haben, die Botschaft von Frieden und Hoffnung zu den Menschen zu bringen, die wie die Waodani ohne Zukunft waren.

Ich sollte noch früh genug merken, dass das, was die Waodani von mir verlangten, sehr viel komplizierter war, als ich es mir an diesem Nachmittag ausmalte.

Am Palmenstrand war es um Menschen gegangen, nicht um eine Handvoll Sand. Es ging um das Leben, nicht um den Tod. Und ohne dass es mir jetzt schon bewusst war, hatte ich meine Entscheidung eigentlich schon getroffen.

3. Operation „Auca“

Nach der Wanderung zu Gikitas Haus und wieder zurück tat mir der ganze Körper weh, und ich bemerkte überall an meinen Armen und Beinen kleine Schnitte. Ich konnte es kaum erwarten, mich gründlich zu waschen. Mir fiel diese Fliegenart im Dschungel ein, die ihre Eier in genau solche Schnitte legt, und ich musste daran denken, wie ich als Kind oft beobachtet hatte, wie die Waodani die Maden voneinander „wegschnalzten“. Sie hielten einen Pfeil, dessen Spitze nicht mit Gift bestrichen war, in der Hand, legten den Mund ganz nah an die Stelle, wo die Haut des Betroffenen sich an der Einschnittstelle rot gefärbt hatte, und machten Schnalzlaute, wie man sie manchmal von Reitern hört.

Es ist kaum zu glauben, aber das funktioniert tatsächlich. Wenn sie das Schnalzen mitbekommt, steckt die Made den Kopf aus der Haut heraus. Sie wird dann blitzschnell von dem Pfeil durchbohrt und herausgezogen.

Ich wollte keine Maden in meinen Beinen, also ging ich zu dem kleinen Bach, der hinter Dayumaes und Tante Rachels Haus verlief. Dayumae war zu Hause, und sie merkte schon an meinem Gang, dass ich erschöpft war und Schmerzen hatte. „Tengo nanta *biimo*“ – ich habe Schmerz-Medizin – erzählte sie mir in einer Mischung aus Spanisch und Wao-Tededo. Ich stellte mir eine exotische Dschungel-Mixtur vor und sagte ihr, dass ich gerne etwas von ihrer *biimo* hätte.

Wenig später kam Dayumae mit ihrem Zaubertrank, den sie in ein Blatt gewickelt hatte, aus dem Haus. Sie wickelte ihren Schatz vorsichtig aus und reichte mir dann eine Tube Mobilat und ein Fläschchen mit Ibuprofen-Tabletten. Ich schluckte ein paar Tabletten herunter und rieb mir die Muskeln mit dem kostbaren Mobilat ein, das sie so sorgfältig aufbewahrt hatte. Die Arznei wirkte wirklich Wunder mit all meinen Zerrungen und Schmerzen, aber wieder wurde mir am eigenen Leib bewusst, wie schwierig es für die Waodani sein musste, sich auf die Medizin der Ausländer zu verlassen, um Infektionen zu verhindern, Malaria zu heilen, Parasiten abzutöten und andere körperliche Beschwerden zu lindern. Obwohl es zwischen der Welt der Waodani und der Welt draußen inzwischen viele Verbindungen gab, entzogen sich diese Verbindungen der Kontrolle der Waodani.

Ich wollte einfach nicht glauben, dass sich die Steinzeit-Welt der Waodani, die ich als Kind so geliebt hatte, nun veränderte. Andererseits war ich auch wieder dankbar, dass inzwischen so banale Dinge wie eine Flasche Schmerztabletten und eine Tube Salbe zu bekommen waren. Und ich war froh über das kleine, mit Solarenergie betriebene Funkgerät, mit dem man mir Bescheid gab, wann mein Flugzeug kam. Die einzige andere Möglichkeit, aus dem Dschungel herauszukommen, wäre sonst ein mehrtägiger Fußmarsch auf schlammigen, steilen Wegen gewesen. Als ich dort saß und meine schmerzenden Muskeln massierte, graute mir schon vor der bloßen Vorstellung, mich mehrere Tage auf diesen unbefestigten Pfaden durch den Dschungel zu kämpfen. Als ich später am Nachmittag zusammen mit Dayumae und Komi, ihrem Mann, Tante Rachels Habseligkeiten in Augenschein nahm, versammelten sich andere Angehörige des Gikitastammes um uns. Diese Leute waren meine Dschungelfamilie. Ich fand es irgendwie tröstlich, dass sie um Tante Rachel genauso trauerten wie ich.

Eine Frau zog ein kleines Büchlein aus einem Regal in dem kleinen Schuppen und begann bedächtig, die Laute auszusprechen, die dort in merkwürdigen kleinen Zeichen niedergeschrieben waren. Ich hielt in meiner Bewegung inne, um zu sehen, was sie las. Es war das erste Buch, das je in der Sprache der Waodani geschrieben worden war. Als wir weiter Sterns Sachen durchgingen, erinnerten die Waodani sich gegenseitig daran, wie viel Mühe Tante Rachel darauf verwendet hatte, ihre Sprache in kleine Zeichen auf Papier zu bringen, so dass sie lernen konnten, „die Zeichen zu lesen, die Gottes Pfad anzeigten".

Kimo dachte noch weiter zurück und erinnerte an die Zeit, in der sie meinen Papa, Jim, Ed, Pete und Roger kennengelernt hatten. Ich setzte mich in eine Hängematte in Tante Rachels Hütte und lauschte aufmerksam seinen Worten. Obwohl es fast vierzig Jahre her war, seit mein Vater umgebracht worden war, hatten wir über diesen Tag eigentlich nie gesprochen. Und ich wollte wirklich mehr darüber wissen, was damals geschehen war.

* * *

Ich kann mich noch erinnern, wie ich auf diesem Erdhügel in Shell stand, der unser blechgedecktes Haus von der Kies- und Sandpiste trennte. Ich stand dort jeden Morgen und sah zu, wie mein Papa abhob und in den Dschungel flog. Ich versuchte immer, auch am Nachmittag da zu sein, wenn er zurückkam. Für mich war es ganz normal, dass wir da am Rand des Regenwalds lebten und in unserer „Garage" ein Flugzeug stehen hatten statt eines Autos. Erst viel später wurde mir bewusst, dass ich unter eher ungewöhnlichen Umständen aufgewachsen war.

Eigentlich hatte das Leben meiner Eltern ziemlich normal begonnen. Meine Mutter wuchs in Idaho auf, die Familie meines Vaters lebte in Pennsylvania. Sie trafen sich in Kalifornien, wo meine Mutter eine Ausbildung zur Krankenschwester machte und mein Vater beim US-Armeekorps arbeitete. Sie hatten beide unabhängig voneinander beschlossen, dass sie ihr Leben für Menschen einsetzen wollten, denen es schlechter ging als ihnen.

Sie schlossen sich einer neu gegründeten Gesellschaft an, die sich Mission Aviation Fellowship nannte, und wurden dem kleinen Land Ecuador zugeteilt. Meine große Schwester, mein kleiner Bruder und ich selbst wurden dort geboren. Das war mein Zuhause, und ich fand es herrlich.

Jeden Morgen zog Papa seine kleine Piper Cruiser aus dem Hangar und belud sie mit Frachtgut und Passagieren, die zu abgelegenen Gegenden im Dschungel gebracht werden sollten. Mama stellte Medizin zusammen, die von den Missionaren, die dort in „unserem" Dschungel in verschiedenen Stämmen lebten, benötigt wurde. Zusammen mit einer fleißigen einheimischen Freundin kaufte sie Fleisch, Gemüse und andere Vorräte und packte Päckchen, die Papa zu den Stämmen mitnahm.

Wenn Papa dann in seinem kleinen viersitzigen, stoffüberspannten Flieger abhob, winkte ich ihm von meinem Hügelchen zum Abschied zu und wartete aufgeregt darauf, dass er zurückkam – denn das war noch spannender als der Abflug.

Wenn Papa nämlich am Nachmittag wieder landete, war sein Flugzeug oft voll gepackt mit exotischen Früchten und Dingen, die ihm die Missionare oder Angehörige der verschiedenen Stämme mitgegeben hatten. Die Shuar beispielsweise waren ein Stamm von Kopfgeldjägern. Sie schnitten ihren Feinden die Köpfe ab, lösten den Schädel heraus und ließen dann das, was vom Kopf noch übrig war, mit Hilfe von Sand und Kräutern schrumpfen. Sie nannten diese gruseligen Trophäen *tzantsas*, hängten sie sich stolz um oder stellten sie in ihren Langhäusern zur Schau, um sich mit ihrem Geschick als Krieger zu brüsten. Die Quechuas, ein anderer größerer Stamm, der von den Inkas abstammte, waren weniger erfinderisch, aber auch sie konnten auf eine blutige Vergangenheit zurückblicken und empfanden schon seit Urzeiten Hass und Furcht gegenüber den berüchtigten „Aucas".

Das Wort „Auca" tauchte immer häufiger in den Gesprächen der Erwachsenen auf, wenn sie dachten, dass wir nicht hinhörten. Die Operation „Auca" hatte begonnen. Nur wir Kinder sollten darüber vorerst nicht informiert werden. In den folgenden Wochen verbrachte Papa recht viel Zeit damit, seinen „Eimer-Trick" zu üben. Er hatte dort, wo vorher der rechte Vordersitz gewesen war, eine Winde angebracht, auf die ein starkes Seil aufgerollt war. Dieses Seil war durch eine spezielle Öffnung an der Strebe des Flügels gefädelt worden. Auf dem Rücksitz saß jemand, meistens Ed McCully, der das Seil nach unten ließ, während Papa das Flugzeug steuerte. Wenn er in der Luft kleine Kreise drehte und dabei etwa dreihundertfünfzig Meter Seil unter sich hatte, konnte ich sehen, dass der Behälter, der unten am Seil hing, ziemlich genau auf die Mitte des Kreises zufiel, den Papa flog.

Nachdem Papa etwa dreimal genau im Kreis geflogen war, hing der Stoffbehälter bewegungslos in der Luft, während das knallgelbe Flugzeug weiter darüber seine Kreise zog. Onkel Ed ließ dann noch mehr Seil nach unten, und der Behälter senkte sich herab, bis er fast auf dem Boden angekommen war. Wenn unten jemand stand, konnte er einfach hingehen und danach greifen.

Papa hatte sich den Eimer-Trick ursprünglich ausgedacht, weil es im Dschungel so viele Dörfer ohne eine eigene Landepiste gab. Man konnte zwar mit dem Fallschirm Lasten auf größere Lichtungen abwerfen, aber in den meisten Dörfern gab es kein Funkgerät. Mit den Leuten dort hatte sich Papa nie verständigen und aus diesen Dörfern hatte er nie etwas ausfliegen können, bis er das Eimer-Absetzen erfand. Er überlegte sogar, ob man Leute, die schwer erkrankt waren, auf diese Weise ausfliegen konnte. Um das auszuprobieren, lieh er sich manchmal das Hündchen meiner Schwester aus. Er probierte auch eine Art der wechselseitigen Kommunikation aus, indem er ein batteriebetriebenes Telefon in dem Eimer festband, der dann statt an seinem üblichen Seil an dem Telefonkabel hing.

Ich weiß, dass es kurz vor Weihnachten 1955 bei uns ziemlich hektisch zuging, weil Papa zusammen mit Ed McCully, Jim Elliot, Pete Fleming und Roger Youderian einen Plan ausheckte, wie man zum ersten Mal in der Geschichte mit den „Aucas" freundlichen Kontakt aufnehmen wollte. Ihre Erbfeinde waren die Quechuas. Wenn sie sich zum Jagen in das Gebiet der „Aucas" vorwagten, wurden sie kaltblütig ermordet. Die „Aucas" überfielen auch Quechua-Dörfer, um Metalläxte und Macheten zu stehlen, und dabei erstachen sie mit ihren Speeren jeden, der ihnen in die Hände fiel.

Das Töten war allerdings keine ganz einseitige Sache; die Quechuas erschossen die „Aucas" ihrerseits mit ihren Schrotflinten. Aber die andauernde Gewalt war nicht der einzige Grund, weshalb mein Vater und die anderen die „Aucas" erreichen wollten.

Die Ölfirma Shell hatte sich gerade aus dem Regenwald Ecuadors zurückgezogen, wo sie eine Menge Energie und Geld darauf verwendet hatte, beträchtliche Ölreserven tief unter der zerklüfteten Dschungeloberfläche nachzuweisen. Einer der Gründe, weshalb Shell das Projekt nicht weiter verfolgte, war die ständige Gefahr vor einem Angriff der „Aucas". Die riesige Gesellschaft mit all ihrer Technologie und ihren Ressourcen konnte den speerschwingenden Dschungelnomaden, in deren Gebiet sie vordrang, nicht die Stirn bieten. Im Regenwald hatten die Waodani eindeutig den Heimvorteil. Es gab Gerüchte, dass Shell und die Regierung den Stamm ganz ausrotten oder doch zumindest noch tiefer in den

Dschungel hineintreiben wollten, so dass sie unbehindert Zugang zu den vermuteten Ölreserven bekamen.

Papa und seine Freunde hatten viele Stämme im Dschungel achten und lieben gelernt – die Quechuas, die Shuar, die Atshuar und die Zaparos, von denen nur noch wenige übrig waren. Sie empfanden Mitgefühl mit den „Aucas", über die nur sehr wenig bekannt war, und weil sie gerne dazu beitragen wollten, dass dieser Stamm eine Chance bekam – sowohl in diesem Leben als auch im Blick auf die Ewigkeit – wollten sie es wenigstens versuchen, freundlich auf die „Aucas" zuzugehen, bevor sie ausgerottet oder soweit vertrieben wurden, dass sie gar nicht mehr erreichbar waren.

Doch dazu musste man sie erst einmal finden. Die „Aucas" waren Halbnomaden, die in sehr kleinen Einheiten zusammenlebten und ständig von einem Teil des Dschungels in einen anderen umzogen. Auf diese Weise gab es immer genug Tiere, die sie jagen konnten. Außerdem konnten die Pflanzen, die sie an einem Ort angebaut hatten, wachsen und reifen, während sie ihre Gärten in einem anderen Teil abernteten. Und es gab noch einen weiteren Grund für die häufigen Umzüge – wenn sie zu lange an einem Ort lebten, waren sie für ihre Feinde leichter aufzuspüren.

Papa hatte begonnen, über das Gebiet der Waodani zu fliegen, was er bis dahin immer vermieden hatte. Obwohl ich erst fünf war, verstand ich, dass das sehr gefährlich war. Wenn er dort notlanden musste, war es sehr wahrscheinlich, dass er – selbst wenn er den Absturz überlebte – von den „Aucas" umgebracht wurde.

Papa begann also damit, Benzinvorräte bei den McCullys in Arajuno anzulegen. Onkel Ed war mit seiner Familie in eine leer stehende Siedlung von Shell gezogen und wohnte an der Grenze zum Waodani-Gebiet. Die Quechuas, die im benachbarten Dorf lebten, kamen über Tag zwar zu ihnen, aber sie wagten es nicht, auf jener Seite des Flusses Häuser zu bauen oder auch nur eine Nacht dort zu verbringen. Die McCullys waren das Risiko eingegangen, weil sie die Landebahn nutzen wollten, die die Ölgesellschaft dort angelegt hatte. Außerdem hofften sie, dass die „Aucas" vielleicht von sich aus versuchen würden, mit ihnen friedlich Kontakt aufzunehmen, wenn sie auf ihrer Seite des Flusses lebten.

Wenn Papa seine üblichen Flüge erledigt hatte, holte er Ed ab, und die beiden flogen über die vielen Flüsse und Bäche im „Auca"-Stammesgebiet hinweg und hielten nach Hütten Ausschau. Sie fanden eine Lichtung ganz abgelegen im Norden, die inzwischen zwar nicht mehr bewohnt war, aber einen Garten erkennen ließ, der noch bearbeitet wurde. Leider lag sie so abgelegen, dass es kaum möglich war, dort den ersten Kontakt zu wagen. Ed wusste aber, dass es noch „Aucas" geben musste, die dichter an Arajuno lebten, denn schließlich überfielen sie immer noch mit großer Regelmäßigkeit die Quechuas in dieser Gegend. Die Quechuas konnten auch oft Fußspuren um das Haus der McCullys ausmachen, die von „Aucas" hinterlassen worden waren. Die Gefahr schien so greifbar nah, dass Papa einen kleinen batteriebetriebenen Elektrozaun um das Grundstück herum zog. Vielleicht ließen sich die „Aucas" ja davon abhalten, so nahe an das Haus heranzukommen.

Eines Tages flog Papa Pete Fleming und zwei Quechuas zu einer christlichen Konferenz, die südlich des „Auca"-Gebiets stattfinden sollte. Weil sie von Arajuno kamen, hatten sie nur die Möglichkeit, einen weiten Bogen um das „Auca"-Territorium zu fliegen oder den direkten Weg darüber zu wählen. Entgegen seiner sonstigen Gewohnheit wählte Papa die Abkürzung.

Auf halber Strecke fingen die Quechuas plötzlich an zu schreien: „Auca-Hütten! Auca-Hütten!" Und tatsächlich, dort unten war eine kleine Lichtung neben einem Flüsschen zu erkennen. Von Arajuno war diese Stelle nur etwa fünfzehn Flugminuten entfernt. Nach genau so etwas hatten Papa und seine Freunde Ausschau gehalten.

Die Operation „Auca" konnte beginnen.

Ich war noch klein und hatte mit den Planungen begreiflicherweise nichts zu tun, aber ich folgte meinem Papa immer auf Schritt und Tritt und bekam auf diese Weise genug mit, um zu wissen, dass es hier um ein großes Abenteuer ging.

Vor Giftschlangen oder Würgeschlangen oder fleischfressenden Piranhas oder Stachelrochen oder Flugzeugabstürzen hatte ich merkwürdigerweise nie Angst. Die Folgen solcher Unfälle hatte ich oft genug zu sehen bekommen. Aber von „Aucas" aufgespießt zu werden, war doch etwas anderes. Jetzt wollten meine „Onkel" und sogar mein Papa diese Leute selbst kennen lernen. Ich fand das schrecklich aufregend, hatte aber auch Angst davor, was passieren konnte.

Eines Tages, eine Woche nach Weihnachten, lud Papa sein Flugzeug voll und startete in Richtung Dschungel. Aber diesmal kam er nicht zurück. „Tante" Olive, Petes Frau, zog zu uns, weil Pete mit Papa unterwegs war.

Es war nicht ungewöhnlich, dass Papa über Nacht wegblieb. Ich wusste nicht, dass er Arajuno, wo die McCullys wohnten, vorübergehend zu seinem Ausgangspunkt gemacht hatte. Aber ich wusste, dass es ihm gut ging, denn Mama redete jeden Tag über Funk mit ihm und markierte, wie sie es immer tat, auf ihrer Landkarte, wo er gerade unterwegs war. Die Namen der Orte, von denen sie nun sprachen, klangen mir fremd in den Ohren, aber ich war noch zu klein, um mir deswegen überhaupt Gedanken zu machen.

Es war viel von „den Nachbarn", „Terminal City" und dem „Palmenstrand" die Rede. Johnny Keenan, ein weiterer Pilot, der gerade hergezogen war, um Papa zu helfen, übernahm Papas übliche Flüge, solange er weg war. Wenn Mama Papas Flüge über Funk durchgab, nutzte sie dazu eine andere Frequenz als sonst, die von niemand anderem in unserem Verbund benutzt wurde. Kathy und mir hatte man eingeschärft, dass wir niemandem erzählen sollten, was Papa gerade machte. Es war alles ein großes Geheimnis.

Ich wusste damals nicht, dass es auch Leute gab, die nicht wollten, dass wir uns mit den „Aucas" anfreundeten. Denn in dem Moment, in dem ein friedlicher Kontakt entstand, konnte man die „Aucas" nicht mehr als Wilde ansehen, und der alte Spruch, „nur ein toter Auca ist ein guter Auca" würde dann nicht mehr gelten. Solange man sie als feindlich ansehen konnte, war es relativ einfach, sich ihrer schnell und nachhaltig zu entledigen.

* * *

Als wir nach Tante Rachels Beerdigung weiter ihre Sachen durchsahen, dachten die Waodani wehmütig an sie und daran, was sie für die Waodani getan hatte. Dann kamen sie auch auf meinen Vater zu sprechen. Ich spitzte die Ohren, denn ich wollte so viel wie möglich mitbekommen.

Als Tante Rachel noch lebte, hatte sie die Waodani nie darum gebeten, ihr von den Umständen zu erzählen, unter denen mein Vater umgekommen war. Die Waodani sollten nicht den Eindruck bekommen, als wollte sie ihnen den Mörder meines Vaters entlocken. Dayumae hatte ihr erklärt, dass die Leute Angst hatten, dass andere Angehörige von Tante Rachel herkommen und Papas Tod rächen würden, wenn sie erfuhren, wer ihn getötet hatte. Die Waodani hatten zwar hier und da über das Thema gesprochen, aber dabei waren sie immer ganz allgemein geblieben.

Als den Waodani bewusst wurde, dass Tante Rachel das Thema mied, mieden sie es auch. Aber jetzt, wo Stern tot war, brachten sie das Thema wieder aufs Tapet. Sie hatten noch einige offene Fragen, und ich auch.

Sie erzählten mir, wie sie sich gefürchtet hatten, als die gelbe „Holzbiene" zum ersten Mal über ihr Dorf flog. Aus dem Flugzeug war ein Seil heruntergelassen worden, an dem Geschenke hingen.

Papa hatte damit gerechnet, dass die „Auca" Angst haben würden, deswegen hatte er einen von Mamas Besen entwendet, den Stiel abgesägt, einen Haken daran befestigt und das Ganze an das Seil gehängt. Als der Besenstiel, an dem die Geschenke hingen, den Boden berührte, löste er sich von selbst von dem Seil, und Papa und Onkel Ed konnten es wieder nach oben ziehen.

In Papas Tagebuch steht, dass einer der Waodani, als das zweite oder dritte Mal Geschenke geliefert wurden, aus seinem Versteck gerannt kam und nach dem Behälter griff. „Wer von euch war das denn?", wollte ich wissen.

„Mincaye hat nach dem Seil der Holzbiene gegriffen", erzählten sie. Er hatte überlegt, dass er auch die Geschenke würde verteilen können, wenn er zuerst da wäre. Das würde ihn zum „großen Mann" machen.

Einmal hatte die Holzbiene ein Hühnchen mitgeliefert. Und

noch bevor ich fragen konnte, was sie damit gemacht hatten, erläuterte mir Dawa: „Das haben wir fröhlich verspeist."

Mincaye erzählte weiter. „Wir bekamen einen Axtkopf und eine ganze Axt und eine Machete und noch eine Machete und noch eine, und wir haben Messer bekommen, ein Hühnchen, Aluminiumtöpfe und Bänder und Knöpfe", erinnerte er sich. „Wir haben auch ein Hemd aus weißem Stoff bekommen. So etwas hatte einmal einer der Quechua angehabt, als wir ihn erstachen, aber wir wussten nicht, wie man es anziehen sollte."

Die Waodani gingen davon aus, dass sie selbst auch Geschenke würden machen müssen, wenn sie weiter welche erhalten wollten. „Wir haben der Holzbiene ein *yoweta* – das Kopfgefieder eines Tukans – geschickt, geräuchertes Wollaffenfleisch, ein paar Kämme und einen Papagei", berichtete jemand. An den Papagei erinnerte ich mich noch, denn Papa hatte ihn mir als Haustier geschenkt. Er war lange Zeit mein Freund gewesen.

Die meisten Geschenk-Abwürfe hatten Papa und Onkel Ed gemacht. Die Waodani, so erzählten sie mir jetzt, waren davon ausgegangen, dass er der *tempo* unter den Männern war, der älteste Mann und erfahrenste Kämpfer, wie es Gikita für sie war.

Sie wollten wissen, ob mein Papa und seine Freunde wirklich Schießstöcke dabei gehabt hatten. *Warum fragen sie mich das, wenn sie es selbst doch ganz genau wissen?*, wunderte ich mich. Auf Fotos und ein paar Filmausschnitten, die Papa und seine Gefährten am Palmenstrand aufgenommen hatten, kann man klar sehen, dass sie zumindest eine Pistole, eine Flinte und Papas Gewehr dabeihatten. Ich war mir ziemlich sicher, dass jeder der Männer zumindest eine Pistole hatte. Allerdings wusste ich auch, dass die Männer sich fest vorgenommen hatten, die Waffen nicht gegen die „Aucas" einzusetzen, nicht einmal in Notwehr. Aber sie hatten gehört, dass die „Aucas" Angst hatten vor Gewehren und immer davonliefen, wenn ein Schuss fiel. Also schien es vernünftig, die Waffen mitzunehmen. Wenn sie sie dabeihatten, mussten sie damit ja nicht auf die „Aucas" schießen, aber wenn sie sie nicht dabeihatten, konnten sie die „Aucas" nicht einschüchtern, wenn diese sie angriffen. Außerdem waren die Gewehre bei der Jagd und zur Verteidigung gegen andere Gefahren im Dschungel nützlich.

„Ja, sie hatten *tiamo* dabei“, antwortete ich und bestätigte damit, was sie schon wussten. Tante Rachel und Dayumae hatten ihnen schon vor langer Zeit erklärt, warum die Ausländer sie nicht getötet hatten: „Weil sie Gott-Folger waren. Sie wussten, dass sie bereit waren, in den Himmel zu gehen, aber die ‚Aucas' waren es nicht.“ Selbst nach all den Jahren waren die Waodani bestürzt, als sie diese Erklärung noch einmal hörten.

An diesem Tag erfuhr ich zum ersten Mal, wie es zu den schrecklichen Ereignissen am Palmenstrand gekommen war. Tante Rachel hatte mir stets untersagt, nach Details und Gründen zu fragen, weil dies in der Kultur der Waodani bedeutet hätte, dass ich mich mit großer Wahrscheinlichkeit rächen wollte. Doch nun erschien mir das gegenseitige Vertrauen so groß, dass ich es wagte, meine Fragen lozuwerden. Ich wollte Frieden über den schrecklichen Tag finden und hatte keineswegs die Absicht, den Beteiligten Vorwürfe zu machen. Schließlich hatten sie sich sehr verändert. Morden gehörte nicht mehr zur Tagesordnung, viele von ihnen waren Gott-Folger geworden. Ich spürte, dass es auch für die Waodani befreiend war, dieses heikle und schmerzbeladene Thema anzusprechen.

Ich erfuhr, dass mein Papa, Jim, Ed, Pete und Roger einige Tage im Waodani Gebiet campiert hatten und erstmals mit einigen Waodani gesprochen hatten. Nicht alle Waodani hießen dies gut. Hinzu kamen einige Streitereien innerhalb des Stammes, durch die sich u. a. Nampa und Dyuwi als Feinde gegenüberstanden. Schließlich war es Nenkiwi, der behauptete, dass die fünf Fremden eine Gruppe von Waodani angegriffen hätten. Obwohl viele diese Intrige durchschauten, machten sie sich dennoch auf den Weg, um diese Fremden zu töten. Sie wussten, dass die Morde, bei denen sie alle das gleiche Ziel verfolgten, es verhindern würden, dass die inneren Streitereien sich verhärteten und zu unausweichlichen Rachemorden führten, die den Clan weiter geschwächt hätten. So kam es schließlich zu dem grausamen Gemetzel, das mein Leben und das von vielen anderen so schlagartig veränderte. Es war furchtbar und gleichzeitig befreiend, die Details über die rücksichtslosen Taten zu erfahren. Ich erfuhr an dem Tag auch, dass es Mincaye gewesen war, der meinem Vater den tödlichen Stoß mit dem Speer versetzt hatte.

* * *

Dass das Thema „Palmenstrand“ nun noch einmal angeschnitten worden war, nahm die Waodani, die sich mit mir in Tante Rachels Haus versammelt hatten, ziemlich mit. Ich kann mich noch so gut daran erinnern, wie ich Tag für Tag darauf wartete, dass mein Papa zurückkam. Als er schon mehrere Tage weg war, kamen plötzlich jede Menge Leute zu uns. Große Flugzeuge, die ich noch nie gesehen hatte, landeten auf der Piste vor unserem Haus. Aber ich wollte nur eins: dass mein Papa endlich zurückkam.

Und schließlich rief mich meine Mutter eines Nachmittags nach drinnen und nahm mich mit in ihr Zimmer. „Stevie, Kleiner“, sagte sie. „Es tut mir so leid, aber Papa kommt nicht zu uns zurück.“ Eine Welt stürzte für mich ein, und mir kamen jede Menge Fragen in den Sinn.

Warum kommt Papa denn nicht mehr nach Hause? Er hat mich – und uns alle – doch lieb, und wir ihn auch. Und wo soll er ohne uns denn hingehen?

„Er wohnt jetzt bei Jesus“, erklärte Mama.

Das ist natürlich etwas anderes, dachte ich, schließlich hatte Papa mir immer erzählt, dass wir uns darauf alle freuten: dass wir eines Tages in den Himmel gehen und bei dem wohnen würden, der uns so lieb hatte, dass er für uns starb, damit wir leben konnten. Ich verstand nur nicht so ganz, warum Papa uns nicht mitgenommen hatte.

Als kleiner Junge hatte ich Bilder von Papas Flugzeug gesehen, das ganz zertrümmert dort an dem Palmenstrand lag. Es schien ganz nackt und tot dort am Ufer zu liegen. Die Stoffbahnen, die die Flügel und den Rumpf umgeben hatten, hingen zerfetzt vom Flugzeuggerippe herunter. Es sah irgendwie aus wie ein verstümmelter Vogel, der einen Flügel im Sand abstützt. Der Metallrahmen war von Machetenhieben ganz verkratzt. Wenn sie schon so viel Energie aufgebracht hatten, um die Holzbiene zu „töten“, konnte ich mir in Gedanken schon ausmalen, was sie meinem Papa und meinen Onkels angetan hatten.

Einer der Krieger erklärte mir, als enthüllte er ein finsteres Geheimnis: „Als wir die Fremden überfielen, waren wir sehr wütend.

Aber nachdem wir die ersten Speere geworfen hatten, bekamen wir Angst. Hätte einer von ihnen versucht zu fliehen, hätte er ganz sicher überlebt.“

Ich sah den Schmerz auf ihren Gesichtern. Inzwischen wünschten sie sich längst, dass zumindest einer der Fünf das Gemetzel überlebt hätte. Ich glaube, sie hätten gerne wenigstens einem dieser Fremden erklärt, dass sie sie einfach überfallen mussten, weil es in ihrem Leben nichts anderes als Hass gab. Wie Mincaye es ausdrückt: „Wir haben schlimm, schlimm gehandelt, bis sie Gottes Zeichen brachten. Jetzt sehen wir seine Fährte und gehen auf seinem Pfad, und wir leben glücklich und in Frieden.“

Weil keiner von uns Gottes Willen genau kennt, kann ich nur Vermutungen anstellen, aber ich glaube, dass das, was mit meinem Papa und seinen Freunden an diesem Palmenstrand geschah, Gott nicht irgendwie überraschte. Und ich glaube auch nicht, dass er einfach nur zuließ, was dort am 8. Januar 1956 passierte – während ich aufgeregt darauf wartete, dass Papas kleines Flugzeug über den Hügeln auftauchte. Und ich bin davon überzeugt, dass Gott dabei selbst seine Hände im Spiel hatte und nicht einfach tatenlos zusah. Ich habe sozusagen von der ersten Reihe aus zusehen dürfen, wie sich die Geschichte über das nächste halbe Jahrhundert entfaltete. Aus erster Hand habe ich erlebt, wie viel Gutes daraus erwachsen ist. Ich glaube, dass nur Gott es schaffen würde, aus einem so tragischen Ereignis eine so unglaubliche Geschichte zu fabrizieren.

Ich weiß von Tausenden von Menschen, deren Leben Gott durch das, was damals am Palmenstrand geschah, zum Guten hin veränderte. Es ist genug für mich zu wissen, dass meine Familie nun das Vorrecht besitzt, Mincaye, der damals meinen Vater tötete, lieb zu haben und von ihm geliebt zu werden. Und weil mein Papa, Jim, Ed, Pete und Roger bereit waren zu sterben, können ihre Mörder und deren Kinder und Enkel und Urenkel nun leben. Wenn ich die Macht hätte, das Drehbuch der Geschichte neu zu schreiben, würde ich keine einzige Szene ändern. Ich bin zu der Überzeugung gelangt, dass das Leben zu komplex und viel zu kurz ist, als dass man Amateuren die Regie überlassen sollte. Ich überlasse das lieber dem Meister der Drehbücher und dem weisesten aller Regisseure.

4. Um der Liebe willen

Es war an der Zeit, nach Hause zurückzukehren. Aber ich war verwirrt, wo ich denn eigentlich zu Hause war. Ich war in Ecuador geboren und aufgewachsen. Während meiner Zeit auf dem College, als ich zum ersten Mal für längere Zeit außerhalb von Ecuador lebte, dämmerte mir, dass ich nicht so war wie alle anderen. Ich sah genauso aus und sprach Englisch ohne jeden Akzent, aber ich wusste doch, dass ich anders war.

Als Kind sah ich immer aus dem Fenster des alten Pan-America-Flugzeugs, wenn wir aus Ecuador in die Staaten zurückflogen und den Flughafen von Miami ansteuerten. Von dort oben aus konnte man die breiten Highways und die vielen Autos sehen. Überall waren riesige Reklameschilder mit Neonbeleuchtung. Im Flughafengebäude selbst konnte man Schokoriegel und Getränke aus Automaten kaufen.

In Ecuador lebte es sich langsamer. Die Leute wurden wirklich krank, und wenn sie starben, sahen wir die Toten – und zwar nicht in spitzenverzierten Hemdchen und mit rosa Wangen in einem schön geschnitzten Holzbett. Auf dem Markt gab es nicht nur Essen – es roch auch nach Essen. Wenn wir Hühnchen essen wollten, mussten wir unserer Fleischbeilage erst den Kopf abhacken und die Federn ausrupfen. Wenn uns auf der Straße jemand begegnete, den wir kannten, sagten wir nicht einfach nur hallo, um dann weiterzugehen. Wir gingen hinüber zu ihm auf die andere Straßenseite, umarmten ihn und nahmen uns die Zeit, ihn nach seiner Familie, seiner Arbeit und allem anderen zu fragen, das ihn gerade bewegte.

Wo war mein Zuhause? Als Kind wusste ich nicht, ob ich in die USA oder nach Ecuador gehörte. Aber als dieses alte Problem nun nach Tante Rachels Beerdigung im Dschungel wieder in mir aufbrach, wurde mir plötzlich klar, dass die Antwort bei Ginny lag.

Wir hatten uns nach dem College in Ecuador kennengelernt. Ich war gerade erst wieder nach Südamerika zurückgekehrt, um herauszufinden, wo ich denn nun eigentlich zu Hause war. Kurz nach meiner Ankunft wurde ich gebeten, für den Chor einer Swedish Covenant Church aus Minnesota den Reiseführer zu spielen. Ich sollte sie in den Dschungel begleiten, wo sie etwa die Hälfte ihrer Reise verbringen sollten. Ecuador wird wegen seiner wunderschönen schneebedeckten Berge manchmal als die Schweiz von Südamerika bezeichnet, aber eigentlich bedeckt der dichte Regenwald des Amazonasgebiets mehr als die Hälfte der Fläche des Landes. Nur wenige Menschen kennen diese Hälfte überhaupt. Es ist eine smaragdgrüne Welt voller Rätsel und Wunder, eine abgelegene Welt jenseits aller Straßen, die sich den Menschen verschließt, die nicht in ihr groß geworden sind.

Am Abend bevor wir zu unserer Dschungeltour loszogen, gab der Chor ein Konzert in Quito, der Hauptstadt Ecuadors. Ich saß neben der Missionarsfrau, deren Mann die Reise organisiert hatte. Ich kannte Mrs. Kelly gut. Sie war die Mutter eines meiner Kumpels aus Schulzeiten, und für gewöhnlich war sie ziemlich zurückhaltend, fast schüchtern.

Aber an diesem Abend lief sie zu Hochform auf. Sie war, wie die meisten Chormitglieder, skandinavischer Abstammung und redete während des ganzen Konzert von nichts anderem als davon, was für großartige Ehefrauen die skandinavischen Mädels abgaben. „Die melken morgens die Kühe und sehen abends trotzdem zum Anbeißen aus“, vertraute sie mir an. Sie verhielt sich so ganz anders als sonst, dass ich gar nicht wusste, wie ich reagieren sollte. Und als sie dann vorschlug, ich sollte mir eins der Mädchen aussuchen und heiraten, war ich wirklich schockiert. Damit sie endlich Ruhe gab, versicherte ich ihr scherzend, dass ich das Mädchen heiraten würde, das gerade vorne das Solo sang.

Am nächsten Morgen, als ich mich zur Gruppe gesellte, um meinen Pflichten als Reiseführer nachzukommen, führte Mrs. Kelly mich ohne weitere Vorwarnungen zu einem der beiden Busse. Aus etwa drei Metern Entfernung deutete sie auf eine junge Dame, die einen Fensterplatz hatte, und eröffnete mir, dies sei das Mädchen, das ich gestern ausgewählt hätte.

Mrs. Kelly hatte den Arm ausgestreckt und zeigte mit dem Finger direkt auf Virginia Olson. Ich merkte, wie mir die Röte ins Gesicht schoss. Aber als sich die junge Frau zu uns umdrehte, tat mein Herz etwas, das es noch nie zuvor getan hatte. Ich hätte einfach wegschauen sollen, um klar zu zeigen, dass ich mit dieser plumpen Aufdringlichkeit nichts zu tun hatte, aber ich schaffte es einfach nicht. Die nächsten drei Tage verliebte ich mich Hals über Kopf in dieses hübsche Mädchen.

Plötzlich interessierte mich nur noch eins: mit Ginny zusammen zu sein. Zweiunddreißig Jahre später – wir hatten inzwischen vier Kinder, waren dreizehnmal umgezogen, hatten ein Bündel schnatternder Enkelkinder und ich hatte bei fünf verschiedenen Firmen gearbeitet – fühle ich mich immer noch lebendiger, wenn ich mit Ginny zusammen bin. Mein Herz schlägt gleichmäßiger, wenn sie da ist. Ja – mein Zuhause war da, wo Ginny war, und es war an der Zeit, nach Hause zu fliegen.

Ich rief Ginny von Quito aus an und berichtete ihr, dass ich nun nicht mehr im Dschungel war und Tante Rachels Wohnung in der Stadt vorerst behalten wollte. Tante Rachel hatte dort gelebt, nachdem sie nach einer Krebs-Operation in den Staaten zur Erholung nach Ecuador zurückgekehrt war. Am anderen Ende der Leitung entstand eine lange Pause.

Frauen haben wohl einen fast unheimlichen sechsten Sinn, wenn es um anstehende Veränderungen geht. Sie spürte jedenfalls, dass mich irgendetwas sehr beschäftigte. Ich hatte eigentlich nicht vor, Ginny am Telefon von der Anfrage der Waodani zu berichten. Aber sie kam trotzdem darauf.

Es ist mir fast peinlich, das zuzugeben, aber ich habe Jahre gebraucht, bis mir bewusst wurde, dass Ginny nicht nur einen klaren Kopf und ein weiches Herz hat, das offen ist für Gottes Führung, sondern dass Gott sie auch genauso führen kann wie mich. Ich wusste ja, dass ich eine Entscheidung von solcher Tragweite nicht ohne Ginny treffen konnte. Und unsere vier Teenager würden ohne Zweifel auch ihren Senf zu der ganzen Sache dazugeben wollen. Obwohl ich selbst noch gar keinen Beschluss gefasst hatte, merkte sie, dass irgendetwas los war, und an der untypischen Kühle in ihrer Stimme konnte ich ablesen, dass sie es mit der Angst zu tun bekam.

Als ich in Orlando ankam, kam Ginny mich abholen. Sie küsste mich, aber das schien mehr aus einem Pflichtgefühl heraus zu kommen als aus der Erleichterung, mich wohlbehalten zurückzu haben. Sie war immer noch die Frau meiner Träume, aber zwischen uns war eine Mauer.

Ich wusste, dass ich es irgendwie schaffen musste, dieses unsichtbare Hindernis abzureißen. Leider machte ich den Fehler, die Mauer mit Worten einzureißen, anstatt meine Frau einfach so lange im Arm zu halten, bis sie von selbst zu bröckeln begann.

„Glaub mir, Ginny", versicherte ich ihr, „ich hab noch gar keine Entscheidung getroffen, nicht im Kopf und nicht im Herzen. Ich weiß nicht, ob es richtig wäre, nach Ecuador zurückzugehen – egal was die Waodani sagen. Ich weiß ja nicht einmal, ob es ihnen ernst ist. Vielleicht ist es ja nur eine kleine Gruppe von Waodani, die mich zurückhaben möchte. Und wenn das der Fall ist, wäre es völlig sinnlos, daran überhaupt einen weiteren Gedanken zu verschwenden. Sie sagen, dass ich ihnen beibringen soll, wie man Zähne ausbessert, Krankheiten behandelt, Außenbordmotoren repariert, Medizin bestellt und eine eigene Schule gründet. Aber wenn es ihnen nur darum geht, dass ein weiterer Mensch ihnen irgendetwas gibt, würde ich nicht dorthin gehen, selbst wenn ich es wollte. Und selbst wenn sie mir lautstark versicherten, dass ich unbedingt bei ihnen sein sollte, könnte ich das nicht tun."

Ich hatte die Waodani viel zu lieb, als dass ich mit dazu hätte beitragen wollen, dass ihre von Unabhängigkeit und Selbstversorgung geprägte Lebensweise zerstört wurde. Ich hatte praktisch zusehen können, wie diese „Nomaden des Regenwalds" zu einer Bettlergesellschaft verkommen waren. Die Schuld dafür lag sicher zu einem gewissen Teil bei den „Außenstehenden", die sie mit Arznei, Metallwerkzeugen und anderen Dingen und Leistungen versorgten, die die Waodani sich zwar wünschten, die sie selbst aber nicht herstellen konnten. Doch auch die Waodani selbst hatten zu diesem Zustand beigetragen, indem sie allzu gerne darauf warteten, dass die Außenwelt ihnen half, anstatt bestimmte Dinge selber zu lernen. Aber entscheidend war für mich nicht, wer Schuld hatte. Entscheidend war für mich, dass ich traurig dabei hatte zusehen müssen, wie sich die Waodani-Welt so verändert hatte. Die Entwicklung, die die Waodani immer abhängiger machte, war einmal angestoßen worden und ging unaufhaltsam weiter, und ich maßte mir nicht an, dass ich sie irgendwie würde aufhalten können. Doch ich wollte keinesfalls etwas dazu beitragen!

Ich fand meine Worte und Beschwichtigungen ziemlich überzeugend. Aber Ginny merkte, dass ich in Gedanken eigentlich schon viel weiter war, als ich es mir selbst gegenüber zugegeben hätte. Sie merkte, dass mein Kopf immer noch über den Vorschlag der Waodani nachdachte, während mein Herz schon halb nach Ecuador gezogen war.

Ich hatte damals keine Ahnung, wie verzweifelt Ginny war. Sie konnte sich beim besten Willen nicht vorstellen, als Ehefrau und Mutter an einem Ort zu leben, wo sie die Sprache nicht verstand, wo sie unsere Mahlzeiten selbst jagen und sammeln und ohne Elektrizität oder irgendwelche technischen Hilfsmittel zubereiten musste.

Ginny fuhr fort: „Seit die Piper deines Vaters nach all diesen Jahren aufgetaucht ist und du mir dieses kleine Flugzeug-Nummernschild gezeigt hast, ahne ich, dass da etwas im Busch ist. Ich habe damals nicht gewusst, was – aber jetzt weiß ich es."

Ich musste an das Flugzeug meines Vaters denken und daran, wie aufgeregt wir vor ein paar Monaten gewesen waren, als die Waodani 56 Henry gefunden hatten und ich losgezogen war, die für mich so kostbaren Überreste zu bergen.

* * *

Ich war nach Orlando gefahren, um Tante Rachel vom Flughafen abzuholen. Sie war wegen ihrer Krebsbehandlung hergeflogen. Schon vor Jahren hatte sie erfahren, dass sie Krebs hatte, aber damals beschlossen, die Krankheit so lange wie möglich zu ignorieren. Sie wollte bei den Waodani leben. Und auch jetzt wollte sie nur, dass es ihr wieder besser ging, damit sie in den Dschungel zurückkehren konnte – und wenn es nur war, um dort zu sterben.

Nachdem sie so lange unter den Waodani gelebt hatte, war Tante Rachel ihnen ziemlich ähnlich geworden. Als ich sie am Flughafen traf, verschwendete sie keine Zeit mit leeren Höflichkeiten. Sie übersprang die gebräuchlichen amerikanischen Begrüßungsfloskeln und kam, wie bei den Waodani üblich, gleich zur Sache. Was sie mir erzählte, warf mich fast um.

„Die Waodani haben heute Morgen von Toñampade aus einen Funkspruch nach Quito geschickt, dass sie das Flugzeug deines Papas gefunden haben!"

Wie konnte das sein? 56 Henry, der für uns eher wie ein Familienmitglied war als wie eine seelenlose Maschine, war „tot" und ganz nackt am Palmenstrand zurückgeblieben. Ich konnte mich noch an die Fotos erinnern, die an meinem fünften Geburtstag, am 30. Januar 1956, in der Zeitschrift *Life* erschienen waren. Auf einer Seite war ein Bild meines Vaters, wie er ausgesprochen lebendig und lächelnd vor 56 Henry posierte. Er hielt einen Federschmuck und einen handgearbeiteten Kamm in der Hand, den die „Aucas" ihm als Gegenleistung für die Geschenke gegeben hatten, die er und Onkel Ed ihnen per Eimer-Trick geliefert hatten. Auf der nächsten Seite waren zwei furchtbare Bilder – eins zeigte die Überreste unseres guten alten 56 Henry im Sand, das andere die Leiche meines Vaters, die im Fluss trieb und sich wie Treibgut in einer Astgabel festgehakt hatte.

Innerhalb weniger Tage nach dem Tod meines Vaters waren die Überreste des Flugzeugs verschwunden. Ich hegte keinerlei Zweifel daran, was passiert war. Der Fluss hatte Hochwasser gehabt, wie es in regelmäßigen Abständen üblich war, und der reißende Strom hatte das Gerippe des zerbrechlichen kleinen Flugzeugs mit sich fortgerissen. Ich war mir sicher, dass nach fast vier Jahrzehnten wenig mehr von 56 Henry übrig sein konnte als ein paar Flocken verrosteter Stahl und einige Bruchstücke Aluminium. Und diese Reste hatten sich vermutlich auf den vielen Hunderten von Kilometern, die sich der Fluss zwischen dem Palmenstrand und dem Atlantik auf der anderen Seite des Kontinents hinzog, verteilt.

Ich bat Tante Rachel, mir alles zu erzählen, aber mehr wusste sie auch nicht. Sie wusste nur, dass Cawitipae und seine Frau fischen gewesen waren und auf der Suche nach Schildkröteneiern flussaufwärts stakten. Seine Frau hatte einen merkwürdig aussehenden, hohlen Stab am Strand gefunden. Sie hatten versucht, ihn aus dem Sand zu ziehen, aber das war ihnen nicht gelungen. Und so hatten sie um ihn herum gebuddelt, um festzustellen, warum er feststeckte und auf diese Weise die Überreste von Papas Flugzeug gefunden.

Ich führte ein Telefonat mit Ecuador, um mehr Einzelheiten herauszubekommen, und erfuhr dabei, dass ein großer Teil des Rumpfgerüsts gefunden worden war. Ich versuchte mich daran zu erinnern, wie er ausgesehen hatte, aber das gelang mir nicht. Am nächsten Tag saß ich zusammen mit meinem Bruder Phil und meinem zweitältesten Sohn Jaime im Flugzeug nach Ecuador. Wir hatten einen Metalldetektor im Gepäck und so viel Adrenalin im Blut, dass es uns tagelang wach gehalten hätte.

Weniger als vierundzwanzig Stunden später landeten wir auf der kleinen Piste von Toñampade, ganz tief in dem unberührten Teil des Amazonasdschungels, in dem Papa damals seine Palmenstrand-Landebahn entdeckt hatte.

Dayumae und ihr Mann Komi empfingen uns mit einer Gruppe Waodani und gingen uns dann zu einer strohgedeckten Hütte neben der Piste voraus. Dort fanden wir, was wir suchten. Aus der Entfernung sah es aus wie ein Bündel verrosteter, brauner Röhren, die in keiner erkennbaren Ordnung ineinander verkeilt waren. Aber als wir näherkamen, sah ich, was Cawitipaes Frau im Sand hatte stecken sehen. Es war tatsächlich ein hohles Rohr – der Steuerknüppel von 56 Henry.

Der Pilot von der Mission Aviation Fellowship, der uns hergebracht hatte, streckte die Hand aus und berührte den Knüppel fast ehrfürchtig.

„Wenn man sich das mal so überlegt“, meinte er zu mir gewandt. „Der Letzte, der das hier in der Hand gehalten hat, war dein Vater.“

Die Schienen, in denen die Sitze gesteckt hatten, das Fahrwerk und der gesamte untere Teil des Rumpfs waren noch recht gut erhalten. Sogar die Federung, die in frühen stoffbespannten Flugzeugmodellen wie dieser Piper PA-14 aus einfachen, in Stoff eingenähten Gummibändern bestanden hatten, war noch da. Sie gab auf Ziehen und Drücken sogar noch ein bisschen nach.

Mir fielen auch die Pedale auf. Papa hatte das Flugzeug immer mit ihnen gesteuert. An jedem Gummipedal war eine Bremse, die auf eines der Vorderräder einwirkte. Ich drückte ein Pedal nach unten und konnte dabei an nichts anderes denken, als dass dies das Flugzeug war, mit dem mein Papa aus meinem Leben geflogen war, als ich ein kleiner Junge war.

Als ich die Bremse drückte, bewegte sie sich. Und aus dem rissig gewordenen Bremskabel entwich tatsächlich noch etwas Flüssigkeit. Ich konnte es kaum glauben und wollte unbedingt noch mehr Überreste von 56 Henry finden, also machten wir uns auf den Weg zum Fluss. Als die Waodani merkten, wie aufgeregt wir über ihren Fund waren, ließen sie alles stehen und liegen und schlossen sich unserer schaufelschwingenden Bergungs-Expedition an. Wir hofften sehr, dass der Sand, der einmal der Palmenstrand gewesen war, noch mehr Schätze freigab.

Unsere Metalldetektoren schlugen an mehreren Stellen am Strand an. Wir begannen, an all diesen Stellen begeistert zu graben, und fanden schnell weitere Rohre, die zum Rumpf gehört hatten. Sie erwiesen sich als die Fassungen, in denen die Rücksitze gesteckt hatten, und passten zu den Teilen, die Cawitipae und seine Frau gefunden hatten. Trotz eifriger Bemühungen fanden wir nicht mehr als das.

Von unserer langen Reise waren wir recht erschöpft. Wir beschlossen, zum Dorf zurückzugehen, das etwa eine Meile entfernt lag.

Als ich dort mit Coba, einem meiner Jugendfreunde, am Strand entlanglief, begleitete uns auch sein Sohn. Der streckte seine Hand plötzlich in das seichte Ufer am Rand des Flusses und griff nach etwas. Ich sah etwas Silbernes aufblitzen und dachte, dass er wohl einen Fisch gefangen hatte. Er streckte seinen Fund Coba entgegen und meinte: „Will Babae das?“

Er hielt ein kleines, trapezförmiges Aluminiumschild in der Hand, auf dem fünf Buchstaben eingraviert waren – PIPER. Es war das Nummernschild von Papas Flugzeug! Es konnte nun kein Zweifel mehr daran bestehen, dass es sich bei dem Flugzeug, das gefunden worden war, in der Tat um 56 Henry höchstpersönlich handelte.

Ich nahm das Nummernschild in die Hand und tauchte in die Geschichte dieser fünf Missionare ein. Es war das Flugzeug, das die fünf im Januar 1956 in den Tod geflogen hatte. Nach fast vierzig Jahren in einem wilden und unberechenbaren Dschungelflussbett sah das Schild noch genauso aus wie damals, als ich Papa zum letzten Mal sah, wie er sein fliegendes Taxi über die Piste holpern ließ, das Flugzeug in die Höhe riss und dann aus meinem Leben verschwand. Ich konnte es kaum glauben: selbst die Farbe war erhalten geblieben. Dass wir all diese Überreste nach so vielen Jahren gefunden hatten, war ein Wunder – so viel war mir klar.

* * *

Ginny hatte recht: Dass wir 56 Henry gefunden hatten, war der erste Schritt in einer längeren Entwicklung gewesen, die unserem Leben eine völlig neue Richtung geben würde.

Vielleicht hatte mein Herz längst schon seine Entscheidung gefällt – aber mein Verstand kämpfte immer noch mit all den Umstellungen, die ein Leben im Dschungel mit sich bringen würde. Ich würde meine Karriere aufgeben müssen, um meiner Dschungelfamilie bei etwas zu helfen, das eigentlich unmöglich war. Ich war als Geschäftsmann erfolgreich gewesen, und Ginny und ich hatten immer viel weniger Geld ausgegeben, als ich verdiente. In den letzten Jahren hatte ich mehr verdient, als ich je zu träumen gewagt hatte. Wenn die Waodani jemanden brauchten, der ihnen half, konnte ich es mir eigentlich leisten, jemanden für diese Aufgabe einzustellen. Aber mit dieser Ausrede hatte ich es schon versucht, und sie hatten mir sehr deutlich zu verstehen gegeben, dass sie mehr wollten als das. Sie wollten jemanden, der eine Beziehung zu ihnen hatte und sich ihnen wirklich verbunden fühlte. Sie wollten nicht, dass ich ihnen jemanden schickte; sie wollten mich selbst.

Je mehr wir über die ganze Sache sprachen, desto verzweifelter wurde Ginny. Sie konnte sich einfach nicht vorstellen, wie sie in einer Hütte im Dschungel des Amazonas vier Kinder aufziehen sollte.

Was natürlich eine weitere Frage aufwarf: Was hielten unsere Kinder eigentlich von der Vorstellung, im Dschungel zu leben?

Ginny und ich waren unseren Kindern gegenüber immer sehr offen gewesen. Wir zeigten einander unsere Zuneigung in ihrer Gegenwart, und wenn wir stritten, durften sie das genauso mitbekommen. Wir erklärten unseren Kindern auch immer, wie es uns finanziell ging und was unser Leben sonst noch bestimmte.

Es kam der Tag, an dem ich Shaun, Jaime, Jesse und Stephenie eröffnen wollte, worüber wir nachdachten. Aber dann geschah etwas, das mich an diesem Entschluss wieder zweifeln ließ: Ich hörte Stephenie im Wohnzimmer schreien. Nun ist es nicht allzu ungewöhnlich, dass Steph es mit ihrer Dramatik ein bisschen übertreibt, aber ihr Schreien klang nun doch recht ernst. Ich dachte, dass ihr vielleicht ein Glas kaputtgegangen und sie in die Scherben gefallen war oder so etwas, und rannte aus dem Schlafzimmer. Aber als ich ins Wohnzimmer kam, stand sie auf dem Sofa, hielt sich eine Hand vor den Mund und fuchtelte mit den Händen in der Luft, als gälte es, einen Feind abzuwehren.

Über den Wohnzimmerteppich kroch eine Art große Kakerlake. Mir sank der Mut. Wenn Stephenie schon vor der Florida-Fauna kapitulierte, würde sie im Dschungel sofort einen Herzinfarkt erleiden. Da unten gab es richtige Kakerlaken, die bis zu fünfzehn Zentimeter lang sein konnten. Es gab handtellergroße Käfer und Grashüpfer, aus denen man eine richtige Mahlzeit zubereiten konnte – wenn man sehr, sehr hungrig war ...

Trotz meiner Zweifel erzählte ich unseren vier Kindern an diesem Tag von unseren Überlegungen. Ihre Reaktion wird mir bis an den Rest meines Lebens ein Rätsel bleiben.

„Klar, machen wir das doch einfach!", sagte Jesse sofort. Shaun und Jaime hielten das Ganze auch für eine großartige Idee.

Aber die größte Überraschung war Stephenie. Sie kreischte begeistert und klatschte dann fünf Mal ganz schnell hintereinander in die Hände. Das tut sie manchmal, wenn sie mich auf die Palme bringen oder meine Aufmerksamkeit erregen will. Als ich ihr einen dieser Blicke zuwarf, die jede weitere Kommunikation zwischen Eltern und Kindern überflüssig machen, griff sie nach meiner Hand und begann im Zimmer herumzutanzen. „Au ja, Papa, versprich uns, dass wir dorthin gehen! Ich pass hier sowieso nicht hin und finde das Leben sooo langweilig!" Und das aus dem

Mund einer Fünfzehnjährigen, die Kakerlaken für lebensbedrohlich hielt?

Ich hätte damals nicht einmal zu träumen gewagt, dass mich Jesse noch bevor ein Jahr verstrichen war fragen würde, ob er mit einem seiner Waodani-Freunde ganz allein auf eine fünftägige Dschungelwanderung gehen dürfe oder dass ich Stephenie davon würde abhalten müssen, sich eine fleischfressende Fledermaus als Haustier zu halten ...

5. Von Strohdächern und Stringtangas

Ich wusste, dass uns einschneidende Veränderungen ins Haus standen, wenn wir auf die Anfrage der Waodani eingingen. Wir würden vom Ende des zwanzigsten Jahrhunderts zurück in die Steinzeit reisen. Bis jetzt hatten wir uns noch nicht endgültig entschieden, wirklich mit Sack und Pack in den Dschungel zu ziehen. Ginny und ich würden den Waodani zumindest einen kurzen Besuch abstatten, um herauszufinden, ob sie es wirklich ernst meinten. Ich wollte, dass ihnen bewusst war, dass es auch für sie nicht einfach sein würde, ihr Leben selbst in die Hand zu nehmen und die Verantwortung für ihre Zukunft selbst zu tragen – vermutlich würden sie genauso zu kämpfen haben wie ich, der ich ihnen dabei helfen wollte. Und Ginny musste eine Vorstellung davon bekommen, was auf sie zukam, wenn wir umzogen.

Als ich darüber nachdachte, musste ich an meine erste Begegnung mit der rätselhaften und wunderbaren Dschungelwelt der Waodani zurückdenken.

* * *

Meinen ersten Besuch bei den Waodani, damals war ich neun Jahre alt, habe ich noch als schrecklich aufregend in Erinnerung. Ich hatte Tante Rachel und Mama davon reden hören. „Ich glaube, inzwischen ist es sicher genug, dass ein männliches Wesen dorthin kommt und mit im Stamm lebt", meinte Tante Rachel. „Sie wissen, dass sie Stevies Vater getötet haben. Ein paar von ihnen werden sich vielleicht Sorgen machen, dass der Junge Nate rächt, wenn er erwachsen ist. Aber die Mehrheit ist längst davon überzeugt, dass wir keine Vergeltung üben wollen. Die meisten haben ihre eigenen Fehden und Racheaktionen aufgegeben und verstehen gut, dass wir es genauso halten."

Tante Rachel lebte schon länger im Duschungel. Bereits vor den ersten Kontaktaufnahmen meines Vaters zu den Waodani war sie nahe an das Stammesgebiet gezogen und lebte mit Dayumae auf einem größeren Grundstück. Ich konnte kaum glauben, dass meine Mutter, die mich sonst vor lauter Angst nicht einmal eine Schrotflinte besitzen ließ, mir nun erlaubte, zu Tante Rachel in den Dschungel zu ziehen. Aber ich hielt den Mund, weil ich es kaum erwarten konnte, zu den Waodani zu gehen.

Wir fuhren von Quito nach Shell, wo wir gewohnt hatten, als Papa noch lebte. Es war schon aufregend, wieder am Rand des Dschungels zu sein. Aber noch aufregender war es, tief in den Dschungel zu gehen. Wir würden mit einer Helio Courier fliegen, einem kleinen Flugzeug, das mit sehr kurzen Start- und Landepisten auskommt. Das würden wir auch brauchen. Ich hatte schon eine Menge Pisten im Dschungel gesehen, aber keine, die so kurz war wie die in Tiwaeno, wo Tante Rachel nun lebte.

Als ich vom Flugzeug aus auf Tiwaeno heruntersah, erkannte ich lediglich eine kleine Lichtung neben ein paar strohgedeckten Hütten. Es sah aus, als wäre ein großer Baum umgekippt und hätte beim Fallen so viel Unterholz und kleinere Bäume mitgerissen, dass ein schmaler Grünstreifen entstand. Der größte Teil der Lichtung schien in der Tat aus der kleinen Piste zu bestehen. Weil am einen Ende hohe Bäume standen und am anderen ein Fluss lag, erschien die Landebahn von der Luft aus viel zu kurz. In der Tat war die Piste gerademal zweihundert Meter lang. Ich erinnere mich noch, wie Papa solche Pisten beschrieben hatte: „Da zu landen, ist so ähnlich, wie ein Auto in einer Garage zu parken, wenn man hundert Sachen draufhat."

Als wir auf den winzigen Streifen zwischen den Bäumen zuflogen, begann etwas an den Tragflächen laut zu klappern, als würden sie jeden Moment abfallen. „Keine Sorge", versuchte mich der Pilot zu beruhigen, „das sind nur die Lamellen; die werden ausgefahren, weil ich das Tempo drossele." *Erzähl das mal lieber Tante Rachel,* dachte ich. *Ich habe keine Angst. So lange das Ding hier fliegt, möchte ich drin sitzen – am liebsten auf dem Pilotensitz.*

Als wir wohlbehalten unten angekommen waren, parkte der Pilot das Flugzeug vor einer der strohbedeckten Hütten und stellte den Motor aus. Wir stiegen aus und mein Blick fiel auf eine Gruppe von Waodani. Sie standen dort einfach herum, aber als ich ein paar Schritte auf sie zugehen wollte, fingen einige der kleinen Kinder an zu schreien und wegzurennen. Die älteren Leute lachten nervös und redeten wild und rasend schnell – über mich, vermutete ich. Sie schienen mich ziemlich interessant zu finden.

Die meisten Leute, die mich hier näher in Augenschein nahmen, waren völlig nackt. Die Schnüre, die sie alle um die Hüften trugen, bemerkte ich nicht. Ein paar Männer trugen winzige Hosen, einer trug seine auf dem Kopf. Einige Frauen hatten sich ein Stück Stoff um die Hüften geschlungen, andere trugen Blusen – aber keine schien beides gleichzeitig anzuhaben.

Jede Kultur hat ihre eigenen Vorstellungen von Sitte und Anstand. Damals in den sechziger Jahren gab es in Ecuador kaum öffentliche Toiletten, nicht einmal in den Städten. Für die ecuadorianischen Männer der Unterschicht war es üblich, selbst in der Hauptstadt in aller Öffentlichkeit zu urinieren. Die Frauen dachten sich nichts dabei, ihre Babys zu jeder Zeit und an jedem Ort zu stillen, und sie machten sich auch nicht die Mühe, ihre Brüste dabei zu bedecken. Andere Körperteile hingegen hielten die meisten Frauen in Ecuador möglichst bedeckt, und kleideten sich sehr konservativ.

Die Waodani definierten Anstand anders. Ich stellte schnell fest, dass Sittsamkeit bei ihnen nichts damit zu tun hatte, ob man nackt war, sondern wie man sich verhielt, wenn man nackt war. In ihrer Kultur gab es ein sehr ausgeklügeltes Regelwerk, bei dem jedes anzügliche und aufreizende Verhalten verboten war. Und eigentlich war es ja auch nicht so, dass sie sich in aller Öffentlichkeit auszogen – sie waren ja nie angezogen gewesen. Sie lebten nackt, das war sozusagen ihre Nationaltracht.

Sowohl Männer und Frauen trugen nur eine Schnur um die Hüfte, die aus mehreren Einzelsträngen bestand. Ich begriff später, dass die Frauen ihre Schnüre manchmal auch nur um ein Bein banden, denn bei ihnen erfüllten diese String-Tangas keinen so offenkundigen Zweck wie bei den Männern. Die Männer benutzten die Schnüre, um das, was sie zu Männern machte, an Ort und Stelle zu halten. Ich habe nie herausgefunden, ob das aus Gründen geschah, die irgendwie mit Anstand und Sitte zu tun hatten. Aber ich bin mir sicher, dass es sehr praktisch war – wie jeder

Mann nachvollziehen kann, der einmal nackt über dornenüberwucherte Dschungelpfade rennen musste.

Die Gruppe Waodani, die uns am Flugzeug in Tiwaeno abholte, hatte sich aus diesem Anlass sogar in Schale geworfen. Sie trugen alle Kleider, die sie besaßen. Mir kamen sie trotzdem ziemlich nackt vor. Normalerweise würde ich sie nicht angestarrt haben, aber sie schienen mich auch einer eingehenden Prüfung zu unterziehen, und es schien mir nur fair, dass ich sie auch ausgiebig musterte. Ich fühlte mich in ihrer Gegenwart von Anfang an wohl.

Es tat mir doch ein bisschen leid, dass die meisten Kinder offensichtlich Angst vor mir hatten. Sie dachten vermutlich, dass die schwarzen Ringe um meine Augen herum, die bis hinter beide Ohren gingen, irgendwie mit mir verwachsen waren. Die älteren Leute schienen sich mehr über andere Auffälligkeiten zu wundern, was meine Anatomie betraf.

Ich hatte weiße Haut wie Stern und weißes Haar wie die Tochter von Specht. Ich hatte sogar kleine Härchen an Armen und Beinen. Im Alter von neun Jahren war ich nicht viel kleiner als einige der Waodani-Männer, aber man sah mir noch nicht auf den ersten Blick an, ob ich ein Mann oder eine Frau war.

Die Gruppe beschloss, Miimo vorzuschicken, um mich einer genaueren Prüfung zu unterziehen. In der Kultur der Waodani nehmen die *piquianani*, die „Alten", eine besondere Rolle ein. Vermutlich konnten sie sich glücklich schätzen, dass sie in einer so gewalttätigen und primitiven Kultur wie der der Waodani überlebt hatten – wer es bis dreißig schaffte, galt als „alt". Jeder im Stamm hatte sein eigenes Päckchen zu tragen und seinen Beitrag zum Überleben der Gemeinschaft zu leisten, jeder half beim Jagen, beim Sammeln und Zubereiten. Wer so alt wurde, dass er seinen Beitrag nicht mehr leisten konnte, wurde zur Last. Bei den Waodani gab es kein Konzept für Ruhestand oder Lebensabend, und sie kümmerten sich nicht um alte Leute, die nicht mehr arbeiten konnten. Alte Frauen traf das besonders. Zwar stellten sie für niemanden eine Bedrohung dar, konnten die Gemeinschaft andererseits aber auch nicht gegen die Gewalt von außen verteidigen. Mit anderen Worten: Sie waren leicht entbehrlich.

Vielleicht hat das Empfangskomitee deswegen Miimo vorgeschickt, um mich genauer in Augenschein zu nehmen. Wenn ich ihr übel nahm, was sie auf Geheiß der anderen mit mir vorhatte, setzten sie immerhin nur das Leben der alten Miimo aufs Spiel.

Miimo kam auf mich zu und begann an den Härchen an meinen Armen und Beinen zu zerren, als wollte sie sich vergewissern, dass sie nicht einfach nur dort herumlagen, sondern in der Tat angewachsen waren. Dann befühlte sie meine Brille und stellte fest, dass sie mir doch nicht aus dem Kopf wuchs. Alle lachten, als hätten sie es ja gleich gewusst, aber irgendwie klangen sie doch erleichtert. Dann zog sie mich an den Haaren, rieb mir über die Ohren und betrachtete eingehend meine merkwürdigen, gelbgrünen Augen.

Schließlich feuerte die Gruppe sie an, endlich herauszufinden, was sie offensichtlich am meisten interessierte. Sie klopfte also mein T-Shirt ab, um herauszufinden, ob sich darunter etwas versteckte. Wenn ich ein Mädchen war, musste ich wohl jung und sehr hochgewachsen sein – oder mit meiner Entwicklung gewaltig im Rückstand. Aber vielleicht war ich ja kein Mädchen. Meine Muskeln waren, im Vergleich zu denen eines Waodani-Jungen meiner Größe, nicht besonders ausgeprägt, aber wenn ich doch einer war, ließ sich das ja leicht feststellen. Jedenfalls muss Miimo sich das so gedacht haben. Sie griff nach dem Gummiband meiner Hose, zog es nach vorne und schaute nach, was sich drinnen befand.

Uns war das beiden peinlich – mir, weil mir eine völlig Fremde in die Hose schaute, und ihr, weil ich keine Tanga-Schnüre trug. Kein männliches Wesen in meiner Größe würde sich je ohne seine Schnüre erwischen lassen.

Miimo verkündete allen, dass ich klapperdürr, weiß und männlichen Geschlechts war. Das Eis war gebrochen. Die Waodani sprangen ohne Rücksicht auf Rang und Würde auf mich zu, um mich willkommen zu heißen. Jetzt zerrten sie mir alle an den Haaren herum, verschmierten meine Brillengläser und klopften mich ab. Aber ich hielt das Gummiband meiner Hose gut fest. Für heute hatte ich von Inspektionen dieser Körpergegend wirklich genug. Dayumaes Mutter Akawo ging zu ihrer Hütte und kam wenig später mit einer weichen Kugel zurück, die auf den ersten Blick wie Baumwolle aussah. Sie bestand aus aufgerollten Schnüren. Miimo hatte ihr offensichtlich gesagt, dass ich keinen String-Tanga anhatte, und sie wollte dafür sorgen, dass kein Mitglied ihrer Familie sich in der Öffentlichkeit aufhielt, ohne anständig angezogen zu sein.

Wenn ich jetzt zurückschaue, denke ich, dass mich die Bewohner von Tiwaeno von Anfang an als einen der ihren aufnahmen. Schon vor langer Zeit hatte Dayumae Tante Rachel als Schwester adoptiert. Damit wurde Akawo zu einer meiner Großmütter im Stamm und der alte Gikita zu einem Großonkel. Am nächsten standen mir Dawa, die ebenfalls meine Großmutter war, und Mincaye, Dayumaes Vetter, der sich vom ersten Moment an besonders um mich kümmerte. Er wohnte so nah bei Tante Rachel, dass ich ihn abends beim Geschichtenerzählen hören konnte, wenn er in seiner Hängematte und ich auf meinem Feldbett lag. In der Nacht rief ich manchmal leise seinen Namen, und er antwortete dann mit „Woooo“ oder sogar mit einem leisen Pfeifen, was bedeutete: „Ich hör dir zu.“ Nachdem ich eine Weile dort gelebt hatte, erklärte er seinen Jungs sogar, dass ich sein Blasrohr benutzen durfte – eines der wertvollsten Besitztümer eines Waodani-Kriegers. Ich merkte, wie ich immer mehr dazugehörte.

Eines Tages beschloss Mincaye, dass ich einen Stammesnamen bräuchte. Er nannte mich nach Dawas älterem Bruder, Babae, was so viel wie „wild“ bedeutet. Viele Waodani werden nach Dschungelbewohnern genannt. Mincaye beispielsweise bedeutet Wespe. Ich fand das erst heraus, als jemand in einer irren Geschwindigkeit an mir vorbeizog und schrie: „Mincaye, mincaye!“ Ich sah mich um und wunderte mich, warum er es so eilig hatte, Mincaye einzuholen, bis mir schmerzhaft bewusst wurde, dass er nicht Mincaye hinterherlief. Er rannte vor einem Schwarm wütender *mincayes* davon, die wir im Vorbeilaufen aufgescheucht hatten.

Nun verfügte ich also über einen Tanga, einen Namen und eine komplette Stammesfamilie, und es war an der Zeit, mich ein bisschen zu amüsieren.

Das Leben der Waodani spielt sich an wenigen ausgewählten Plätzen ab. Einer dieser Plätze ist die Feuerstelle. Ein anderer ist der Fluss. Die Waodani sind gerne sauber, und so baden sie mindestens zweimal am Tag. Außerdem stellen sie sich oft mit ihren Speeren in den Fluss, um Fische zu fangen. Dort schlachten sie auch ihre Beute. Und wenn sie sich ein bisschen abkühlen und von den Insekten in Ruhe gelassen werden wollen, ohne sich in ihre rauchgeschwängerten Hütten zu flüchten, gehen sie auch ins Wasser.

Mehrmals am Tag riefen meine Freunde: „Babae, aepae pantatae gokimba“ – *Babae, wir gehen schwimmen, komm mit!* Sie rannten dann einfach zu der drei Meter hohen Uferböschung des Tiwaeno-Flusses, der nur ein paar Meter von den Hütten entfernt floss, und sprangen hinein. Ich wollte sein wie meine Waodani-Freunde, aber trotzdem hatte ich immer noch das Bedürfnis, mir vor dem Schwimmen eine Badehose anzuziehen. Es kam mir seltsam vor, mir einfach die Shorts und das T-Shirt vom Leib zu reißen und ins Wasser zu hüpfen, wie sie es taten.

Als die Leute des Stammes erfuhren, dass ich mir ein besonderes *weicoo* – ein Tuch – nur zum Schwimmen anzog, wollten sie mir alle beim Umziehen zuschauen.

Die Wände von Tante Rachels Hütte waren aus großen Bambusstämmen gefertigt worden, die mit der Machete in zwei Hälften geteilt worden waren. Diese ausgesprochen groben Wände bestanden fast mehr aus Zwischenräumen als aus Holz, und wenn irgendjemand sehen wollte, was drinnen vor sich ging, musste er nur durch einen dieser Zwischenräume spähen.

Also verkündeten meine Freunde jedes Mal, wenn wir schwimmen gingen, dem ganzen Dorf, dass Babae nun *duranibai* zu begutachten wäre – ohne Kleider. Aus irgendeinem Grund hat es mir nie etwas ausgemacht, dass eine mittelgroße Zuschauermenge mir durch Ritze beim Umziehen zuschaute, aber ich konnte mich dennoch nicht überwinden, nackt aus dem Haus zu gehen. Die Waodani müssen das ziemlich merkwürdig gefunden haben.

Mit dem Anstand war das in den drei Kulturen, in denen ich aufwuchs, wirklich so eine Sache – die Unterschiede waren erheblich. Ich kann mich noch erinnern, wie das Flugzeug einen Versandhauskatalog bei Tante Rachel ablieferte. Meine frisch gewonnenen Waodani-Freunde und ich sahen uns den Katalog an. Als wir zu der Unterwäsche kamen, fiel mir ein, dass ich diese Seiten wohl am besten überblättern sollte, aber ich tat es dann doch nicht. Ich ging einfach davon aus, dass die Waodani-Jungs neugierig waren – ich war es schließlich auch. Aber sie zeigten kein Interesse. Und dann dämmerte es mir: Warum sollten sie sich etwas dabei denken, wenn ein Mädchen nur Unterwäsche trug? Schließlich waren wir ständig von Männern und Frauen umgeben, die überhaupt nichts anhatten.

Ich lernte in der Welt der Waodani eine Menge neue Dinge kennen, aber ich war noch so jung, dass ich über die meisten Merkwürdigkeiten nicht weiter nachdachte. Ich nahm die Lebensart der Waodani einfach auf und begann sie immer mehr zu lieben. Als Erwachsener habe ich noch oft daran denken müssen, wie anders verschiedene Dinge in der Waodani-Kultur bewertet werden: Nacktheit, Polygamie, die Welt der Geister, Großzügigkeit, die Gefahren von Materialismus und Konkurrenzkampf und die Bedeutung von Beziehungen.

Am meisten fiel mir auf, wie unterschiedlich sich die Beziehungen zwischen Jungen und Mädchen gestalteten.

In der Welt, aus der ich kam, begannen neunjährige Jungen gerade erst allmählich ein Interesse an Mädchen zu entwickeln. Man musste allerhand anstellen, um bei diesen merkwürdigen Wesen, die kicherten und aufgeregt tuschelten, auf sich aufmerksam zu machen. In der Waodani-Welt dagegen schienen die Jungen nicht einmal mitbekommen zu haben, dass es so etwas wie Mädchen überhaupt gab. Jungen und Mädchen redeten nicht miteinander, wenn sie nicht gerade Geschwister waren. Und sie unternahmen auch nichts gemeinsam. Es war nicht so, dass es die Regel gegeben hätte, sich vom anderen Geschlecht fernzuhalten. Es schien mehr so, als wüsste man nichts davon, dass es dieses andere Geschlecht überhaupt gab. Wenn ich nun zurückschaue, ist mir natürlich klar, dass viel von dem Interesse, das ein nordamerikanischer Junge meines Alters an Mädchen hatte, großteils reine Neugier war. Mädchen waren wie Raupen, die sich innerhalb kürzester Zeit in Schmetterlinge verwandelten. Die Waodani-Welt dagegen ließ keine Fragen offen. Alles passierte vor den Augen aller, und man musste nicht heimlich irgendwelchen Geheimnissen auf die Spur kommen. Dass alle alles mitbekamen, ersparte den Waodani-Eltern übrigens auch, mit ihren heranwachsenden Kindern über die Tatsachen des Lebens zu reden.

Auch andere Aspekte der Waodani-Lebensweise faszinierten mich. Normalerweise wachten die Männer kurz vor dem Sonnenaufgang auf und teilten dann mit, was sie an diesem Tag unternehmen würden. Es gab keine Kalender, keine Termine und Verabredungen. Für gewöhnlich verkündeten die Männer einfach, dass sie fischen oder jagen gingen und was sie vermutlich zum Abendessen nach Hause bringen würden. Ich wurde immer von Ehrfurcht ergriffen, wenn ich mitbekam, wie viel die Waodani über die Welt wussten, in der sie lebten, und wie sie es verstanden, sich diese Welt zu Nutze zu machen. Manchmal nahmen mich die Männer des Stammes, vor allem Mincaye, auch zum Jagen mit. Das war kein Kinderspiel; die Ausdauer, mit der sie auf den unbefestigten Dschungelpfaden liefen, war unglaublich. Selbst die kleinen Waodani-Kinder schienen nie müde zu werden.

Es war sehr aufregend, mit den Erwachsenen zu gehen und zuzusehen, wie sie wilde Schweine und andere Tiere erledigten. Sie hielten auch immer Ausschau nach guten Früchten oder Honig, sie fingen Fische mit bloßen Händen oder kleinen Netzen, und sie waren immer in Bewegung. Sie wurden auch nie müde, mir all das beizubringen, das so selbstverständlich zu ihrem Leben gehörte. Aber mit ihnen zu gehen, war strapaziös und oft schmerzhaft. Es gab Zeiten, in denen ich so hungrig und müde war, dass ich sie bat, einfach weiterzugehen und mich allein zurückzulassen.

Die Jungen meines Alters begannen in dieser Zeit, allein zu jagen. Sie wollten beweisen, dass sie auch ohne fremde Hilfe zurechtkamen. Wenn ich gerade mit der Highschool begann, würden die meisten von ihnen schon verheiratet sein. Ich bin sicher, dass sie es sehr verwunderlich fanden, wie schwer mir manche Sachen fielen: Fährten zu lesen, mit Hilfe eines Rings aus Lianen einen unglaublich hohen Baum ohne Zweige hochzuklettern oder einen Pfad wiederzufinden. Meistens kam ich mir vor wie ein besonders tolpatschiges Kleinkind, aber abends versuchte ich meine Unbeholfenheit dann wieder auszugleichen. Ich konnte zwar vielleicht keine Tapirspuren auf einem Lehmpfad erkennen, aber ich konnte die „Zeichen" auf Papier lesen, die Tante Rachel den Waodani beibrachte.

Bildung in Tiwaeno geschah auf rein freiwilliger Basis und war jedes Mal ein gesellschaftliches Ereignis ersten Ranges. Eine Gruppe Waodani kam immer zu Tante Rachel, wenn es dunkel wurde und man eigentlich nichts anderes mehr tun konnte als schlafen. Im Schein von Tante Rachels Kerzen schnitzten die Männer dann Pfeile und die Frauen stellten Schnüre her, knüpften Taschen oder Fischernetze. Während alle arbeiteten, brachte Tante Rachel ihnen bei, welche Laute zu den merkwürdigen Zeichen passten, die sie auf eine kleine Tafel kritzelte.

Ich saß abends im „Unterricht“ und gab meinen Freunden, die den Tag über meine Lehrmeister gewesen waren, Nachhilfeunterricht. Mit ein bisschen Übung konnte ich die Fibeln lesen, die Tante Rachel und Dayumae hergestellt hatten. Ich konnte alles lesen, aber ich verstand es nicht. Also brachte ich den anderen bei, welche Laute und Wörter die merkwürdigen Zeichen darstellten, und die Waodani brachten mir im Gegenzug bei, was die Wörter bedeuteten.

Ich wollte wirklich alles lernen, was man zum Überleben im Dschungel braucht. Und die Waodani wollten gerne lesen lernen, damit sie selbst prüfen konnten, was Tante Rachel ihnen von der Außenwelt übersetzt hatte. Vor allem interessierten sie sich für die Geschichten, in denen es darum ging, wie *Waengongi* die Welt geschaffen hatte und wie man auf seinem Pfad gehen konnte. Die Vorfahren hatten überliefert, dass auf dem Pfad, der nach dem Leben kam, eine Würgeschlange den Weg versperren würde. Sie glaubten, dass man über diese Schlange springen musste, um auf dem Pfad bleiben zu können. Wer das nicht schaffte, würde in eine Termite verwandelt. Die Vorstellung, dass der Schöpfer seinen Pfad so klar bezeichnet hatte, dass man ihn leicht finden konnte, und dass er seinen eigenen Sohn geschickt hatte, um an unserer Stelle über die „Würgeschlange“ zu springen, fanden viele Waodani faszinierend.

Ein Teil der Waodani wollte auch lesen lernen, um herauszufinden, wie ein Leben nach dem Tod mit *Waengongi* aussah – und wie ein Leben mit den Fremden vor dem Tod aussehen sollte. Sie bauten eine besondere Hütte und nannten sie *Waengongi onco* – „das Haus des Schöpfers“, wo sie sich versammelten, um mehr über ihn zu erfahren und über seine Lehre zu sprechen.

Die Kirche der Waodani war eine kleine, strohgedeckte Hütte, die auf Stelzen stand und keine Wände hatte. So konnte immer eine leichte Brise durch das Gebäude ziehen, wenn es voll mit Leuten war, und man hatte den ganzen Tag über viel Licht. Während der langen „Sprechzeiten" sorgte dieses Design auch für die Unterhaltung der versammelten Gemeinde, denn zahme Vögel, Affen und andere exotische Haustiere leisteten uns mit schöner Regelmäßigkeit Gesellschaft.

Während des Gottesdienstes knüpften die Frauen wie üblich Schnüre und Taschen und gaben dabei ihren Babys die Brust. Die Männer schnitzten Blasrohrpfeile oder ließen sich von den Jüngeren das Haar nach Läusen durchsuchen. Während die Leute über *Waengongi* redeten, pulte mir meistens jemand mit Dornen oder Pfeilspitzen Sandflöhe aus den Beinen, die wirklich lästig waren.

Bei einem meiner ersten Besuche bei den Waodani hatten Tante Rachel und Dayumae gerade das Markusevangelium auf Wao-Tededo fertig, der Sprache der Waodani. Es sollte an alle verteilt werden, die gelernt hatten, die Zeichen der Fremden zu lesen.

Ein kleines Flugzeug landete und setzte ein Ehepaar von den Wycliff-Bibelübersetzern und einige Kisten mit wertvollen kleinen Büchern ab. Die Waodani wussten, dass die Ankunft dieser Bücher, in denen Zeichen in ihrer eigenen Sprache standen, ein ganz besonderes Ereignis war.

Dann begann der Stamm der Waodani zu feiern. Sie waren aufgeregt. Sehr wenige von ihnen konnten Gottes Zeichen lesen, aber sie wussten alle, dass die Zeichen auf der dünnen Rinde in diesen kleinen Büchern sie auf dem sehr guten Pfad führen würde, den *Waengongis* Sohn *Itota* schon für sie freigeschlagen hatte. Ich verstand damals nicht alles, aber mehr als drei Jahrzehnte später übersetzte ich für Mincaye, als er Hunderttausenden von *cowodi* in den USA, Kanada und Europa berichtete, welche Bedeutung dieser Pfad und diese Zeichen für die Waodani hatten.

„Wir haben schlimm, schlimm gehandelt", erklärte er den Fremden, „bis sie uns Gottes Zeichen brachten. Dann haben wir diese Zeichen gesehen und sind auf seinem guten Pfad gegangen, und jetzt leben wir glücklich und in Frieden."

Auf der anderen Seite der kleinen, rauen Bodenplatte unter einem Strohdach kuschelte sich mein kleiner Bruder Phil in Kimos Schoß. Er hatte einen Arm nachlässig über Kimos starke Schultern gelegt und zupfte an dem großen Loch in Kimos Ohr, in dem er manchmal einen Stopfen aus Balsaholz trug. Es kam uns gar nicht merkwürdig vor, dass Phil und ich hier bei den Leuten saßen, die unseren Vater umgebracht hatten, während Tante Rachel und Dayumae vorne die Gute Botschaft verteilten, derentwegen unser Papa und seine Freunde damals gekommen waren und für die sie ihr Leben gegeben hatten.

* * *

Und jetzt würden Ginny, Shaun, Jaime, Jesse und Stephenie möglicherweise auch lernen, in dieser Welt zu überleben, an die ich als Junge mein Herz verloren hatte. Ich war in Gedanken nur noch bei einer Frage: was von unserer Seite noch alles möglich war, um schließlich zu den Waodani ziehen zu können. Es wäre natürlich am einfachsten gewesen, in Tante Rachels Haus in Toñampade zu ziehen, in die unmittelbare Nähe zu Dayumae und Kimo. Aber ich wusste, dass das niemals funktionieren würde. Toñampade war für das Waodani-Gebiet das Tor, durch das alle schädlichen und gefährlichen Strömungen in die Waodani-Kultur hineingelangten. Obwohl es theoretisch zum Stammesgebiet der Waodani gehörte, entsprach der Ort mit seinen Bewohnern nicht dem, was in der Kultur der Waodani eigentlich üblich war.

Neue Waodani-Gemeinschaften bilden sich für gewöhnlich, wenn eine Gruppe von Familien Streit mit anderen Familien in ihrer Siedlung haben. Vielleicht finden einige Leute auch, dass sich das Jagen in einer bestimmten Gegend nicht mehr lohnt. Und manchmal treibt es sie einfach ohne besonderen Anlass weiter.

In manchen Waodani-Siedlungen gibt es inzwischen Grundschulen mit einem oder zwei Lehrern, die von außerhalb kommen. Aber in Toñampade gab es sogar eine weiterführende Schule mit mehreren Gebäuden und ungezählten Fremden, die als Lehrer oder in der Verwaltung arbeiteten.

Bevor die Waodani Schulen hatten, lebten sie wie Nomaden. Normalerweise verbanden sich mehrere Familien miteinander, um dann zum gemeinsamen Nutzen und Schutz zusammenzuleben. Die meisten dieser Verbindungen beruhten darauf, dass die Eltern irgendwie miteinander verwandt waren, aber manchmal blieben mehrere Familien auch einfach zusammen, weil sie sich gut verstanden – wie im Fall von Mincaye und Nimonga.

Eine solche Gruppe, die aus zwei Familien bestand, suchte sich dann ein Plätzchen im Dschungel, wo sie sich vor den Feinden sicher fühlte und wo es sich gut fischen und jagen ließ. Eine zweite solche Gruppe siedelte sich für gewöhnlich auf einer Lichtung an, die ungefähr eine halbe Stunde Fußmarsch entfernt war. Ich bin kein Anthropologe, aber ich habe den Verdacht, dass der Grund dafür in den häufigen Überfällen liegt, die früher die Waodani-Kultur ausgemacht haben. Überlebende wussten so, wohin sie sich flüchten konnten.

Die Waodani gründen zwar ohne Zögern und ohne besondere Vorbereitungen ständig neue Siedlungen, aber besonders stabil waren diese nicht. Wenn es eine Gemeinschaft geben sollte, zu der andere Familien kommen konnten, um Arznei zu kaufen und medizinisch versorgt zu werden, um Werkzeuge auszuleihen und zu lernen, wie sie ihre wenigen Außenbordmotoren selbst reparieren konnten, würde sie sich an einem zentral gelegenen Ort niederlassen müssen.

Bei den Waodani gibt es keine Standes- und Rangunterschiede. Jeder macht, was er will, wann er will und wie er es will. Bis heute gibt es auf dem Waodani-Gebiet keinerlei Gesetze, kein Eigentum, keine Bauvorschriften, keine Steuern, keine Polizei und keine Gerichte, die Gesetze durchsetzen könnten, wenn es welche gäbe. Aber ich hatte schon mitbekommen, dass die Waodani von der Außenwelt einige wenig hilfreiche Ideen übernommen hatten. Die meisten Siedlungen verfügten inzwischen beispielsweise über einen Präsidenten. Sie wählten diese Männer eigentlich nicht, sie stimmten einfach überein, dass eine bestimmte Person diesen Posten übernehmen sollte. Der Präsident einer solchen Gemeinschaft hatte nicht unbedingt eine klar definierte Funktion oder Autorität, aber sie konnten immer ihren Präsidenten vorschieben, wenn es darum ging, etwas zu tun oder zu lassen. Wenn jemand nicht wollte, dass die Landepiste weiter ausgebaut wurde, konnte er zum Beispiel sagen: „Aber der Präsident hat gar nicht ja dazu gesagt.“ Und wenn er doch wollte, dass die Piste ausgebaut wurde, und er jemand anderen zur Mithilfe bewegen wollte, konnte er immer sagen: „Wenn der Präsident dazu ja sagt, warum hilfst du nicht?“

Je mehr ich darüber nachdachte, was die Waodani sich von mir wünschten, desto mehr wurde mir bewusst, dass das Ganze an einem anderen Ort beginnen musste. Sie hatten mich gebeten, ihnen beim Aufbau, einer eigenen Wirtschaft zu helfen und ihnen die Fähigkeiten beizubringen, die sie brauchten, um für sich selbst zu sorgen. Das war ein ziemlich gewaltiges Unterfangen! Mir war klar, dass es nicht in einer bereits bestehenden Gemeinschaft beginnen konnte, in der eine Familie das Sagen hatte. Um Erfolg haben zu können, würden die Waodani hart für das Wohl des ganzen Stammes arbeiten müssen, was auf Kosten der Familie oder des Clans gehen würde. Eine solche Idee konnte nur in einem neuen Dorf Fuß fassen, in dem keine Einzelfamilie dagegensteuern konnte.

Um ein neues Dorf zu gründen, würden wir einem unberührten Stück Dschungel eine Lichtung abringen, Häuser errichten und Gärten anlegen müssen. Dann müsste es eine Landebahn geben. In dem zerklüfteten Regenwaldgebiet der Waodani war das eine Unternehmung, die leicht mehrere Jahre in Anspruch nehmen konnte. Aber ohne diese Piste würden wir das Dorf zu Fuß und per Kanu erreichen müssen – dann würden wir keine Medizin, keine Post und keine effiziente Möglichkeit haben, an Vorräte zu gelangen.

Einer von ihnen hatte sogar zu mir gesagt: „Dein Vater ist hier begraben und deine ‚Mutter‘ (damit meinte er Tante Rachel) ist auch hier begraben. Ich sage, wir sollten dich auch hier begraben.“ Dieser alte Krieger hatte schon viele Menschenleben auf dem Gewissen. Als er erwähnte, dass er mich begraben wollte, wäre ich vermutlich sehr nervös geworden, wenn ich ihn nicht schon seit meinen Kindertagen gekannt und lieb gehabt hätte.

Wir waren bereit, es so zu halten wie Tante Rachel und vielleicht bis zu unserem Tod im Duschungel zu leben. Aber ich wusste auch, dass wir nicht mehr als zwei oder drei Jahre bleiben konnten, wenn wir den Waodani wirklich helfen wollten. Das war gerade genug, um sie aus der Abhängigkeit von der Außenwelt herauszulösen. Die langen Jahre, in denen Tante Rachel bei den Waodani gelebt hatte – von 1958 bis 1994 – lasen sich wie eine Fallstudie über die Gefahren und Herausforderungen einer Kultur, die sich innerhalb kürzester Zeit radikal verändert. Was die Waodani allerdings von anderen Kulturen unterscheidet, ist die Tatsache, dass es bei ihnen keine Instanz und keine Infrastruktur gibt, die all diese Veränderungen im Rahmen hält und abklärt, wie viel Neuerungen eigentlich gewünscht sind. Wenn ich den Leuten erzähle, was wir im Dschungel so alles essen, bemerken sie immer, dass sie nie Affenfleisch oder Baumlarven herunterbekommen würden. Aber in Wirklichkeit würde es für den durchschnittlichen Nordamerikaner sehr viel leichter sein, begeistert auf einem Stück geräuchertem Affenkopf zu kauen, als in einer Gesellschaft zu leben, in der es keine Struktur und keine Regeln gibt.

In einer Kultur, in der jeder machen kann, was er will, gibt es nicht die Möglichkeit, einen Dieb, Mörder oder Entführer zu bestrafen.

In sicheren Gesellschaften denken die Leute meistens, dass es uns umso besser geht, je mehr Freiheit wir haben. Seit ich bei den Waodani gelebt habe, ist mir immer deutlicher bewusst geworden, dass Freiheit ein wertvolles Gut ist, das sich nur in Bezug auf die Gesamtheit, nicht den Einzelnen, messen lässt. Deswegen haben wir Ampeln. Wir mögen das rote Licht nicht, aber wir nehmen es hin, weil uns klar ist, dass unsere Freiheit zum Wohl anderer eingeschränkt werden muss – und umgekehrt. Das Ziel dabei ist, die Freiheit des Einzelnen gerade so weit einzuschränken, wie es nötig ist, damit alle möglichst viel Freiheit haben können.

Wir brauchen eine Polizei, um all diese Regeln durchzusetzen, und Gerichte, um Unstimmigkeiten zu schlichten. Wir brauchen Gesetze, die uns klar sagen, was wir tun dürfen und was nicht, und ein Justizsystem, das diejenigen bestraft, die diese Regeln brechen. Uns schmecken diese Eingriffe in unsere persönliche Freiheit alle nicht besonders, aber das Ergebnis all dieser Bemühungen nennen wir „Zivilisation". Wir feiern die Freiheit des Einzelnen, ohne zu merken, dass totale Freiheit eigentlich gar keine Freiheit ist.

Die Waodani haben keinen schriftlich fixierten Verhaltenskodex. Ecuador sieht die Waodani zwar als Staatsbürger an, setzt die ecuadorianischen Gesetze aber auf dem Gebiet der Waodani nicht durch. Das musste ich bei meinen Überlegungen, ob ich die Einladung der Waodani annehmen sollte, mitberücksichtigen. Ich machte mir zwar nicht gerade Sorgen, dass einer von uns getötet würde, aber wenn Mord nicht geahndet wird, macht es das für potentielle Mörder natürlich einfacher. Ich wusste, dass viele mich lieb hatten und meine Familie schützen würden. Aber ich fragte mich, wie sie uns in einer Gesellschaft beschützen konnten, die immer getötet hatte, um überleben zu können. Die Menschen, auf die wir uns verlassen mussten, wenn es um unseren Schutz ging, hatten das Töten schon lange aufgegeben. Und als ich weiter über die Frage nach unserer Sicherheit nachdachte, wurde mir bewusst, dass diejenigen, die nicht bereit sind zu töten, allzu leicht von denen unterjocht werden, die derlei Skrupel nicht haben. Die Waodani hatten sich fast bis zur Auslöschung umgebracht, als Papa und seine Freunde versuchten, friedlich mit ihnen in Kontakt zu treten. Soweit ich das beurteilen kann, hatten die Waodani damals eine kleine Liste ungeschriebener Regeln, die von allen akzeptiert wurden, und die meisten hatten irgendwie mit dem Töten zu tun:

Wenn jemand etwas macht, das dir nicht passt, ignoriere es.

Wenn du es nicht ignorieren kannst, bring denjenigen um.

Wenn jemand ein Familienmitglied von dir umbringt, ist es dein Recht und deine Pflicht, aus Rache jemanden aus der Familie des Täters zu töten.

Am besten bringst du möglichst die ganze Familie eines Menschen um, mit dem du noch eine Rechnung zu begleichen hast. Auf diese Weise gibt es weniger Menschen, die sich im Gegenzug an dir und deiner Familie rächen können.

Die Waodani waren wirklich ein Volk von Mördern und Totschlägern gewesen. Ihre Kultur war eine Kultur des Todes. Aber von wenigen Ausnahmen abgesehen, bin ich davon überzeugt, dass die Waodani selbst keine Freude am Töten hatten. Sie wussten, dass sie entweder töten mussten, um zu überleben oder selbst getötet wurden. Eine andere Möglichkeit schien es nicht zu geben.

Als Tante Rachel und Tante Betty im Stamm zu leben begannen, gaben die Waodani ihr Gemetzel und die Vergeltungsschläge fast vollständig auf. Manche taten es, weil sie auf Gottes Pfad gehen wollten. Andere beriefen sich immerhin auf *Waengongis* Autorität als Schöpfer der Welt, um etwas zu beenden, das sie sonst nicht hätten beenden können. Obwohl das an sich natürlich eine gute Sache war, schuf es doch weitere Probleme: Als sie das Töten aufgaben, blieb keine Möglichkeit mehr, abweichendes unerwünschtes Verhalten zu ahnden oder wenigstens zu kontrollieren. Dadurch entstand in der Kultur der Waodani eine große Lücke.

Auf einer bestimmten Ebene muss jede Gesellschaft willens sein, zu töten, um weiter existieren zu können. Seit meiner Geburt hat es allein fünf „internationale Konflikte" gegeben, in die amerikanische Soldaten verwickelt wurden. Sie töteten und starben, damit wir anderen dadurch würden leben können. Wenn eine Gesellschaft Bestand haben soll, müssen einige ihre ganze Freiheit aufgeben, damit andere frei und froh und lebendig sein können. Deswegen gedenken wir der Gefallenen, und deswegen brennt am Grab des Unbekannten Soldaten immer ein Licht. Wir halten die in Ehren, die ihr Leben und ihr Glück und ihre Würde für andere opfern.

Mein Papa gab sein Leben hin, damit die Waodani weiterleben konnten. Und nun musste ich entscheiden, ob ich bereit war, mein Leben zu investieren, damit sie für sich klären konnten, wie sich ihr Weiterleben in Zukunft gestalten sollte. Ich sollte ihnen helfen, die zum Überleben notwendigen Fähigkeiten selbst zu erlernen und aus der Abhängigkeit und dem kulturellen Durcheinander auszubrechen. Die Chance, das zu schaffen, schien mir noch kleiner als ihre Überlebenschance damals, als Papa auf sie zugegangen war, damit sie der Ausrottung entgingen. Aber meine Motivation war ganz ähnlich.

Papa trieb die Liebe zu Gott an, den Waodani zu helfen. Ich war von einer ähnlichen Liebe zu Gott getrieben und darüber hinaus hatte ich auch die Waodani lieb. Es war keine selbstlose Liebe ohne jede Gegenleistung. Ich liebte sie einfach, weil ich zuerst von ihnen geliebt worden war. Ich konnte einfach nicht anders.

6. Erste Erkundungen

In diesem Schwebezustand zu leben, erwies sich als sehr anstrengend. Es kam mir unsinnig vor, dass ich immer stärker das Bedürfnis hatte, in den Dschungel zurückzuziehen. Ich hatte von so etwas nie geträumt und es erst recht nicht geplant. Aber ich merkte, dass es mich zu den Waodani zurückzog, und ich hatte auch immer mehr den Eindruck, dass Gott das so wollte. Obwohl ich noch nicht so recht wusste, was ich tun sollte, war ich bereit, ins kalte Wasser zu springen.

Unsere vier Kinder waren bereit für den Umzug und fanden schon die Vorstellung aufregend, obwohl ihnen nicht klar war, worauf wir uns einließen. Und obwohl ihre Begeisterung natürlich allein nicht ausreichte, um uns zu den Waodani zu bringen, hielten sie uns immerhin nicht zurück.

Ginny dagegen war wie versteinert. Sie war in einer abgelegenen ländlichen Gegend im Westen Minnesotas groß geworden und war an Abenteuern nicht interessiert. Sie hatte vermutlich ihren Vorrat an Abenteuerlust in unseren ersten Ehemonaten erschöpft. Es hatte sie viel gekostet, ihre Familie, ihre Arbeit und die gewohnte Umgebung zu verlassen, um mich zu heiraten und mit mir nach Ecuador zu ziehen, wo ich als Landentwickler arbeitete und gerade dabei war, in einem Vorort von Quito eine Baufirma zu gründen.

Wenn seitdem in Ginny noch ein Fünkchen Abenteuerlust steckte, dann war dieser in meine Arbeit geflossen: Ich hatte in Minnesota mehrere Bau- und Landentwicklungsunternehmen gegründet und weiterverkauft. Dann schlossen wir uns einigen Freunden an, die im Gas- und Ölgewerbe arbeiteten, und zogen nach Dallas, dessen Glitzerwelt von harter Konkurrenz geprägt und dessen Leben immer im Fluss ist. Von dort aus zogen wir mit derselben Gesellschaft, die damals auch meine Eltern nach Ecuador geschickt hatte, als Freiwillige Helfer nach Mali in Westafrika. Ecuador war für Ginny schon schwierig genug gewesen, aber in einer stark islamisch und animistisch geprägten Umgebung zu leben, während eine gewaltige Hungersnot Tausende von Opfern forderte, brachte auch mich an den Rand meiner Belastbarkeit.

Der Gedanke, nun mitten im Amazonasdschungel zu leben, war für Ginny einfach unerträglich.

Ginny ist die Liebe meines Lebens. Wir sind mehr als ein Ehepaar, wir sind wirklich auch die besten Freunde. Ich wusste, dass sie mir vertraute, und so versuchte ich sie davon zu überzeugen, dass ich gut für sie sorgen würde. Aber darum ging es ihr gar nicht. Für Ginny war immer nur eines wichtig gewesen: dass sie eine gute Ehefrau und Mutter war. Sie brauchte kein großes Haus und keine schicken Autos, sie wollte keine exklusiven Urlaubsreisen und hatte auch nicht den Ehrgeiz, mächtig und berühmt zu sein. Sie machte sich keine Sorgen darum, ob ich mich um sie kümmern würde. Sie machte sich mehr Sorgen, dass sie nicht so für mich und unsere Kinder da sein konnte, wie sie wollte.

Manche Leute begreifen wirklich langsam. Ich hatte gar nicht gemerkt, wie sehr ich inzwischen von Ginny abhängig war – nicht nur weil sie meine Freundin war, sondern auch weil sie meinem Leben Halt gab. Sie hatte mich dazu gebracht, mein Leben in Dinge zu investieren, die wirklich Bestand hatten.

In unserer Familie hängt wirklich der Haussegen schief, wenn Ginny unglücklich ist. Das liegt nicht daran, dass sie allen die Laune verdirbt, wenn sie selbst schlecht drauf ist, sondern weil sie unsere Party in Schwung hält. Wenn ihr nicht nach Party zumute ist, gibt es bei uns eben keine Party.

Ich wusste, dass Gott Ginny und mich in einem wahren Feuerwerk von Liebe und Glück zusammengebracht hatte. Und ich wusste auch, dass Gott auch Ginny dazu bringen konnte, gerne zu den Waodani zu gehen.

Aber die Verzweiflung, die Ginny schon beim Gedanken an ein Leben im Dschungel überfiel, machte mir doch zu schaffen. Ginny und ich beschlossen daher, eine kurze Reise nach Ecuador zu unternehmen und die Waodani zu besuchen. Ein anderes Paar aus unserer Gemeinde, Rick und Teresa, boten sich an, mit uns zu fliegen. Auf diese Weise würde Ginny sich nicht einsam fühlen, wenn ich unsere Flüge in den Dschungel hinein und später wieder heraus arrangierte oder wenn die Waodani mich mit all ihren Bitten und Vorschlägen in Beschlag nahmen. Außerdem war Rick Arzthelfer, und ich hoffte, dass ich mit seiner Hilfe ausloten konnte, wie wir den Waodani beim Aufbau einer eigenen medizinischen Versorgung helfen konnten.

Unsere Reise begann recht entspannt. Wir flogen nach Quito, das hoch in den Anden zwischen schneebedeckten Bergspitzen direkt am Äquator liegt. Von dort aus fuhren wir ein paar Hundert Kilometer bis zu der kleinen Stadt, in der meine Eltern gelebt hatten, als ich geboren wurde. Schließlich brachte uns ein Flugzeug der Mission Aviation Fellowship nach Toñampade, wo Tante Rachel und Papa begraben waren.

Nach drei Tagen kamen wir endlich bei Tante Rachels primitiver Hütte an, die zwischen Dayumaes Hütte und dem Haus mit dem Blechdach stand, in dem sich die Gott-Folger von Toñampade versammelten. Es sah so aus, als hätte sich die Nachricht von unserer Ankunft schon herumgesprochen. Viele Waodani, die zu Tante Rachels engen Freunden gehört hatten, waren gekommen. Sie waren zu Fuß oder per Kanu aus ihren abgelegenen Dörfern und Lichtungen angereist.

Ginny und ich spürten beide, dass wir uns hier an einer entscheidenden Weggabelung unseres Lebens befanden, und alle Unsicherheit und Unruhe, die mit solchen folgenschweren Entscheidungen einhergehen, empfanden wir nur zu gut. Was würde aus uns werden, wenn wir tatsächlich in den Regenwald zogen, um bei den Waodani zu leben? Ich hatte keine Ahnung, und die Unsicherheit machte mich fertig. Nun waren wir im Dschungel, weit weg von allen Terminen und Telefonen und von meinem Auto und meinem Flugzeug und meiner Sekretärin und all den Restaurants und Supermärkten und Kinofilmen und Radios und Klimaanlagen, und ich bekam ein ungutes Gefühl.

Ginny hatte mir gesagt, dass schon der Gedanke an den Dschungel sie ganz krank machte, obwohl sie es richtig fand, dass ich der Aufforderung der Waodani nachkam. Die Vorstellung, völlig hilflos zu sein und nicht das tun zu können, was sie als ihre Bestimmung sah, die Vorstellung, an einem Ort zu sein, an dem sie von allem entfremdet sein würde, was ihr vertraut war, an dem sie die Gefahren für ihre Familie nur erahnen und an dem sie sich mit niemandem würde verständigen können – all das war zu viel, als dass sie es rein sachlich in aller Ruhe durchdenken konnte.

Ich hatte es einfacher. Wenn unsere Entscheidung nicht einmütig war, würden wir eben nicht gehen. Als Ginny, Rick, Teresa und ich an diesem Abend zusammen in Tante Rachels Hütte saßen und dem Nachtkonzert der Dschungelbewohner lauschten, begann Rick auf einer kleinen Gitarre, die er mitgebracht hatte, ein paar Akkorde zu zupfen. Es dauerte nicht lange, und wir sangen alle vier zusammen Lobpreis- und Anbetungslieder, die wir von der Gemeinde her kannten. Nach einer Weile glaubte ich unter dem Haus ein Tier oder so etwas zu hören. Ich schnappte mir eine Kerze und öffnete die Tür, um nachzusehen. Auf dem Lehmboden vor dem Haus stand eine große Gruppe von Waodani-Männern, Frauen, Kindern und Babys. Nur die Waodani schaffen es, so viele Leute zusammenzubringen und sich dabei kaum durch einen Laut zu verraten.

„Wir haben euer Singen gehört und sind gekommen, um zuzuhören“, erklärte einer aus der Gruppe. „Ihr singt morgen in Gottes Haus und wir kommen wieder.“

Also taten wir das. Am nächsten Abend aßen wir früher als gewöhnlich und wurden dann von einer Abordnung der Waodani die paar Schritte zum *Waengongi onco* geleitet. Das kleine Gebäude war schon bis zum Rand voll mit Menschen, und es kamen immer noch welche dazu.

Wir brauchten eine Weile, um in Schwung zu kommen. Ich erinnerte mich, dass Dayumae immer „Jesus liebt mich ganz gewiss“ gemocht hatte, und so fragte ich sie, ob sie das singen wollte. „Ooo, sí“, rief sie begeistert in einer Mischung aus Wao-Tededo und Spanisch. Sie kannte den Text auf Spanisch und Englisch und schloss sich uns begeistert an, als wir das Lied in beiden Sprachen sangen. Als Nächstes fragten wir, ob die Waodani für Rick und Teresa etwas singen würden „wie die Vorfahren“. Ein ganzer Chor von Stimmen rief: „Ooo!“

Sie begannen mit einem ihrer Lieblingslieder, das davon sprach, dass *Waengongi* alles erschaffen hatte. Ein Satz wie „*Waengongi* hat alles geschaffen, *Waengongi* hat alles geschaffen, *Waengongi* hat alles geschaffen“ wurde immer und immer wieder in einer aus drei Tönen bestehenden Melodie voller Schwung gesungen, die so ganz den Waodani entspricht. Als sie den einen Satz fünf- oder zehnmal wiederholt hatten, gingen sie zu einer neuen Aussage über, die auf die erste aufbaut. Auf diese Weise erzählt ihr Lied langsam, aber sicher eine Geschichte. In manchen Liedern geht es um Geschichten oder geistliche Wahrheiten. Andere berichten von der Jagd oder beschreiben anschaulich, wie Vögel und andere Tiere sich verhalten, wenn sie von einem Speer oder vergifteten Pfeil getroffen werden.

Als die Waodani eine Weile in ihrem eigenen Stil gesungen hatten, baten sie uns, wieder etwas auf Englisch zu singen. Wir versuchten es mit einem kurzen Lied, zu dem es auch Handbewegungen gab, und die Waodani beobachteten uns genau und schlossen sich uns dann an.

Wir sangen davon, wie Mose dem Pharao entgegengetreten war. Diese Geschichte hatte Tante Rachel Dayumae erzählt, und diese wiederum hatte sie vielen anderen weitererzählt. Das Lied ist geistlich nicht besonders tiefschürfend, aber die dazugehörigen Bewegungen sind lustig.

Wie die Waodani versuchten, die Bewegungen zu kopieren, war einerseits herrlich komisch und andererseits auch bezeichnend dafür, was passiert, wenn sie versuchen, Freunde nachzumachen. Jeder merkt sich irgendetwas anderes von dem, was er die Fremden tun sieht und gibt sich kaum die Mühe, sie wirklich nachzuahmen – beides wäre eigentlich unerlässlich, um in der Welt der Fremden zurechtzukommen.

Ein paar Leute mochten den „Yeah, yeah, yeah"-Teil am meisten. Eine nicht gerade kleine Gruppe ignorierte sogar den ganzen Rest des Lieds und sang die ganze Zeit über begeistert „Yeah, yeah, yeah". Andere schienen nie über die erste Zeile hinauszukommen, und ein paar waren von den fließenden, „ägyptischen" Handbewegungen so verwirrt, dass sie immer bei „Pa-da-oo, pa-da-oo" stecken blieben, was „Pharao, Pharao" heißen sollte.

Wenn jemand jetzt noch ein bisschen Manioksaft mitgebracht hätte, hätte sich das Ganze zu einer ausgewachsenen Waodani-Party ausgeweitet. Zum Glück hatte niemand daran gedacht. Waodani-Partys gehen nämlich die ganze Nacht lang.

Nach einer Weile fiel mir auf, dass Ginny fehlte. Ich überließ Rick und Teresa die Leitung des Chors und ging nachsehen, was los war.

Sie stand vor Tante Rachels Hütte und weinte. „Ich kann das einfach nicht, Steve. Es tut mir leid. Ich weiß, dass wir eigentlich hierherkommen und den Waodani helfen sollten, und ich weiß, dass du sie lieb hast – aber ich kann das einfach nicht." Sie weinte so heftig, dass ihr ganzer Körper von Schluchzen geschüttelt wurde. Ich wusste, dass es an der Zeit war, dem Ganzen ein Ende zu machen.

Manche Leute ertragen einfach keine Schlangen, andere haben Angst vor der Dunkelheit oder Höhenangst. Was ich nicht ertrage, ist die Langeweile einer Alltagsroutine ohne Abwechslung. Und Ginny fürchtete sich am meisten davor, im Amazonasdschungel hilflos und völlig von anderen abhängig zu sein.

„Die Würfel sind gefallen", sagte ich. „Wir werden nicht hierherziehen. Wenn Gott wollte, dass ich das tue, würde er wollen, dass wir zusammen herkämen, sonst hätte er uns erst gar nicht zusammengebracht. Vielleicht sollten die Waodani ja auch nur sehen, dass ich bereit war zu kommen und dass ich wirklich Anteil daran nehme, was hier geschieht."

Ginny hörte auf zu weinen und ich überredete sie, doch noch für eine Weile mit mir zur Party zurückzugehen. Als wir wieder bei den anderen waren, erkannte man Ginnys rotgeränderte Augen sogar im Kerzenschein. Wenn die Waodani mich danach fragten, würde ich ihnen eben sagen, wie viel Angst Ongingcamo davor hatte, an einem Ort zu leben, der ihr so fremd war.

Ich wusste, dass Dawa und ein paar andere das verstehen würden. Sie waren in der Welt draußen gewesen und hatten regelrechte Schauergeschichten von all den Schrecken erzählt, denen sie dort begegnet waren. Ich konnte mich noch erinnern, wie sie von ihren Abenteuern außerhalb des Waodani-Gebiets erzählt hatten. „Da gibt es die ganze Zeit komischen Lärm und alles geht ganz schnell. Überall gibt es sehr breite Pfade, aber wenn man auf ihnen gehen will, ohne dass einer der Fremden einen festhält, dann bringen einen *autodi* – Dinger, in denen Menschen reiten – einfach um."

Sie verstanden auch, wie schwer es ist, unbekanntes Essen zu essen. Die meisten von denen, die einmal in der Welt draußen gewesen waren, mochten das Essen der Fremden wirklich, aber sie bekamen davon immer Bauchweh. Sie tranken gerne Coca-Cola, weil es sich anfühlte, als würde es brennen, wenn man es trank. Aber es war kein Ersatz für zerdrückten und mit warmem Wasser vermischten Pisang.

Nachdem unsere Entscheidung gefallen war, begann Ginny sich ein bisschen mehr für die Party zu erwärmen. Ich sah ihr zu, wie sie dort von Waodani umringt stand, die begeistert die Worte, die sie sang, und die Bewegungen, die sie dazu machte, nachahmten. Ich war wirklich müde, und so stahl ich mich davon und steuerte meine Hängematte in Tante Rachels Hütte an. Rick hatte beobachtet, wie ich mich davonmachte, und kam mir nach. Er hatte zwar unsere Lieder am Anfang mit seiner Gitarre begleitet, aber die Waodani machten inzwischen selbst so viel Lärm, dass er glatt übertönt wurde. Also beschloss er, seine Gitarre in Sicherheit zu bringen, bevor sie von den Menschenmassen in *Waengongis* Haus zerdrückt wurde.

Nichts lässt einen schneller einschlafen, als wenn man in der feuchten Kühle einer Amazonasnacht sanft in einer Hängematte hin- und herschwingt. Innerhalb kürzester Zeit war ich weggedämmert. Ich muss, der Kerze nach zu urteilen, die inzwischen heruntergebrannt war, ein oder eineinhalb Stunden geschlafen haben, bevor ich wieder wach wurde. Ich fragte mich, wo Ginny wohl blieb, und sah in dem anderen Zimmer in Tante Rachels Hütte nach. Es war leer.

Rick war da, aber von Ginny und Teresa gab es keine Spur.

Von nebenan konnte man immer noch Gesang hören. Ich konnte mir einfach nicht vorstellen, dass Ginny noch dort war, aber ich wusste auch nicht, wo ich sie sonst hätte suchen sollen, also zog ich mir meine Stiefel über und ging nach draußen.

Und da waren Ginny und Teresa immer noch, umgeben von jungen Waodani, die immer wieder beharrten „Ayae, ayae" – *mehr, mehr* – wenn ein Lied zu Ende war. Ginny sah mich im Eingang stehen und warf mir einen Blick zu, der besagte: „Ich bin fix und fertig."

Als ich Ginny zur Hilfe kommen wollte, bettelten die Waodani „Ayae wedengi“ – nur noch ein bisschen. Überraschend kam das nicht, aber als ich feststellte, dass Ginny gar nicht „gerettet“ werden wollte, war ich wirklich baff. Ihr schweißnasses Haar klebte ihr am Kopf, und sie sah so aus, als fühlte sie sich in der Gegenwart der Waodani ausgesprochen wohl.

Als wir schließlich ins Haus zurückkamen, wollte Ginny unbedingt mit mir reden. „Du hast immer so getan, als wären die Waodani so geblendet von den Kleidern und Bräuchen und der Technik der Welt draußen, dass sie normalerweise kein Interesse an geistlichen Fragen haben“, wunderte sie sich. „Wie erklärst du dir denn dann, dass sie heute Abend mit solcher Begeisterung Lieder über *Waengongi* gesungen haben?“

„Sie sind eben wie Jugendliche überall in der Welt“, erklärte ich. „Sie mögen Musik. Vielleicht noch mehr als die jungen Leute in den USA, denn sie haben keine andere Musik und keine Instrumente in ihrer Kultur – nur diese Gesänge. Die alten Lieder, in denen es ums Jagen geht und darüber, wie man die Feinde tötet, wollen die jungen Leute am liebsten vergessen. Die Außenwelt hat immer auf die Waodani heruntergesehen, weil sie nackt und wild und primitiv waren.“

Ich erinnerte sie daran, wie Tante Rachel und Dayumae das Volk vor dem Untergang gerettet hatten, als sie ihnen von *Waengongi* erzählten und von seinem Wunsch, dass die Menschen ohne Hass und Mord leben sollten.

„Aber alle Probleme hat das nicht gelöst“, seufzte ich. „Sie waren immer noch ein unbedeutender Stamm ohne Geld und ohne Bildung. Und die Welt um sie herum sah für sie nur zwei Möglichkeiten: Entweder sie gaben ihre Traditionen und ihre Identität auf und wurden ‚zivilisiert‘, oder sie blieben, wie sie waren – wie Tiere im Zoo, ein gefundenes Fressen für Anthropologen. Dazwischen gab es offensichtlich nichts.“

Während ich davon sprach, regte ich mich wieder darüber auf, was mit den Waodani geschehen war, als sie immer mehr von der Außenwelt bestimmt wurden. Ich hatte vieles davon selbst beobachtet. Man behandelte sie nicht mit Würde und Respekt und schien sie nicht als gleichwertige Menschen anzusehen.

Tante Rachel und Dayumae waren in ganz Ecuador bekannt und dafür bewundert worden, dass sie sich als Vermittler für diesen merkwürdigen und gefürchteten Stamm betätigten. Zusammen mit Dayumaes Sohn Caento (Sam), einer ausgesprochen charismatischen Persönlichkeit, hatten diese beiden energischen Frauen die Regierung von Ecuador davon überzeugt, den Waodani ein geschütztes Gebiet zuzubilligen, ähnlich wie die Reservate, die die USA den Ureinwohnern Nordamerikas zur Verfügung stellte. Die Waodani waren zunächst sehr angetan von der Vorstellung, dass die Regierung ihr Recht auf zumindest einen kleinen Teil des Landes ihrer Vorväter anerkannte. Sie dachten, dass sie ihr Gebiet dann nicht mehr selbst verteidigen mussten. Aber sie stellten bald fest, dass die gleichen Leute, die ein Blatt Papier unterschrieben, das den Waodani Land zugestand, genau so schnell ein anderes Blatt Papier unterschreiben konnten, das ihnen dieses Land wieder wegnahm.

Das Interesse der Waodani an mir rührte, das wurde mir spätestens jetzt klar, nicht daher, dass ich fähiger war als die anderen Fremden – Abenteurer, Schriftsteller, Anthropologen, Umweltschützer, Abgesandte von Ölfirmen oder Missionare, die ihre Hilfe angeboten und auch in die Tat umgesetzt hatten. Ich glaube, sie sahen in mir jemanden, der verstand, wie die Welt draußen funktionierte, und der gleichzeitig die Welt der Waodani verstand und schätzte. Noch wichtiger war, dass es meine Tante gewesen war, die eine von ihnen geworden war, indem sie ihre Sprache lernte, ihre Bräuche übernahm, ihnen ganz selbstverständlich ihre Liebe zeigte und unmissverständlich deutlich machte, dass sie auf der Seite der Waodani stand. Die Waodani, die Tante Rachel in den Stamm aufgenommen hatten, wussten, dass sie mit ihrer Hilfe Einfluss nehmen konnten. Und sie glaubten auch, dass ich ihnen gehorchen würde, wie ich ja auch Stern gehorcht hatte. Sie hielten es für ihr gutes Recht, dass ich ihnen nun beibrachte, wie sie in der Welt draußen zurechtkommen konnten. Hatten sie mir nicht seinerzeit beigebracht, wie ich in *ihrer* Welt überleben konnte?

Ich wollte ihnen helfen, aber ich wusste, wie kompliziert die Welt da draußen war und wie wenig Rücksicht sie auf die Schwachen und Hilflosen nahm. Eigentlich gab es nicht viel, das ich für die Waodani tun konnte. Eines ihrer großen Probleme war, dass sie berühmt geworden waren. Alle möglichen Leute wollten ihnen helfen, und ich würde mich in die Reihen der Wohltäter einordnen müssen. Die Waodani waren längst in eine Unzahl von Splittergrüppchen zerfallen, in denen jeder eine andere Identifikationsfigur hatte. Weil die Waodani mich schon kannten, seit ich ein Kind war, verband sie mit mir mehr als mit vermutlich jedem anderen Fremden. Außerdem hatte ich einen ecuadorianischen Pass, was es leichter machte, mit den Behörden zu verhandeln. Aber am meisten müssen sich die Waodani davon versprochen haben, dass ich in ihrem Gebiet leben würde. Mein Vater und meine „Tante/Mutter" waren schließlich dort begraben. In ihren Augen gab mir das das Recht, mich als einen der ihren zu betrachten.

Es hätte wirklich Vorteile, wenn ausgerechnet ich den Waodani half, aber ich wusste, dass es auch Schwierigkeiten geben würde. Mein größter Vorteil bestand natürlich darin, dass ich die Waodani schon kannte, seit sie überhaupt mit der Außenwelt in Berührung gekommen waren; und sie kannten mich ihrerseits auch schon, seit ich noch klein war. Es gab vieles, das uns verband. Aber gerade Fremde, die über die Waodani bestimmen wollten, würden es mit Argwohn betrachten, wenn ich in den Stamm zog. Die Waodani, die mich um Hilfe gebeten hatten, glaubten, dass ich ihnen helfen konnte, sich gegen eine Menge fremde Einflüsse zur Wehr zu setzen. Aber letztlich zählte all das nicht, wenn ich ihrer Bitte ohnehin nicht nachkommen konnte. Und ich konnte den Erwartungen, die meine erweiterte Waodani-Familie an mich hatte, nicht entsprechen, wenn das auf Kosten meiner unmittelbaren Familie ging. Ich glaube, ich wäre wirklich bereit, alles Mögliche aufzugeben, aber nicht meine Liebe und Verantwortung gegenüber Ginny und den Kindern.

Ginny stand einfach da und beobachtete mich, während mir all diese Gedanken durch den Kopf schossen. Als ich mich ihr schließlich wieder zuwandte, meinte sie: „Ich kann dir nicht sagen, ob ich je hier draußen leben könnte, Steve. Aber ich habe heute Abend herausgefunden, dass es eine kleine Sache gibt, mit der ich den Waodani vielleicht tatsächlich helfen kann. Ich kann ihnen beibringen zu singen."

Ginny schien damit fürs Erste beruhigt zu sein und war nun bereit schlafen zu gehen. Ich dagegen war plötzlich wieder hellwach. Ich war mir ganz sicher gewesen, dass Ginny mir eine Entschuldigung liefern würde, diesen gewaltigen Sprung zurück in die Steinzeit nicht machen zu müssen. Aber nun sah es so aus, als läge die Entscheidung doch wieder bei mir.

Mir war klar, dass ich in dieser Nacht nicht viel Schlaf bekommen würde. Ich setzte mich neben Ginny aufs Bett, als ich plötzlich das Gefühl hatte, dass jemand Starkes mich um die Taille packte und versuchte, alles Leben aus mir herauszudrücken. Der Schmerz war so heftig, dass ich geschrien hätte, wenn ich es gekonnt hätte. Aber ich konnte vor Schmerzen nicht einmal atmen.

Ginny rief Rick, der gleich Nierensteine vermutete. Er gab mir ein starkes Schmerzmittel, das schließlich seine Wirkung zeigte.

Nun war ich vorübergehend außer Gefecht gesetzt. Diese Erfahrung machte mir nur zu schmerzhaft eines deutlich: ähnliche unerwartete Unerfreulichkeiten konnten – und würden – passieren, wenn gerade niemand von der Welt draußen dabei war, um zu helfen. Wenn ich mit meiner Familie zu den Waodani zog, mussten wir auch ihre Abgeschiedenheit und Hilflosigkeit teilen.

7. Eine folgenschwere Entscheidung

Am nächsten Tag sollte ein Flugzeug kommen und aus dem Dschungel heraus nach Quito fliegen, wo ich zuerst einen Arzt aufsuchen und mich dann von Ginny, Rick und Teresa verabschieden wollte. Die drei würden in die Staaten zurückfliegen, aber ich wollte, sobald ich wusste, was diesen Schmerz verursacht hatte, zu den Waodani zurückfliegen und weiter ausloten, wie ernst es ihnen mit ihrer Bitte wirklich war.

Nachdem die Medikamente zu wirken begannen, sprachen Ginny und ich noch bis spät in die Nacht hinein über die Entscheidung, in den Dschungel zu ziehen.

„Ich habe eigentlich die ganze Zeit über schon den Eindruck gehabt, dass du tun solltest, um was die Waodani dich bitten, Steve. Ich wusste nur auch, dass ich mir das für mich selbst nicht vorstellen konnte. Aber inzwischen denke ich, dass ich es vielleicht überleben würde", meinte Ginny. „Ich glaube immer noch, dass ich dir wahrscheinlich mehr im Weg als eine Hilfe sein würde, aber ich habe keine Angst mehr." Nun war es an der Zeit, dass ich Bedenken anmeldete.

Ich hatte meine erweiterte Familie im Stamm schon darauf hingewiesen, dass es ja schließlich bereits eine ganze Menge Leute gab, die den Waodani zu helfen versuchten.

„Was kann ich denn schon tun, was die nicht auch für euch getan haben?", wollte ich wissen.

Oma Dawa schalt mich für diese unsinnige Frage: „Wir sagen nicht, komm und tu etwas für uns; wir sagen, komm, lehre uns, wir tun es dann selbst."

Was sie forderten, schien wirklich unmöglich. Wie sollten diese Leute, die zum großen Teil nicht lesen konnten und keine Ahnung von Geld hatten, je eine Apotheke oder ein Krankenhaus verwalten? Wie sollten zweitausend Waodani je genügend politischen Einfluss erlangen, um die Regierung Ecuadors dazu zu bewegen, ihre Interessen gegen die der Ölgesellschaften zu vertreten?

Andererseits waren sie immerhin bereit, einmal etwas anderes zu versuchen, als immer nur die Hand aufzuhalten, damit andere sie füllen konnten. Die Waodani waren von Natur aus keine Bettler, aber weil so viele ihnen Hilfe anboten, war aus ihnen die reinste Fürsorge-Gesellschaft geworden.

Die Waodani hatten immer von dem gelebt, was ihr Land hergab. Immer wenn sie aus dem Dschungel herauskamen, brauchten sie Geld, um Nahrung und Unterkunft bezahlen zu können. Aber sie hatten nicht die Fähigkeiten, die in der Welt draußen gefragt waren, und sie waren es auch nicht gewöhnt, sich von anderen Anweisungen erteilen zu lassen. Ihre Kultur hatte sie nicht auf das Planen und Vorausschauen vorbereitet, das in der Welt draußen so wichtig war.

Meiner Waodani-Familie hatte ich erklärt, ich würde Ginny und unsere Freunde in Quito absetzen und dann allein in den Dschungel zurückkehren. Wenn sie wirklich „für ihr eigenes Volk selbst etwas tun" wollten, mussten wir auch mit Waodani in anderen Dörfern sprechen und herausfinden, ob sie das auch so sahen.

Ich überlegte, ob ich ein Flugzeug mieten sollte, das mich von Dorf zu Dorf brachte, doch das wäre sehr teuer gewesen und auch schwer zu organisieren. Kein Pilot übernachtet gern in Dschungeldörfern. Eine Alternative wäre gewesen, dass das Flugzeug mich in einem Dorf absetzte und dann später zurückkehrte, um mich ins nächste Dorf zu fliegen. Aber besonders gut war die Idee auch nicht. Es würde Hunderte von Dollars kosten, ein leeres Flugzeug in der Gegend herumfliegen zu lassen – nur damit ich es für die paar Flugminuten zwischen zwei Dörfern nutzen konnte.

Also blieb nur der Weg zu Fuß. Ich wusste, dass mich eine Woche auf den Dschungelpfaden zwingen würde, den körperlichen und emotionalen Härten, die das Leben im Dschungel mit sich brachte, wieder ins Auge zu sehen. Ich hatte mich sehr an das bequeme Leben in den USA gewöhnt.

Auf dem Flug nach Quito bekam ich allerdings kalte Füße. Seit Jahren war ich nur noch kurze Strecken gelaufen. Ich machte mir Sorgen, dass ich es schon rein körperlich nicht schaffen würde, von einem Dorf zum anderen zu marschieren, erst recht nicht in billigen Gummistiefeln – der üblichen Fußbekleidung im Dschungel. Alle anderen Schuhe werden nass und füllen sich mit Matsch.

Ginny, Teresa, Rick und ich verbrachten den Tag in Quito, wo ich ihnen die Schule zeigte, die ich von der zweiten Klasse an bis zum Schulabschluss besucht hatte. Dann gingen wir nach nebenan, wo die World Radio Missionary Fellowship Sendungen auf Russisch, Deutsch, Tschechisch, Japanisch, Portugiesisch und vielen anderen Sprachen vorbereitet. Per Kurzwelle werden diese dann in alle Welt ausgestrahlt.

Nachdem mein Papa getötet worden war, war Mama mit uns noch ein Jahr in Shell geblieben, während ein anderer Pilot und seine Familie sich darauf vorbereiteten, Mama und Papa zu ersetzen und die Missionare und verschiedene Stämme des östlichen Dschungels von Ecuador zu unterstützen.

Dann verbrachten wir ein Jahr in Kalifornien. Kathy, Phil und ich lebten bei Mamas Eltern, während sie im Land herumreiste und erzählte, was wir in Ecuador erlebt hatten. Millionen von Menschen hatten Bruchstücke der „Tragödie" mitbekommen. Das christliche und das weltliche Publikum waren fasziniert von der Vorstellung, dass das zwanzigste Jahrhundert hier auf die Steinzeit gestoßen war. Dass speerschwingende „Wilde" weiße Männer massakriert hatten, die zwar Gewehre besaßen, sich aber zu verteidigen weigerten, verlieh der Geschichte noch mehr Anziehungskraft.

Ich wurde also in Kalifornien eingeschult und merkte schnell, wie klein die Welt für die anderen Kinder meines Alters war. Kein Mitschüler sprach zwei Sprachen. Sie waren alle weiß und kamen aus sehr ähnlichen Mittelklasse-Verhältnissen. Sie wussten nicht einmal, was ein Dschungel war. Ihre Welt reichte von Disneyland bis an den Strand, wobei beides nicht weit von ihrem Elternhaus entfernt lag. Das war meine erste Erfahrung im Zusammenleben mit Menschen, die so aussahen wie ich, mit mir aber wenig gemein hatten.

An all das musste ich denken, als ich mit Ginny vor der Radiostation auf Rick und Teresa wartete. Plötzlich, ohne Vorwarnung, überfiel mich der gleiche furchtbare Schmerz wieder. Ich stand neben einem Auto, das dort geparkt war, und fiel einfach um. Der Schmerz war so unerträglich, dass ich nicht einmal mit Ginnys Hilfe aufrecht stehen konnte.

Als ich mich wieder bewegen konnte, half Ginny mir, über die Straße zum Krankenhaus zu hinken. Ich wurde sofort von einem ecuadorianischen Arzt untersucht. Wir kamen ins Gespräch, während er Röntgenbilder und allerlei Tests machte, und ich fand heraus, dass er der kleine Junge war, der immer um das Klavier herumgesprungen war, wenn ich bei seiner Mutter Klavierunterricht hatte – eine weitere Erinnerung, dass ich kein Kind mehr und körperlich auch nicht mehr in bester Verfassung war.

Am nächsten Morgen bereiteten sich Ginny und unsere Freunde auf ihre Rückkehr in die Vereinigten Staaten vor. Inzwischen machte ich mir ziemliche Sorgen. Die medizinischen Untersuchungen waren noch nicht abgeschlossen, aber der Arzt stimmte mit Rick überein, dass es sich um Nierensteine handeln konnte. Er machte mir auch nicht gerade Mut, als er mir versicherte, dass die Schmerzen, die ich bisher empfunden hatte, gar nichts waren im Vergleich zu denen, die ich noch erleben würde. Der einzig gute Rat, den er mir mit auf den Weg gab, lautete: „Wenn das wirklich Nierensteine sind, laufen Sie am besten viel – und trinken Sie jede Menge Wasser."

Wenn ich nun eine Woche lang von Dorf zu Dorf zog, würde ich damit mehr laufen, als damals in der Wander-AG der Highschool. Ich würde die ganze Zeit über schwitzen und trinken. Aber wenn mich der Schmerz wieder überfiel, konnte das auch irgendwo im Dschungel passieren – weit von jedem Arzt und jeder medizinischen Versorgung entfernt.

Ich wusste nicht, was ich tun sollte. Der einzige Gedanke, der mir irgendwie half, war der: Wenn Gott wirklich dabei war, in unser Leben einzugreifen, und wenn er von uns erwartete, dass wir unser Haus und unsere Berufe aufgaben, um aus Gehorsam ihm gegenüber etwas zu tun, dessen Erfolg allenfalls unsicher war und das sich schlimmstenfalls als ausgesprochen schmerzhaftes Unterfangen erweisen würde, dann sollten wir uns darauf einstellen, dass uns Hindernisse und Prüfungen in den Weg gelegt wurden.

Ich hätte am liebsten aufgegeben und mich in meine nordamerikanische „Heimat" geflüchtet, in ein Leben, das mir inzwischen vertraut war. Aber dann wurde mir bewusst, dass die Angst vor einem sicheren, aber eintönigen und langweiligen Leben viel größer war als die Angst, auf einem Dschungelpfad Schmerzen zu erleiden.

Ich entschloss mich also für den schwereren Weg und dazu, in den Dschungel zurückzukehren.

* * *

Als ich im Hangar darauf wartete, nach Toñampade ausgeflogen zu werden, fragte ich unter den Piloten herum, ob einer von ihnen ein tragbares GPS-Gerät besaß. Ich hatte mir in Quito einige sehr gute geodätische Landkarten besorgt, die das Gebiet, in dem ich unterwegs sein würde, gut absteckten. Mit Hilfe eines Positionierungssystems würde ich immer wissen, wo ich gerade war, und ich konnte mir die Koordinaten eines geeigneten Bauplatzes für ein Waodani-Zentrum merken.

Leider konnte mir keiner der Piloten helfen. Aber ein Fremder, der meine Gespräche mit den Piloten mitbekommen hatte, sprach mich an, als ich gerade aus der Tür gehen wollte. Ohne jede Vorbemerkung fragte er: „Haben Sie Jesus lieb?"

Wenn schon die Frage dieses Fremden merkwürdig war, dann war er es erst recht. Er war sehr groß, hatte ausgeprägte Geheimratsecken und einen mächtigen Vollbart.

Ich bejahte seine Frage. Er fuhr fort: „Und sagen Sie den Leuten auch, dass Sie Jesus lieb haben?"

„Was? Naja, klar", gab ich zurück. Ich fühlte mich in die Ecke gedrängt, wusste aber selbst nicht so recht warum. Wahrscheinlich, weil ich sonst eher versuche, meine Glaubensüberzeugungen ein bisschen dezenter an den Mann zu bringen. Ich wusste es zu diesem Zeitpunk noch nicht, aber dieser Mensch würde mir sehr bald helfen, derlei Skrupel zu überwinden.

„Na gut, dann leihe ich Ihnen mein GPS", sagte er.

„Wieso haben Sie denn ein GPS?", wunderte ich mich. Keine besonders taktvolle Frage, aber Takt war ja auch nicht gerade seine Spezialität.

„Ich benutze es immer, wenn ich in den Dschungel fliege. Wollen Sie mein Flugzeug mal sehen?"

Mir war in Ecuador noch nie jemand begegnet, der privat ein

Flugzeug besaß. Ich hatte nur einmal gehört, dass es einen Missionar mit einem ultra-leichten Flugzeug gab; vielleicht war das ja dieser Kerl.

Der Mann führte mich an der Landebahn entlang, vorbei an dem kleinen Hügel, von dem aus ich als kleiner Junge meinen Papa immer in den Dschungel hatte fliegen sehen. Nur ein paar hundert Meter von unserem damaligen Haus entfernt bog der Fremde zu einem kleinen Hangar ab. Darin stand nur ein Flugzeug, eine alte Cessna 172. Ich hatte mal eine solche Maschine besessen, als Ginny und ich in Minnesota lebten. Ohne weiter nachzudenken, riet ich drauflos: „Sieht aus wie eine '68 172."

„Siebenundsechzig", gab er zurück. „Aber woher wussten Sie das?"

„Oh, ich hatte auch mal so eine."

Viele alte Flugzeuge werden mit solcher Sorgfalt gewartet, dass sie nach zwanzig oder dreißig Jahren immer noch wie neu aussehen. Dieses Flugzeug, genannt HC-BTS, gehörte allerdings ganz offensichtlich nicht zu der Sorte. Während ich das Flugzeug näher in Augenschein nahm, hielt der Mann mit dem Bart das Gespräch aufrecht.

„Sie sind wahrscheinlich meine Gebetserhörung", meinte er. „Ich hab mich jetzt ein Jahr lang abgemüht, dieses Flugzeug zu kaufen, es hier runterzuschaffen und den ganzen Papierkram zu erledigen. Und jetzt muss ich für ein Jahr in die Staaten, und ich weiß nicht, wer in der Zeit nach meiner BTS schauen soll. Ich hab gebetet, dass sich jemand findet, der sie fliegen und in Stand halten kann, und ich glaube, Sie sind die Antwort auf meine Gebete."

Wow! Das gibt's doch gar nicht!, dachte ich. Je mehr ich darüber nachgedacht hatte, bei den Waodani zu leben, desto mehr hatte mich die Frage belastet, wie abgelegen und hilflos ich ohne Flugzeug sein würde. Ich fand die Vorstellung schwierig, um Mitfluggelegenheiten betteln zu müssen, und der Gedanke, dass ich bei meinen Flügen in den Dschungel und aus dem Dschungel heraus von anderen abhängig sein würde, behagte mir gar nicht. Aber die einzige armselige und schmerzhafte Alternative dazu waren lange Märsche durch den Dschungel – ich wusste nicht, ob mir die Abhängigkeit und die Kosten, die die Flüge mit sich brachten, dann nicht doch auf Dauer lieber sein würden.

Der Mann mit dem Flugzeug fuhr fort, als wäre schon alles abgesprochen. „Sie müssen unbedingt mit reinkommen und einen Artikel lesen, den ein paar Leute aus Kalifornien mir gegeben haben. Der Artikel hat sie nämlich dazu bewegt, mir dieses Flugzeug zur Verfügung zu stellen", erzählte der Mann, der, wie ich jetzt endlich erfuhr, Rick hieß. „Das war echt ein Wunder. Kommen Sie, ich stelle Sie Sharon vor, und dann können Sie den Artikel lesen. Ich suche Ihnen in der Zeit das GPS und ein paar Batterien und eine Spezialantenne raus, die ich im Dschungel benutze."

Als wir zu Ricks Haus gingen, erzählte er mir weiter von der Geschichte, die ich unbedingt lesen sollte. Als er eine Ausgabe aufspürte und sie mir in die Hand drückte, bestätigte sich mein Verdacht. Mit „Bis zum Ende der Welt" war der Artikel überschrieben. Ich kannte diese Geschichte. Sie handelte von einem jungen Mann, der nach einer ganzen Reihe von merkwürdigen Verwicklungen in der sagenumrankten Stadt Timbuktu in Westafrika gelandet war. Er fand sich ganz allein in der sengenden Hitze und Dürre und umgeben von fanatischen Moslems wieder, und gerade erlebte dieser junge Mann Gott plötzlich auf eine Weise, die in ihm neu die Sehnsucht nach dem Vater aufbrechen ließ, den er als Vater verloren hatte. Und er erlebte, dass Gottes Verheißung, den Vaterlosen ein Vater zu sein, auch ihm galt.

Diesen Artikel hatte *ich* geschrieben. Aber ich wusste nicht, wie ich das meinem begeisterten, aber etwas aufdringlichen Wohltäter begreiflich machen sollte. Selbst mir schien das ein allzu außergewöhnlicher Zufall zu sein. Dieser Artikel hatte eine so bedeutende Rolle dabei gespielt, dass er sein Flugzeug bekam. Als er hörte, dass ich ihn geschrieben hatte, war er so fassungslos wie ich. Für ihn war es selbstverständlich, dass ich das Flugzeug während seiner Abwesenheit übernahm. Ich versuchte zwar, ihm zu erklären, dass es noch gar nicht sicher war, ob ich überhaupt in Ecuador bleiben würde. Aber für Rick bestand kein Zweifel daran, dass ich seine Gebetserhörung war. Nur die Einzelheiten würden wir noch aushandeln müssen. Ich nahm sein GPS entgegen und ging.

Wenn ich die Antwort auf sein Gebet war, dass jemand auf sein

Flugzeug aufpassen sollte, dann musste er wohl die Antwort auf mein Gebet sein, dass ich ein Flugzeug brauchte. Selbst wenn ich beschlossen hätte, mir selbst eins zu kaufen, war mir klar, dass ich eigentlich nicht ein ganzes Jahr auf den Papierkram verschwenden konnte. Und jetzt schien es fast, als würde mir ein Flugzeug auf dem Silbertablett serviert. Sicher kein Luxusmodell, so viel war offensichtlich, aber immerhin flog es ... zumindest hoffte ich das.

8. Pfad-Finder

Als ich schließlich wieder in Toñampade ankam, waren die Waodani richtiggehend überrascht. Sie hatten nicht mit meiner Rückkehr gerechnet, denn nur wenige der Fremden hielten, was sie versprochen hatten. Die meisten Waodani hatten von mir auch nichts anderes erwartet, zumal ich gesagt hatte, ich wollte die Strecke von einem Dorf zum nächsten zu Fuß zurücklegen.

Ich zog meine Karten aus der Tasche und begann zu planen, welche Dörfer ich abklappern konnte, bevor das Flugzeug mich abholte. Die Waodani waren ganz fasziniert von den Karten. Sie benutzten nie Karten, und die meisten von ihnen hatten nicht den blassesten Schimmer, wozu diese großen Stücke Papier gut sein sollten. Auf Karten des Waodani-Gebiets sind nur Flüsse und Höhenzüge verzeichnet – andere dauerhafte Wahrzeichen gibt es nicht. Der Dschungel zieht sich in steilen Wellen über tiefe Abgründe und steile Bergkämme hin und ist ein undurchdringliches Dickicht von riesigen Bäumen und großblättrigen Pflanzen.

Als ich den Waodani erklärte, dass die blauen Linien Flüsse waren und die winzigen Höhenlinien Bergkämme und Schluchten, umlagerten sie die Karte und zeigten mir, wo all die Gemeinschaften sich befanden. Sie erklärten mir auch, wohin einige Pfade führten. Sie kannten ihre Berge und Schluchten so gut wie wir die Straßen und Plätze unserer Heimatstadt. Und praktischerweise konnten sie die Karte alle gleichzeitig „lesen", weil oben und unten bei ihnen ohnehin keine Rolle spielte. Alles ergab für sie Sinn – egal aus welchem Winkel sie darauf schauten.

Als wir ungefähr zwanzig Dörfer an den entsprechenden Flüssen positioniert hatten, fanden wir einen Punkt, der für ungefähr zwei Drittel der Waodani zu erreichen war. Wir überlegten, ob diese Stelle sich für das Waodani-Zentrum eignete, das wir bauen wollten und zu dem die Waodani aus verschiedenen Dörfern dann kommen konnten, um medizinisch und zahnärztlich versorgt zu werden, ihre Gewehre zu reparieren und vielleicht auch, um ein paar andere Geräte zu kaufen. Es sollte ein Ort sein, an dem sie verschiedene Fertigkeiten lernen konnten, die es ihnen ermöglichten, langsam aber sicher in eine gleichberechtigte Partnerschaft mit der Welt draußen hineinzuwachsen.

Coba, ein alter Freund aus Kindertagen, war ganz aufgeregt. Er betrachtete den möglichen Bauplatz für das Zentrum eingehend und zeigte dann plötzlich mit dem Finger auf die Landkarte. „An diesem Ort", sagte er, „ist der Boden auch fest, wenn es regnet. Ich sehe, dass dieser Ort gut ist für einen Landestreifen." Ich bezweifelte, dass die Stelle, auf die er zeigte, wirklich die Stelle war, an die er dachte, und ich fragte mich auch, woher er das mit dem festen Boden wusste. Aber ich markierte die Stelle sorgfältig und schrieb mir die genauen Koordinaten auf.

Wenn wir von Toñampade nach Damointado marschierten und von dort nach Tzapino, wo Kimo und Dawa wohnten, würden wir genau an dem Gebiet vorbeikommen, das uns zum Aufbau unseres Zentrums günstig schien.

Als wir unsere Reise genauer planten, musste ich an den Gewaltmarsch denken, den Mincaye und ich von Toñampade zu Gikitas Haus und wieder zurück gemacht hatten. Wenn man einmal unterwegs ist, zählen Entfernungen wenig. Entscheidender ist viel mehr, ob ein Pfad gut ausgetreten ist und wie viele große Schluchten und Berge auf der Strecke liegen. Ich begann, die einzelnen Etappen danach zu berechnen, wie viel Schmerzen auf ihnen zu erwarten waren, und der Marsch zu Gikita lieferte dazu den nötigen Vergleichswert.

Ich fragte immer wieder: „Wenn wir hier am frühen Morgen weggehen, wo wird die Sonne stehen, wenn wir in Damointado ankommen?" Die Antworten fielen ausgesprochen unterschiedlich aus. Die Waodani befühlten meine Beine und diskutierten darüber, wie langsam die Fremden doch liefen und wie sie immer weinten, wenn sie einen Berg hinaufsteigen mussten. Mincaye versicherte ihnen wieder und wieder, dass ich genauso stark war wie sie. So sehr ich es zu schätzen wusste, dass er meine Ehre verteidigte, so sehr war mir auch klar, dass sein Lob und alle seine Komplimente nichts an meiner Kondition änderten. Ich wollte lieber die schmerzhafte Wahrheit wissen.

Schließlich antwortete einer von Dawas Neffen: „Wenn du nach

Damointado gehst und viel trägst, steht die Sonne dort", und er deutete auf eine Stelle am Horizont, die ungefähr ein oder zwei Uhr am Nachmittag bezeichnete. Das waren sechs oder sieben Stunden strammer Fußmarsch. „Wenn du nicht viel trägst und schnell gehst, steht die Sonne da", und diesmal zeigte er auf etwa elf Uhr. Vier Stunden. Und dann fiel ihm noch eine weitere Möglichkeit ein. „Wenn sie sagen, dass es dort Schweine zu jagen gibt und ich Hunger habe und schnell renne, bin ich dann dort", und er deutete auf neun Uhr.

Das half mir wirklich. Die Waodani brauchten, je nachdem wie schnell es gehen sollte, für die Strecke zwei bis sieben Stunden. Mir wurde klar, dass sie genauso wenig wie ich eine Ahnung hatten, wie lange ich brauchen würde.

Nachdem das Ziel feststand, musste ich noch herausfinden, wer mich begleiten würde. Coba schien die Gegend, die wir für das Zentrum des Stammes angedacht hatten, am besten zu kennen.

„Coba, siehst du es gut, dass du mit mir gehst?", fragte ich. Er meinte schlicht: „Ja, lass uns zusammengehen."

Paa, ein anderer Jugendfreund, bot an: „Wenn du es gut siehst, gehe ich auch!" In einem Stamm, in dem schon jeder Zehnjährige als Meister des Regenwalds gelten kann, war Paa der absolute Guru. Und außerdem waren wir gute Freunde.

„Augh, bito gote waa abopa", sagte ich. *Du gehst, ich sehe es gut.*

Einer der jungen Männer, die sich um uns herumdrückten, war mir schon die ganze Zeit aufgefallen. Jetzt wurde mir klar, dass es Gaba war, der Sohn meines alten Freundes Toñae, der von seiner eigenen Familie getötet worden war, weil er statt Rache Versöhnung vorgelebt hatte. Mit Gaba, dem Sohn dieses mutigen Märtyrers war unser kleiner Trupp vollständig: der schüchterne, aber äußerst zuverlässige Coba, der so krumme Füße hatte, dass sogar ich seine Fußspuren erkannte, Paa, der Herr des Dschungels, und Gaba, den einsamen Sohn eines Mannes, der für seinen Glauben den Tod gefunden hatte. Als Joker rundete ich die Gruppe ab.

Früh am nächsten Morgen rief mich Komi zu seinem Haus, wo Dayumae mir Bananensaft machte. Dazu zerdrückte sie zwei riesige gekochte Pisange, vermischte sie mit warmem Wasser und setzte mir das Gemisch in einer Kürbisflasche vor. Als ich es heruntergebracht hatte, setzte sie mir gleich die nächste Portion vor. Ich sagte ihr, dass ich schon zum Platzen abgefüllt war, und tippte zum Beweis auf meinen prallen Bauch. Die Tatsache, dass Paa schon drei Kürbisflaschen leer getrunken hatte, hätte mir eigentlich deutlich machen müssen, dass ich zumindest versuchen sollte, eine zweite Flasche zu trinken. Ich hatte ganz vergessen, wie es für mich als Junge gewesen war, mit den Waodani Schritt zu halten. Sie konnten den ganzen Tag durch den Dschungel rennen, ohne etwas zu essen. Aber ich konnte an nichts anderes denken als an den Schmerz, der mir bevorstand.

Unser Grüppchen verließ das Haus von Komi und Dayumae um kurz nach sieben. Als wir auf dem Weg zum Fluss an einigen Hütten vorbeikamen, sprachen die Leute meine Gefährten an. Die Hütten hatten keine Fenster, aber Neuigkeiten verbreiten sich trotzdem wie im Flug, und alle wussten, dass wir auf dem Weg nach Damointado waren, und zwar *waipodingi* – zu Fuß. Die Leute schienen überrascht, aber doch erfreut, dass ich mich so fortbewegen würde wie sie. Ein paar Leute riefen mir zu: „Wenn Babae auf dem Pfad läuft, ist er tot." Sehr ermutigend. Mir gingen mehr die beiden Schmerzanfälle durch den Kopf, die erst ein paar Tage zurücklagen – Anfälle, die mir jede Bewegung unmöglich gemacht hatten, vom Laufen ganz zu schweigen.

Am Fluss angekommen, liehen wir uns von jemandem den ausgehöhlten Baumstamm aus und stakten durchs Wasser. Ich merkte, wie erfreut Paa und Coba waren, dass ich genauso wie sie im Boot stand. Als wir dann auf dem Pfad entlanggingen, schlug ich mir ständig den Kopf an Ranken und Ästen an, die über dem Weg hingen. Außerdem landete ich mit den Armen ständig in irgendwelchen Spinnweben, die an mir kleben blieben. Wie im Dschungel üblich, trug ich eine Machete bei mir, aber es war recht umständlich und zeitaufwändig, all die Zweige und Lianen wegzuhacken, die mir im Weg hingen. Ich wunderte mich, warum Paa, der uns allen voraus ging, sie nicht für uns alle wegschnitt. Dafür war der Anführer doch schließlich da.

Aber dann dämmerte es mir: Paa schnitt das Gestrüpp in Kopfhöhe nicht weg, weil es für ihn nicht auf Kopfhöhe war. Und für die anderen auch nicht. Mit meinen eins-achtzig war ich einen Kopf größer als meine drei Gefährten. Als Kind war ich etwa so groß gewesen wie die Waodani, deswegen hatte ich das Problem damals nicht gehabt.

Paa, Coba und Gaba liefen durch den Dschungel, als wäre das für sie ein Spaziergang. Weil meine Beine länger waren, schaffte ich es ganz gut, mit ihnen Schritt zu halten, bis wir den ersten Hügel zur Hälfte hochgeklettert waren. Meine Gefährten unterhielten sich munter, während sie den steilen Berg erklommen.

Der erste Bergkamm war fast so hoch wie das Washington Monument (und genauso steil wie die Wendeltreppe, die ich damals in einem Anfall von Wahnsinn ohne Unterbrechung hochgestiegen war). Ich wusste, dass ich bei diesem Berg nicht ohne Pause auskommen würde. Dankbar händigte ich Coba mein Gepäck aus, als er mir anbot, es für mich zu tragen. Ich hätte ihm auch gerne meine Zweieinhalb-Liter-Wasserkanister übergeben, aber ich hatte so oft das Bedürfnis, ein paar Schlucke zu trinken, dass ich mich nicht von ihm trennen wollte.

Als wir endlich auf unserem ersten Bergrücken angekommen waren, zitterten meine Beine vor Anstrengung. Zum Glück war ein Teil der dichten Dschungelbewachsung bei einem Erdrutsch nach unten gerutscht, so dass wir die Gelegenheit nutzten, uns für eine Pause hinzusetzen und die Aussicht auf das Tal unter uns zu genießen.

Nun hoffte ich, dass es nur noch bergab ging. Aber ich hatte vergessen, dass Berge in diesem Teil der Welt für gewöhnlich auf beiden Seiten gleich steil sind und dass der Abstieg oft noch anstrengender ist als der Aufstieg. Nachdem wir zwei Stunden stramm marschiert waren, war mir ganz schwindelig vor Schmerzen. Ich hatte es längst aufgegeben, mit meinen Gefährten noch zu reden oder gar zu scherzen. Ich lutschte die Bonbons, die ich in Tante Rachels Vorratsraum gefunden hatte, sah starr nach unten und setzte einen Fuß vor den anderen, so schnell und gleichmäßig ich es eben konnte.

Coba und Paa versuchten immer wieder, mir besondere Tiere oder Pflanzen in dem Dickicht über uns zu zeigen, aber mir war so heiß, dass die Gläser meiner Brille beschlugen, sobald ich in der

Bewegung innehielt und nach oben schaute. Außerdem rann mir der Schweiß von der Stirn in die Augen, so dass ich selbst dann nicht viel gesehen hätte, wenn meine Brille nicht beschlagen gewesen wäre.

Wir setzten unseren Weg fort, wobei wir oft Flüsse oder kleine Wasseransammlungen überqueren mussten. Paa, Coba und Gaba liefen immer geradewegs hindurch. Coba ging barfuß, weil seine großen Zehen fast quer zu den anderen Zehen stehen. Dadurch sind seine Füße für Schuhe zu breit. Paa und Gaba hatten zwar Stiefel, aber sie trugen keine Socken darin. Immer wenn sie einen Fluss oder Bach durchquert hatten, lehnten sie sich einfach ein Stück vor, hoben das Bein hinter sich hoch, so dass das Wasser aus dem Stiefel abfloss – und waren bereit zum Weiterlaufen.

Meine Füße dagegen waren zu empfindlich, als dass ich ohne Socken ausgekommen wäre. Also musste ich mich an jedem Flussufer hinsetzen, Stiefel und Socken ausziehen und dann vorsichtig auf die andere Seite waten – wobei ich immer darauf achten musste, mir die Füße nicht an Dornen oder scharfen Steinen im Wasser zu verletzen. Nachdem das eine Weile so gegangen war, bot mir Paa an, mich durch Flüsse hindurchzutragen, und ich nahm dankend an. Noch vor einem Tag hätte ich so etwas wahrscheinlich als zutiefst entwürdigend abgelehnt. Aber inzwischen war ich so müde und erschöpft, dass meine Würde mir plötzlich nicht mehr so wichtig schien.

Nachdem wir endlich den letzten Fluss für diesen Tag durchquert hatten, folgten wir dem Pfad einen kleinen Hügel hinauf und etwas unterhalb durch eine kleine Schlucht. Unter uns breitete sich ein vielleicht dreißig Meter breiter Streifen Gras aus. Wir hatten es fast bis Damointado geschafft! Obwohl es nur noch wenige hundert Meter bis zum Ziel waren, war ich mir nicht mehr sicher, ob meine müden, schmerzenden Füße mich tatsächlich noch bis dorthin tragen würden. Am liebsten wäre ich an Ort und Stelle in eine Hängematte gesunken.

Aber so viel Glück hatte ich natürlich nicht. Als Paa das übliche „Wooo“ erklingen ließ, um die Leute von Damointado wissen zu lassen, dass wir kamen, liefen sie uns entgegen und führten uns geradewegs in das kleine Schulgebäude am östlichen Ende der

Piste. Ich hatte mich wirklich so auf eine Hängematte gefreut, aber ein rauer Holzboden musste es eben auch tun.

Mit dem Rücken an die raue Holzwand gelehnt ließ ich mich auf den Boden sinken und hoffte darauf, dass man mich in Ruhe ließ, damit ich bis zum nächsten Morgen schlafen könnte. Aber so lief das natürlich nicht. Man rief mich zu einem kleinen Mädchen, das mit der Spitze eines Stachelrochenschwanzes in Berührung gekommen war. Wie das so oft der Fall ist, wenn der Patient keine Antibiotika erhält, hatte das Gift des Rochens das Fleisch um die Wunde herum zum Absterben gebracht. Es war verwest und hatte ein tiefes, mit Eiter gefülltes Loch hinterlassen. Während ich vorsichtig die Wunde säuberte und mit einem Antibiotikum aus den Medizinvorräten von Tante Rachel versorgte, hörte ich hinter mir laute, schnelle Schritte. Und bevor ich mitbekam, wer da auf mich niederstürzte, griff mich jemand bei den Schultern und knallte meinen Kopf mehrmals hintereinander in seinen breiten Brustkorb. Meine Hände waren voller Eiter und Wundsekret, und die Krempe meiner Baseballkappe hing mir so tief ins Gesicht, dass ich nicht höher als bis zum Brustbein des Angreifers sehen konnte.

Schließlich hielt mich der alte Krieger auf Armeslänge vor sich. In seinen riesigen Ohrlöchern, die ihm fast bis auf die Schultern herunterhingen, steckten keine Holzstopfen, und sein Haar war für einen Waodani ungewöhnlich grau. Er war ganz offensichtlich schon sehr alt. Seinem Gesichtsausdruck nach war er sehr froh, mich zu sehen. Dass er meinen Kopf in seinen Brustkorb rammte, sollte wohl eine Begrüßung darstellen. Er machte sich erst gar nicht die Mühe, sich vorzustellen, sondern begann sofort einen langen Vortrag über irgendein Thema, das ihm offensichtlich sehr am Herzen lag – und das die Zuhörer ungeheuer komisch fanden.

Es stellte sich heraus, dass er einmal von einem hochgewachsenen, dünnen Fremden gehört hatte, der in vielen Dingen wie ein Waodani geworden war. Er versicherte mir feierlich, dass er sehr froh war, mich zu sehen, obwohl ich inzwischen alt geworden sei. Er habe früher zwar viele Menschen umgebracht, heute bräuchte ich mir deswegen aber keine Sorgen zu machen. Außerdem habe er zu Tante Rachel gesagt, er wolle mich kennenlernen. Er würde mich jedoch nicht erstechen, sondern im Gegenteil dafür sorgen, dass auch die anderen aus diesem Clan mir nichts zuleide tun würden.

Er hieß, wie ich später erfuhr, Cawaena, und ganz offensichtlich fiel Jemandem-fast-den-Kopf-Einschlagen bei ihm nicht in die Kategorie Jemandem-etwas-zuleide-Tun. Ich war viel zu müde, um mit ihm darüber zu streiten.

Mir war klar, dass ich unseren Marsch von sechseinhalb Stunden nicht ohne einen Ruhetag würde wiederholen können, und so nahm ich Cawaenas Einladung, am nächsten Tag bei ihm Pisangsaft zu trinken und Brüllaffenfleisch zu essen, nur zu gerne an.

9. Terminal City

Zum Abendessen brachte man uns gekochten Maniok und Fisch, der in Blätter eingewickelt war. Ich würzte das Essen großzügig mit dem Salz, das ich mitgebracht hatte. Ich hatte auf dem Weg hierher so viel geschwitzt, dass meine Salzvorräte fast erschöpft waren.

Das Essen bei den Waodani mochte ich schon immer – von wenigen Ausnahmen wie großen, lebendigen, zappelnden Raupen abgesehen. Auch für vorgekauten Maniok-Saft kann ich mich nicht so recht begeistern. Er ist eines der Grundnahrungsmittel, und um ihn herzustellen, kochen die Frauen die Maniokwurzeln und stampfen sie dann zu Brei, wie wir es mit Kartoffeln tun. Während des Stampfens stecken sie sich kleine Portionen des Breis in den Mund, um Speichel zu produzieren, und dann spucken sie diesen speicheltriefenden Maniokbrei zurück in den Topf, nehmen sich eine neue Portion in den Mund und so weiter. Auf diese Weise beginnt die Verdauung schon im Topf. Die Idee dahinter ist, dass man so ein Essen schafft, das schnell Energie liefert. Das ist die gute Nachricht. Die schlechte ist, dass der Speichel dem Ganzen einen etwas ungewöhnlichen Geschmack verleiht, und außerdem verdaue ich mein Essen ganz gerne selbst. Es gibt noch ein paar Waodani-Gerichte, die ein bisschen außerhalb dessen liegen, was ich als „normales Essen“ bezeichnen würde, aber Affen und Aal esse ich sehr gerne.

Als wir dort beim Essen saßen, musste ich an ein Gespräch denken, das ich am Abend zuvor mit Komi geführt hatte. Komi erzählte mir, dass Dyuwi und Nimonga Nenkiwi, mit dem sie seit einiger Zeit im Klinsch lagen, erstochen hatten. Und er fügte hinzu: „Ich bin mit ihnen gezogen, weil ich auch lernen wollte, wie man Leute mit dem Speer tötet.“

So dramatisch sich das anhörte – es schien doch eine Nebenbemerkung zu sein. Komi, ein Sohn des alten Gikita, war nicht viel älter als ich. Ich war immer davon ausgegangen, dass er nie in irgendwelche Morde verwickelt gewesen war. Aber ich hatte mich geirrt. Plötzlich wurde mir bewusst, dass Damointado das Dorf war, in dem Nenkiwi umgebracht worden war. Komi, der wusste, dass ich am nächsten Morgen nach Damointado marschieren würde, hatte offensichtlich beschlossen, dass es an der Zeit war, mir seine Geschichte zu erzählen.

Damals hatten die alten Krieger gerade begonnen, Komi zu lehren, wie man Feinden auflauert und sie mit Speeren durchbohrt. Anscheinend gingen Gerüchte um, dass Nenkiwi vorhatte, Gikita umzubringen, und so wurde ein Trupp Speerkämpfer zusammengestellt, um Nenkiwi umzubringen, bevor dieser Gikita töten konnte.

„Als wir in der Nacht mit unseren Speeren losgingen, schien der Mond nicht", erinnerte sich Kimo. „Wir liefen ganz leise zu Nenkiwis Lichtung, lauschten und warteten ab. Während aus Nenkiwis Haus noch leise Geräusche drangen, gingen wir lautlos ums Haus herum zu der Stelle, an der sie nachts austraten. Wir warteten dort lange und bewegten uns nicht, und ich weiß noch, dass ich vor Kälte gezittert habe." *Und vielleicht auch vor Angst*, musste ich denken.

„Nachdem sie eine Weile geschlafen hatte, musste Gimade mal raus", fuhr Kimo fort, „aber sie hatte Angst, alleine nach draußen zu gehen, weil sie dachte, dass dort vielleicht Nenkiwis Feinde darauf lauerten, sie alle umzubringen. Also ging Nenkiwi mit ihr. Wir warteten, bis ich hörte, dass sie ganz nahe an uns herankamen. Als dann Dyuwi meinen Speer antippte, war mir klar, dass es jetzt so weit war und wir Nenkiwi erstechen würden. Dyuwi und Nimonga schleuderten beide ihre Speere nach Nenkiwi, und der rief ‚yea-ea-ea' und rannte davon. Wir hörten, wie er von der Uferböschung in den Fluss sprang und schnell auf die andere Seite entkommen wollte.

Als Nenkiwi schrie, flüchteten alle Leute aus seinem Haus in den Dschungel. Wir nahmen Feuer aus seinem Haus mit und zogen los, um Nenkiwi den Rest zu geben. Als wir eine Blutspur fanden, folgten wir ihr ein Stück weit, aber dann überlegten wir, dass er vielleicht gar nicht so schwer verletzt war und irgendwo dort seine Speere versteckt hatte, und so beschlossen wir, bis zum Morgen zu warten, um ihn dann endgültig zu erstechen."

Komi erzählte weiter, wie sie Nenkiwi am nächsten Morgen aufspürten. Er lebte noch, aber beide Speere waren ihm durch den Bauch gedrungen. Ohne Zweifel waren die Verletzungen um einiges schlimmer geworden, als er durch den Dschungel rannte, um zu entkommen. Die mehr als zwei Meter langen Speere, die noch in ihm steckten, mussten sich ständig im Dickicht verfangen haben.

„Ich habe so gemacht", erklärte Komi und hob den Arm zu der Geste, die bei den Waodani fürs Speerwerfen steht, „und wollte Nenkiwi erstechen. Aber er sagte: ‚Ihr seht, dass ich sterbe. Lasst mich wie eine wirkliche Person sterben.'" Ich verstand, was Komi mir sagen wollte. Nenkiwi wollte, wie es in der Waodani-Tradition üblich war, lebendig begraben werden.

„Sie haben ihn zu seiner Lichtung zurückgehen lassen und seine Schwester gerufen, damit sie das *wodido* (Grab) schaufelte, in dem er sterben wollte."

Tante Rachel hatte mir erzählt, Nenkiwi sei lebendig begraben worden, aber ich hatte damals nicht verstehen können, wie jemand solche Angst haben konnte, dass er freiwillig in sein eigenes Grab stieg und sich mit Erde zudecken ließ.

Als Nenkiwis Grab geschaufelt war, halfen die anderen ihm, die Speere abzubrechen, die noch in seinem Körper steckten. Er stieg freiwillig in das Loch. Aber bevor Palmwedel über ihm ausgebreitet wurden, damit die Erde ihn nicht direkt traf, wenn das Grab zugeschaufelt wurde, hielt sich Nenkiwi an eine andere Waodani-Tradition: Er bat darum, dass seine zwei Kinder mit ihm begraben wurden.

Epa, Nenkiwis Frau, kannte ich von der Zeit, als ich als Kind in den Stamm kam. Sie ist wie die meisten Waodani-Frauen eine nette, freundliche Frau und eine liebevolle Mutter. Aber auch sie war gefangen in den Vorstellungen der Waodani-Traditionen. Die Waodani bringen überhaupt kein Verständnis dafür auf, dass *cowodi*-Frauen ihre Kinder tagsüber freiwillig abgeben, damit sie von anderen Frauen betreut werden, die schon jede Menge kleiner Kinder um sich haben. Sie können sich eine Mutter, die freiwillig darauf verzichtet, ihre Kinder großzuziehen, einfach nicht vorstellen.

Als Nenkiwi forderte, dass die beiden Kinder mit ihm begraben würden, erdrosselte Epa ihre kleine Tochter und legte sie oben auf Nenkiwi ins Grab. So wie ich Epa kenne, wollte sie ihre Kleine vermutlich vor dem Schrecken bewahren, den ein langsames Ersticken oder Austrocknen in einem dunklen Loch im Boden mit sich gebracht hätte.

So weit tat Epa, was von ihr erwartet wurde. Aber als Nenkiwi dann auch noch verlangte, dass sein Sohn Tementa mit zu ihm ins Grab gepackt wurde, flüchtete Epa mit diesem Sohn, den sie noch stillte. Auch Stammes-Traditionen haben vermutlich ihre Grenzen.

* * *

Als es an diesem Abend dunkel wurde, war ich so müde, dass ich am liebsten „Licht aus" gebrüllt hätte. Aber eigentlich war das einzige Licht, das überhaupt brannte, die Kerze, die wir selbst mitgebracht hatten. In den meisten Waodani-Häusern ist die Kochstelle die einzige Lichtquelle, und die wenigen batteriebetriebenen Taschenlampen sind nächtlichen Ausflügen in den Dschungel vorbehalten – vornehmlich, um Nachttiere zu jagen.

Coba schnappte sich seine Decke, rollte sich darin zusammen und schlief auf der Stelle ein. Ich brauchte ein bisschen länger, um mich „bettfertig" zu machen. Ich zog mir das zusätzliche Hemd über, das ich mitgebracht hatte, weil es nachts im Dschungel ausgesprochen kalt werden kann. Paa und Gaba raschelten noch eine ganze Weile herum, nachdem ich mich für die Nacht eingerichtet hatte. Schließlich knipste ich meine Taschenlampe ein, um zu sehen, was sie da eigentlich machten. Diese Gauner waren dabei, in unserem schäbigen Motel ein kleines Zelt aufzuschlagen! *Oh nein, wahrscheinlich ist das Dach undicht, und die beiden bauen vor,* dachte ich zuerst. Und dann wurde mir klar, dass das Zelt sie vermutlich vor Moskitos schützen sollte.

Ich hatte absichtlich keine Ausrüstung mitgenommen, mit der ich mich von meinen drei Mit-Marschierern unterscheiden würde. Jetzt rechnete ich fast damit, dass die beiden als nächstes Luftmatratzen aufblasen würden. Nachdem ich Paas Zelt ausgiebig bewundert hatte, fragte ich nach dem Zweck: „Jetzt können dich die Moskitos nicht beißen?“ Er gab zurück: „Jetzt können mich die Fledermäuse nicht beißen.“

Schließlich schlief ich ein. Aber immer wieder wachte ich im Lauf der Nacht auf, weil mein Rücken oder meine Seite ganz taub war von den rauen, unnachgiebigen Holzplanken, die mir als Matratze dienten. Die Fledermäuse ließen mich zum Glück in Ruhe.

Allzu bald brach der neue Tag an.

Nachdem wir noch einige Reste vom Vortag verdrückt und etwas Manioksaft getrunken hatten – was ich, wie gesagt, nicht besonders mag; aber ich bin nicht so dumm, etwas zu essen abzulehnen, wenn noch nicht feststeht, wann mir das nächste Mal etwas angeboten wird! – machten wir uns auf zu Cawaenas Haus.

* * *

Ich lag gemütlich in einer Hängematte und hörte Paa und Cawaena auf ihre typische, begeisterte Art über die Jagd fachsimpeln. Sie sprachen viel zu schnell, als dass ich den Einzelheiten hätte folgen können, und so schickte ich meine Gedanken auf Wanderschaft und sah mich ein bisschen um. In einer Ecke von Cawaenas Haus bemerkte ich einen Schalltrichter aus Aluminium, wie er in Lautsprechern verwendet wird. Ich nahm ihn hoch und betrachtete ihn näher. Er sah so ähnlich aus wie ein Megaphon.

„Kinoi?“, fragte ich – *was ist das?*

„Das wissen wir auch nicht“, bekam ich zur Antwort.

„Wo habt ihr es denn her?“

„Ich hab’s im Dschungel gefunden, als ich jagen war“, erklärte Cawaena.

„Wo kam es denn her?“

Diesmal antwortete Paa. „Es ist aus dem Flugzeug gefallen und dann hat Cawaena es gefunden.“

Ich überlegte, warum jemand wohl mit einem Megaphon über ein Waodani-Dorf fliegen sollte – und warum er es dann fallen gelassen hatte.

„War es die *compania?*“, fragte ich weiter.

„Wii compania“, gab Paa zur Antwort. *Nicht die Ölgesellschaft.*

„Wer denn dann?“

Paa sah ein bisschen wütend aus: „War es nicht dein Vater selbst, der vor langer Zeit in der Holzbiene über uns hinweggeflogen ist und uns etwas zugerufen hat? Habe ich ihn nicht mit meinen eigenen Augen gesehen? Er hat es fallen gelassen, und Cawaena hat es gefunden."

Aber warum war Papa überhaupt je in die Nähe von Damointado geflogen?

„Er ist immer herum und herum geflogen", erklärte Paa, als würde er mir damit etwas sagen, das ich längst wissen müsste, „und hat uns Geschenke gegeben."

„Mein Vater hat in dieser Gegend Geschenke abgeworfen?" Und erst da verstand ich. Das hier musste der Ort sein, den Papa und seine Freunde als Terminal City bezeichnet hatten.

Der Ort lag nur fünfzehn Flugminuten von der verlassenen Shell-Station in Arajuno entfernt, und so war die kleine Lichtung mit den paar strohgedeckten Hütten nahe genug gewesen, dass Papa und Onkel Ed einmal in der Woche darüber hinwegfliegen und bei den Waodani Geschenke abwerfen konnten. Sie wollten schon eine Art von Beziehung aufbauen, bevor sie den Waodani gegenübertraten.

Paa erzählte mir in allen Einzelheiten von Papas Flügen über dieses Dorf. Cawaena und seine Familie hörten aufmerksam zu. Ich wünschte mir, dass ich mehr von dem verstanden hätte, was Paa mir erzählte. Schon seit ich ein kleiner Junge war, hatte mich der Ort fasziniert, an dem Papa Geschenke für die „Aucas" abwarf. Alles war damals so schrecklich aufregend gewesen. Ich hatte immer nur einen einzigen Wunsch gehabt: dass Papa mich auf einen seiner Flüge mitnehmen würde. Aber er hatte mir gesagt, dass ich erst schwimmen lernen müsste. Im Dschungel kommt man nicht weit, wenn man keine Flüsse durchqueren kann. Wenn ich mit Papa unterwegs war und wir irgendwo hätten notlanden müssen, wäre es überlebenswichtig gewesen, schwimmen zu können. Außerdem, so wurde mir später klar, wäre ich ihm nur im Weg gewesen, aber natürlich dachte ich damals, dass ich Papas wertvollster kleiner Mitarbeiter war. Und jetzt, neununddreißig Jahre später, besuchte ich endlich den Ort, den ich als Junge unbedingt hatte sehen wollen.

Paa zählte all die Geschenke auf, die die Leute von der Holzbiene bekommen hatten. Ich traute meinen Ohren kaum. Er wusste noch ganz genau, was Papa und Onkel Ed bei ihren Flügen abgeworfen hatten. Paa konnte sich noch erinnern, wie sehr sie alle dem Flugzeug hatten nahe kommen wollen. Sie bauten sogar ein ganz hohes Podest, das auf langen Beinen stand, so dass sie näher an das Flugzeug herankamen, wenn Papa über die Lichtung hinwegflog oder oben seine Kreise zog. Ich wusste, dass das stimmte, weil Onkel Ed aus der Luft Bilder von diesem Podest gemacht hatte.

„Einmal hat die Holzbiene das Seil herabgelassen", erklärte Paa, „und Mincaye hat versucht, zu dem Flugzeug hochzuklettern. Aber das Seil ist gerissen und wir haben alle gelacht. Das Seil von der Holzbiene war sehr lang und wir waren sehr froh, dass wir es hatten." Es ist viel Arbeit, aus den Fasern von Palmwedeln Seile herzustellen. Es muss ein unerwarteter Glücksfall für die Waodani gewesen sein, dass ihnen hier fünfhundert Meter *cowodi*-Seil vom Himmel fielen!

Paa fuhr fort und berichtete, wie einer der Männer aus dem Dorf sich eines Tages Paas Papagei geschnappt hat und ihn als Gegengeschenk in das Leinengefäß gesteckt hatte, das unter dem Flugzeug hing. Paa klang ganz gedrückt, als er weitererzählte: „Er hat meinen eigenen *cawiae* den Ausländern gegeben, damit sie ihn einfach so aufessen konnten!"

Diesen ganz besonderen Papagei hatte Papa mir geschenkt! Er war jahrelang mein Haustier gewesen. Und ich hatte sogar neben ihm gestanden und versucht, die Nachricht vom Tod meines Vaters irgendwie zu verarbeiten, als die Zeitschrift Life ein Foto von mir machte, das die Stimmung in diesen trüben Tagen einfing. Als ich Paa erzählte, was aus seinem Papagei geworden war, lächelte er, als wäre er sehr erleichtert, dass sein geliebtes Haustier doch nicht im Kochtopf gelandet war.

10. Unser neues Zuhause

Ich war erstaunlich munter nach meiner zweiten Nacht auf dem Boden des Klassenzimmers. Bei der Qualität von Matratzen wird zwischen „weich", „mittel" und „hart" unterschieden; was wirklich „hart" war, wusste ich jedenfalls jetzt. Ich dachte, dass es keine schlimmere Unterlage zum Schlafen geben sollte. Ich würde bald herausfinden, dass ich mich da irrte.

Als wir aus Damointado weggingen, ermahnten uns die Leute, auf einen großen Jaguar zu achten, der das Dorf seit einiger Zeit unsicher machte. Als ich nachfragte, ob ein *mini* allen Ernstes Menschen angreifen würde, erklärte Peques Sohn, dass ältere Jaguare, die keine wilden Schweine mehr jagen können, oft versuchen, Hunde oder kleinere Menschen anzugreifen. Ich fand es schwer, mir das vorzustellen; Jaguare sind eigentlich scheue Tiere. Als die anderen merkten, dass ich so meine Zweifel hatte, erzählte mir Peques Sohn, dass ein anderer Jaguar vor kurzem einen Hund aus dem Haus gezerrt hatte, in dem die Familie zu der Zeit schlief. Die Raubkatze hatte dem armen Tier – immerhin ein Jagdhund von ansehnlicher Größe – mit einem einzigen Biss den Garaus gemacht und war dann mit der Beute verschwunden.

Später hatten sie den Hund nicht weit vom Haus entfernt gefunden. Der Jaguar hatte ihn in zwei Stücke gerissen und nur die eine Hälfte mitgenommen. Die Waodani vermuteten, er würde für die zweite Hälfte zurückkehren, also stellten sie ihm eine Falle.

Peque und seine beiden Söhne rüsteten sich mit Speeren und zwei Gewehren aus und kletterten neben der Lichtung, auf der der Kadaver lag, auf einen Baum. Und tatsächlich – der Jaguar kam zurück. Sie erzählten, wie sie ihn mit Speeren und Schüssen töteten. Einer rannte nach nebenan und kehrte mit einer großen, gefleckten Jaguarhaut zurück, die noch ganz frisch aussah. Sie war so voller Einschuss- und Speerlöcher, dass sie mehr wie ein Sieb aussah als wie ein Pelz. Ganz offensichtlich war Peques Leuten daran gelegen gewesen, an diese Katze keine weiteren Hunde mehr zu verlieren.

Als wir das Dorf verließen, überlegten Paa, Coba und Gaba, auf welchem Weg wir wohl am schnellsten von Damointado nach Tzapino kommen würden. Die Freunde aus Damointado, die sie zu Rate gezogen hatten, schlugen vor, einen Umweg zu gehen, aber ich wollte möglichst auf direktem Weg nach Tzapino gehen. Denn dann würden wir meinen Karten zufolge direkt an der Stelle vorbeikommen, die wir für unser Waodani-Zentrum angedacht hatten. Dort wollten wir dann auch wohnen. Der Boden dort war hart genug, um eine Landebahn anlegen zu lassen, und es gab auch keinen Sumpf in der Nähe, was das Risiko von Moskitos und blutsaugenden Fledermäusen beträchtlich reduzierte. In der Gegend hatte, soweit die Waodani sich erinnern konnten, noch nie jemand gelebt. Nach einem Marsch, der noch strapaziöser war als der, den wir bereits hinter uns hatten, kamen wir schließlich genau da an, wo unser neues Zuhause entstehen sollte.

Ich war froh, dass Ginny nicht hier war, um den Ort in seinem Ursprungszustand zu sehen. Und ich dachte auch immer mehr über die Möglichkeit nach, mir Ricks Flugzeug auszuleihen. Hier unten hatte ich mit der Machete um mich gehauen, war gekrochen, geschwommen, geschliddert, geklettert und marschiert, bis ich mit meiner Kraft am Ende war. In der Luft dagegen konnte selbst eine alte Cessna 172 in vier Minuten schaffen, wofür ich acht schmerzhafte Stunden gebraucht hatte.

Als ich an diesem Abend mit meinen drei Freunden am Strand lag, war ich zwar todmüde, aber glücklich wie selten zuvor. Sie redeten stundenlang miteinander, erzählten Geschichten und erinnerten sich an gemeinsame Erlebnisse. Ich konnte ihnen nur folgen, wenn ich grob wusste, um welches Thema es ging, und sie versuchten, mir alles ein bisschen langsamer zu erklären. Aber trotzdem war ich froh, nach rund sechsundzwanzig Jahren wieder bei ihnen zu sein. Jetzt kam die alte Begeisterung, die ich schon als Kind empfunden hatte, zurück. Ich hatte diese Menschen und die Welt, in der sie lebten, einfach schrecklich lieb.

Als Kind war ich immer so beeindruckt gewesen von der Lebensweise der Waodani, die ganz alleine überlebten und ohne all die „Notwendigkeiten" der Welt draußen zurechtkamen. Diese Menschen waren so unabhängig; sie taten, was getan werden musste, und verließen sich dabei auf niemanden als auf sich selbst. Zumindest war es damals immer so gewesen. Inzwischen schien jeder von ihnen Stiefel, Aluminiumtöpfe, Macheten und Äxte, Decken, Seife und Salz zu wollen. Alle diese Dinge kamen von der Welt draußen und mussten gekauft werden. Ich wusste, dass die Waodani früher oder später kompliziertere Dinge für absolut notwendig halten würden: Kettensägen für solidere Häuser, Außenbordmotoren für die ausgehöhlten Baumstämme und Blech, um ihre Häuser abzudecken. Der Materialismus ist heimtückisch: je mehr man hat, desto mehr will man haben.

Ich musste daran denken, was König Salomo vor einigen tausend Jahren gesagt hatte: „Wer Geld liebt, wird vom Geld niemals satt, und wer Reichtum liebt, wird keinen Nutzen davon haben. Das ist auch eitel." (Pred. 5,10) Ich wusste aus eigener Erfahrung, dass das stimmte. Ich dachte an all die Geräte, mit denen man in meiner Kultur Zeit sparen konnte: Spülmaschine, Waschmaschine, Trockner, Rasenmäher, Staubsauger, Nähmaschine, Kaffeemaschine, Mikrowelle und natürlich das Auto.

Wenn man bedenkt, wie viel Arbeit uns all diese Maschinen abnehmen, müsste man meinen, dass wir jede Menge Zeit mit unseren Freunden und Verwandten verbringen und das Zusammensein genießen würden. Aber trotz all der praktischen „Zeit-Sparer" ist das Leben so hektisch und ausgefüllt, dass wir es uns nicht leisten können, auch nur für ein paar Tage innezuhalten, ohne unsere ganze Existenz aufs Spiel zu setzen. Die Waodani hatten dagegen Zeit, mit ihren Babys zu spielen und einander Geschichten über ganz alltägliche Begebenheiten zu erzählen.

Ich konnte mich noch erinnern, dass ein frischgebackenes Waodani-Paar früher nicht mehr als eine Steinaxt benötigte, um einen eigenen Hausstand zu gründen. Die Waodani glaubten, dass *Waengongi* diese besonders geformten Steine extra für sie auf dem Dschungelboden verteilte. Viel mehr wussten sie von *Waengongi* nicht, aber im Stillen bewunderte ich ihr schlichtes Verständnis von Gottes Fürsorge.

Ich war mir gar nicht mehr so sicher, ob ich den Waodani würde helfen können. Wenigstens wollte ich ihnen bewusst machen, dass mehr zu besitzen sie nicht glücklicher machen würde. Je mehr sie sich wünschten, was es in der Welt draußen alles gab, desto mehr würden sie nämlich von der Welt draußen manipuliert werden– vor allem, solange sie kein funktionierendes Wirtschaftssystem hatten, um Geld zu verdienen und für all diese Dinge zu zahlen. Ich wusste, dass sie es auf die harte Tour würden lernen müssen, dass man in diesem Leben nichts geschenkt bekommt. Aber dann würde es längst zu spät sein, zu einer ursprünglicheren Lebensweise zurückzukehren. Im Moment sah es so aus, als stünde den Waodani ein Pfad der Tränen bevor: Kulturell gesehen standen sie vor dem Übergang von einer Gesellschaft, in der alle frei und fast gleich waren, zu einer Bettelgesellschaft.

Ich dachte eigentlich nicht, dass ich diesen Prozess würde aufhalten können, aber ich freute mich, dass ich sie auf ihrem Weg vielleicht ein Stück weit begleiten konnte.

Als ich später hörte, wie Lehrer aus der Welt draußen die einst stolzen Waodani-Krieger ausschimpften und ihnen vorschreiben wollten, was sie zu tun hatten, begriff ich, dass die ursprüngliche Welt der Waodani auf lange Sicht nicht erhalten bleiben konnte. Aber als ich da unter dem wunderschönen nächtlichen Dschungelhimmel mit meinen Kinderfreunden am Fluss lag, schien alles trügerisch friedlich.

Die Geräusche der Nacht waren im vollen Gang. Der Mond schien nicht, und die nächsten künstlichen Lichttquellen waren so weit entfernt, dass sie das unglaubliche Panorama der Sterne über uns nicht stören konnten. Ich dachte daran zurück, wie ich ein paar Kilometer stromaufwärts am gleichen Fluss gelegen hatte. Das war an dem Abend gewesen, nachdem Kathy, Oncaye, Iniwa und ich den Strand besichtigt hatten, wo Papa umgebracht worden war, und anschließend getauft worden waren. An diesem Abend hatte es auch viele Sterne zu sehen gegeben. Aber diesmal war ich doch erstaunt, als ich bemerkte, wie einer der Sterne über den Himmel wanderte. Ich dachte erst, dass es eine Sternschnuppe war, aber dafür bewegte er sich eigentlich zu langsam. Ich konnte regelrecht zusehen, wie dieser Stern sich fortbewegte, als würde er am Himmel entlangkriechen. Ich fragte Coba, Paa und Gaba, ob sie manchmal Sterne über den Himmel wandern sahen. „Ja“, sagten sie, und ein paar Minuten später deutete Gaba auf einen.

Da merkte ich, dass das, was wir dort sahen, ein Satellit war. Als ich weiter zusah, wie dieser helle, von Menschen gebaute Stern über das Waodanigebiet wanderte, wurde mir einmal mehr klar, dass die Welt der Waodani nicht so würde bleiben können, wie sie einmal gewesen war. Ich würde vor der Herausforderung stehen, ihnen die Welt draußen zu erklären. Ob ich wirklich etwas bewirken konnte, wusste ich nicht, aber immerhin war es mir nicht gleichgültig, was aus ihnen wurde. Ich konnte versuchen, ihnen wenigstens so viel beizubringen, dass sie selbst mitreden konnten, wenn über ihr Schicksal entschieden wurde.

Am nächsten Tag mussten wir lediglich eine größere Schlucht durchqueren. Als meine Muskeln gerade erst warm wurden, überquerten wir schon einen gemächlich dahinfließenden Fluss und stießen auf die Landebahn von Tzapino, wo Kimo und Dawa schon auf uns warteten. Ich fragte mich, wie sie so schnell mitbekommen hatten, dass wir kamen. Aber dann fiel mir ein, dass es hier ja inzwischen Funkgeräte gab.

In Tzapino wohnte Omene, ein Mann ungefähr in meinem Alter, den Tante Rachel vor vielen Jahren aufgenommen hatte, weil er von einem feindlichen Clan umgebracht werden sollte. Seine Tante Dawa hatte Tante Rachel gebeten, ihn unter ihren Schutz zu stellen. Das tat sie, und Omene und ich wurden so etwas wie Brüder. Er war ein großartiger Jäger. Wenn Omene loszog, um Fleisch zu besorgen, konnte man davon ausgehen, dass er auch mit Fleisch zurückkam.

Als wir in Tzapino ankamen, lud mich Omene in sein Haus ein, um mit ihm Tapir zu essen. Der Tapir ist das größte Tier des Dschungels. Er sieht aus wie ein riesiges Schwein mit einem kurzen Rüssel. Das Fleisch war großartig, und es gab jede Menge davon.

Irgendwann im Gespräch kam die Rede auf einen von Omenes Söhnen, der nicht da war. „Wo ist er denn?“, fragte ich. „Doobae *Oneidi* gocandapa“, bekam ich zur Antwort – er ist schon an Gottes Ort gegangen. Er erzählte, wie dieser Sohn mit einigen anderen Kindern auf der Landebahn Fußball gespielt hatte. Er verletzte sich am Fuß, und so rannte er schnell zum Haus, um sich seine Gummistiefelchen anzuziehen. Dabei schoss ein Skorpion, der sich in einem Stiefel versteckt hatte, vor und stach ihn zwischen die Zehen.

Traurig erzählte Omene, wie sein Sohn geschrien hatte und dann sein ganzer Körper angeschwollen war. Von der Einstichstelle angefangen, war sein ganzes Bein dick geworden. Er hielt seinen kleinen Jungen in den Armen, während das Gift immer weiter durch seinen Körper kroch. Schließlich sagte der Kleine, dass er jetzt zu *Waengongi* gehen würde. Er könnte schon Leute von *Oneidi* sehen, die ihn abholen kamen.

„Dann wurde es in meinem Herzen kalt und es war vorbei. Ich habe sein Grab hier vorne geschaufelt." Er wies mit dem Kinn in die Richtung des Grabes. Omenes Augen füllten sich mit Tränen und ich war völlig überrascht. Die Waodani-Männer können sehr zärtlich zu ihren Kindern sein, aber für gewöhnlich lassen sie sich ihre Gefühle nicht anmerken. Es war ganz offensichtlich, dass Omene seinen Sohn immer noch vermisste. Wie es wohl wäre, wenn ich eins unserer Kinder so unvermittelt verlieren würde? Obwohl der Gedanke mich ernüchterte, wusste ich doch, dass Omenes Sohn noch am Leben wäre, wenn er medizinisch richtig versorgt worden wäre.

Cogi, ein älterer Krieger aus einem der Clans weiter flussabwärts, kam auch zu Omenes Haus, um mich zu treffen. Als ich genug Fleisch gegessen und meine Freundschaft mit Omene ausreichend erneuert hatte, folgte ich Cogi zu seinem Haus. Er bedeutete mir, dass ich mich in eine Hängematte am Feuer setzen sollte, und reichte mir einen geräucherten Fisch. Ich schlug die getrocknete Haut zurück und aß das Fleisch, das sich leicht von den Gräten lösen ließ. Cogi schien zufrieden zu sein, mir einfach nur beim Essen zuzusehen. Ich war zwar schon satt, aber dass ich geräucherten *kedemenae* gegessen hatte, war schon lange her. Ich bewahrte den Kopf bis zuletzt auf, weil er eigentlich das Leckerste am ganzen Fisch ist. Geräucherte Fischaugen sind ein bisschen wie harte Erbsen. Kiemen und Hirn laufen zwar nicht auf bedeutsame Mengen hinaus, aber sie sind wirklich lecker, wenn es einem nichts ausmacht, einen Fischkopf in den Mund zu nehmen und daran zu saugen.

Als ich die entsprechenden Sauggeräusche machte, begann Cogi auf seine Familie einzuquasseln. Ich merkte, dass ich irgendeine Art Test bestanden hatte. Cogi hatte gehört, dass ich als kleiner Junge bei den Edomenani gewohnt hatte. Anscheinend wollte er sehen, ob das stimmte. Er wusste nämlich, dass Fremde die Fischköpfe nicht so essen wie die Waodani.

Als ich zurück zu Kimo und Dawa kam, hatten sie den Kochtopf schon aufs Feuer gesetzt. Coba, Paa und Gaba kauerten auf dem Boden und aßen Maniok mit Tapirfleisch. Ich hatte bereits zwei volle Mahlzeiten in verschiedenen Häusern gegessen. Aber wir nahmen auf unseren Märschen kein Essen mit. Ich wusste, dass ich mich besser an eine der Hauptregeln im Dschungel hielt: Wenn es etwas zu essen gibt, iss! Man weiß schließlich nie, wann man wieder etwas zwischen die Rippen bekommt.

Ich dachte auch an meine anderen lebenswichtigen Dschungelregeln: Geh, wenn du nicht rennen musst; steh, wenn du nicht gehen musst; sitz, wenn du nicht stehen musst – und leg dich hin, wenn du nicht sitzen musst.

* * *

Kimo öffnete seine „Gästehütte" für uns vier. Auf dem dunklen Boden lagen einige halb verrottete Balken. Er hob sie weg, so dass sie uns nicht im Weg waren. Ich kletterte den eingekerbten Holzstamm nach oben und hoffte, dass ich nun bald würde schlafen können. In der kleinen, vielleicht drei mal dreieinhalb Meter großen Hütte war es stockdunkel.

Als ich meinen Fuß in die Hütte setze, verdrehte sich mein Knöchel merkwürdig. Ich versuchte, den anderen Fuß aufzusetzen, um Halt zu gewinnen, aber mit dem Boden stimmte etwas nicht. Ich kippte zur Seite und merkte sofort, dass uns eine lange, schmerzhafte Nacht bevorstand. Der Boden bestand aus gespaltenen Palmenstämmen, was für gewöhnlich seinen Reiz hat. Aber Kimo hatte seine Stämme nur in zwei Hälften geteilt, und so war jedes einzelne Bodenbrett letztlich ein halbrunder Holzstamm – wobei die runde Seite oben lag. Wenn Kimo diese Planken doch nur nicht mitgenommen hätte! Ich versuchte zuerst, mich parallel zu den Stämmen zu legen, dann quer. Ich versuchte, im Sitzen zu schlafen und dachte ernsthaft darüber nach, die Nacht im Stehen zu verbringen. Ich stopfte meine Klamotten in die Rillen, aber sie reichten nicht aus. Sie verschwanden einfach in den tiefen Gräben zwischen den Buckeln.

Während ich mich hin- und herrollte und von einer schmerzhaften Schlafposition in die nächste wechselte, schnarchten meine drei Kumpel zufrieden vor sich hin. Ich war so verzweifelt, dass ich mir sogar ihre Rucksäcke schnappte und sie als zusätzliche Polster verwendete. Ich überlegte, ob ich zu Kimos Haus zurückschleichen sollte, aber ich hätte ihn aufwecken müssen, um ins Haus zu kommen.

Dann überlegte ich, ob ich die Rillen meines „Betts" mit Erde zuschaufeln sollte, aber ich war viel zu kaputt, um mich zu etwas so Anstrengendem aufzuraffen, damit mein armer geschundener Körper endlich Ruhe fand. Es wurde eine schmerzhafte lange Nacht.

* * *

Am nächsten Morgen verkündete Paa, dass wir nicht nach Huamono laufen konnten, weil es dorthin keinen Pfad gab. Wir mussten mit dem Kanu fahren, aber es gab niemanden, der mit uns hätte kommen können. Ich war eigentlich davon ausgegangen, dass Kimo uns mit seinem Kanu wenigstens ein Stück weit bringen würde, aber Paa zuckte nur die Achseln: „Waa, enenamai" – *tja, ich weiß auch nicht.*

Kimo gehörte zur Familie. Ganz bestimmt würde er uns an die Stelle bringen, wo der Tzapino und der Ewenguno zusammenflossen. Dort würden wir auch den Pfad nach Huamono finden, und ich wusste, dass Kimo dort eine weitere Hütte hatte.

Ich wandte mich an Dawa und sagte: „Ich sehe es gut, meinen alten Freund Odoki in Huamono zu besuchen, wenn Kimo uns dorthin bringt." Und bevor ich mich recht versah, hatte Kimo schon nach seinem altgedienten Paddel gegriffen und war auf den Fluss zumarschiert. Wir rannten ihm hinterher.

Ein junger Mann, seine Frau, zwei kleine Kinder und eine alte Frau begleiteten uns in einem anderen Kanu. Der Mann hatte eine Axt dabei, die er regelmäßig einsetzte, um Bäume und Äste abzuhacken, die quer über den schmalen Fluss gefallen waren. Ich vermutete, dass Kimo deswegen nicht gleich von sich aus angeboten hatte, uns zu fahren. Der Fluss musste erst kürzlich über die Ufer getreten sein, und Kimo wusste, dass er voller Hindernisse sein würde. Aber vielleicht hatte er auch ganz andere Gründe für seine Zurückhaltung. Ich habe es nie herausgefunden.

Von Kimos flussabwärts gelegenem Haus war es nur ein paar Stunden Fußmarsch. Als wir den letzten Hügel hinunterkletterten, stieß Paa den üblichen Warnruf aus, dass wir kamen: „Woooooo." Irgendjemand, der weiter vorne stand, gab den Ruf weiter.

Als wir ankamen, hatte ich eigentlich ein Begrüßungskomitee erwartet. Ich hatte mich wieder einmal geirrt. Ein kleiner Junge stand im Unterholz am Rand des Pfads und sah so aus, als wartete er auf uns. Ich bemerkte ihn nicht einmal, bis er leise vor unsere Gruppe trat und uns an dem Schulhaus vorbeiführte, das die Fremden errichtet hatten. Er brachte uns zu dem Haus, in dem Odoki mit einer seiner Frauen wohnte.

Ich hatte Odoki seit ungefähr zwanzig Jahren nicht mehr gesehen. Er sah nicht einmal auf, als wir eintraten, sondern schnitzte einfach weiter seine Pfeilspitzen und sagte nur: „Du Babae?" Ich bejahte seine Frage, indem ich mit zusammengepressten Halsmuskeln schnell einatmete, was so ähnlich klingt, wie wenn ein Kind lange geheult hat und ihm nun die Luft ausgegangen ist. Dann bemerkte Odoki: „Ayae kiwimi" - *Du lebst noch.* Ich atmete wieder ein, und so hatten wir die letzten zwanzig Jahre aufgeholt.

Odoki hatte mich immer wie einen kleinen Bruder behandelt. Dass ich ihn weit überragte, änderte daran gar nichts. Er schien immer noch der Größere von uns zu sein. Er war ein sehr stiller Mann, der andere nicht herumkommandierte und nie die Stimme erhob, aber alle im Haus schienen gerne um ihn herum zu sein und seinen Wünschen nur zu gerne Folge zu leisten.

Einer von Odokis Söhnen saß mit verbundenem Fuß in einer Hängematte. Als ich fragte, wie es dem Fuß des Jugendlichen ging, meinte Odoki nur, er warte darauf, dass die Kugeln von selbst aus dem Fuß wuchsen. Der Junge hatte seit Wochen geduldig in der Hängematte gesessen, seit er sich aus Versehen selbst mit der Flinte seines Vaters eine Ladung Schrot in den Fuß gejagt hatte. Ich bat darum, mir die Wunde einmal ansehen zu dürfen. Unter einem alten Lappen, den er um den verletzten Fuß gewickelt hatte, kam eine vereiterte, faulende Wunde zum Vorschein.

Er würde noch viele Wochen hier sitzen und warten, wenn sich niemand um den Fuß kümmerte. Und vielleicht würde er den Fuß sogar verlieren. Ich hatte ein wenig Salbe mit, die mir ein Arzt im Missionskrankenhaus angerührt und mir als eine Art Universal-Antibiotikum mitgegeben hatte.

Ich weichte den Fuß des Jungen in heißem Wasser ein, während sich Paa und Coba weiter mit Odoki unterhielten. Eine kleine Wildkatze hatte einige Nächte lang Odokis wenige Hühner angegriffen, und die drei überlegten zusammen, wie man das Tier am besten umbringen konnte. Die meisten Wörter, die ich aus der Waodani-Sprache kannte, hatten mit Jagen und Fischen zu tun, weil ich gerade das in meiner Kindheit natürlich am meisten gemacht hatte. Viele der Vokabeln fielen mir jetzt wieder ein. Nachdem wir den Fuß eine Weile eingeweicht hatten, besah ich mir die Wunde genauer. Es gab das Stück abgestorbene Haut in der Wunde, das mir etwas komisch vorkam. Ich zog es vorsichtig heraus und bemerkte, dass es ein Teil des Stoffstücks war, das als Verband gedient hatte und in die Wunde hineingewandert war. Wahrscheinlich hatte es mehr zur Entzündung des Fußes beigetragen als der Einschuss selbst.

Es gelang mir, ein paar der winzigen Kügelchen und jede Menge „Verband" aus dem Fuß herauszupuhlen, aber ich merkte, dass sich auf der Oberseite seines Fußes noch ein paar Schrotkugeln direkt unter der Haut befanden. Ich fragte Odoki, ob er den Jungen ins Krankenhaus gehen lassen würde, wenn wir ein Flugzeug für ihn besorgen konnten. Odoki verwies mich direkt an seinen Sohn, der aber nicht ins Krankenhaus der Fremden wollte. Ich rieb die Wunde mit meiner Sulfat-Salbe ein und ließ ihm noch ein paar saubere Verbände da. Damit die Wunde schneller heilen konnte, schlug ich ihm auch vor, den Fuß mehrmals täglich einzuweichen. Er hob nur die Augenbrauen, was bei den Waodani so viel wie Ja bedeutet.

* * *

Bevor wir zum Schlafen ins Schulhaus gingen, marschierten wir die immerhin ebene, aber sehr kurze Landebahn entlang zu Dawas Bruder Bai. Kimo war an dem Überfall auf Dawas Familie beteiligt gewesen, bei dem sie einen Großteil ihrer Verwandtschaft verloren hatte. Kimo hatte sie flussaufwärts verschleppt und zur Frau genommen, aber sie hatten keine Kinder bekommen. Offensichtlich hatte Kimo doch schon eine weiche Seite, als er noch voller Angst und Hass war, denn trotz ihrer Unfruchtbarkeit – oder seiner – erstach er seine Frau nicht und nahm sich auch nie eine zweite Frau.

Dawas Bruder Bai war ein geselliger alter Krieger mit ungewöhnlich grauem Haar. Er hatte einen Brustkorb wie ein Fass und war trotz seines Alters immer noch enorm stark. Mehrere seiner Söhne kamen mir entgegen. Sie waren größer als üblich und schienen selbst im Vergleich mit anderen Waodani sehr stark. Ihre Beine sahen aus wie die von Gewichthebern.

Als wir uns später am Abend auf der gegenüberliegenden Seite des Flusses einem Fest der Waodani anschlossen, bei dem es Gesänge und eine Art Volkstanz gab, erzählten Paa und Coba mir etwas über einen von Bais Söhnen. Anscheinend hatten Bai und seine Söhne früher am Rand des Waodani-Gebiets gewohnt; auf der anderen Seite des Flusses, ein Stück schräg gegenüber, lebte eine Großfamilie aus dem Shuar-Stamm. Eines Tages gingen einige Mitglieder von Bais Familie stromaufwärts zu ihrer Lichtung und machten dabei kurz Halt an einem kleinen Geschäft (ein Hinweis darauf, dass es eine Straße in der Nähe gab). Die Waodani stiegen wieder in ihr Kanu, um stromaufwärts zu rudern, aber eins der jungen Mädchen, das wahrscheinlich im frühen Jugendalter war, war irgendwie zurückgeblieben.

Der Alte der Shuar-Familie war zu Hause und lud die junge Frau nach drinnen ein. Er missbrauchte sie. Weil er sie davon abhalten wollte, nach Hause zu gehen und den anderen davon zu erzählen, schlug er so lange auf ihre Füße ein, dass sie nicht mehr laufen konnte. Aber sie war fest entschlossen, nach Hause zu kommen und kroch schließlich auf allen Vieren den ganzen Weg heim. Als sie zu Hause ankam und den anderen erzählte, was der Alte getan hatte, griffen Bais Söhne nach ihren Speeren und zogen los, um den alten Shuar-Mann umzubringen.

Als sie zu seiner Lichtung kamen, lauerten sie den Leuten auf und erstachen sie alle mit ihren Speeren – alle bis auf den alten Patriarchen, der all das Unglück heraufbeschworen hatte. Offensichtlich war er gerade nach draußen gegangen, um seine Notdurft zu verrichten. Er überlebte, aber seine ganze Familie wurde ausgelöscht.

Nachdem ich Bai und seine Söhne jetzt kennengelernt hatte, wollte ich ihnen nicht so gern im Dunkeln begegnen, wenn sie es auf mich abgesehen hatten ...

* * *

In dieser Nacht schlief ich wie ein Säugling. Nach der Nacht in Kimos Gästehütte war der Holzboden in Huamono der weichste Untergrund, auf dem ich bislang geschlafen hatte. Als ich am nächsten Morgen so viel Bananensaft getrunken hatte, dass ich beinahe platzte, war ich fast wieder bereit für den nächsten Marsch. Es war der letzte Marsch auf unserer Route und würde der längste der gesamten Reise sein. Aber mir wurde immer mehr bewusst, dass man im Regenwald Entfernungen nur einigermaßen sicher berechnen kann, wenn man fliegt. Wenn man zu Fuß auf den Pfaden oder mit dem Kanu auf den Flüssen unterwegs ist, zählt nur, wie lange man braucht, um einen bestimmten Weg zurückzulegen.

Von Huamono nach Quiwado, in das Dorf, das von Damointado aus flussabwärts lag, würden wir vor allem in westliche Richtung laufen, parallel zu den Schluchten und Flüssen. Das bedeutete, dass es nicht so oft steil bergauf und bergab ging. Außerdem nieselte es den ganzen Tag, was die Temperaturen niedrig hielt. Mein Schweiß wurde von den Tropfen weggespült, die die ganze Zeit aus dem Blätterwerk über uns heruntertropften. Der Pfad war matschig, aber nicht allzu schlimm.

So langsam begann ich mich für diese Märsche regelrecht zu erwärmen. Bevor ich mich recht versah, war es schon fast Mittag. Als wir zu Kimos flussabwärts gelegenem Haus zurückkamen, paddelten wir noch weiter den Ewenguno hinunter und dann ein Stück den Quiwado hinauf. Wir ließen unsere Kanus zurück und legten die letzten paar Stunden wieder zu Fuß zurück. Als wir in Quiwado angekommen waren, gingen wir baden. Auch das war ein Beweis dafür, dass ich mich langsam wieder ans Marschieren durch den Dschungel gewöhnte: Ich hatte am Abend immerhin noch genug Kraft, mich in den Fluss zu stellen und ordentlich zu waschen.

In Quiwado lebte ein anderer Jugendfreund von mir. Tementa war so alt wie mein kleiner Bruder Phil. Er war auch Nenkiwis Sohn – der Sohn, der eigentlich mit seinem Vater hätte begraben werden sollen. Ich freute mich wirklich darauf zu sehen, was aus Tementa geworden war. Als ich damals im Stamm gelebt hatte, war er ein hässlicher, kugelbäuchiger kleiner Kerl gewesen, und in meinen Gedanken sah er natürlich immer noch so aus.

Tante Betty hatte mir erzählt, dass Tementa praktisch auf den Stufen vor ihrem Haus gelebt hatte, als sie mit ihrer Tochter Valerie in Tiwaeno wohnte. Er fragte ständig mit seinem weinerlichen dünnen Stimmchen: „Mangade pantate tum, pantate tum?" – *Valerie, möchtest du schwimmen gehen, möchtest du schwimmen gehen?*

Tante Betty hatte ihn in ihrer typischen Weise als „dieses armselige, einfach nur armselige Menschlein" bezeichnet.

Alles wurde noch schlimmer, als Tementa ein Stück Fleisch zu ergattern versuchte, das einer der Jagdhunde schon für sich beansprucht hatte. Der Hund biss Tementa ins Gesicht und riss ihm die eine Hälfte des Mundes fast ab, so dass eine gewaltige Narbe zurückblieb.

Aber ich fand schnell heraus, dass Tementa seinen Mangel an gutem Aussehen mehr als ausglich. Er hatte einen scharfen Verstand und eine sehr unaufdringliche Art, all die eigenwilligen Individualisten, die seinen Stamm ausmachten, auf eine gemeinsame Meinung einzuschwören.

Als Tante Rachel in den Stamm zog, schickte Epa oft den kleinen Tementa zu Rachels Haus, damit er sich anhörte, was sie Dayumae und den anderen über *Waengongi* beibrachte. Wenn er nach Hause kam, erstattete er seiner Mutter dann Bericht und lehrte sie, was er gehört hatte.

Es war Tementa, der Epa schließlich dazu brachte, auf Gottes

Pfad zu gehen. Viele Jahre später, als seine Mutter ihm immer wieder zuredete und Tante Rachel ihn ermutigte, auch andere zu lehren, hatte er schließlich selbst beschlossen, auf *Waengongis* Pfad zu gehen. Dann wurde er für Tante Rachel zum Übersetzungshelfer, als sie Gottes Zeichen in die Sprache der Leute übertrug.

An diesem Abend in Quiwado wurden wir eingeladen, die Nacht in Awas Haus zu verbringen. Wir waren gerade erst dort angekommen, als ein sehniger alter Krieger ins Haus platzte. Er blickte wild um sich, bis er Gaba und mich an den gespaltenen Bambusstämmen stehen sah, die die Wände dieses auf hohe Stelzen gebauten Hauses bildeten.

Der kleine Mann rannte auf uns zu, zog sich die Hose herunter und fiel vor uns mit dem Kopf vornüber flach auf den Boden. So wie er auf uns zugestürmt war, befürchtete ich, er wolle uns etwas antun. Aber er sagte kein Wort. Er lag einfach so ausgestreckt da vor uns. Als Gaba merkte, dass ich keine Ahnung hatte, was da passiert war, erklärte er mir ganz sachlich: „Wepe möchte den Dorn." Ich kapierte immer noch nichts. „Injektion-bai", erläuterte Gaba weiter.

Was? Wepe will eine Spritze? Wofür denn? Und woher weiß Gaba das überhaupt?, fragte ich mich.

„Er will eine Spritze, damit er *taaemo* wird."

„Was für eine Art von Spritze würde ihn denn stark machen?", fragte ich.

„B doce", sagte Gaba. Jemand musste dem alten Krieger in der Vergangenheit ein paar Vitamin-B-12-Spritzen verabreicht haben. Das hatte ihn völlig überzeugt, und jetzt wollte er mehr.

Gaba übernahm das Kommando. Er zog aus seinem kleinen Rucksack ein Päckchen und begann, ein Puder mit einer Flüssigkeit zu vermischen, um die Injektion vorzubereiten. Wepe lag einfach, das Gesicht nach unten, mit seinem nackten Hinterteil auf dem Boden, als wäre er tot.

Als Gaba die Spritze aufgezogen hatte, piekste er sie fachmännisch in Wepes kleine, schrumpelige Hinterbacke, zog den Kolben ein Stück zurück, um sicherzugehen, dass er kein Gefäß getroffen hatte, und drückte dann ab.

Als er die Nadel wieder herausgezogen hatte, sprang Wepe auf, zog sich seine Hose wieder hoch und begann wie wild auf uns alle einzureden – als hätte er nicht gerade noch nackt und wie tot auf dem Boden gelegen. Ich war beeindruckt. Wenn Gabas Medizin das bewerkstelligt hatte, sollte ich mir vielleicht auch ein bisschen Vitamin B-12 verabreichen lassen.

Als ich über das kleine Drama nachdachte, das sich da gerade vor meinen Augen abgespielt hatte, wurde mir bewusst, wie arrogant mein Denken eigentlich war. Wepe war nicht zu mir gekommen, als er Hilfe brauchte, sondern zu Gaba. Ich war einfach davon ausgegangen, dass ich mehr über Medizin wusste als alle anderen, weil ich – nun ja, weil ich eben von „draußen" gekommen war.

Ich merkte, dass ich allein auf dieser kurzen Reise bereits mehrere Leute direkt vor Gabas Augen verarztet hatte, ohne überhaupt abzuwarten, wie er diese Sache vielleicht angehen würde. Und wenn ich es mir recht überlegte – woher wollte ich denn wissen, dass Coba und Paa auf diesem Gebiet nicht auch mehr wussten als ich? Schließlich kannten sie sich bei allem anderen, das ihre Welt betraf, auch besser aus!

* * *

Später am Nachmittag schaltete jemand das kleine Zwei-Wege-Funkgerät auf der Veranda des Hauses, in dem die ecuadorianische Lehrerin wohnte, ein. Die Mission Aviation Fellowship (MAF) hält mit den meisten Dschungeldörfern, die sie anfliegt, regelmäßig Kontakt zu einer festgesetzten Zeit. Jede Station gibt ihre Wetterverhältnisse durch und beantragt gegebenenfalls einen Flug zu ihrer Landebahn. Abends hören die Leute aus dem Dorf einfach nur zu, was an Notfallmeldungen durchgegeben wird. Ich wollte sichergehen, dass mein Flugzeug meine drei Reisegefährten erst nach Toñampade fliegen würde, bevor es mich nach Shell Mera brachte.

Ich hatte wirklich eine großartige Zeit mit Coba, Paa und Gaba verbracht, aber ich freute mich auch auf meinen Rückflug. In jedem Dorf, das ich besucht hatte, hatten mir die Leute versichert, dass sie eine Landebahn für ihr Dorf bauen würden, wenn ich bereit war, ihnen die Dinge beizubringen, die sie bisher noch nicht konnten. Sie überzeugten mich, dass sie die Vorstellung, vieles selbst tun zu können, wirklich mochten. Zwischen den Zeilen war ihnen ein gewisses Unbehagen darüber abzuspüren, dass sie immer auf andere warten mussten, die dann alles Mögliche für sie erledigten.

Ich wusste aber auch, dass ich ihren Beteuerungen erst dann wirklich würde Glauben schenken können, wenn ich einen Testversuch gestartet und ihnen die Gelegenheit gegeben hatte zu zeigen, dass es ihnen wirklich ernst war.

An diesem Nachmittag versuchte ich ein paar Mal, die MAF in Shell zu erreichen. Mein Ruf ging zwar durch, aber die Leute von der MAF vertrösteten mich immer wieder auf später. Ich schrieb ihre etwas wirr klingenden Antworten der schlechten Verbindung zu. Der Mensch am anderen Ende sprach zwar Spanisch, aber ich kannte ihn nicht und er schien auch nicht zu wissen, wer ich war.

Am nächsten Morgen hängte ich mich wieder hinters Funkgerät und bekam die gleichen ausweichenden Antworten, ich solle es später noch einmal versuchen. Schließlich, gegen Mittag, wurde mir endlich erklärt, das Flugzeug sei nun unterwegs. Ich war gelinde gesagt verwundert, dass ich so wenig konkrete Angaben erhielt, und dass niemand, der von meiner Flugbuchung wusste, aufzutreiben war.

Schließlich schrien die Waodani „Ebo, ebo" – Worte, bei denen man im Dschungel immer vor Aufregung eine Gänsehaut bekommt. Es gab auch wirklich nichts Spannenderes hier, als wenn ein Flugzeug das Dorf anfliegt. Gaba, Paa, Coba und ich stellten uns am Rand der Piste auf, als sich das Flugzeug näherte.

Üblicherweise drehen Flugzeuge erst eine kleine Runde über der Landebahn, um festzustellen, ob die Windverhältnisse schwierig oder ob irgendwelche Hindernisse auf der Bahn sind. Dieses Mal allerdings setzte der Pilot direkt zur Landung an. Er schien das mit dem Bremsen nicht besonders ernst zu nehmen, denn als er auf der Hälfte der Bahn an uns vorbeischoss, war er immer noch ganz schön schnell. Er hätte längst bremsen müssen. Irgendetwas stimmte hier nicht.

Als die Cessna 206 da an uns vorbeizog, konnten wir sehen, dass der Pilot einen Tarnanzug und einen Helm trug, bei dem er das dunkle Visier heruntergeklappt hatte. Mein Hirn reagierte schon, bevor ich überhaupt bewusst wahrnahm, was sich hier abspielte. Ich schrie: „Sequestro!" – *eine Entführung*!, schnappte mir meinen Rucksack und rannte in den Dschungel zurück. Einige der Waodani waren direkt hinter mir, obwohl ich mir sicher war, dass es hier um mich ging. Ich versuchte, mich durch einen Maniokgarten hindurch zu dem Pfad durchzuschlagen, den ich hinter Awas Haus direkt in den Regenwald hatte führen sehen. Ich hatte genug davon mitbekommen, wie in Kolumbien „Gringos" entführt wurden, und war mir ganz sicher, dass ich Opfer einer solchen Entführung werden sollte. Als ich gerade von dem immensen Grün verschluckt wurde, hörte ich jemanden rufen: „Es ist Captain Henry, Babae! Es ist Captain Henry!"

Ich sah zur Landebahn zurück, und tatsächlich – da stand Henry Orellana neben den Waodani und winkte mir fröhlich zu. Henry war ein alter Freund, dessen Eltern in Shell gewohnt und den Hangar dort betrieben hatten, von dem Tante Rachel ihre Vorräte bezog.

Mein Adrenalinspiegel war noch so hoch und mein Herz klopfte so wild, dass es mir ganz egal war, dass die Leute sich alle herrlich über meinen Fluchtversuch amüsierten. Ich kam mir allerdings selbst ein bisschen dumm vor, bis Henry mir erklärte, was los war.

Während ich in aller Unschuld von Dorf zu Dorf marschiert war, hatten Ecuador und Peru, unsere Nachbarn im Süden, einen Krieg begonnen. Kein einziges Dorf auf unserem Weg hatte mitbekommen, dass etwas Ungewöhnliches passiert war – was einmal mehr bewies, wie isoliert die Waodani waren. Es gab keine Post im Gebiet der Waodani, sie gingen nicht wählen, und in ihrer Sprache gab es auch keine Nachrichten.

Die Peruaner hätten in ihr Gebiet einmarschieren und sie als Soldaten rekrutieren können, so dass sie gegen ihre Landsleute gekämpft hätten. Die meisten Waodani hätten den Unterschied nicht einmal bemerkt. Ich merkte, wie der Ärger in mir hochstieg. Wenn die Regierung Ecuadors sich eine Regierungsgewalt über die Waodani anmaßte, sollte sie allmählich anfangen, sie auch wie Bürger zu behandeln. Jemand musste sich für die Rechte der Waodani einsetzen. Aber war ich der Richtige?

Henry erklärte uns, dass die Luftwaffe Ecuadors wegen des Krieges alle Privatflugzeuge eingezogen hatte. Weil Henry zur Reserve der Luftwaffe gehört, hatte er darum gebeten, einem der MAF-Flugzeuge zugewiesen zu werden, die er auch sonst regelmäßig flog. Und er berichtete den Behörden von einem „Gringo", der wegen des Kriegs jetzt im Waodani-Gebiet festsaß. Er überzeugte sie, dass es nicht gut aussehen würde, wenn ausgerechnet diesem Gringo etwas passierte. Schließlich war seine Familie so berühmt, dass das Gesicht seines Vaters eine ecuadorianische Briefmarke geziert und seine Mutter einen der vorherigen Präsidenten persönlich gekannt hatte. All das war übertrieben, aber es erfüllte seinen Zweck.

Sie erlaubten Henry diesen Rettungsflug, der mich aus dem Dschungel brachte. Aber er erklärte mir auch, dass die Erlaubnis auszufliegen nur mir galt. „Aber was ist mit Paa und Coba und Gaba?", fragte ich. Ich konnte sie schließlich nicht einfach alleine hierlassen, nachdem ich sie für eine ganze Woche ihren Familien entrissen hatte. Ich versuchte zu erklären, wie die Lage war. Gaba verstand das. Coba nahm es hin als eine weitere dieser mysteriösen Geschichten, die in der Welt der Fremden passierten. Aber Paa beschuldigte mich, mein Wort gebrochen zu haben. Und er hatte recht. Ich überlegte, ob ich den Flug ablehnen sollte, nur um zu beweisen, dass wir entweder alle oder keiner gehen würden. Aber ich wusste, dass das nutzlos war. Paa war ja nicht wütend, weil ich nicht die zwei Tage mit den anderen nach Toñampade zurücklaufen würde. Er war wütend, weil ich ihm versprochen hatte, dass wir von Quiwado aus zurückfliegen würden. Er war nicht müde von den langen Märschen wie ich, aber er sehnte sich auch nach seiner kleinen Hütte und seiner eigenen Feuerstelle zurück.

Es war eine hilfreiche Lektion. In den nächsten Monaten würden noch viele Dinge passieren, die die Waodani einfach nicht verstanden. Ich würde immer wieder dem Vorwurf ausgesetzt sein, dass ich mein Wort nicht hielt. Und ich würde mich ihnen nicht erklären können, weil ihnen einfach die Grundinformationen fehlten, die nötig waren, um bestimmte Sachverhalte zu verstehen.

Ich gab ihnen also das bisschen Essen, das ich hatte, ein paar Süßigkeiten, ein Päckchen Medizin, meine Angelschnur und ein paar Haken, ein Taschenmesser und noch ein paar Dinge. Erst als ich im Flugzeug saß, wurde mir klar, dass sie jetzt wahrscheinlich dachten, ich wollte mich freikaufen von den Unannehmlichkeiten, die ihnen durch meine Fehlinformation entstanden waren. Ich fühlte mich schrecklich, meine Freunde im Stich gelassen zu haben, aber ich sehnte mich wirklich nach zu Hause. Die Woche auf den Dschungelpfaden hatte ihre Spuren hinerlassen. Wie das so oft ist, wenn wir mitten in einem prägenden Erlebnis stecken, war mir damals auch nicht bewusst, dass die Weichen für mein Leben neu gestellt worden waren. Aber während der Woche war ich meinem normalen Alltag so weit entrissen gewesen, dass ich tatsächlich auf eine ganz unscheinbare Weise begonnen hatte, Ereignisse und Umstände aus einem anderen Blickwinkel zu betrachten.

Ich habe den Gedanken immer schrecklich gefunden, dass ich irgendwann einmal auf mein Leben zurückschauen und feststellen würde, dass meine eigene Feigheit oder die Erwartungen anderer Leute darüber bestimmt haben, wie mein Leben verläuft.

Ich glaube, dass in der Welt und in meinem eigenen Leben nichts dem Zufall überlassen ist – genauso wie ich glaube, dass das Leben selbst nicht einfach entstanden ist, weil in irgendeiner vorzeitlichen Suppe einige wichtige Elemente zufällig aufeinandergetroffen sind. Ich glaube, dass derselbe intelligente Designer, der mich geschaffen hat, mir im Drehbuch meines Lebens auch die Freiheit gegeben hat, Entscheidungen zu treffen. Aber ich glaube auch, dass *Waengongi*, der Schöpfer, ein Gesamtdrehbuch mit der Welt hat, in das meine mickrige Rolle mit eingeschrieben ist.

Als ich auf dem Weg zurück in die USA war, war mir mit letzter Sicherheit klar geworden, dass es das nächste Kapitel in Gottes Drehbuch mit mir war, zu den Waodani zurückzukehren. Es war trotzdem gar nicht so einfach, die Finger vom Korrekturstift zu halten. Es würde jede Menge Leute geben, die mich für absolut verrückt erklärten. Aber was bedeutete das schon?

Die Waodani hatten schon daran geglaubt, dass es *Waengongi* gab, bevor Tante Rachel, Dayumae und Tante Betty ihnen von

Gott erzählten. Sie sahen den Beweis für den Schöpfer in seiner Schöpfung. Sie wussten, dass er ihnen wohlwollend gegenüberstand, weil sie manchmal auf dem Boden des Dschungels Steinäxte fanden. Ohne diese Steinäxte hätten sie keine Gärten anlegen und daher auch nicht überleben können.

Die Welt wollte für die Waodani Gärten anlegen. Wenn Gott es so führte, dass ich mir meine Familie schnappte und wir Haus, Schule, Freunde und Karriere hinter uns ließen, dann war meine Aufgabe doch nur die einer solchen Steinaxt. Ich konnte nicht garantieren, dass die Waodani überleben würden, aber ich konnte mich ihnen als Werkzeug anbieten, wenn sie mich benutzen wollten, um einen Weg in die Zukunft freizuhacken. Gehorsam Gott gegenüber war der einzige Grund für meine Entscheidung.

Ich hatte keine Ahnung, was aus diesem Experiment werden würde. Ich wusste nicht einmal, was ich eigentlich machen sollte. Es passte gar nicht in die Pläne, die ich mit meinem Leben eigentlich hatte. Aber ich wusste, dass ich Teil eines größeren Plans war, der schließlich unserem Leben Bedeutung verleihen würde. Ich wünschte mir so, dass mein Leben Spuren hinterließ – und nicht nur meins, sondern auch das von Ginny und Shaun Felipe (Toñae), Jaime Nate (Mincaye), Jesse Abram (Yeti) und Stephenie Rachel (Nemo).

11. Auf die Plätze ...

Als ich nach Hause kam und Ginny und den Kindern von meiner Tour erzählte, waren wir uns alle einig, dass wir zu den Waodani ziehen sollten. Es gab nicht einmal eine große Diskussion, und es war nicht schwierig, zu dieser Einigung zu kommen – sie war einfach da. Es sah so aus, als sei ich nicht der Einzige gewesen, der sich in der Woche, in der ich unterwegs gewesen war, verändert hatte. Wir waren alle glücklich, ganz aufgeregt und ein bisschen voller angespannter Vorfreude.

Ich hatte mit der Planung unserer Rückkehr zu den Waodani schon begonnen, als ich mit Captain Henry nach Shell zurückkam. Auf einer Liste vermerkte ich all die „kleinen" Details, die ich mit Ginny noch absprechen musste – zum Beispiel die Frage, wie Jesse und Stephenie ihren Highschoolunterricht im Dschungel bekommen sollten.

Zu den größeren Brocken gehörte das Anlegen von Gärten, so dass wir etwas zu essen hatten. Maniok muss mindestens neun Monate heranwachsen, bis man ihn essen kann. Und wirklich reif ist er eigentlich erst nach einem Jahr. Ich war mir ziemlich sicher, dass auch Platanen fast ein Jahr brauchen. Wir würden unsere Gärten sofort bebauen müssen. Auch der Bau einer Landebahn, damit wir Ricks Bravo Tango Sierra (BTS) nutzen konnten, um zu unserem neuen Heim zu kommen und uns von einem Ort zum anderen zu bewegen, war ein dringendes Anliegen.

Denn dass wir uns im Dschungel bewegen konnten, ohne von anderen Piloten abhängig zu sein, war ein riesiger Vorteil – aber einer, der uns erst etwas nützte, wenn wir unsere Landebahn hatten. Wenn ich mich recht erinnerte, war an der kleinen Piste in Tiwaeno mehrere Jahre lang gebaut worden. Ich sprach mit einigen Piloten der MAF, und sie stimmten alle darin überein, dass man für den Bau einer Landebahn mindestens ein Jahr einplanen musste, wenn man keinen Traktor oder etwas Ähnliches hatte. Ich ging nicht davon aus, dass uns ein Traktor zur Verfügung stehen würde.

Auf der einwöchigen Tour durch den Dschungel war mir aufgefallen, dass keines der Dörfer ein Gotteshaus hatte. In Tiwaeno hatte es einmal eines gegeben, und in Tzapino auch. Nun gab es an beiden Orten keine mehr. Ich fragte die Leute, warum das so war, und bekam zur Antwort, dass sie nicht wussten, wie man diese Häuser baute. Aber natürlich wussten sie das, erklärte ich ihnen. Man baute ein *Waengongi onco* genauso wie ein *onco* zum Wohnen! Sie widersprachen: sie konnten nur *durani-bai* bauen – wie die Vorfahren –, aber keine „richtigen" Kirchen.

Schließlich wurde mir klar, dass alle nur noch die kleine Kirche in Toñampade, die die Fremden mit Betonträgern und einem Blechdach gebaut hatten, für ein „richtiges" Gotteshaus hielten. Sie wussten nicht, wie man Bretter macht, und sie wussten auch nicht, was für eine komische Masse das war, die hart wurde und das ganze Gebäude trug. Und sie hatten auch kein Geld, um ein Blechdach zu kaufen.

Die Waodani in Toñampade machten gar nicht erst Anstalten, den Fußboden der Kirche zu erneuern, der bereits angefangen hatte zu faulen. Als ich nachfragte, warum sie das nicht ausbesserten, erklärten sie mir, dass sie dazu keine Erlaubnis hatten. „Erlaubnis von wem denn?", wunderte ich mich. Darauf hatten sie auch keine Antwort. Sie wussten nur, dass sie dieses Haus nicht gebaut und auch nicht dafür bezahlt hatten. Sie waren sich nicht ganz sicher, wem es nun eigentlich gehörte – aber ihnen jedenfalls nicht.

Mir wurde klar, dass sie das Waodani-Zentrum selbst würden bauen müssen, wenn es wirklich ihres sein sollte. Und das galt besonders auch für die Landebahn.

In den meisten Dörfern hatte die Regierung Ecuadors finanzielle Zuschüsse gewährt, um solche Landebahnen einzurichten. Von diesem Geld wurden Schaufeln, Hacken und Schubkarren gekauft und manchmal sogar Reis, um die Leute zu ernähren, die weitab von ihren eigenen Häusern und Gärten an einer solchen Landebahn arbeiteten. Das war natürlich eine enorme Hilfe, aber ich sah, dass es einen entscheidenden Nachteil hatte. Wenn ein Dorf die Hilfe der Regierung in Anspruch nahm, hatte die Regierung auch ein Recht, diese Piste mit zu benutzen. Die Gesetze der Zivilen Luftfahrtbehörde sahen vor, dass wir nicht selbst die Kontrolle über unsere Landebahn hatten. Wenn die Ölgesellschaften sie benutzen wollten, konnten sie das tun. Wenn *colono* (Landbesetzer und Siedler) sie benutzen wollten, stand auch ihnen das frei, selbst wenn sie *agua ardiente* („Feuerwasser") einführten, um es an die Waodani zu verkaufen. Wie bei den Ureinwohnern Nordamerikas auch, stellte der Alkohol bei den Waodani inzwischen ein großes Problem dar.

Der Bau der Landebahn würde also der große Test sein, ob es den Waodani mit ihrem Beschluss, die Zukunft selbst in die Hand zu nehmen, ernst war. Mir war schon klar, dass das ein gewaltiges Unterfangen war – aber wie gewaltig, das unterschätzte ich noch immer.

Ich beschloss, ein paar Kettensägen zu beschaffen, um die Sache voranzubringen. Die größte Herausforderung beim Anlegen einer neuen Landebahn bestand darin, im Regenwald ein Stück Boden zu finden, das eben genug und lang genug war, damit zumindest ein kleines Buschflugzeug darauf landen konnte. In Tiwaeno begann der winzige Streifen Landebahn am Fluss und endete im Morast, und so konnte er einfach nicht verlängert werden. Er war gerade lang genug, dass das Helio-STOL-Flugzeug darauf landen konnte – aber nicht lang genug, dass es voll beladen wieder abheben konnte! Normale Buschflugzeuge konnten dort gar nicht erst landen. Obwohl es fast zwei Jahre gedauert hatte, bis diese erste Piste fertig war, war sie immer noch kaum nutzbar.

Ich machte mich auf zu einem Geschäft mit Metallwaren und Baumaterial, um mich inspirieren zu lassen, wie wir unsere neue Landebahn bauen konnten, und stieß dabei auf ein Laser-Landvermessungs-Gerät. Laser werden ja im Bauwesen viel verwendet, und so spielte ich damit ein bisschen herum. Ich stellte fest, dass ich das Gerät auf einer kleinen Plattform an einem Baum befestigen konnte. Ich konnte damit auf mehrere hundert Meter erkennen, wo der Boden vor mir eben war. Mit nur zwei Bewegungen konnten wir unsere Mittellinie bestimmen!

Wir würden mit der MAF in Verbindung bleiben müssen, um immer wieder einmal beliefert zu werden. Dafür brauchten wir ein Zwei-Wege-Funkgerät und Energie. Außerdem brauchten wir

Ersatzketten, Verbindungsstücke, Feilen, Öl und Ersatzteile für die Motoren der Kettensägen. Benzin und Dynamit würde ich bei Shell kaufen können. Ich hatte zwar selbst noch nie mit Dynamit gearbeitet, aber ich erinnerte mich daran, wie Onkel Roger es benutzt hatte, um Baumstümpfe wegzusprengen, damit die Landebahn wirklich eben wurde. Das war gewesen, als Papa schnell Medizin liefern musste, um eine Grippe-Epidemie aufzuhalten, die unter den Einwohnern eines Dorfes in der Nähe der Youderians viele Opfer gefordert hatte.

Ich brauchte außerdem einen einigermaßen geschickten und erfahrenen Mitarbeiter, der die Ketten der Sägen und den Motor warten konnte, irgendjemanden, der schon einmal eine Kurbel gesehen hatte und wusste, wie ein Hebel funktioniert. Ich wollte gerne jemanden an meiner Seite haben, der bereit war, das alles mit mir zusammen durchzustehen. Daher rief ich den Mann von Ginnys Schwester an, Steve. Sein Bruder und er haben große Bauernhöfe in Minnesota. Er arbeitet hart und ist ein ausgezeichneter Mechaniker. Einige Jahre zuvor hatten wir zusammen dabei geholfen, hoch in den Anden einen Staudamm und eine Schleuse für die World Radio Missionary Fellowship in Ecuador zu bauen.

Ich wusste, dass Steve während der Wintermonate für gewöhnlich eine Weile entbehrlich war, und so riskierte ich es einfach, ihn um Hilfe zu bitten. Ich kam nie dazu, zu erklären, was wir eigentlich tun wollten, wie lange es dauern würde, was wir essen würden und wie die Chancen standen, dass wir dieses Abenteuer überlebten. Bevor ich irgendetwas Näheres erläutern konnte, sagte Steve nur: „Klar, ich komme mit."

Wir trafen uns in Florida und begannen, all die Kettensägen, den Motor, die Solarkollektoren, ein Funkgerät, Antennen, Werkzeuge, Batterien und ein ganz besonderes Bonbon zu besorgen: eine Fernseh-Video-Kombination. Wenn wir den Videorekorder irgendwie auf 12 Volt umstellen konnten, konnten wir den Waodani Videos über die Welt draußen zeigen. Alles, was sich außerhalb des Dschungels abspielte, war für die Waodani der reinste Science-Fiction-Film.

Wir würden auch eine Mannschaft von Waodani benötigen – je

größer, desto besser. Die Waodani sind alle stark, und sie arbeiten gut, wenn sie Lust haben. Aber sie leben nicht, um zu arbeiten. Das tun nur die zivilisierten Menschen in der „hochentwickelten" Welt. Die Waodani arbeiten, um zu leben.

Wenn wir den Arbeitern an der Landebahn Reis, Zucker und Kaffee anboten, würde das einen gehörigen Anreiz bieten. Die Waodani hatten selten Zugang zu solchen Luxusgütern, und sie hatten ja auch kein Geld, sie zu kaufen. Als wir all unsere Säcke zugeschnürt hatten, stellten wir fest, dass unser Gepäck über 270 Kilo wog. Pro Flugticket durften wir aber nicht mehr als knapp zweiunddreißig Kilo einchecken. Damit würden wir ungefähr die Hälfte unserer Sachen nach Ecuador schaffen können. Weitere zweiundzwanzig Kilo konnten wir im Handgepäck mitnehmen. Mehr als das ging nicht, weil wir ins Handgepäck ja auch noch empfindliche Sachen wie das Funkgerät packen mussten.

Es sah wirklich so aus, als würden wir hundert bis hundertdreißig Kilo über dem zulässigen Höchstgewicht liegen. Sam, der älteste Bruder meines Vaters, hatte früher bei der gleichen Fluggesellschaft, mit der wir jetzt fliegen wollten, als Pilot gearbeitet und war vor ein paar Jahren in Rente gegangen. Ich rief ihn an, um nachzufragen, an wen wir uns wenden konnten, um mehr Gepäck als zugelassen mitzunehmen. Schließlich rief mich ein leitender Angestellter von American Airlines an und erklärte mir, dass nur eine Personengruppe das Recht hatte, uns mehr Gepäck zuzugestehen, und das waren die Angestellten am Flughafenschalter. Wenn sie beschlossen, dass wir für das Übergewicht zu zahlen hatten, konnte das teuer werden. Aber was sollten wir tun, wenn uns nicht erlaubt wurde, das gesamte Gepäck mitzunehmen? Und dann war da auch noch das Problem mit dem Außenbordmotor. Ich hatte alles abmontiert, das sich am Ende ohne allzu große Mühe wieder zusammenbauen ließ, aber das Ding wog immer noch gut fünfundvierzig Kilo!

Ich kannte die Regeln der Fluggesellschaften inzwischen gut genug, um zu wissen, dass sie nicht verpflichtet waren, Gepäck über 45 Kilo überhaupt mitzunehmen. Und dieser Motor war nun wirklich nötig, damit wir von Toñampade aus auf dem Fluss zu unserem neuen Zuhause kamen. Ich wusste es zu diesem Zeitpunkt noch nicht, aber meine Beziehungen zu American Airlines würden von diesem Tag an nie mehr so sein wie bisher.

Wir brauchten einen zweiachsigen Anhänger, um all unsere Taschen zum Flughafen von Orlando zu schaffen. Das Stöhnen des Türstehers kam mir wie ein böses Omen vor. Wir stapelten unser Gepäck am Schalter, wo es einen unübersehbaren Berg bildete.

Ich sah mir die Angestellten an und versuchte herauszufinden, wer von ihnen wohl das weichste Herz hatte. Ich war noch zu keinem Ergebnis gekommen, als ich die scharfe Stimme einer offenbar sehr tüchtigen Person bellen hörte: „Der Nächste, bitte." Bevor wir überhaupt an den Schalter herangetreten waren, fragte die Angestellte: „Gehören diese riesigen Taschen alle Ihnen? Wenn Sie das Höchstgewicht überschreiten, wird das ganz schön teuer!"

Großartig. Wir hatten viel zu viele Taschen, viel zu viele Kilos und ein Gepäckstück, das alle zugelassenen Dimensionen sprengte. Aber wir brauchten all diese Sachen wirklich. Ich merkte am Gesichtsausdruck unserer Schalterdame, Connie, dass wir sie nicht um den kleinen Finger wickeln konnten.

„Was haben Sie mit dem ganzen Zeug denn überhaupt vor?", erkundigte sie sich. „Wir ziehen in den Regenwald am Amazonas", erklärte ich ihr. „Und wenn wir diese Sachen nicht alle mitnehmen können, können wir gleich zu Hause bleiben."

Sie ignorierte das mit dem „zu Hause bleiben" geflissentlich und rief: „Am Amazonas? Oh, ich wollte schon immer mal in dieses Gebiet reisen! Ich habe alles darüber gelesen, was ich in die Finger kriegen konnte. Wenn ich Sie mit all dem Zeug durchlasse – kann ich Sie dann mal besuchen?" Ich dachte, sie wollte mich auf den Arm nehmen, und meinte: „Klar. Wenn noch Platz im Flugzeug ist, kommen Sie doch einfach gleich mit."

Aber sie machte gar keine Witze. Sie wollte wirklich mitkommen. „Ich kann ja nicht einfach so in den Dschungel reinmarschieren", erklärte sie, als müsste man mir die grundlegendsten Dinge im Leben noch erklären. Vermutlich hatte sie allen Grund zu der Annahme, dass ich das nötig hatte – schließlich waren wir hier mit mehr Gepäck aufgekreuzt als der Rest der Passagiere zusammengenommen.

Connie plauderte noch fröhlich mit mir über den Amazonas und alles, was sie gelesen hatte. Sie schien vergessen zu haben, dass eine immer länger werdende Schlange sich vor ihrem Schalter aufgebaut hatte und dass die beiden hoffnungslos überladenen Steves ihren Flug verpassen würden, wenn sie uns nicht bald abfertigte. Dann forderte sie mich ganz plötzlich auf, meine Telefonnummer aufzuschreiben, damit sie einen Besuch bei uns einplanen konnte. Schließlich rief sie einen der Türsteher zu uns herüber.

Ich fand, dass es an der Zeit war, vorzufühlen, wie weit wir wirklich gehen konnten. „Wir haben hier ein kleines Problem, Connie", begann ich und fühlte mich wie ein Zweitklässler, der fragt, ob er mal zur Toilette darf, obwohl die Pause erst zehn Minuten her ist. „Wenn ich nicht all diese Gegenstände mitnehmen kann, werden wir uns dort nicht so einrichten können, dass Sie uns besuchen können."

„Klar", sagte Connie. „Dieser nette Mensch hier, Jay, schafft Ihr Zeug für Sie zum Flugzeug. Das ist sowieso zu groß fürs Rollband." Sie beobachtete, wie Jay versuchte, den schweren Sack mit dem Außenbordmotor auf seinen Wagen zu laden, und wunderte sich: „Was haben Sie denn da drin? Ein Boot?"

„Nein, natürlich nicht!" Ich brachte es nicht übers Herz, ihr zu erklären, dass das nur der Motor für ein Boot war.

Steve half Jay, während Connie und ich unser Fachgespräch über den Amazonasdschungel fortsetzten. Es wurde immer später. Als unser gesamtes Gepäck eingecheckt war, überraschte Conny uns noch damit, dass sie uns in der ersten Klasse unterbrachte. Wir konnten unser Glück nicht fassen. Jay verschwand mit allem in den verborgenen Regionen des Flughafens, zu denen nur einige Angestellte Zugang haben.

Ich wusste damals noch nicht, dass er fast ein Freund der Familie werden würde und Connie so etwas wie ein Familienmitglied. Und dass ich Hunderten von Menschen Anlass geben würde, mit American Airlines nach Ecuador zu fliegen.

* * *

In Quito mieteten Steve und ich einen Bus, der uns und unsere Sachen nach Shell brachte. Vor dort aus flogen wir nach Toñampade, wo, so hofften wir zumindest, einige Leute auf uns warten würden, die möglichst bald mit dem Bau der Landebahn beginnen wollten.

Mincaye war natürlich da und wollte sofort loslegen. Außer ihm war ein kleines Häuflein Waodani erschienen, zum größten Teil Gott-Nachfolger aus der alten Gemeinschaft in Tiwaeno. Aber als es sich herumsprach, dass wir Reis, Bohnen und Zucker mitgebracht hatten, wuchs unser Team beträchtlich an. Wir waren wirklich ein bunt zusammengewürfelter Haufen – aber immerhin ein großer bunt zusammengewürfelter Haufen!

Einige Männer trugen gute Kleidung und Schuhe. Ich bemerkte sogar einige bekannte Marken. Sie waren offensichtlich lange genug in der Welt draußen gewesen, um zu wissen, worauf es hier ankam. Andere Männer, teilweise noch ganz junge, hatten ganz ausgeleierte Ohrläppchen, wo sie früher große Holzpfropfen getragen hatten. Ich wusste, dass unter den Jüngeren nur Aenomenani-Männer solche Ohrläppchen hatten, denn die Clans weiter flussaufwärts hatten mit dieser Tradition gebrochen, nachdem sie herausfanden, dass sie für die Außenwelt damit als „Aucas“ zu erkennen waren. Einige ältere Männer hatten sich das Haar wachsen lassen, um ihre Ohren zu bedecken. Und die Frauen schnitten sich nicht mehr den traditionellen Pony, den sie aus der Stirn zurückstrichen und hinter den Ohren feststeckten, damit die Pfropfen aus weißem Balsaholz vor ihrer olivbraunen Haut umso besser zur Geltung kamen.

Ich bemerkte auch eine ganze Reihe schlecht ausgeführter Tätowierungen. Diese Männer hatten möglicherweise eine Zeitlang für die Ölgesellschaften gearbeitet. Es sah so aus, als würden viele der Tattoos den gerade erst begonnenen Krieg mit Peru feiern.

Ein Mann um die fünfundzwanzig wirkte so, als hätte er bei der Geburt zu wenig Sauerstoff abbekommen. Er sah irgendwie merkwürdig aus, lachte zu laut und zu viel und machte hastige, fahrige Bewegungen. Ich fragte mich, wie viele von diesen Typen wirklich arbeiten würden und wie viele nur wegen des Essens gekommen waren. Inzwischen schäme ich mich dafür, dass ich das damals dachte.

Sobald wir mit der Arbeit begonnen hatten, stellte sich heraus, dass manche Männer echte Spaßvögel waren, aber immerhin hielten sie die anderen bei Laune. Waodani unterscheiden sowieso nicht zwischen Spaß und Arbeit; *cae* – „tun" ist alles, worauf es ankommt.

Alle, selbst die Spaßvögel, arbeiteten unvorstellbar hart auf unserer Baustelle, nur nicht Wimanae, der Krieger, der offensichtlich nicht alle Tassen im Schrank hatte. Er wartete immer, bis wir anderen alle mit der Arbeit begonnen hatten, und dann verschwand er. Ich dachte damals in meiner Arroganz, dass das vielleicht auch besser war; auf diese Weise konnte er sich wenigstens nicht verletzen. Ich stellte später zu meiner Schande fest, dass er jeden Tag loszog, um für uns andere Fleisch zu jagen. Man brauchte eine Menge Fleisch, um die mehr als dreißig Männer unserer Mannschaft zu versorgen! Wimanae sorgte fast ganz ohne fremde Hilfe dafür, dass wir immer genug Proteine bekamen.

Ich wollte den Waodani eine Menge beibringen darüber, wie man Landepisten baut, aber letztlich sollte ich von ihnen sehr viel mehr lernen als sie von mir.

* * *

Das Erste, was wir bauen mussten, war natürlich eine Unterkunft. Wir montierten unseren altgedienten 25-PS-Motor hinten an einen großen ausgehöhlten Baumstamm. Ins Boot passten einige Männer, ein paar Pisangstauden, Maniok und Saatgut für unsere Gärten weiter flussabwärts. Als wir alles ins Boot gepackt hatten, war fast kein Quadratzentimeter Platz mehr da. Nun musste nur noch der Außenbordmotor angeworfen werden.

Wir waren mit der Strömung unterwegs. Unbeladen wog unser Kanu etwa anderthalb Tonnen. Beladen mit fünfzehn Männern, unseren Beuteln, all den Bananen- und Pisangstauden kamen wir wahrscheinlich auf gut dreieinhalb Tonnen. Es würde nicht sehr schwierig sein, das Boot irgendwie stromabwärts zu schaffen, aber wenn der Motor versagte, während ich uns durch eine scharfe Kurve hindurchzumanövrieren versuchte, konnten wir leicht einen Großteil unseres Gepäcks verlieren – und vielleicht einen Teil der Mannschaft.

Ich musste den Motor ungefähr dreißig Mal aus dem Wasser ziehen, wenn wir auf Baumstämme stießen, die der Fluss bei einer der vielen Überschwemmungen ein Stück weit mitgeführt hatte und die sich dann unter der Wasseroberfläche im Flussbett festgerammt hatten.

Erst am späten Nachmittag kamen wir endlich an dem Ort an, wo Gaba, Paa, Coba und ich die Nacht am Strand unter dem Sternenhimmel verbracht hatten. Niemand brüllte Anweisungen, teilte uns in Gruppen auf oder übernahm das Kommando; jeder tat einfach, was er gerade für richtig hielt. Innerhalb einer Stunde war eine solide Unterkunft gebaut worden, mit einer Persenning als Dach und einem kleinen Graben drumherum, um das Innere trocken zu halten. In einer strohbedeckten kleinen Hütte brannten kleine Feuer, und einige der Männer angelten bereits.

Steve und ich hängten unsere Hängematten aus Armeebeständen auf, die mit einem Moskitonetz versehen waren. Noch bevor es dunkel wurde, hatten einige Männer bereits begonnen, einen geeigneten Platz für unseren Garten vorzubereiten. Sie begannen, eine freie Fläche in der Nähe des Flusses zu schaffen, wo es nicht so viele Bäume abzuhauen gab. Ich überprüfte das Solarpaneel und schloss es an, so dass wir an diesem Abend Videos anschauen konnten.

Während ich das tat, begann Steve die Kettensägen zusammenzubauen. Alle waren aufs Äußerste fasziniert, als sie hörten, wie er sie in Betrieb nahm. Sechs Männer waren so hingerissen, dass sie ihre Augen nicht von Steve und seinen Sägen ließen und jede seiner Bewegungen genau verfolgten. Ich wusste aus der Vergangenheit bereits, dass ich in meiner Armee-Hängematte nicht gut würde schlafen können, und so bat ich Tidi, ein Mitglied des selbsternannten Kettensägen-Teams, ob er uns ein paar Bretter zurechtsägen könnte, auf denen wir schlafen konnten.

Er fragte mich, wie man das machte, und ich hatte keine Ahnung, was ich ihm antworten sollte. Ich hatte noch nie Bretter mit einer Kettensäge in Form gebracht. Ich wusste nur, dass die Quechuas und auch die *colonos* ständig freihändig Bretter aussägten. Irgendwie war ich davon ausgegangen, dass die Waodani das auch konnten. Tidi zog los, um es einfach auszuprobieren. Schon bald hörten wir die Säge, dann einen Baum fallen und dann wieder die Säge. Innerhalb kürzester Zeit war Tidi zurück. In der einen Hand hielt er die Säge und in der anderen ein paar Bretter. Er schnitt ein paar Pfosten so zurecht, dass sie sich oben gabelten und unten spitz zuliefen, und dann rammte er jeweils zwei dieser Pfosten ans Kopf- und Fußende der Stelle, an der wir schlafen würden. Jeweils in zwei der Gabeln legte er eine Stange und auf die beiden Stangen quer eines der frisch gesägten Bretter. Und siehe da - ein Bett! Unsere neuen Betten waren zwar recht hart, aber sie federten ein bisschen. Steve und ich schliefen zehn Tage darauf und schlossen sie sehr ins Herz - nicht, weil sie so bequem waren, sondern weil sie immer noch besser waren als der feuchte Boden oder die Hängematten, die ständig umkippten.

Am nächsten Morgen waren wir alle schon auf den Beinen, als die Sonne aufging. Wir aßen Suppe mit einer Einlage von *panonae*, einem Nagetier aus dem Dschungel, das Wimanae mit seiner Schrotflinte erlegt hatte, als wir anderen noch schliefen. Dann durchquerten wir den Fluss, kletterten am anderen, ungewöhnlich steilen Ufer nach oben und marschierten auf den Ort zu, von dem wir hofften, dass sich dort bald unsere Landebahn befinden würde. Ich merkte, dass wir vom gegenüberliegenden Ufer aus eine gute Sicht stromaufwärts nach Nordwesten und stromabwärts nach Nordosten hatten, und wusste in diesem Moment, dass ich den Bauplatz für unser neues Haus gefunden hatte - vorausgesetzt, das Ufer war beständig genug, dass es nicht bei jeder Überschwemmung wegbrach. Mincaye, der sich immer in meiner Nähe hielt, stimmte mir zu, dass das ein idealer Platz war. Er deutete ein Stück weit weg und ließ mich wissen: „Dort werde ich mein Haus bauen." Also hatte Mincaye vor, sein Haus, seine Gärten und Kinder und Enkel in Toñampade zurückzulassen, um bei mir und meiner Familie zu leben. Ich fragte mich, wie seine Familie diese Neuigkeiten wohl aufnehmen würde.

Ich hatte einige Felsen in der Uferböschung gesehen, und Coba erklärte mir, dass dieses Ufer nicht wegbrechen würde. Damit stand fest: Dieses kleine unberührte Stück Regenwald würde bald unser neues Zuhause sein. Ich versuchte mir das vorzustellen, mitten im Amazonas-Dschungel zu sein und mich hier niederzulassen, schien einfach zu schön, um wahr zu sein. Ich rannte los, um mit den anderen Schritt zu halten. Sie waren alle Coba auf den Fersen, der dem kaum noch erkennbaren Pfad folgte, den wir selbst geschlagen hatten, als wir von Damointado hergekommen waren.

Wir befestigten das Lasergerät auf einer kleinen Plattform, die wir an einen Baum nagelten und begannen, den Streifen anzupeilen, der einmal der Mittelstreifen unserer Landebahn sein sollte. Die ersten Versuche verliefen erfolglos. Einmal hätte unsere Landebahn in den Sumpf geführt, ein anderes Mal fiel der Boden plötzlich steil ab und unsere Piste würde von einem kleinen Fluss gekreuzt werden. Ein paar Männer zogen einfach los in den Urwald und riefen einander in den unnatürlich hohen Stimmen, die sie über große Entfernungen auch beim Jagen verwenden, zu, was sie dort vorfanden.

Schließlich schienen sich alle einig zu sein, dass einer der Männer, der irgendwo in Richtung Westen verschwunden war, die beste Richtung für unsere Landebahn ausfindig gemacht hatte. Wir stellten den Laser also wieder auf, und die Männer begannen, den Weg freizuräumen. Ich wählte einen von ihnen als Zielpunkt aus, weil er ein helles T-Shirt trug. Er ging einfach in das dichte Unterholz, soweit er kam, bis wir den roten Laserpunkt auf seinem Rücken nicht mehr erkennen konnten. Dort wartete er, bis die anderen Männer sich macheteschwingend bis zu ihm vorgekämpft hatten, und dann zog er weiter. Sobald die Männer mitbekommen hatten, wofür der Laser gut war, hielten sie mit ihren ausgezeichneten Augen nach dem kleinen roten Punkt auch schon dann Ausschau, wenn er auf irgendwelche Blätter und Äste traf, und hieben diese ab. Es dauerte nicht lange, und sie waren tief in den Urwald eingedrungen.

Nachdem wir ungefähr vierhundert Meter Bäume und Sträucher hinter uns gebracht hatten, stieß unsere Mittellinie wieder auf einen kleinen Strom. Das war lang genug für eine Piste – aber auch nur gerade so! Wir gingen wieder zum Anfangspunkt im Osten zurück und begannen dort das Unterholz wegzuhauen und aus dem Weg zu schaffen. Ich überlegte, dass die eigentliche Piste rund zwölf Meter breit sein sollte. Auf diesem

Streifen würden wir alle Baumstümpfe ausgraben müssen. Auf jeder Seite sollte es dann weitere zehn bis zwölf Meter geben, an denen die Bäume so niedrig abgeschnitten wurden, dass die Flügel unseres kleinen BTS-Flugzeugs die Stümpfe nicht streifen würde. Nachdem wir einen Tag lang versucht hatten, eine Schneise in den Urwald zu schlagen, beschloss ich, dass ich auch auf einer neun Meter breiten Landebahn mit jeweils neun weiteren Metern an den beiden Seiten würde landen können. Am zweiten Tag kamen einige Ehefrauen meiner Leute an. Sie waren allerdings nicht zum Kochen erschienen, sondern um Baumstümpfe auszugraben. Oma Dawa war eine von ihnen. Sie schien mit den meisten von uns auf irgendeine Weise verwandt zu sein, also hatte sie keine Hemmungen, uns beim Arbeiten auszuschimpfen. Wenn jemand, der nicht mit ihr verwandt war, etwas machte, was ihr nicht passte, schimpfte sie dafür auch uns aus. Für gewöhnlich begriffen die Leute trotzdem schnell, wenn sie gemeint waren.

Bei den Waodani geht es beim Fluchen und Schimpfen, ähnlich wie im Spanischen, nicht so sehr um die Inhalte, sondern um die Form. Es ist eine Art Kunst – und Oma Dawa ist eine echte Künstlerin.

Waodani-Frauen halten sich oft Haustiere. Weil Dawa und Kimo keine eigenen Kinder bekommen konnten, hatte sie immer eine ganze Reihe Tiere gehabt. Diesmal brachte sie einen wuscheligen Affen mit, der sprechen konnte. Naja, ich habe ihn nie ein Wort sagen hören, aber wenn Dawa ihn ausschimpfte und ihm sagte, was er zu tun hatte, schien er das tatsächlich zu verstehen. Sie hatte auch einen sprechenden Papagei. Wenn sie mit dem Affen oder einem von uns zu schimpfen begann, wiederholte der Papagei ihre Worte lautstark im fast perfekten Tonfall.

Am zweiten Tag packten wir unsere Kettensägen aus. Wir hatten Helme mit Netzvisieren und Ohrenschützer. Tiwe liebte die Kettensäge heiß und innig, begriff aber nie so recht, wie er sie zu benutzen hatte. Er mochte sie am liebsten, wenn sie keinen Lärm machte, denn das geräuschvolle Drehen der Ketten machte ihn ganz nervös, und dass ihm so viel Holzstückchen um die Ohren flogen, machte ihm zu schaffen. Er war wirklich sehr stark, aber schließlich musste er doch zugeben, dass er nicht sehr weit kam, wenn der Motor ausgeschaltet war.

Ich konnte ihn schließlich davon überzeugen, dass die Säge besser funktionierte, wenn sie Lärm machte. Aber er begriff nie, dass er keine Sägebewegungen zu machen brauchte. Steve machte sich Sorgen, dass Tiwe nicht nur Bäume durchschneiden würde, und wir beschlossen, ihn zum Wohl aller von diesem tödlichen Gerät wieder abzuziehen.

Tementa vermittelte schließlich und brachte die Sache zu einem guten Ende. Anstatt Tiwe zu sagen, was er zu tun hatte, fragte er ihn nur, ob er es gut sehen würde, eine Axt zu benutzen. Die Ohrenschützer und den Helm konnte er aufbehalten. Tiwe sah das sehr gut. Steve brachte ein paar der anderen Jungs bei, die Kettensäge zu bedienen. Sie verstanden besser, dass man die Säge das Holz schneiden lässt und ihr dabei nur die Richtung weist.

Die Männer mit den Sägen begannen wie wild Baumstämme durchzusägen, aber kein Baum fiel um. Die zweite Ebene des Regenwalds, da, wo die mittelhohen Bäume enden, ist bewachsen von Lianen und anderem Gewächs, das sich von einem Baum zum nächsten schlängelt. Wenn man einen Baum fällt, passiert es oft, dass er einfach stehen bleibt, weil er an so vielen Stellen mit den Bäumen um ihn herum verbunden ist.

Als sich herumsprach, dass es jetzt für alle *paenaemae* zu trinken und Fleisch zu essen gab, stiefelten wir alle fröhlich los zu unserer wohlverdienten Pause. Aber als wir zur Lichtung zurückkamen, die wir schon geschlagen hatten, hatte sich uns eine Gruppe neuer Leute angeschlossen, die gerade von Quiwado hergekommen war. Einer von ihnen hatte mit einer Axt einen der mittelgoßen Bäume gefällt. Gerade begann der Baum zu fallen. Es war ausgerechnet der Baum, der all die anderen Bäume noch aufrecht hielt, die die Männer schon angesägt hatten. Unser Neuzugang blickte voller Angst nach oben und merkte dann erst, was passierte. Um den armen Kerl herum fiel ein Baum nach dem anderen, und er wusste nicht, was er tun sollte. Er rannte los und schlug Haken, um all den Bäumen zu entkommen – jeder einzelne hätte ihn zerquetschen können.

Vor Sorge war ich schrecklich angespannt. Aber all die anderen Krieger lachten lauthals und machten das panische Hin- und Herrennen des Mannes nach. Der Ärmste, dabei war er gerade mit knapper Not dem Tod entgangen. Aber er lachte fröhlich mit.

Mir fiel auf, dass hier natürlich niemand Bäume markierte, die zwar angesägt, aber noch nicht gefallen waren. Niemand gab Sicherheitshinweise aus, und der TÜV kam auch nicht zur Inspektion. Es war eben eine andere Welt – was irgendwie erfrischend war. Man konnte zwar von umfallenden Bäumen getötet werden, aber immerhin erstickte man nicht unter Aktenbergen mit Sicherheitsbestimmungen.

An diesem Abend hatten wir auf beiden Seiten genügend Unterholz entfernt, dass wir in der Mitte damit beginnen konnten, Baumstämme auszugraben. Am Anfang unserer Piste, genau in der Mitte, stand ein riesiger alter, toter Baum.

Verbrennen konnten wir ihn nicht, denn der Regenwald heißt nicht umsonst Regenwald. In einer halben Stunde hatte ich hier höchstpersönlich zehn Zentimeter Niederschlag gemessen.

Die Waodani-Frauen begannen, um den Stumpf des Baumes herum zu graben, wobei die alte Dyuwi auf die Wurzeln einhackte. Schließlich schafften sie es, unter den Stamm zu gelangen, und was von dem Baum noch übrig war, kippte zur Seite. Wir mussten nur noch die paar Tonnen Baumstumpf aus dem Loch zerren und an den Rand der Landebahn schaffen.

Etwa zwanzig Waodani-Männer stiegen in das Loch um den Baumstumpf herum und versuchten, ihn anzuheben, aber er rührte sich keinen Zentimeter vom Fleck. Nun war es an der Zeit zu beweisen, dass auch die *cowodi* ein paar Sachen konnten, fand ich. Ich rollte also ein großes Holzstück in das Loch und setzte es neben das untere Ende des Stamms. Dann griff ich mir den größten, stabilsten Balken, den ich finden konnte und zerrte ihn zum Loch. Mit Hilfe eines völlig verwirrten Waodani-Kollegen hob ich das eine Ende so hoch, dass ich das dickere Ende zwischen meinen hölzernen Stützpunkt und den riesigen Baumstamm wuchten konnte.

Alle sahen zu und dachten, dass das *ononki cae* war – „machen ohne Grund“. Nachdem ich meinen sechs Meter langen Hebel angesetzt hatte, sprang ich hoch und griff ihn so weit oben wie möglich. Ich entfernte mich, die Hände fest am Hebel, immer weiter von dem Stumpf, bis ich am Ende angekommen war.

Die Vorstellung konnte beginnen. Ich hüpfte auf und nieder. Und tatsächlich, dieser riesige alte Stumpf schien nachzugeben. Ich erwartete, dass nun alle losrennen und eigene Hebel und Holzstücke beschaffen würden – oder dass doch zumindest der eine oder andere von ihnen zu mir herüberlaufen würde, um das Gewicht an meinem Hebel zu verstärken.

Stattdessen begannen alle zu schreien und hüpften wieder in das Loch zurück, um weiter an dem Baumstamm zu zerren. Ich hatte mich wirklich für besonders schlau gehalten; sie dagegen dachten, dass ich irgendeinen Zauber bewirkt hatte. Ich musste zwei Männer drängen und anbetteln, sich selbst auch solche Hebel zu besorgen, und zu dritt hebelten wir schließlich den alten Stumpf aus dem Boden. So langsam begriffen auch die anderen die Methode, und noch Stunden später liefen alle mit langen Stäben herum und versuchten, irgendetwas aus dem Boden zu hebeln. An diesem Tag kamen wir mit unserer Arbeit nicht mehr viel weiter.

Schließlich stellte meine Mannschaft fest, dass man mit Hilfe von Hebeln auch gut die bereits gefällten Baumstämme an die Seite rollen konnte. Aber anstatt das zusammen zu tun – was sehr Waodani-untypisch gewesen wäre – saßen alle am Rand und feuerten den einen an, der es machte. Das mit dem Teamwork würden wir wohl noch ein bisschen üben müssen.

* * *

Wir stießen noch auf einen weiteren riesigen Baum mit gigantischem Wurzelwerk, und ich überlegte, dass es wohl an der Zeit war, den Gebrauch von Sprengstoff zu erklären. Wenn wir die Wurzeln nicht alle entfernten, würden sie unterirdisch vor sich hin faulen und irgendwann einen Hohlraum bilden. Unter dem Gewicht der Flugzeugreifen würde diese unbemerkte Höhle in sich zusammenfallen, was einem glatt ein Getriebe aus dem Flugzeug reißen oder es so aus der Bahn bringen konnte, dass es in die Bäume an der Seite krachte.

Ich hatte in einem winzigen Metallwarenladen in Puyo, der

nächsten „großen" Stadt etwas abseits von Shell, ungefähr zwanzig Stangen Dynamit gekauft. Der acht oder neun Jahre alte Junge, der mich bediente, wickelte sie zusammen in eine alte Zeitung und händigte mir das Bündel aus.

Als ich etwas zögerte, es entgegenzunehmen, sah er irritiert zu mir hoch, als fragte er sich, was mit mir eigentlich nicht stimmte. Zwanzig Stangen Dynamit, deren Zündschnüre und Zündkapseln alle zusammen liefen, mit nur einer Zeitung als Schutz? Ich war doch nicht lebensmüde. Ich sah mich noch ein bisschen in dem Laden um, was nicht schwer war, denn er war nur etwa drei mal acht Meter groß, aber man fand alles, was man in einem gut sortierten Baumarkt finden konnte – und außerdem natürlich Macheten. Und Dynamit. Nur keine verschließbaren Kisten, um den Sprengstoff darin zu lagern.

Der Sohn des Ladenbesitzers hatte eine Ahnung, was mein Problem war. Er band mein Zeitungsbündel schnell noch mit einer Schnur zusammen und händigte es mir erneut aus. Ich ging so lässig davon, wie ich konnte, aber mir war doch ein bisschen mulmig zumute. Die ganze Zeit spähte ich nach Leuten, die rauchten. Schließlich zünden die Bösewichte in den Filmen die Lunte mit einer Zigarette an – oder etwa nicht?

Ich hoffte sehr, dass das Dynamit unser Baumstumpf-Problem lösen würde. Ansonsten würden wir viel Mühe mit dem Ausgraben dieser Zehn-Meter-Durchmesser-Stümpfe haben.

Bei unserem ersten großen Stumpf wollte ich es mit einer Viertelstange Dynamit probieren. Ich drückte die Zündkapsel vorsichtig in das Stück Sprengstoff, das ich von der Stange abgeschnitten hatte, und befestigte dann noch vorsichtiger ein dreißig Zentimeter langes Stück Zündschnur daran. Ich drückte das weiche Ende der Kapsel um die Schnur herum fest und machte mich bereit, meine selbstgebastelte Rodungs-Vorrichtung unter dem Stumpf zu platzieren, der uns im Weg war.

Ich zündete mein Feuerzeug an, achtete darauf, dass alle Waodani in gebührendem Abstand standen, und wedelte mit der Flamme dann unter dem Ende der Lunte herum. Dann brachte ich mich auch in Sicherheit. Nichts geschah.

Die Lunte hatte sich nicht entzündet. Ich versuchte die Zündschnur noch einmal anzuzünden. Sie fing einfach kein Feuer. Schließlich schnitt ich ein anderes Stück Schnur zurecht und probierte es damit. Aber ich konnte das Zeug einfach nicht dazu bringen, Feuer zu fangen. Tementa kam ganz vorsichtig auf mich zu. Ich war mir sicher, dass er voller Ehrfurcht beobachtet hatte, was für Wunder ich diesmal wieder zu vollbringen im Begriff war. Aber er sagte nichts. Er hob einfach ein kleines, zahnstochergroßes Stück Holz vom Boden auf und hielt es in die Flamme meines Feuerzeugs, bis es rot glühte. Dann pustete er auf das Ende seines Stäbchens und hielt es gegen die Lunte.

Ich musste innerlich lächeln. Jeder, der ein bisschen Ahnung von Physik hat, weiß doch, dass die Flamme dort am heißesten ist, wo sie blau ist und gerade ins Gelb übergeht. Ich hatte das Ende meiner Zündschnur fast eine Minute lang ergebnislos in diese Flamme gehalten. Aber ich beschloss, Tementa selbst entdecken zu lassen, was ich längst wusste. Leider fing die Lunte Feuer, als er sein Stäbchen daran hielt.

Als die Lunte gezündet war, riefen alle Männer im Chor: „Manomai" – *Ja, genauso*! So viel also zum Thema Dynamit und meiner Erfahrung, die ich so gerne an sie weitergegeben hätte.

Ich rannte wieder in Deckung. Die Waodani standen nur etwa fünf Meter vom Baum entfernt und blieben einfach dort stehen, als ich an ihnen vorbeischoss. Es tat mir leid, mir vorzustellen, dass sie alle verletzt werden würden, aber ich wollte mich nicht innerhalb kürzester Zeit zweimal zum Narren machen.

Ich hielt gerade noch rechtzeitig an, um einen gedämpften Knall zu hören. Unter dem Baum kam ein bisschen Rauch hervor, aber der über dreißig Meter hohe Amazonasriese ging nicht zu Boden. Lediglich sein Blattwerk erzitterte ein wenig, aber das hätte genauso gut von einem Luftzug herrühren können.

Alle schienen genau auf meine Reaktion zu schauen. Ich grinste ein bisschen schief und dann begannen dreißig Waodani-Männer gleichzeitig, mir zu erklären, wie man eine Ladung Sprengstoff legt, wie man die Zündkapseln setzt, die Lunte anzündet, die Ladung fest in Blätter packt und mit einer Liane umwickelt und so weiter und so weiter.

Tementa nahm eine ganze Stange Dynamit, um zu demonstrieren, was alle außer mir offensichtlich längst wussten. Als er sie sorgfältig umwickelt und zugeschnürt hatte, machte er ein nicht einmal zehn Zentimeter langes Stück Zündschnur daran fest. Er legte das Bündel unter den Baum und stopfte dann Dreck drumherum, damit die Ladung auch wirklich in die richtige Richtung losging.

Als die Lunte gezündet war, zwang ich mich, dort stehen zu bleiben, wo der Rest der Mannschaft stand. Diesmal hatte der Sprengstoff sichtbar mehr Erfolg. Als die Ladung losging, flog Dreck unter dem Baum hervor, es qualmte und rauchte und ich bin ganz sicher, dass das Zittern der Blätter diesmal nicht mehr nur der frischen Brise zuzuschreiben war.

Alle Waodani schienen zufrieden. Wir hatten unseren Spaß gehabt. Aber unser ehrwürdiger, riesiger Baum stand immer noch da, wo er schon seit Jahrhunderten stand.

Ich fragte Tementa: „Wie wär's, wenn wir drei Stangen nähmen?“ Denn ich erinnerte mich, dass die Bösewichte in den Filmen immer drei Stangen zusammenbanden. „Wie wär's, wenn wir die einfach zum Fischen nähmen?“, fragte er zurück. Das sollte wohl ein Vorschlag sein. „Sicher. Fischen mit Dynamit ist eine gute Idee.“ Die Waodani wussten, wovon sie sprachen. Mein Dynamit war sehr viel besser dazu geeignet, unsere Kochtöpfe mit Fischen zu füllen, als Baumstümpfe aus dem Boden zu pusten. Jeder einzelne dieser widerspenstigen, riesigen Baumstümpfe in der Mitte unserer Landebahn würde in liebevoller Handarbeit mit all seinen Wurzeln ausgegraben werden müssen.

Mincaye hat diese Episode Anlass zu vielen Späßen gegeben. Er erzählt wahrscheinlich immer noch die Geschichte von dem Tag, an dem ich den Umgang mit Dynamit lernte. Manchmal sah er zu mir herüber, setzte einen betont konzentrierten Gesichtsausdruck auf und tat dann so, als wollte er eine Schnur anzünden. Dann gestikulierte er wild herum, als würde er um sein Leben rennen. Ich versuchte mich über ihn zu ärgern, aber irgendwie musste ich immer wieder mitlachen.

Am Mittag dieses Tages zeigte mir einer der Waodani-Männer, dass sein Stiefel an der Seite gerissen war. „Wiwa imba“, erklärte er. Ich stimmte ihm zu – *es ist nicht gut* – und widmete mich wieder meinem Essen. Aber er war noch nicht fertig. Er grummelte vor sich hin, wie schwer es sein würde, ein neues Paar zu bekommen, und dachte sehr laut darüber nach, woher er nur das Geld dafür nehmen sollte, wenn er für die Arbeit an der Landebahn nicht bezahlt wurde.

Ich hatte dem Tag schon mit Schaudern entgegengesehen, an dem dieses Thema angeschnitten würde. Immerhin war ich eine Woche lang von Dorf zu Dorf gezogen, um zu erklären, dass ich nicht vorhatte, „meine Sache" zu machen. Ich versuchte deutlich zu machen, dass ich kommen würde, um ihnen bei „ihrer Sache" zu helfen.

Der Krieger mit dem eingerissenen Gummistiefel hielt seine Anfrage offensichtlich für gerechtfertigt. Aber inzwischen musste es sich doch herumgesprochen haben, dass ich nur gekommen war, damit sie mittelfristig ihr Schicksal selbst in die Hand nehmen konnten. Das hatten die „Alten" sich von mir erbeten. Ich wusste, dass das hier eine schwierige Situation war. Wenn ich die Leute bezahlte, um diese Piste zu bauen, würden sie sie immer als meine Piste ansehen. Aber ich brauchte schließlich keine Landebahn für mich; ich wollte nur ausführen, was ich für Gottes Plan hielt.

Mir war klar, dass ich mit dem Krieger nicht direkt reden konnte, denn das wäre auf eine sehr Waodani-untypische Konfrontation hinausgelaufen. Stattdessen suchte ich das Gespräch mit Kimo, Dyuwi und Mincaye und erinnerte sie daran, dass sie mir gesagt hatten, diese Landebahn sollte ihnen gehören, nicht den Fremden.

Alle konnten hören, was ich sagte. Und alle konnten hören, was ich gefragt wurde. Schnell mischte sich ein Dutzend Waodani-Männer in das Gespräch ein. Und alle sprachen gleichzeitig, wie es bei einem Waodani-Treffen eben ist.

Ich wusste nicht, wie das enden würde. Plötzlich stand Paa auf und sagte nur: „Eh!" Alle hörten sofort auf zu reden und hörten hin. „Eewa!", sagte er und schaute in die Ferne. *Brüllaffen?*, wunderte ich mich. *Wo denn?* Aber tatsächlich – in einiger Entfernung, weit hinter dem Fluss und hinter der Landebahn konnte ich ein gedämpftes Rumpeln hören. Es klang so ähnlich wie der Verkehr, der weit entfernt über eine Autobahn donnert. Paa griff nach seiner Schrotflinte und rannte auf den Fluss zu.

Das kannte ich schon. Es gab keine Zeit mehr, Steve zu erklären, was sich hier abspielte. Ich griff ebenfalls nach meinem Gewehr und rannte mit den Männern hinter Paa her. Wir durchquerten den Fluss, stapften die Uferböschung hoch und über die Landebahn. Bis wir dort ankamen, war ich schon außer Puste. In meinen Gummistiefeln schwappte bei jedem Schritt das Wasser hin und her. Ich überlegte, die anderen einfach ohne mich weiterrennen zu lassen – besser ich blieb an der Baustelle zurück als irgendwo im Dschungel. Aber gerade in diesem Moment drehte Paa sich zu mir um und rief: „Komm schnell, Babae. Heute Abend essen wir *eewa!*"

Wir rannten in den Urwald hinein und in Richtung Damointado auf die erste Schlucht zu. Wir befanden uns noch auf einer Art Pfad, aber ich wusste, dass sich das schnell ändern würde. Alle paar Sekunden blieb die Gruppe plötzlich stehen und lauschte gerade lange genug, um mitzubekommen, wohin dieser Trupp Affen unterwegs war. Im Dschungel jagen die Waodani in allererster Linie mit den Ohren. Niemand würde auf die Idee kommen, nach oben in die Bäume zu schauen, wenn er auf einem Pfad im Urwald unterwegs ist. Denn dabei stolpert man mit Sicherheit über eine Wurzel, tritt auf eine Schlange oder fällt in ein Loch oder einen Graben.

Plötzlich änderten die großen Affen, die jetzt viel näher waren, die Richtung. Wir stürzten mitten ins Dickicht hinein und rannten nun in die Schlucht hinunter, an deren Rand wir bisher gelaufen waren. Ich setzte den anderen nach, als ich mich mit dem Fuß in einer Liane verfing und kopfüber den Abhang hinunterstürzte.

Als ich die anderen wieder einholte, waren die Affen direkt vor uns. Sie hatten angehalten, um irgendetwas zu essen. Plötzlich ging vor uns eine Schrotflinte los. Alle begannen laut ihre Anweisungen durcheinanderzuschreien. „Einer ist getroffen. Der andere ist den Baum hochgeklettert!" Und dann: „Der kommt in deine Richtung, Babae. Wenn du mir hilfst, ihn zu schießen, helf ich dir, ihn zu essen."

Und tatsächlich, ein riesiges Affenmännchen sprang geradewegs in den Baum vor mir hinein. Es bewegte sich sehr schnell. Ich kam gerade noch rechtzeitig, um zu sehen, wie der Affe sich an einem Ast entlanghangelte. Er würde jeden Moment auf einen anderen Baum springen, und ich wusste, dass ich ihn dann nicht mehr fangen konnte. Jetzt musste ich schießen. Wenn ich ihn erwischte, während er da an dem Ast hing, würde er auf den Boden fallen. Wenn ich ihn dagegen näher am Baumstamm traf, würde er in das Gestrüpp am Fuß des Baumes fallen, und wir würden ihn dort ausbuddeln müssen.

Mein Herz klopfte wie wild. Die Waodani jagen alles, was sich essen lässt, aber mit Affen hat man irgendwie am meisten Spaß. Sie sind nicht nur schwierig zu jagen, sondern sie schmecken auch am besten. Ich legte an und erwischte meinen Affen. Er brüllte auf, versuchte noch nach dem Ast zu greifen und stürzte dann zwanzig, fünfundzwanzig Meter tief auf den Boden direkt vor mir. Mincaye, der mir mit seinem Blasrohr gefolgt war, rief: „Wootae, wooootaee", und ergriff den vom Himmel gefallenen Affen am Schwanz. Heute Abend würde er garantiert mit meinen Jagdfähigkeiten angeben.

Er deutete mit dem Kinn in eine andere Richtung, in der noch mehr Affen waren. Plötzlich wurde über uns alles still. Die Brüllaffen, die durch das Blattwerk über unseren Köpfen geraschelt waren, versteckten sich, als hätte man ihnen ein Zeichen gegeben. Jetzt wurde die Jagd wieder lustig, Wir wussten genau, dass sie da oben waren, und sie wussten, dass wir hier unten waren. Jetzt mussten wir ihnen Angst einjagen oder sie sonstwie aus ihrem Versteck hervorlocken.

Einer der Männer zerrte eine dünne Liane von einem Baum, wickelte sie so zusammen, dass sich ein mehrsträngiges Kletterseil ergab, befestigte das an seinem Fuß und begann, an einer anderen Liane hoch ins Blattwerk zu klettern. Von dort aus konnte er die Affen besser anpeilen.

Sobald er zwanzig oder fünfundzwanzig Meter hochgeklettert war, fingen alle anderen an, eine Menge Lärm zu veranstalten. Einer der Krieger klang so, als würde er einen Gewehrschuss nach dem anderen abgeben. Er bildete eine Faust und ließ oben, wo Daumen und Zeigefinger zusammenkamen, ein Loch. Über dieses legte er ein Blatt, auf das er dann fest mit der anderen Hand schlug. Dadurch wurde die Luft in dem kleinen Innenraum zusammengedrückt, das Blatt barst entzwei und machte dabei ein Geräusch wie ein Gewehrschuss.

Andere raschelten mit Blättern und Lianen, als bräche gerade ein Brüllaffen-Männchen durchs Unterholz. Ich stand einfach da, sah den anderen zu und dachte daran zurück, wie viel Spaß es damals gemacht hatte, bei den Waodani das Jagen zu lernen.

Einer der Männer hatte ein paar Affen einen anderen Hügel hinaufgejagt. Plötzlich erschien er wieder, einen ansehnlich großen Affen unter jeden Arm geklemmt. Er hatte ihnen die Schwänze um den Hals gebunden, so dass er sich die beiden Affen nun umhängen konnte wie zwei Handtaschen. Bis jetzt hatten wir schon fünf Affen, und den Geräuschen nach zu urteilen, die von weiter hinten aus der Schlucht kamen, würden wir heute Abend noch ein paar mehr im Kochtopf haben.

Als wir zur Landebahn zurückkamen, waren wir alle glücklich und zufrieden. Selbst in meinem Denken steht ein Affen-Abendessen immer für eine Party. Die Anspannung, die wir kurz empfunden hatten, als es um die Bezahlung für die Arbeit an der Piste ging, war längst vergessen. Diese Affen waren gerade rechtzeitig gekommen, um eine brenzlige Situation zu entschärfen.

Wir waren noch nicht lange zur Arbeit an der Landebahn zurückgekehrt, als wir in der Ferne ein Flugzeug hörten. Die Waodani lauschten und sagten dann im Brustton der Überzeugung: „Alas“, was sich auf den spanischen Namen der Mission Aviation Fellowship *(Alas de Socorro)* bezog. Ich schnappte mir das tragbare Funkgerät, das ich immer in meinem Gepäck hatte, und ging auf die Frequenz, die die MAF für gewöhnlich benutzt.

Brian Shepson, einer der MAF-Piloten, war zu einem Waodani-Dorf in der Nähe unterwegs gewesen und hatte sich gefragt, wo wir eigentlich diese neue Landebahn bauten. Meine Männer hatten unseren riesigen toten Baumstumpf schließlich doch anzünden können. Wir hofften, dass er sich später leichter zur Seite würde rollen lassen, und außerdem konnten wir mit dem Qualm vielleicht die lästigen Fliegen vertreiben, die es auf unseren Schweiß abgesehen hatten.

Brian hatte diesen Qualm bemerkt und war hergeflogen, um nachzuschauen, was dort los war. Er brachte schlechte Neuigkeiten: Wenn wir unsere Bahn weiter in die Richtung anlegten, wie wir bereits begonnen hatten, würde das westliche Ende geradewegs auf einen Bergkamm zulaufen, so dass man die Bahn nur in eine Richtung nutzen konnte. Noch schlimmer war, dass es im Osten, auf der gegenüberliegenden Seite des Flusses, noch einen anderen steilen Grat gab. Das störte bei der Landung nicht, aber beim Abheben würde man gleich hinter der Landebahn eine scharfe Kurve fliegen müssen, wenn das Flugzeug nicht extrem leicht war und gleich über den Kamm hinwegfliegen konnte.

„Um wie viel Grad müssen wir die Bahn denn drehen, um besser starten und landen zu können?“, fragte ich. Er schlug 240 Grad in südwestliche und 60 Grad in nordöstliche Richtung vor. So ein Mist!

Ich dankte ihm, aber das waren wirklich entmutigende Neuigkeiten. Ich hatte gar keine Lust, Steve und den anderen davon zu erzählen, aber als ich es dann doch tat, reagierten sie, als sei das doch nun wirklich kein Problem. Sie wollten, dass ich ihnen zeigte, wie die Bahn denn nun verlaufen sollte. Als wir uns das Ganze näher anschauten, stellten wir fest, dass wir das östliche Ende so nach Süden verschieben konnten, dass es gerade am Rand einer Schlucht begann. Das andere Ende konnten wir so weit nach Norden verlegen, dass genau die Mitte unserer Bahn an einer Senke entlang verlief, die wir andernfalls sowieso nur schwer hätten überbrücken können.

Inzwischen hatten wir schon so viel Platz geschaffen, dass wir recht weit sehen konnten. Ich ging die neue Landebahn ab und stellte fest, dass wir sie noch um ungefähr sechzig Meter verlängern konnten. Wenn wir es außerdem schafften, einen nicht sehr tiefen Sumpf trockenzulegen und aufzufüllen, konnten wir die Piste auf der anderen Seite irgendwann sogar noch um mehr als hundert Meter nach hinten verlängern!

Nach vier Tagen hatte sich eine gewisse Routine eingespielt. Mehrere Männer, vor allem Tidi, lernten den Umgang mit den Kettensägen. Steve hatte Tidi auch beigebracht, die beiden Sägen am Ende jedes Tages sauber zu machen und neu zu schärfen. Wimanae schaffte weiter jeden Tag Fleisch herbei, so dass wir immer genug zu essen hatten.

Ein paar Mal hätten wir um ein Haar die Bekanntschaft mit gefährlichen Schlangen gemacht, vor allem mit heimatlos gewordenen Baumvipern, die auf den Boden gefallen waren. Wenn man von den Schlangen im Regenwald gebissen wird, gibt es immer eine gute und eine schlechte Nachricht. Die gute ist, dass ungefähr die Hälfte aller Bisse „trocken" ist. Die Schlange hat einfach keine Lust, Gift an ein Lebewesen zu verschwenden, das ganz offensichtlich zu groß ist zum Verzehr. Bei einem Viertel der Bisse wird gerade genug Gift abgegeben, dass der Gebissene in Zukunft besser darauf achtet, der Schlange nicht zu nahe zu kommen. Die schlechte Nachricht ist, dass bei einem Viertel der Schlangenbisse so viel Gift abgegeben wird, dass die Opfer für gewöhnlich extrem starke Schmerzen haben und manchmal sogar sterben. Wenn sie überleben, haben sie oft noch jahrelang mit den Folgen des Bisses zu kämpfen, weil Überreste des Gifts Sehnen und Bänder auflösen, Muskeln verkümmern lassen oder sonstwie Schaden anrichten.

Selbst die kleine *cayata*-Schlange, die aussieht wie die Miniversion einer Klapperschlange, nur ohne den Schwanzfortsatz, kann so viel Gift abgeben, dass ihr Opfer innerhalb von Minuten nach dem Biss aus Augen, Mund und Nase zu bluten beginnt. Komis Bruder Dica war zum Beispiel in den Knöchel gebissen worden. Er überstand den Biss ganz gut, aber das Gift hatte die Sehne, die von seinem Bein aus an die Außenseite seines Fußes verlief, aufgelöst. Ohne diese Sehne drehte sich sein Fuß immer nach innen, so dass er schließlich den Fuß mit der Seite aufsetzte statt mit der Sohle. Das machte es viel schwieriger für ihn, sich im Dschungel zu bewegen, bis wir ein Paar hochgeschlossene Armeestiefel fanden, die seinen Knöchel an Ort und Stelle hielten, wie man das von Schlittschuhen oder Skistiefeln kennt.

Jeden Tag schien irgendetwas zu passieren, das ihn unvergesslich machte. Einmal flog ein Flugzeug der MAF über uns hinweg, um mehr Macheten abzuwerfen und Feilen, um sie zu schleifen. Wir baten den Piloten, seine wertvolle Fracht auf dem Sandstreifen vor unserem Lager abzuwerfen. Er flog sehr niedrig über dem Fluss ein, zwischen den Bäumen hindurch, die an den beiden Ufern standen. Aber als er die Macheten und Feilen abwarf, landeten sie nicht am Ufer, sondern mitten im Fluss. Fast gleichzeitig mit dem Platschen hörten wir neben uns weitere Platschlaute. Einige Männer waren sofort ins Wasser gesprungen, um die dringend benötigten Werkzeuge zu retten.

Sie fanden einige Macheten, aber keine einzige Feile. Das war wirklich eine Enttäuschung. Eine stumpfe Machete ist genauso wirkungsvoll wie gar keine Machete.

An einem anderen Tag flog Rick in seiner Tango Bravo Sierra bei uns vorbei. Er wollte nur einmal nachsehen, wie es uns ging, aber weil er so ein netter Mensch war, brachte er uns frische Brötchen von einer Bäckerei in Shell mit. Er flog über uns hinweg und ließ die Hälfte seiner leckeren Fracht fallen. Aber er verpasste unsere Lichtung, und das Bündel landete weit entfernt irgendwo in den Bäumen. Er wendete das Flugzeug und flog zum zweiten Mal heran. Ich konnte schon absehen, dass er uns wieder verpassen würde.

Ich versuchte ihm noch Zeichen zu geben, aber es war zu spät. Ich konnte den Geschmack dieser herrlichen frischen warmen Brötchen fast auf der Zunge spüren, als ich sie in den Regenwald trudeln sah, wo wir sie nie wiederfinden würden. Ich hätte mich so über dieses Brot gefreut, aber die Waodani noch mehr. Manche von ihnen hatten seit Jahren kein Brot mehr gegessen, einige vielleicht sogar noch nie. Ich dachte, dass es verloren war. Die Waodani aber zogen einfach los, um es zu suchen.

Als wir es schließlich aßen, war es nicht mehr so warm und locker, wie es aus der Bäckerei gekommen war, dennoch hatten wir an diesen *pansitos* mehr Freude, als irgendjemand sich je vorstellen kann.

Abends nach dem Essen gab es Kino in der Dschungelvariante. Einer der Lieblingsfilme der Waodani war der Werbefilm, den Steve und sein Bruder über ihren landwirtschaftlichen Großbetrieb hatten drehen lassen. Die Waodani betrachteten fasziniert den riesigen Traktor, der eine zwölf Meter breite Scheibe hinter sich herzog, und sagten zu mir: „Babae, sag Namo [Steve], dass er einen von denen hierherschaffen soll. Wir schauen ihm dann zu, wie er damit arbeitet. Wir werden alle dick und fett und leben gut." Und als sie sahen, wie Mähdrescher riesige Lastwagen mit bereits geschältem Getreide beluden, konnten sie das kaum fassen.

Papas Schwester, Tante Rachel, schloss die Waodani von dem Moment an ins Herz, als sie 1958 zu ihnen zog. Sie erwiderten ihre Liebe bald. Sogar die kleinen Kinder, die für gewöhnlich voller Angst vor „Fremden" wegliefen, merkten, dass „Stern" irgendwie anders war als die anderen hellhäutigen Menschen.

Waodani-Männer senken den Sarg mit Tante Rachel in das Grab, das sie in ihrem Dorf gegraben haben.

Dayumae (vorne rechts) legt ihre Hand auf Tante Rachels Sarg.

Wir haben Kimos Nachruf auf Tante Rachels Grabplatte eingraviert: *Uns lehrend, Gottes Weg zu gehen, kam Stern.*

Im Regenwald stellt eine Landebahn eine der wichtigsten Verbindungen zur Außenwelt dar. Diese hier haben die Waodani in Rekordzeit an einem zentralen Ort namens Nemompade erbaut, wo meine Familie und ich mit ihnen lebten.

Ich war überrascht, als das Nummernschild von Papas Flugzeug auftauchte. Wir fanden es 1994, nachdem es fast vierzig Jahre lang am Palmenstrand vergraben gewesen war.

Mit diesem Flugzeug habe ich Vorräte und Medizin zu den Waodani geflogen, bis Tementa selbst das Fliegen lernte und die Waodani ihr eigenes Flugzeug hatten.

Die Waodani benutzen für besondere Ereignisse des Stammes die traditionellen Zeichen. Hier malt Ompodae gerade meinen Arm mit Farbe an, die aus der Rinde eines Urwaldbaums gewonnen wird.

Für viele der Einheimischen war ich so etwas wie ein Arzt-Ersatz. Diese Mutter in Quehueidiono, rund 30 Kilometer nördlich von Nemompade, kam bei der Geburt ihres Babys fast um. Zu dieser Zeit lebten noch keine Gott-Folger in dieser Siedlung.

Meine Frau Ginny wäscht unsere Wäsche im Fluss, obwohl in der Nähe eine große Anakonda gesichtet worden war.

Odae höhlt einen Baumstamm aus, der als Kanu dienen soll – eine wahre Knochenarbeit. Mincaye legt im Hintergrund eine Pause ein.

Als den Waodani klar wurde, dass Fremde nicht die Fähigkeiten besitzen, die zum Überleben im Dschungel nötig sind, machten sie es sich zur Aufgabe, ihnen diese Fähigkeiten beizubringen. Hier demonstriert Mincaye gerade, wie man Giftpfeile richtig durch ein Blasrohr befördert.

Jahrzehnte nachdem Kathy und ich von Dyuwi und Kimo getauft worden waren, ließen sich Shaun, Stephenie, Jesse und sieben Waodani-Jugendliche von den gleichen Männern und Mincaye taufen.

Dieses Foto zeigt Ginny und mich mit unserer Tochter Stephenie, nachdem wir auf dem Rückweg von Tiwaeno nach Hause einen steilen Berg hinaufgestiegen waren. Stephenie, die in Florida Angst vor harmlosen Käfern hatte, blühte merkwürdigerweise bei den Waodani regelrecht auf.

Stephenie und Jaime genossen es, etwas mit diesen *piquianani* (den Alten), die früher begabte Mörder gewesen waren, zu unternehmen.

Mincaye hat unsere Kinder so ins Herz geschlossen wie mich seinerzeit. Er wollte, dass sie den Waodani so ähnlich wurden wie möglich. Hier stattet er Jesse anlässlich einer bedeutenden Feier in Nemompade mit Ohrstopfen aus (die mit Schnüren befestigt werden).

Shaun und ich halten einen Jaguar hoch, den Waodani-Jäger getötet hatten, nachdem er zwei jungen Mädchen aufgelauert hatte. Offensichtlich war er bei der Jagd von Schweinen und Wild gescheitert und kam nach Nemompade, wo er auf leichtere Beute hoffte.

Wie es bei den Waodani manchmal vorkommt, bat Marga Ginny, ihr Neugeborenes mit großzuziehen. Sie wollte damit der engen Verbindung und der Liebe, die zwischen ihr und Ginny bestand, Ausdruck verleihen. Wir nannten das Kind Ana Beth. Der Stamm sieht uns immer noch als die Eltern an, obwohl die ecuadorianischen Behörden Ginny und mir nicht erlaubten, sie in den USA großzuziehen, wie Marga gehofft hatte.

Hier diskutieren die Waodani-Ältesten und ich über Belange des Stammes. In der Kultur der Waodani werden Entscheidungen durch allgemeine Übereinstimmung getroffen, nicht durch gewählte Vertreter. Treffen dauern oft sehr lange, aber sie dienen einem doppelten Zweck: Beziehungen werden so lebendig gehalten und man drückt Respekt voreinander aus.

Die Ältesten baten mich, ihnen ein *wicota ebo* (eine Holzbiene mit Stoff) zu bauen und Tementa das Fliegen beizubringen. Im Jahr 2000 flog er das Flugzeug ins Waodani-Gebiet, damit es dort von Waodani für Waodani genutzt werden konnte.

Diese Delegation von Gott-Folgern unter den Waodani besuchte die Hauptstadt Ecuadors, um auch formal anerkannt zu werden. Mit Hilfe von Congressman Frank Wolf aus Virginia wurde dies bald gewährt.

Mincaye und ich halten in der ganzen Welt Vorträge. Wir reden davon, wie Gott uns auf erstaunliche Weise umgeformt und zu Freunden gemacht hat.

Der Mann, der meinen Vater auf brutale Weise umgebracht hat, ist auf wundersame Weise verändert worden und hat meine Mutter sehr lieb. Bei Mincayes erstem Besuch in den Vereinigten Staaten legte er den Arm um sie und versicherte ihr, dass er für sie beten und Gott bitten würde, gut auf sie aufzupassen.

Mir wurde klar, dass das auch wirklich erstaunlich war. Steves Betrieb konnte den gesamten Waodani-Stamm, der inzwischen auf fast zweitausend Leute angewachsen war, locker ernähren.

Ich hatte auch ein Video über den Zweiten Weltkrieg, in dem jede Menge Flugzeuge zu sehen waren. Ich dachte, dass sie sich vielleicht für die Flugzeuge interessierten, aber sie fragten immer nur, warum so viele Flugzeuge explodierten, und so erklärte ich ihnen, dass die Flugzeuge Gewehre hatten, mit denen sie auf die anderen schossen. Dieses Video wollten die Waodani immer wieder sehen und herausfinden, woher die Piloten eigentlich wussten, in welchem Flugzeug jemand saß, der ihnen persönlich etwas angetan hatte.

Eines Abends begann der schüchterne Dyuwi zu beten: „*Waengongi*, wir haben uns früher alle gehasst und umgebracht. Aber weil das Blut deines Sohnes Itota unsere Herzen sauber gewaschen hat, leben wir jetzt gut.“ Und dann betete er für den Stamm, für jedes Dorf und jeden Menschen in diesen Dörfern, von dem er wusste, dass er krank war oder sonstwie litt. Und er betete namentlich für alle in unserer Gruppe, die noch nicht auf Gottes Pfad unterwegs waren.

Eigentlich betete Dyuwi jeden Abend für uns. Er hielt locker eine Viertel- oder halbe Stunde durch, und seine laute Stimme war dabei vollmächtig und kräftig. Ansonsten war er so schüchtern, dass ich ihn nie dazu bewegen konnte, mit den anderen Männern zusammenzuarbeiten. Er lief einfach wieder weg und arbeitete allein.

Kimo war der Spaßvogel unserer Truppe. Er besaß ein Fernglas, das ihm irgendwann einmal jemand geschenkt hatte. Wenn wir manchmal in unserem Lager zusammensaßen, ging er so weit von uns weg, wie es noch möglich war, ohne in den Fluss zu purzeln, und beobachtete uns durch dieses Fernglas. Und dann kommentierte er lautstark all die seltsamen Dinge, die er sah. Die meiste Zeit hatte ich keine Ahnung, was er sagte, aber für mich war er die Waodani-Variante eines Entertainers. Ich kringelte mich schon vor Lachen, wenn ich ihn da mit seinem Fernglas am Ufer hocken sah.

Es ging mir gut in dieser Zeit. Bei der Arbeit erinnerte ich mich, warum ich so viele dieser Leute gern hatte. Sie mochten einfach sein, aber sie waren echt. Sie hatten Angst vor Ereignissen oder Einflüssen der Außenwelt, die sie nicht mitbestimmen konnten. Sie waren vom Rest der Welt immer völlig abgeschieden gewesen. Inzwischen hatte sich diese Isolation gelockert, aber sie nahmen sie umso stärker wahr. Die jüngeren Mitglieder des Stammes steckten in einer Identitätskrise. Sie wussten nicht mehr, wer sie waren, und auch ich konnte ihnen nicht zusichern, dass es in der Welt, in die sie nun hineinwachsen sollten, einen Platz für sie geben würde.

Nach zehn langen, herrlichen Tagen, die uns an den Rand der Erschöpfung brachten, zogen wir mit dem Trupp aus Toñampade wieder flussaufwärts. Es gab noch niemanden, der die Sägen wartete, Benzin und Öl im richtigen Verhältnis mischte und die Ketten in Ordnung hielt. Aber Tidi und ein, zwei der anderen Männer waren fast so weit. Steve hatte ihnen mit seinen Gringo-Handzeichen eine Menge beigebracht. Die Waodani mochten ihn sehr und bestanden darauf, dass ich ihm ausrichtete, er sollte unbedingt wiederkommen – und beim nächsten Mal seinen *tractodo* mitbringen, um einen großen, großen Garten für sie anzulegen.

Bevor mein Flugzeug kam, fragte ich Mincaye, wann ich zurückkommen sollte. Er meinte, am besten käme ich wieder, wenn die *ebowei* fertig war, damit ich gleich dort landen konnte. Wenn man bedachte, wie wenig wir mit dreißig Männern und ein paar Frauen in zehn Tagen geschafft hatten, würde das vermutlich noch lange dauern. Ich bezweifelte jedenfalls sehr stark, dass sie in weniger als zehn Monaten eine brauchbare Landebahn bauen konnten. Die Leute der MAF hatten nach allem, was sie bisher in anderen Dörfern gesehen hatten, von ein bis zwei Jahren gesprochen. Und ich war mir ziemlich sicher, dass unsere große Mannschaft bis auf eine Handvoll treuer Gestalten schrumpfen würde, wenn ich ging – und mit mir der Reis, der Zucker und die Videos.

Mincaye redete mit den anderen, die mich gebeten hatten, zu ihnen zu ziehen, und kam mit der Nachricht zurück: „Wenn du in drei Monaten zurückkommst, ist die *ebowei* fertig und du kannst dort landen." Und er fügte hinzu: „Und dann bauen wir Häuser zum Wohnen." Coba stimmte zu und Tibi sagte: „Boto tono" – *ich auch.*

Das war wirklich ein riesiges Versprechen. Diese drei Männer hatten in Toñampade große Familien. Umzuziehen würde bedeuten, neue Häuser zu bauen. Wobei das noch der einfachste Teil war. Flussabwärts zu ziehen, bevor die Gärten fertig waren, würde ein echtes Opfer bedeuten. Es konnte gut sein, dass uns ein paar magere Monate ins Haus standen, bis unser „Gemüseladen" so weit war.

Aber ich wusste jetzt, dass ich auf einen Kern von Leuten zählen konnte, die alles daransetzen würden, selbst Verantwortung für die körperlichen und geistlichen Bedürfnisse ihres Volkes zu übernehmen. Das machte mir sehr viel Mut. Eigentlich hatte ich nicht erwartet, dass Leute, die nicht auf Gottes Pfad gingen, sich in unser Experiment verbindlich einklinkten, deswegen war ich nicht weiter überrascht, dass keiner von ihnen ankündigte, auch umziehen zu wollen. Warum hätten sie das auch tun sollen? Bei den Waodani hatte schon immer jeder für sich selbst gesorgt. Es gehörte einfach nicht zu ihrer Kultur, sich auf jemanden außerhalb der eigenen Familie zu verlassen.

Die Gott-Nachfolger dagegen hatten einen Grund dafür, anderen zu helfen. Für sie war es eine gute Gelegenheit, *Waengongi* auf ganz praktische Weise dafür zu danken, dass er ihnen den Pfad gezeigt hatte, den er mit dem Blut seines eigenen Sohnes markiert hatte. Maateo hatte die Anweisungen *Waengongis* so ausgedrückt: „Minito boto caebo bai adobai caedinque wadani inanite anamai inte ononqe godo caemini aencaedanimpa" – *umsonst habt ihr empfangen, umsonst gebt* (Matthäus 10, 8).

Ich ließ die Ausrüstung, das Funkgerät, die Vorräte und den Außenbordmotor in Tante Rachels kleiner Hütte zurück, wo ich ihn bei meiner Rückkehr wieder abholen wollte. Meine Stiefel tauschte ich gegen ein Paar, das an der Seite eingerissen war. Ich hätte so gerne jedem, der bei dem Projekt mithalf, ein neues Paar Stiefel, eine Machete und eine neue Axt geschenkt. Es wäre für sie alle ein riesiges Geschenk gewesen und hätte sich auch für mich gelohnt. Wo sonst hätte ich so vielen Menschen eine Freude machen können – und dafür weniger zahlen als ein halbes Flugticket von Orlando nach Quito! Aber ich wusste, dass das nicht in Frage kam. Seit Jahrzehnten hatten sich so viele Hände nach den

Waodani ausgestreckt, und diese hatten sich an diesen nie endenden Strom von Geschenken aus verschiedenen Ländern, von den verschiedensten Organisationen gewöhnt. In unsere Großzügigkeit und unseren Wunsch, das Leben anderer Menschen zum Besseren hin zu verändern, mischt sich oft ein bisschen Eigennutz. Wir suchen, um das mit einem Bild auszudrücken, so gerne einen kleinen Teich, in dem wir der große Fisch sein können. Aber diese Form des Altruismus ist tödlich; sie zerstört das Leben der Menschen, denen wir eigentlich helfen wollen, und raubt ihnen und ihren Nachkommen auf Dauer ihre Würde.

Während der zehn Tage, in denen wir an der Landebahn gearbeitet hatten, war niemand getötet oder schwer verletzt worden. Ich hatte neue Männer und Frauen kennengelernt und mich mit manchen angefreundet. Und es war mir gelungen, noch einmal deutlich zu machen, dass es mir nur darum ging, ihnen zu helfen. Für alles Weitere – die Landebahn, die Klinik oder Schule – würden sie selbst die Verantwortung übernehmen müssen. Ich fragte mich, ob es das eine oder andere dieser Projekte wirklich geben würde. Und wenn ja, wie lange es überstehen würde.

12. ... fertig ...

Ich brauste auf einem schnellen Jet-Ski den Fluss hinunter, hinter meinem Sitz lag ein schwerverletzter Krieger. Eine Waodani-Frau, die eine Ausbildung in Dorfgesundheit erhalten hatte, unsere Krankenstation leitete und hier als Sanitäterin aushalf, stand mit hinten und überwachte Herzschlag und Blutdruck des Verletzten, während aus einem Beutel Blutplasma in seinen Arm tröpfelte. Er hatte sehr viel Blut verloren, als seine Kettensäge ihm plötzlich entgegenkam und sein Bein fast abtrennte.

Ich legte mich, immer noch bei voller Geschwindigkeit, in die Kurve, und um uns herum spritzte das Wasser in hohem Bogen. Am Steg vor unserem Haus legte ich an. Zusammen mit der Waodani-Sanitäterin hob ich die Trage mit dem Verletzten aus den praktischen Streben, mit denen unser Jet-Ski blitzschnell zum Krankenboot umfunktioniert werden konnte. Wir liefen die neuen Betonstufen, die von der Anlegestelle auf den Rasen führten, hinauf; er erstreckte sich von unserem Haus an Mincayes vorbei bis hin zur Klinik.

Einen Golfwagen hatten wir zum Krankenwagen umgebaut, der von der Sanitäterin gefahren wurde. Sie würde ihn auch brauchen können, um unseren Patienten zur Flugzeugpiste zu bringen. Ich rannte den Pfad hinunter, der an der Schule und der Sendestation vorbei über eine Schlucht führte, über die eine Hängebrücke gespannt war. Ich würde den Flug längst angemeldet und das Flugzeug schon fast startklar haben, bis unser selbstgebastelter Krankenwagen an der Landebahn ankam. Schließlich war die erste Stunde nach einem solchen Unfall die entscheidende.

Wir waren per Walkie-Talkie darüber unterrichtet worden, dass es auf der Lichtung flussaufwärts einen Unfall gegeben hatte. Mit dem Motorboot der Klinik hatten wir nur zehn Minuten gebraucht, bis wir dorthin kamen, fünf Minuten, bis wir den Patienten stabilisiert und die Infusion gelegt hatten, und weitere acht Minuten, um wieder zur Klinik zurückzukommen. Das umgebaute Motorboot schaffte trotz der vielen Biegungen im Fluss fast 80

Stundenkilometer. Wenn es einmal unterwegs war, brauchte es nur ein paar Zentimeter Wassertiefe. Die Kufen aus Teflon schützten das Boot, wenn es über Steine oder versunkene Baumstämme schrappte.

Wir brauchten weitere fünf Minuten, um den Patienten, der inzwischen ins Koma gefallen war, ins Flugzeug zu schaffen, und hatten somit schon zweiundzwanzig unserer sechzig kostbaren Minuten verbraucht. Bis nach Shell waren es fünfunddreißig Minuten, und dann würden wir ein paar weitere Minuten für die Fahrt vom Flugzeug bis zum Missions-Krankenhaus einplanen müssen. Insgesamt würde die sprichwörtliche entscheidende Stunde also nur wenig überschritten, bis dieser Mann die bestmögliche medizinische Versorgung und damit eine Überlebenschance bekam.

Im Flugzeug hatten wir die nötigen Vorrichtungen, um die Infusion fortzusetzen, und auch ein Beatmungsgerät. Unser üblicher Funker, der auch als Nachrichtensprecher und Programmdirektor unseres winzigen Radiosenders fungierte, funkte das Krankenhaus schon an und kündigte unseren Patienten an. Am Hangar der MAF würde ein Krankenwagen bereitstehen.

Unsere medizinische Notfall-Versorgung lief wirklich wie geschmiert.

Während ich mit der Sanitäterin und dem Patienten zum Krankenhaus fuhr, belud der junge Waodani, der für unsere Vorräte und die Organisation von Rückflügen verantwortlich war, unser Flugzeug.

Ich freute mich schon darauf, an diesem Abend mit Ginny und ein paar Waodani-Freunden fernzusehen, was dank unseres neuen Satellitenanschlusses möglich geworden war, als ich plötzlich aufwachte.

Mein Traum war wirklich erstaunlich detailliert gewesen. Die Schule, die Klinik, die Sendestation, unser Haus, das Motorboot und das Flugzeug im Hangar – all das war mir unglaublich real erschienen. Aber ich war nicht in Ecuador, sondern immer noch in Florida und gerade dabei, mich auf diesen großen Schritt ins Ungewisse vorzubereiten.

Ich sah auf meine Uhr und merkte, dass es noch nicht einmal fünf war. In Gedanken war ich noch ganz bei meinem Traum, der wilden Fahrt im Motorboot, dem Flugzeug und der Klinik in Shell, und so gab ich mich weiteren Phantasien hin, wie all dies sich wohl verwirklichen lassen würde.

Zuallererst würde es ohne Geld natürlich nicht gehen. Das Flugzeug allein kostete fünfundfünfzig bis sechzigtausend Dollar; für das Motorboot mit seinen Extras und den Transport nach Ecuador musste man weitere zehntausend einplanen.

Eine Krankenstation einzurichten würde vielleicht zwanzigtausend Dollar kosten, dazu kamen noch der Diesel-Generator und ein Verteilersystem für unseren kleinen Stützpunkt. Für den Radiosender würde man ein paar kleine schalldichte Räume und einen Transmitter von vielleicht tausend Watt benötigen.

Wir würden eine ganze Reihe Gebäude bauen müssen: eine Krankenstation, eine Schule, den Radiosender und einen Hangar. Den Generator und eine Werkstatt konnte man vielleicht zusammen unterbringen. Es musste auch Häuser geben für meine Familie, den Leiter der Klinik, die Verantwortlichen für die Landebahn und den Radiosender, und dazu ein Gästehaus für Waodani, die von weiterher anreisten, um sich für die eine oder andere dieser Aufgaben ausbilden zu lassen, um sie in ihren eigenen Dörfern selbst auszuüben.

Ich wurde immer aufgeregter bei der Vorstellung, was wir alles für die Waodani tun konnten. Mein noch halb schlafendes Hirn ging diese Herausforderung ähnlich an wie damals nach dem College, als ich mein erstes Unternehmen in Ecuador gegründet und ein Bau- und Landschaftsplanungsbüro eröffnet hatte. Später hatte ich diese Fähigkeiten ausbauen können, als ich in Minnesota ein ähnliches Unternehmen gründete. Danach hatte ich den Bau eines Damms und einer Schleuse auf der östlichen Seite der Kontinentaldrift in Ecuador organisiert; damit das Projekt die nötige Starthilfe bekam, hatte ein Team von Experten aus dem US-amerikanischen Baugewerbe sich damals freiwillig gemeldet. Mit meinem Geschäftspartner zusammen hatte ich dann beschlossen, das Bauunternehmen zu verkaufen. Es war inzwischen auf einen kleinen Holzhandel, ein Maklerbüro und das Planungsbüro einer neuen Wohnsiedlung angewachsen. Ich hatte mich alten Freunden angeschlossen, die in Texas einen Betrieb zur Erdölförderung gegründet hatten, und ging voll darin auf, als mich die Anfrage der MAF erreichte, ob ich nicht von West-Texas nach West-Afrika ziehen wollte.

Zum Glück hatte ich bei all diesen Vorhaben immer Geschäftspartner gehabt, die nachvollziehen konnten, dass ich aus meinem Leben das Meiste herausholen wollte. Als ich den Partnern im florierenden Ölgewerbe erzählte, dass man mich gebeten hatte, all das hinter mir zu lassen und in Afrika gegen den Hunger zu kämpfen, waren sie alle überrascht. Aber einer der Brüder, die das Unternehmen am Laufen hielten, meinte: „Ich glaube, du solltest das machen. In hundert Jahren wird kein Mensch mehr danach fragen, wie viel Geld wir hier gescheffelt haben und was wir aus unserem Leben gemacht haben, wenn es nicht einem größeren Zweck dient."

Also packten Ginny und ich unsere vier Kinder und zogen für die Dauer eines langen Jahres nach Mali. Als wir aus Afrika zurückkehrten, waren wir ernüchtert, wie bedroht unsere Umgebung war, einschließlich der Menschen. Ich war zwar in der dritten Welt aufgewachsen, aber es hatte immer genug Essen für alle gegeben, egal wie arm die Leute waren. In Mali sahen wir die Menschen zu Hunderten an Unterernährung und Krankheiten sterben. Meine Aufgabe war es, einen Funkdienst aufzubauen und den Flugverkehr so zu organisieren, dass Dörfer, in denen Menschen verhungerten, mit Hilfsgütern versorgt werden konnten.

Als ich aus meinem allzu bunten Traum erwachte, war mir noch nicht ganz klar, wie hart die Wirklichkeit sein würde, in der ich ihn umzusetzen versuchte. Ich freute mich, dass ich diesmal viele verschiedene Dinge in einem viel kleineren Rahmen würde organisieren können. Mit den politischen und wirtschaftlichen Bedingungen in Westafrika war ich nicht vertraut gewesen, aber diesmal ging ich in eine Welt zurück, die ich kannte. In Ecuador hatte ich ein gewisses Ansehen und die nötigen Beziehungen, und eine langjährige Freundschaft verband mich mit den Menschen dort.

Außerdem verfügte ich selbst über das nötige Grundkapital. Wenn ich ein Flugzeug brauchte, konnte ich es mir kaufen. Ich konnte den Bau von Häusern finanzieren und die Ausstattung der Krankenstation, des Ladens und des Radiosenders. Und ich wusste, dass es dort Menschen gab, die mich in diesem gewaltigen Unterfangen unterstützen und den Waodani die Gelegenheit geben würden, ihre kulturelle, geistliche und materielle Zukunft mitzubestimmen.

Als an diesem Morgen die Sonne aufging, hatte ich mir bereits Notizen von all den großartigen Ideen gemacht, die mir durch den Kopf schossen. Ich habe es mir zur Gewohnheit gemacht, immer einen Notizblock und einen Stift neben dem Bett liegen zu haben. Wenn ich mitten in der Nacht aufwache und eine gute Idee habe, schreibe ich sie im Dunkeln auf und überdenke sie am nächsten Morgen genauer. Ganz oft sind solche nächtlichen Eingebungen, bei Tageslicht betrachtet, kompletter Unsinn. Aber manchmal waren auch brauchbare Lösungen für die vielfältigen Probleme dabei, mit denen man sich als Unternehmer herumzuschlagen hat.

In meinem Traum hatte ich mir ein Stammes-Zentrum vorgestellt, wie ich es selbst bauen und leicht beaufsichtigen konnte. Aber als ich am nächsten Tag weiter darüber nachdachte, wurde mir klar, dass ich einen weiteren Nagel in ihren Sarg einschlagen würde, wenn ich ihnen dieses Zentrum baute. Alles, was ich für sie tat, würden sie eben nicht als das Ihre ansehen, wie es die Kirche in Toñampade zeigte. Die Schulen gehörten ihnen nicht, und selbst ihr Land gehörte ihnen nur so lange, wie die Behörden, die es ihnen zugesichert hatten, es ihnen nicht wieder wegnahmen.

Mincaye und meine anderen Waodani-Verwandten hatten mich lediglich darum gebeten, ihnen das beizubringen, was bis jetzt nur die Fremden konnten. Sie wollten es dann selbst tun. Sie wollten die Zukunft selbst in die Hand nehmen. Aber damit das klappte, mussten sie auch die Verantwortung dafür tragen.

Niemand kann Verantwortung für etwas übernehmen, das er nicht selbst in der Hand hat. Umgekehrt gilt das natürlich auch. Man kann nicht etwas in der Hand haben, wenn man nicht gleichzeitig bereit ist, die Verantwortung dafür zu tragen.

Ich fand es schrecklich entmutigend, dass mir diese Tatsache bewusst wurde. Nichts hätte ich lieber getan, als den Waodani beim Bau eines effizienten Zentrums zu helfen, über das die Welt staunte. Aber ich wusste, dass die Waodani erst das Sitzen, Stehen und Laufen lernen mussten, bevor sie springen und rennen konnten.

Ich würde mich auch vorsehen müssen, wie ich selbst unter den Waodani lebte. Wenn ich ein Haus baute, das über das hinausging, was sie selbst bauen oder sich leisten konnten, würde ich die Messlatte genauso hoch hängen wie so viele andere, die mit den Waodani zu tun gehabt hatten. Ich würde ihnen beweisen müssen, dass sie selbst „das Zeug dazu hatten", all das zu lernen, das ihnen ihre Tradition bisher nicht überliefert hatte. Und ich würde sie darüber hinaus davon überzeugen müssen, dass sie die alten, von den Vorfahren übernommenen Fähigkeiten darüber nicht vernachlässigen sollten.

Und ich würde einen Weg finden müssen, wie sie das, was sie tun wollten, auch finanzieren konnten. Es war so wichtig, dass sie sich selbst treu blieben und nicht von den milden Gaben anderer abhängig waren, die sie dauerhaft schwächen würden.

Ich konnte nicht voraussehen, wie sich die Dinge entwickeln würden, wenn wir erst einmal begannen, die Waodani mit der Außenwelt in Verbindung zu bringen. Aber mir war klar, dass man nicht von ihnen verlangen sollte, ihre Identität, ihr Stammesgebiet oder ihre Kinder aufzugeben. Und ich wusste, dass Ginny, Jesse, Stephenie und ich so leben mussten, dass die Waodani nicht zu Schaden kamen, wenn sie sich uns zum Vorbild nahmen.

Ich begann also, das Haus zu planen, das ich bauen wollte. Ich überlegte, welche Möbel ich hineinstellen, wie viel Technik ich darin zulassen und was ich besser vermeiden sollte. Ginny, die nicht stundenlang über dieser Frage gegrübelt hatte, meinte schlicht: „Ich kann mir nicht vorstellen, dass wir in so einem strohgedeckten Langhaus ohne einen richtigen Boden wohnen können wie die Waodani. Aber ich will auch nichts haben, was sie nicht auch haben können."

Das wurde in den folgenden Monaten unser Leitprinzip, auch dann, wenn es darum ging, den Waodani zu helfen. Wir würden uns nicht damit zufriedengeben, wie die Dinge jetzt standen, aber wir würden auch nach nichts streben, was zu hoch gegriffen war. Ich musste oft an dieses populäre Gebet denken: „Gott gebe mir die Gelassenheit, Dinge hinzunehmen, die ich nicht ändern kann, den Mut, die Dinge zu ändern, die ich ändern kann, und die Weisheit, das eine vom anderen zu unterscheiden."

* * *

Als Familie hatten wir vor langer Zeit schon beschlossen, dass wir versuchen würden, so lange wie möglich zusammenzubleiben – zumindest bis die Kinder alt genug zum Heiraten waren und es besser für sie war, auf eigenen Füßen zu stehen. Und in der Kultur der Waodani galt Ähnliches: Alle teilen das gleiche Schicksal.

Es ist einfach nicht vorgesehen, dass eine Familie anders lebt als der Rest des Stammes. Wenn einer ein großes Tier erlegt und Fleisch übrig hat, teilt er es mit der erweiterten Verwandtschaft und den anderen, die mit ihm auf einer Lichtung leben. Wenn eine Frau besonders schöne Töpfe herstellt und einige mehr hat, als sie braucht, verschenkt sie diese an jemanden, der diese Töpfe bewundert. Das wird so erwartet. Wenn ein Waodani sich anders verhielt als die anderen, war das ein Grund, ihn des Kontakts mit den Geistern zu beschuldigen.

Wenn jemand beschuldigt wurde, eine Geister-Person zu sein, konnte er das natürlich leugnen, aber seine argwöhnischen und ängstlichen Nachbarn würden in seinem Verhalten trotzdem mehr Beweis sehen als in seinen Worten. In der Kultur der Waodani würde es keine Jeanne d'Arc und keinen Martin Luther geben. Wer als Geister-Person verdächtigt wurde, machte sich das am besten zu nutze, indem er es nicht abstritt, sondern seinen Feinden damit drohte, ihnen auch Schaden zuzufügen.

Und so haben die Waodani immer getan, was sie wollten, aber niemand hat versucht, es zu mehr zu bringen als die anderen. Es wurde auch als sinnlos angesehen, die eigenen Lebensumstände verbessern zu wollen. Warum hätte man auch in einer Kultur, in der man täglich mit dem Tod zu rechnen hatte, in ein dauerhafteres oder bequemeres Haus investieren sollen? Dazu hätte es mehr *cae* (tun) gebraucht, und die Feinde hätten es doch genauso niedergebrannt wie ein einfaches.

Nachdem dem ständigen Töten ein Ende gemacht worden war, gab es allerdings allen Grund, solidere Gebäude zu errichten. In

Toñampade hatten Dayumae und Komi ein Haus aus Brettern. Und Tante Rachel auch. Einige andere benutzten ein paar Bretter als Betten oder für Feuerkisten, die es ihnen möglich machten, auf einem etwas erhöhten Podest zu kochen und zu schlafen. An den Brettern der Kiste war Erde, so dass das Feuer nicht das ganze Haus abbrennen konnte.

In einem strohgedeckten Haus lebte es sich allerdings ähnlich wie in einer Streichholzschachtel. Wenn ein Feuer, das eigentlich zum Kochen oder Heizen angezündet worden war, das Strohdach in Brand steckte, hatte das katastrophale Folgen. Wir würden schon ein besseres Dach brauchen, wenn wir Geräte wie einen Computer, ein Radio oder einen Kopierer mitbringen wollten – alles Dinge, die die Waodani meiner Meinung nach kennen lernen sollten. Und außerdem würden wir schon deshalb ein anständiges Dach brauchen, damit Ginny nicht durchdrehte.

Ich konnte mich noch daran erinnern, wie ich als kleiner Junge oft in Mincayes Haus gesessen hatte und wie ständig kleine Strohhalme, Grillen oder Kakerlaken auf mich heruntergeregnet waren. Nach einer Weile entwickelt sich so ein Strohdach fast zu einem eigenen Organismus.

* * *

Ich beschloss, für das Dach unseres Hauses eine Persenning zu verwenden. Die würde so sauber sein wie ein Blechdach, so leicht, dass sie keine aufwändigen stützenden Strukturen benötigte, und so billig, dass die Waodani sie sich eher leisten konnten als ein Blechdach. Außerdem würde sie sich ganz sicher leichter durch den Dschungel transportieren lassen als Blech! Ich hoffte zudem, dass sich die Hitze darunter nicht so staute wie unter Blech. Es hatte eine Zeit gegeben, in der Tante Rachel das einzige Strohdach in ganz Tiwaeno hatte. Die Ölgesellschaft hatte auf dem Gebiet der Waodani einen Stützpunkt gehabt, den sie aber schnell wieder aufgegeben hatte. Viele Materialien hatten die Mitarbeiter einfach zurückgelassen, anstatt sie mit dem Hubschrauber für viel Geld wieder auszufliegen, und so benutzten die Waodani diese Sachen selbst.

In der Tat hatte die Ölgesellschaft sogar einen Hubschrauber zurückgelassen, der an ihrem Stützpunkt bei einer Bruchlandung niedergegangen war. Ich weiß noch, wie cool ich es damals gefunden hatte, dass Komi sich den Kegel hinten am Hubschrauber geschnappt und auf eine Ecke seiner Hütte gesetzt hatte. Ich erinnere mich aber genauso gut daran, wie der Rest des Hauses zum reinsten Backofen wurde, als die Sonne auf dieses Dach knallte.

Wir alle würden ziemlich bald eine Unterkunft brauchen, wenn wir mit unseren Familien zu dem neuen Zentrum zogen. Also beschloss ich, unser Haus hoch genug zu bauen, dass wir das Erdgeschoss für weitere Unterkünfte nutzen konnten, für Lagerräume, vielleicht eine vorläufige Krankenstation oder was sonst noch nötig war, bevor es anderswo errichtet werden konnte.

Unser Holz besorgten wir uns natürlich selbst. Wir fällten Bäume und schnitten Bretter daraus. Ich kaufte in Puyo Nägel und brachte aus den USA kistenweise Schrauben mit. Ich wurde zum Stammkunden in allen Baumärkten unserer Umgebung und entwickelte meine eigene Methode: Ich betrat einen Laden und begann auf einer beliebigen Seite meine Suche. Systematisch lief ich langsam einen Gang nach dem anderen ab und überlegte bei allem, was ich sah, ob wir es für unser neues Haus oder meine neue Tätigkeit irgendwie würden brauchen können. Ich weiß, dass ich die Angestellten an den Rand des Wahnsinns trieb; sie fragten mich immer wieder, was ich denn eigentlich suchte und ob sie mir behilflich sein konnten. Aber einige von ihnen hatten Spaß daran, mit mir zusammen zu überlegen, was ich in meinem neuen Leben würde brauchen können. Wenn ich ihren Baumarkt betrat, ließen sie oft andere Kunden stehen und begleiteten mich durch den Laden. Ein paar von ihnen riefen mich sogar an, weil sie selbst mitten in der Nacht irgendwelche Eingebungen hatten.

Es war ein schönes Gefühl, dass ich nicht der Einzige war, der nachts aufwachte und plötzlich die Lösung für allerhand Urwald-Probleme hatte. Ich grübelte zum Beispiel eine ganze Weile darüber nach, wie wir das mit den Fenstern machen sollten. Die Lösung kam mir nachts um halb vier: Ich würde eine große Rolle festen Netzstoff kaufen, wie er für Fliegengitter verwendet wird. Wir würden das Haus so bauen, dass der Abstand zwischen der

Oberkante der Wand und der Unterkante des Fensters ein paar Zentimeter kürzer war als der Netzstoff breit. Wenn das Haus dann fertig war, musste ich den Stoff nur an einer Seite ansetzen und um das Haus herum abrollen, das Ganze festtackern und dann die Tür ausschneiden. Und wenn ich die Tür zuerst baute, konnte ich sogar das Netz dort oben ansetzen, an den Seiten einschneiden und von dort aus um das Haus herumführen. Und siehe da! Tür und Fenster waren fertig.

Das klappte übrigens ausgezeichnet. Von anderen nächtlichen Eingebungen kann man das nicht gerade behaupten. Die Idee eines kleinen Kneipp-Beckens beispielsweise, in das mit Hilfe einer Tauchpumpe Wasser aus dem nahen Flüsschen gepumpt wurde, funktionierte nicht, und das, obwohl wir die Pumpe mit einem Plastik-Wäschekorb gegen Laub und Dreck zu schützen versuchten. Und die aufrollbare Kupferfolie mit der integrierten Wasserleitung, die man mir als eine Art solarbetriebenen Durchlauferhitzer schenkte, kam auch nie zum Einsatz. Vielleicht hätte das sogar funktioniert, wir kamen nur nie dazu, es auszuprobieren.

Ich wusste, dass wir auch Elektrizität brauchen würden. Die meisten Waodani konnten es sich nicht leisten, einen Generator anzuschaffen oder zu betreiben, denn dazu hätten sie Treibstoff kaufen und herschaffen müssen, sie bräuchten Zugang zu Öl und Ersatzteilen und ein gewisses technisches Grundwissen. Ich entschied mich dagegen für Sonnenenergie. Viele Waodani-Dörfer hatten bereits mit Autobatterien betriebene Funkgeräte, die sich mit Hilfe von Solarenergie aufladen ließen. Mit dieser Technologie würden sie auf Dauer besser zurechtkommen, aber das größte Problem stellten auch hier die Kosten dar.

Ich überlegte, dass wir auch ein Zwei-Wege-Funkgerät brauchen würden, um mit Shell in Verbindung bleiben zu können, und ein Kurzwellen-Funkgerät, um mit Shaun und Jesse reden zu können, die nach den Sommerferien im Dschungel wieder ans College zurückkehren würden. Wir brauchten einen Computer, damit Jesse den Waodani den Umgang mit einer Textverarbeitung beibringen und ihnen zeigen konnte, wie sie ihre Vorhaben dokumentieren konnten. Und wenn wir Gebrauchsanweisungen und Ähnliches herstellen wollten, brauchten wir zumindest einen kleinen Drucker und Kopierer.

Ich telefonierte wie wild in verschiedenen Ländern herum und fand doch niemanden, der schon einmal einen Drucker mit einem Inverter wie unserem betrieben hatte – nicht einmal die offiziellen Vertreter der Druckerhersteller in den betreffenden Ländern. Also startete ich ein Experiment in unserem Billard-Häuschen, das ich kurzfristig zum Büro – und zum Versuchslabor – umfunktioniert hatte.

Alle hatten mir das Gleiche geraten: „Stöpseln Sie den Stecker einfach ein!" Aber das würde im Dschungel nicht funktionieren, wo es eben nichts gab, in das man den Stecker „einfach" hineinstecken konnte. Mir wurde einmal mehr klar, wie viel leichter das Leben für uns wäre, wenn wir einfach weiter in unserem Leben in Florida „eingestöpselt" blieben und die Idee mit dem Umzug ins Amazonasgebiet aufgaben. Aber ungefährlich war das auch nicht. Wenn wir das, was wir hatten, zum Maßstab für das machten, was wir mit unserem Leben erreichen wollten, würde unser Leben doch nur eigensüchtig und unbedeutend bleiben. Ich hatte einmal einen Prediger im Radio erlebt, der gefragt wurde: „Wenn Sie Ihr Leben noch einmal leben könnten – was würden Sie dann anders machen?" Er hatte geantwortet: „Im Großen nicht sehr viel. Aber wenn ich es noch einmal leben könnte, würde ich mehr Risiken eingehen und ich würde mich nicht so ernst nehmen." Das klang mir ziemlich weise.

Ich bestellte einen Inverter, der mir passend erschien, und schloss ihn an eine Autobatterie an, die ich mit Solarenergie aufgeladen hatte. Ginny nannte meine Testmethode den „Qualm-Test". Wenn ich das ganze System zusammengebaut hatte – wobei das Solarpaneel die Autobatterie speiste, die wiederum an den Inverter angeschlossen war – würde ich alle Geräte anschließen, anschalten und dann schauen, ob es irgendwo qualmte. Wenn es keinen Qualm gab, würde ich ausprobieren, ob alle Geräte wie geplant funktionierten. Ich überlegte, ob ich den Herstellern von meiner Methode erzählen sollte, aber ich hatte schon alle Hände voll zu tun, ihre Produkte zu „verqualmen", und so erfuhren sie nie von meinen Machenschaften.

Als ich so mit meinen Versuchen beschäftigt war, musste ich daran denken, dass die Ewigkeit unser Leben einem ähnlichen „Qualm-Test“ unterziehen würde. Wie das im Leben so oft ist, hatte ich keine Ahnung, worauf ich mich einließ. Andererseits habe ich schon viele, viele Kilometer in Gebieten zurückgelegt, in denen es weder Karten noch bewährte Methoden gab. Es war mir klar, dass ich nicht wusste, worauf ich mich einließ. Ich rechnete ja auch gar nicht damit, dass es einfach sein würde, und mir war klar, dass niemand außer dem allwissenden *Waengongi* abschätzen konnte, ob das Ergebnis dieses verrückten Unterfangens all die Zeit und Mühe wert sein würde, die wir hineininvestierten.

13. ... und los geht's!

Am 5. Juni 1995 brachen Jesse, Shaun und ich in den Dschungel auf. Es war kaum zu glauben, dass das Jahr schon wieder halb vorbei war. Es schien erst ein paar Tage her zu sein, seit ich Tante Rachel das letzte Mal vor ihrem Tod in Quito besucht hatte.

Während dieses Besuchs hatte ich ein Kamerateam bei der World Radio Missionary Fellowship dazu überredet, mit Tante Rachel ein paar Aufnahmen zu machen. Ich bat eine Freundin, das Interview zu führen, denn immer wenn ich versuchte, Tante Rachel über ihr Leben zu befragen, begann sie die großartigsten Geschichten und brach sie dann mit den Worten ab: „Aber das weißt du ja alles schon." Also hielt ich die Kamera und meine Freundin übernahm die Fragen. Wir zeichneten damals mehr als siebzehn Stunden mit unglaublichen Geschichten aus ihrem Leben auf, wobei ihre sechsunddreißig Jahre bei den Waodani natürlich das interessanteste Material lieferten. Ihr langer Kampf gegen den Krebs hatte sie zu dieser Zeit schon sehr geschwächt. Wir konnten sie nur einigermaßen bei Kräften halten und mehr als eine Stunde am Tag drehen, wenn wir ihr Schoko-Milchshakes aus dem ecuadorianischen Fast-Food-Restaurant um die Ecke mitbrachten. Tante Rachel liebte Schoko-Milchshakes, aber sie hatte dieser Leidenschaft selten frönen können, weil es im Regenwald begreiflicherweise keine Milchshakes gab.

Ich musste an meinen letzten Abschied von meiner lieben, dickköpfigen, mutigen Tante Rachel denken. Wir wussten beide, dass wir uns in dieser Welt zum letzten Mal sahen. Tante Rachel hatte meinen Vater sehr lieb gehabt und war für ihn mehr wie eine Mutter gewesen als wie eine Schwester. Und für mich war sie auch eine Art zweite Mutter gewesen. Sie sagte, dass ich sie immer sehr an meinen Vater erinnert hatte, und ich wusste, dass sie auch an mir sehr hing. Sie war immer das engste Bindeglied zwischen mir und meinem Vater gewesen, weil sie mir von seiner Kindheit und all den Abenteuern erzählen konnte, die ein Vater normalerweise seinem Sohn selbst erzählt. Sie erzählte mir, wie er einmal vom zweiten Stockwerk ihres Hauses in Pennsylvania bis hinunter neben das Treibhaus meines Opas eine Achterbahn gebaut hatte. Und wie er im Alter von zwölf Jahren das alte Familienauto auseinander- und wieder zusammengebaut hatte, einfach nur um zu sehen, wie alles zusammenhing. Sie erzählte mir auch, wie er als kleiner Junge Opa Saint Modell gestanden und den Jungen mit den fünf Broten und zwei Fischen dargestellt hatte. Opas Kirchenfenster von der Speisung der Fünftausend, in dem mein Papa Jesus alles gibt, was er hat, ist immer noch in der Washington National Cathedral in der Nähe der Hauptstadt zu sehen. Es war natürlich nur eins von mehreren Fenstern, die Opa für diese Kathedrale gestaltet hat, aber das mit Papa habe ich besonders ins Herz geschlossen.

Als ich mich nach unserem letzten „Drehtag" gerade von Tante Rachel verabschieden wollte, wurde sie ungewöhnlich sentimental. „Ist das nicht verrückt", meinte sie, „dass der Herr Jesus ausgerechnet so jemanden wie mich benutzt hat, um an diesem besonderen Ort etwas für ihn zu tun? Ich war schon viel zu alt, um mich als Missionarin zu bewerben, ich konnte den Waodani medizinisch nur wenig helfen, ich war keine große Bibelgelehrte und eigentlich auch nie eine besonders gute Bibelübersetzerin." Ich fragte mich, warum sie jetzt ausgerechnet von ihrem Mangel an Qualifikationen sprach – schließlich hatte sie all diese Dinge ihr halbes Leben lang gemacht.

„Naja, Tante Rachel, warum denkst du denn, dass Gott ausgerechnet dir diese Aufgabe gegeben hat? Was hat er denn in dir gesehen, das er gebrauchen konnte?" Sie strahlte über das ganze Gesicht, und diese zweiundachtzigjährige Heldin meines geistlichen Lebens gab eine Antwort, die als Lebensmotto gar nicht schlecht wäre: „Na, Junge, ich habe eben den Herrn Jesus von ganzem Herzen lieb gehabt und ihm ganz vertraut." Sie hielt einen Moment inne und fuhr dann fort: „Und dann habe ich wahrscheinlich einfach gelernt, in dem auszuharren, was er mir aufgetragen hat."

Danke, Tante Rachel. Diese Worte klangen mir noch in den Ohren, als wir in den Dschungel zurückflogen, um das schier Unmögliche zu tun. Unser Auftrag schien verrückt, aber das war er nicht. Ich hatte genügend Geschäftskollegen, die ihr Leben dafür einsetzten, immer mehr Geld zu verdienen – Geld, das sie gar nicht würden ausgeben können und das vielleicht sogar das Leben ihrer Kinder zerstörte. Tante Rachel dagegen hatte ihr halbes Leben damit „verschwendet", unbedeutenden „Wilden" eine Botschafterin des Himmels zu sein. Am Ende ihres Lebens sah sie alles, was sie erreicht hatte, als bedeutungslos an. Sie wusste längst, was mir erst in den letzten Jahren aufgegangen ist: Gott braucht uns nicht, um seine Arbeit zu tun, sonst wäre er nicht allmächtig. Er will nur unsere Liebe und eine Beziehung zu uns, und es geht ihm um das, was wir sind, nicht um das, was wir tun.

Ich bin immer schon ziemlich pragmatisch gewesen. Ich hoffte einfach, dass ich am Ende genauso auf das würde zurückschauen können, was ich jetzt vorhatte, wie Tante Rachel auf ihre Zeit bei den Waodani zurückgeschaut hatte.

* * *

Bevor wir nach Ecuador aufbrachen, feierten wir noch Jaimes Schulabschluss. Ein fast tropischer Regen erwischte all die Schulabgänger, ihre Verwandten und Freunde bei der Feier, die im Freien stattfand. Als Jaime als einer der Besten seines Jahrgangs nach vorne gerufen wurde, war er nass bis auf die Knochen. Und wir waren mächtig stolz auf ihn. Uns machte nur ein bisschen traurig, dass er den nächsten Abschnitt seines Lebens ohne uns beginnen würde. Ich wusste, dass vor allem Ginny dieser Gedanke schwerfiel. Aber nachdem sie einmal zu der Überzeugung gelangt war, dass sie den Waodani wirklich helfen konnte, wenn wir zusammen zu ihnen zogen, hatte sie nie wieder zurückgesehen.

Wir hatten vor, dass Shaun, Jesse und ich zuerst zu den Waodani fliegen und mit dem Bau unseres Hauses beginnen würden. Daneben würden wir beim Roden für die Landebahn mithelfen. Ich hatte keine Ahnung, wie weit die Waodani in den drei Monaten, seit mein Schwager und ich sie verlassen hatten, gekommen waren. Die Mission Aviation Fellowship hatte ich um eine kurze Rückmeldung gebeten, weil ich mir dachte, dass einer ihrer Piloten ja einen kleinen Schlenker fliegen und sich das Ganze aus der

Luft anschauen konnte. Aber ich bekam nur zur Antwort, dass ich nach so kurzer Zeit nicht zu viel erwarten sollte.

Zunächst versuchte ich mich mit dem Gedanken zu trösten, dass die MAF-Piloten schließlich nicht gesehen hatten, wie viel Einsatz die Waodani zeigten. Aber dann fiel mir ein, dass ich noch nie von einer Piste gehört hatte, die von der Dorfbevölkerung eigenständig gebaut worden war. Erst recht war noch keine Piste in einem Dorf gebaut worden, das es noch gar nicht gab und zu dem Freiwillige aus umliegenden Dörfern herangezogen werden mussten. Ich dachte auch an die Strapazen unserer Arbeit, als wir gerade erst mit dem Bau der Bahn begannen, besonders an das leichte Stechen, das ich fast die ganze Zeit empfunden hatte, wenn mir der Schweiß Torf und Dreck in die vielen kleinen Schnitte und Verletzungen spülte, und an die Fliegen, die mir in den Kleidern, in Ohren, Nase und Mund herumgekrabbelt waren.

Wahrscheinlich war es wirklich besser, nicht allzu viel Fortschritt an der Landebahn zu erwarten, obwohl ich die Hoffnung nicht ganz aufgeben wollte, Steph und Ginny mit dem Flugzeug zu unserem neuen Heim zu holen.

Beim Abflug nach Quito spielte sich eine ähnliche Szene ab wie beim letzten Mal. Wir drei hatten so viel Gepäck, dass eine Angestellte von American Airlines eine Durchsage machte. „Der Leiter der Gruppe, die eine große Ladung Gepäck am Schalter der Ersten Klasse abgestellt hat, möchte sich bitte am Schalter melden." Diesmal hatten wir ungefähr fünfhundertfünfzig Kilo Gepäck dabei, und ich gestand der Schalterdame, die auf den Namen Cindy hörte, dass dieses Gepäck uns gehörte. Jesse und Shaun waren praktischerweise gerade in dem Moment außer Sichtweite, als ich ihr versicherte, dass wir zu dritt waren.

Ich fragte nach Connie, aber Cindy erklärte, dass Connie heute ihren freien Tag hatte. Das hatte uns gerade noch gefehlt. Aber bevor ich mir einen Plan B zurechtlegen konnte, fiel bei ihr plötzlich der Groschen. „Sind Sie diese Missionare, die nach Quito wollen?", fragte sie. Und während sie mir erzählte, dass Connie sie darum gebeten hätte, unsere „Gruppe" abzufertigen, drückte sie mir fünfzehn Gepäckanhänger in die Hand. Um zwölf hatte ich gebeten. Sechs standen uns eigentlich nur zu. Shaun und Jesse blieb der Mund offen stehen.

Mit all dem Gepäck von Quito nach Shell zu kommen, war ein Abenteuer für sich. Ein befreundeter Missionar lieh uns seinen Isuzu Trooper und einen Anhänger. Wir brauchten diesen Trooper, den Anhänger und Tante Rachels alten Datsun, um all unsere Sachen zu verstauen.

Shaun war neunzehn, war noch nie in Ecuador gefahren, sprach die Sprache nicht und kannte bisher nur Wagen mit Automatikgetriebe. Er war begreiflicherweise ziemlich nervös. Jesse fuhr als Übersetzer mit ihm, denn immerhin konnte er auf zwei Jahre Spanischunterricht zurückblicken statt wie Shaun auf nur eins.

Mit unserer Zeitplanung kamen wir nicht so ganz hin. Bis wir all unsere Sachen verstaut hatten und losfuhren, war es schon drei Uhr nachmittags. Wir fuhren von Quito aus auf dem Pan-American Highway in Richtung Süden. Diese Straße führte uns zunächst auf 3500 Meter Höhe und dann steil hinunter in den Regenwald im Osten.

Als wir auf mehr als dreitausendfünfhundert Meter Höhe ankamen und uns anschickten, nun wieder nach unten zu fahren, ging unseren beiden Autos die Puste aus. Weil ich die meisten der schneebedeckten Vulkane, an denen wir nun vorbeifuhren, irgendwann einmal hochgeklettert war, erinnerte ich mich noch gut, wie auch mein Auto in solchen Höhen zu kämpfen gehabt hatte. Auf dem Scheitelpunkt der Straße enthält die Luft so wenig Sauerstoff, dass man einen Gasbehälter anzünden kann, während man ihn in der Hand hält. Er fängt Feuer, aber er explodiert nicht. Und noch ein bisschen höher ist der atmosphärische Druck so hoch, dass Flüssigkeiten bei viel niedrigeren Temperaturen zu kochen beginnen, als wir das normalerweise gewohnt sind. Bei unseren Kletterausflügen tranken wir oft Suppe oder warmen Orangensaft, während sie noch kochten.

Shaun war unsicher, als wir endlich die Abfahrt begannen. Ich schärfte ihm noch ein, immer wieder herunterzuschalten, um die Bremsen vor dem Überhitzen zu schützen. Dann begann es zu regnen. Tante Rachels Auto – Baujahr 1972 – verfügte nur über einen Scheibenwischer, und der sah so aus, als sei er seit der Erstzulassung des Wagens noch nicht ausgewechselt worden. Als wir gerade am Fuß eines Vulkans vorbeifuhren, brach die Dunkelheit herein.

Die Straße nach Shell ist eine der atemberaubendsten Strecken der Welt. Die Shell-Gesellschaft hat sie an einer tiefen Schlucht entlang vorbeigeführt, die in den Anden beginnt und sich bis zum Regenwald fortsetzt. Sie ist so schmal, dass zwei Autos nur schwer aneinander vorbeikommen. Shaun, der Ärmste, hatte mit einem fremden Auto zu kämpfen, das all die Macken eines vierundzwanzig Jahre alten Gefährts hat, dessen einziger Untergrund bisher Kopfsteinpflaster war. Er konnte kaum aus der Windschutzscheibe sehen. Ein falscher Ruck am Lenkrad, und die beiden wären mehr als hundert Meter tief in die Stromschnellen unter uns gestürzt. Jesse meinte später, dass es vielleicht gar nicht so schlecht gewesen war, mir auf dieser letzten Teilstrecke im Dunkeln hinterherzufahren. Auf diese Weise sah man wenigstens nicht, wie tief es nach unten ging.

Als wir in Shell Mera ankamen, waren wir alle fix und fertig. Wir blieben über Nacht dort, und am nächsten Morgen brachte ein Flugzeug der MAF uns und unsere Sachen in den Urwald.

* * *

In Toñampade, wo wir uns ein Kanu für die Fahrt flussabwärts ausleihen wollten, erwartete uns eine angenehme Überraschung. Zwei Waodani-Männer kamen zu Tante Rachels Haus und überreichten mir ein Stück Metall, das ganz mit Dreck verkrustet war. Als ich es umdrehte, merkte ich, dass ich den Höhenmesser von Papas Flugzeug in der Hand hielt. Sie hatten ihn unten am Sandstreifen des Ufers gefunden. Es war wirklich erstaunlich, nach neununddreißig Jahren ein Stück meiner eigenen Geschichte in der Hand zu halten. Dieses Gerät hat seinen Platz in unserem Wohnzimmerregal gefunden und erinnert uns immer daran, wie zerbrechlich das Leben ist.

Mincaye wartete in Toñampade auf uns. Ich war ein bisschen enttäuscht, weil ich gehofft hatte, dass er mit dem Bau der Landebahn so beschäftigt sein würde, dass er für so etwas gar keine Zeit hatte. Ich hegte den Verdacht, dass er den größten Teil der Zeit, seit ich gegangen war, hier verbracht hatte. Aber im Gespräch mit ihm wurde mir klar, dass er sehr wohl an der Landebahn gearbeitet hatte. Als er gehört hatte, dass wir kamen, hatte er extra die Tagesreise flussaufwärts unternommen, um uns zu begrüßen. Er wollte auch seine Gärten in Toñampade abernten, so dass alle, die jetzt noch an der Piste arbeiteten, etwas davon hatten, auch Jesse, Shaun und ich. Wir drei fuhren also mit Mincaye, seiner Frau Omodae und ein paar anderen Leuten flussabwärts und kamen dabei an einem Stück Ufer vorbei, wo wir eine Anaconda erblickten, die einen guten Meter lang war. Die meisten Waodani sehen in diesen Tieren keine Geisterwesen mehr, aber sie kommen ihnen trotzdem nicht zu nahe, wenn es sich vermeiden lässt.

Ich dachte, dass die anderen das Tier bestimmt auch einmal aus der Nähe betrachten wollten, und so wendete ich das lange Kanu und fuhr zurück zu der Stelle, an der sich die Riesenschlange sonnte. Jesse wollte sie gerne mit einem Stock anstoßen. Alle Waodani schrien ihn an, das bleiben zu lassen, aber natürlich verstand Jesse das nicht. Die Hälfte unserer Passagiere wäre am liebsten aus dem Boot gesprungen, aber das Ufer, auf dem die Schlange lag, war der einzige Ort, an den sie hätten springen können.

Ich glaube, unsere Schlange hatte gerade erst gegessen. Sie schien uns überhaupt nicht zu bemerken, nicht einmal, als Jesse sie tatsächlich sanft mit seinem Stöckchen anstupste.

Als ich schließlich das Boot wieder wendete, schwatzte jeder aufgeregt darüber, wie viel Angst doch alle anderen im Boot gehabt hatten. Die Waodani haben wirklich Spaß daran, sich über sich selbst und übereinander lustig zu machen.

Ich fragte mich, was Jesse und Shaun wohl sagen würden, wenn wir um die letzte Flusskrümmung bogen und sie unsere neue Heimat sahen. In den letzten drei Monaten hatte ich davon geträumt, was ich bauen und wie ich es bauen wollte, und ich hatte mir in Gedanken ziemlich genau ausgemalt, wie es sein sollte. Aber Jesse und Shaun sahen nichts als dichten Dschungel. Sie begannen, zusammen mit den Waodani Unterkünfte aufzubauen, wo wir kochen und schlafen konnten. Ich machte mich auf zur Flugpiste, um zu sehen, ob die Arbeit fortgeschritten war.

Ich folgte dem Pfad, bis er sich plötzlich öffnete. Vor mir lag eine fast fertige Landebahn! Der Boden in der Mitte der Bahn, wo wir die Wurzeln ausgegraben hatten, war eben und die Erde war plattgetrampelt. Damit sie zum Einsatz kommen konnte, musste man nur noch ein paar Löcher auffüllen und die Erde in der Bahnmitte noch fester treten. Ich war zu gleichen Teilen erstaunt, stolz und beschämt und konnte es kaum abwarten, allen zu erzählen, dass die Waodani getan hatten, was sie versprochen hatten – und sogar innerhalb der Zeit, in der sie es angekündigt hatten. Niemand hatte eine Bezahlung bekommen. Es war ihre erste Investition in unser großes – und nun wirklich uns allen gehörendes – Experiment, das sie zu Partnern der Außenwelt machen und aus dem Bettlerdasein herausreißen sollte.

Zwei Tage nachdem ich mit dem Bau unseres Hauses begonnen hatte, wurden wir zweimal daran erinnert, warum die Landebahn so wichtig war. Zunächst erhielten wir einen Notruf aus einem Dorf, das sich als *3 de Noviembre* bezeichnete. Sie hatten dort eine junge Frau, die seit drei Tagen in den Wehen lag, ohne dass das Kind zur Welt kam. Sie bettelten um ein Flugzeug, das sie retten sollte. Aber Shell beantwortete den Funkspruch nicht und wir hatten ja noch kein Flugzeug.

Diese Geschichte war kaum ausgestanden, da platzte Peques Sohn aus dem dichten Unterholz auf unsere Lichtung. Er war an diesem Morgen den ganzen Weg von Damointado hergelaufen, um uns zu berichten, dass Gami von einer Schlange gebissen worden war und nun überall blutete. Es war erst halb zehn. Er hatte die ganze Strecke in zweieinhalb Stunden zurückgelegt. Ich hatte zwar ein Gegenmittel da, aber ich wäre niemals in weniger als sieben Stunden Fußmarsch dort angekommen.

Aber dann sagte uns Peques Sohn, dass Gami bereits tot war. Das konnte heißen, dass er ohnmächtig geworden, in tiefe Bewusstlosigkeit versunken oder tatsächlich gestorben war. Ich hatte dasselbe Gefühl wie damals in Westafrika, als man mir erklärt hatte, dass diese hungernden Menschen sterben würden und dass es nichts gab, was ich dagegen unternehmen konnte. Den Menschen, denen ich so gerne helfen wollte, ging es bereits so schlecht, dass man mit den Ressourcen, die nötig waren, um sie zu retten, leicht zwei oder drei anderen eine Überlebenschance bieten konnte. Wir sind in Nordamerika so daran gewöhnt, dass es für alle von allem genug gibt. Die meisten von uns finden es schwer, sich vorzustellen, dass es Orte auf der Welt gibt, wo es nicht für jeden genug Essen oder Medikamente gibt.

Schließlich erklärte der Junge, dass Gami wirklich schon kalt war und dass sie ihn schon begraben hatten. Ich war immer noch nicht ganz überzeugt, dass er tot war. Aber was sollte ich ohne Flugzeug schon tun? Ich wäre mit dem Flugzeug in vier Minuten dort gewesen und hätte das Gegenmittel verabreichen können. „Warum habt ihr denn keinen Funkspruch losgeschickt und uns gesagt, dass Gami von einer Schlange gebissen wurde?", fragte ich. Ich kam mir furchtbar hilflos vor. „Das Funkgerät hat nicht funktioniert. Da hat Peque mich losgeschickt."

Es stellte sich heraus, dass das Kabel, das vom Solarpaneel zur Batterie verlief, korrodiert war, so dass die Batterie leer gelaufen war. Unglaublich! Wenn die Batterie aufgeladen gewesen wäre und wir Bravo Tango Sierra gehabt hätten, hätten wir Gami innerhalb einer Stunde nach dem Biss ins nächste Krankenhaus schaffen können. Und jetzt war er tot, und nichts ließ sich daran ändern.

Wir hatten den Bauplatz für unser Haus kaum vorbereitet, als Shaun, Jesse und ich vor Erschöpfung fast zusammenbrachen. Man kämpft im Dschungel einfach ständig gegen den Dreck an. Erst kämpft man dagegen an, dass er sich überall festsetzt. Dann kämpft man, sich ihn wieder abzuwaschen. Und schließlich muss man sich irgendetwas ausdenken, wie man sich wieder anziehen kann, ohne dass die Klamotten nass oder gleich wieder schmutzig werden. Ich glaube, dass das tatsächlich auf Dauer das Frustrierendste war: der Versuch, Trockenes trocken und Sauberes sauber zu halten. Warum das so wichtig ist, versteht niemand, der nicht schon einmal versucht hat, in feuchten oder vor Dreck starrenden Klamotten zu schlafen.

Eine Sache allerdings gab es, die für uns *cowodi* bald alle anderen Schwierigkeiten in den Schatten stellte. Ich hatte vergessen, Salz mitzubringen. Am ersten Tag war das nicht weiter tragisch. Am zweiten begannen wir etwas nervös zu werden. Ab dem dritten fanden wir es schwierig, überhaupt zu essen. Am vierten begann ich mich nach Salz regelrecht zu verzehren. Ich begann, von Salz zu träumen.

In der modernen Welt mit ihren fertig abgepackten Lebensmitteln kein Salz zu haben, ist etwas völlig anderes, als an diesem abgelegenen Fleckchen Erde darauf verzichten zu müssen. In Konserven, Fertiggerichten und anderen abgepackten Lebensmitteln ist schon jede Menge Salz. Wir dagegen aßen Fleisch von Tieren, die gerade erst gefangen worden waren, Pisang und Maniok. Nichts von diesen Dingen ist irgendwie gesalzen. Zuerst dachte ich, dass wir eben ohne Salz würden auskommen müssen. Aber mir wurde schnell klar, dass wir Salz brauchen würden, wenn wir weiter arbeiten wollten. Die Jungs und ich schwitzten so sehr, dass ich um unseren Elektrolythaushalt bangte.

Vorerst konnten wir nichts weiter tun, als so viel wie möglich im Schatten zu arbeiten und die Arbeiten, bei denen man am meisten ins Schwitzen kam, zu vermeiden.

Aber obwohl ich mich natürlich ärgerte, dass ich etwas so Wichtiges wie Salz vergessen hatte, war ich froh, wie schnell unser „Holzlager“ Holz lieferte. Eines Tages kam Tidi aus dem Dschungel, um zu fragen, welche Größe von Balken wir als nächste brauchen würden. Ich versuchte ihm zu erklären, dass wir mehr Pfeiler mit 10 x 10 Zentimetern Grundfläche brauchten, um dem Haus ein festes Gerüst zu verpassen. In der Waodani-Sprache klingt das etwa so: „Zwei und zwei Fingerkuppen von deinem längsten Finger auf der einen Seite und zwei und zwei Fingerkuppen von deinem längsten Finger auf der anderen Seite, und gaaanz lang.“

Tidi war verwirrt. Tementa schnappte sich eine spröde gewordene trockene Liane und schnitt ein Stück von etwa 40 Zentimetern ab. Er knickte es alle zehn Zentimeter um und band die Enden dann zusammen. „Schneid sie so wie das hier“, sagte er. Tidi lächelte und verschwand.

Etwa zehn Minuten später hörte ich, wie ein großer Baum fiel.

Tidi kam an diesem Tag nicht zum Mittagessen. Aber gleich nach der Mittagspause begannen die designierten Holzträger Balken in der gewünschten Größe anzuschleppen. Ich rechnete aus, dass die meisten Balken für unser Haus innerhalb von weniger als drei Stunden vom Teil eines lebenden Baums zu einem Teil unseres Hauses wurden.

Ich habe manchmal Leute von Häusern reden hören, die aussahen, als wären sie mit der Kettensäge gestaltet worden. Über unseres kann man das wahrheitsgemäß sagen. Anstatt Holz zu bestellen, das zu unseren Bauplänen passte, begannen wir unsere Pläne dem Holz anzupassen, das uns geliefert wurde. Und unser Material zeichnete sich durch besondere Frische aus. Man musste fast eine Taucherbrille tragen, wenn man einen Nagel ins Holz trieb, weil noch so viel Wasser aus dem Holz trat.

Temeta war gekommen, um uns beim Bau zu helfen. Er schien immer genau zum richtigen Zeitpunkt am richtigen Ort zu sein. Manchmal arbeitete er für eine Weile an der Landebahn mit, dann war er plötzlich bei Tidi und half ihm, Balken zu schneiden. Und dann stand er plötzlich neben mir und gab mir in aller Zurückhaltung gute Ratschläge über Materialien, die ich für den Bau vielleicht auch verwenden konnte.

Eines Tages, als unser Fleisch langsam zur Neige ging, sah ich ihn im Dschungel verschwinden. Eine Viertelstunde später war er wieder im Lager. Ich fragte ihn, ob er beschlossen hatte, doch kein Fleisch zu besorgen. „Doobae“, sagte er leise und ging an mir vorbei. *Was, schon?,* wunderte ich mich. Und als er dann an mir vorbeikam, sah ich einen riesigen Tapirkopf von seinem Rücken baumeln. Tementa erzählte, dass er einfach nur ein Stück weit in den Dschungel hineingegangen war. Unter einigen großen Blättern fand er das größte und wahrscheinlich ängstlichste Tier des Dschungels. Und es schlief tief und fest. Er erzählte, dass er den Tapir in den Kopf geschossen hatte, damit er nicht aufwachte. Männer aus unserer Mannschaft begannen den Pfad hinunterzustürmen, um den Rest unseres neuen Fleischvorrats herzuschaffen.

Nach fünf langen Tagen Bau an unserem Haus war das Grundgerüst fast fertig, Ich hoffte, dass es während unserer Abwesenheit möglichst viel regnen würde. Ohne Regen, so fürchtete ich, würde dieses ansonsten mit Wasser gesättigte Holz austrocknen und sich so weit verziehen, dass unser Gerüst in sich zusammenbrach.

* * *

Es war an der Zeit, Ginny, Stephenie, Jaime, das Ärzteteam, unsere „Super-Flughafenangestellte“ Connie und Connies Tochter abzuholen. Connie löste ihre Ankündigung, uns im Dschungel besuchen zu wollen, schon ein. Sie war uns ein echtes Geschenk, denn sie erledigte alle Reiseformalitäten für unsere große Gruppe, gab Ginny beim Packen hilfreiche Tipps und schleuste die Gruppe geschickt an allen Unannehmlichkeiten vorbei, die der internationale Reiseverkehr heutzutage mit sich bringt. Das Ärzteteam wollte etwa zehn Tage lang in Ecuador sein, und Connie wollte auch so lange bleiben.

* * *

Ich konnte es kaum erwarten, Ginny, Stephenie und Jaime am Flughafen wiederzusehen. Eigentlich rechnete ich damit, dass Ginny etwas angespannt sein würde, aber stattdessen schlang sie einfach die Arme um mich und bemerkte, sie sei so froh, mich wiederzusehen, dass ihr alles andere ganz egal sei. Ich fragte mich, ob sie das auch noch denken würde, wenn sie ihr halbfertiges Kettensägenhaus im dichten Dschungel zu Gesicht bekam. Steph würde wahrscheinlich auch ein bisschen nervös werden. Aber zunächst konnte sie es kaum erwarten, aus der Hauptstadt in den Dschungel zu kommen.

Rick und Teresa waren mit ihren beiden Kindern auch mit Ginnys Gruppe gereist, aber sie hatten vor, länger als alle anderen zu bleiben. Rick bot an, sich mit umzusehen und umzuhören, welche medizinischen Kenntnisse wir den Waodani beibringen sollten, damit sie sich gegenseitig helfen konnten. Eigentlich hatte er selbst es eingefädelt, dass dieses Team von Medizinern nach Ecuador kam.

Wir verbrachten ein paar Tage in Quito, wo all diese Ärzte aus unserem Wohnort Ocala in Florida einigen ecuadorianischen Chirurgen beibrachten, wie man Kniescheiben-Prothesen einsetzt.

Und dann brach unsere ganze Familie, ergänzt durch Connie, ihre Tochter und das Ärzteteam, in den Dschungel auf. Alle wollten herausfinden, ob der Amazonas-Regenwald wirklich so großartig war, wie Connie es ihnen beschrieben hatte. Die Zeit mit ihnen genossen wir sehr und schnell war ihnen klar, dass Connie nicht zu viel versprochen hatte.

* * *

Nachdem die Ärzte, Connie und ihre Tochter wieder abgezogen waren, blieben nur die Familie Saint, Rick und Teresa und ihre beiden Kinder zurück.

Inzwischen standen auf meiner To-Do-Liste unter anderem die folgenden Punkte:

den alten Bravo Tango Sierra einsatzbereit kriegen,
das Haus so herrichten, dass man darin wohnen kann,
ins Gebiet der Waodani ziehen.

Bravo Tango Sierra stand auf dieser Liste ganz oben. Alles würde für uns viel einfacher sein, wenn wir dieses alte Urwald-Flugzeug erst einmal startklar hatten.

Die Fachleute im Hangar der Mission Aviation Fellowship hatten schon mit ihren eigenen Maschinen alle Hände voll zu tun, aber ich hoffte trotzdem, dass sie mir bei der Arbeit an meinem BTS ein bisschen helfen würden.

Dabei passierte etwas, mit dem ich gar nicht gerechnet hatte. Im Urwald fliegt es sich ganz anders als auf anderen Strecken. Es gibt im Dschungel Ecuadors keine Möglichkeit, irgendwo notzulanden, und die bestehenden Pisten sind kurz, schmal, feucht und meistens ziemlich verdreckt. Sie sind nicht umzäunt, und so nutzen auch Menschen und Tiere sie. Weil die Waodani die Grasstreifen am Rand in mühsamer Handarbeit mit der Machete kleinhalten müssen, lassen sie das Gras oft sehr lange wachsen, damit sich das Schneiden lohnt. Wenn sie es dann schneiden, bleibt es lange auf der Landebahn liegen wie Stroh, das darauf wartet, zusammengebunden zu werden. Manchmal verfängt sich dieses Gras beim Landen in den Rädern und bringt das Flugzeug aus der Bahn. Gerade bei einer neuen Piste kann es gut sein, dass einige Wurzeln nicht sauber genug ausgegraben wurden, so dass sie verrotten und große Löcher in der Bahn zurücklassen.

Ich hatte anders als die Missionspiloten keine besondere Ausbildung zum Fliegen im Urwald erhalten. Und Bravo Tango Sierra war kein modernes, mit allen Schikanen ausgestattetes Dschungelflugzeug, das für das Landen und Starten auf kurzen, lehmigen Bahnen besonders ausgestattet gewesen wäre. Der Leiter der MAF in Ecuador meinte, dass es gut passieren konnte, dass ich bei meinen Flügen umkam. Er wollte nicht, dass MAF dafür in irgendeiner Weise verantwortlich war.

Sie waren natürlich nicht verpflichtet, mir zu helfen. So viel hatte ich aus einigen Bemerkungen schon mitbekommen. Aber ich hatte doch irgendwie gehofft, dass sie es trotzdem tun würden, schließlich hatte ich damals, als die MAF mich gebeten hatte, nach Afrika zu gehen, mein Haus verkauft, meine Sachen gepackt und war losgezogen.

Das Haus, das Papa vor so langer Zeit gebaut hatte, als er die Arbeit der MAF hier begann, stand direkt auf der gegenüberliegenden Straßenseite. Die robuste kleine Straße, auf der damals mehr Kutschen und Maultiere unterwegs gewesen waren als Autos, verlief noch direkt vor unserem Haus. Nur dass sie jetzt geteert war.

Ich stand in dem großen, modernen Hangar der MAF und sah zu dem Verschlag hinüber, der den alten 56 Henry bis zu jenem schicksalhaften Tag beherbergt hatte. Den kleinen Hügel zwischen unserem Haus und der Rollbahn, von dem aus ich ihn damals zum letzten Mal im Dschungel verschwinden gesehen habe, gibt es immer noch, und auch er ist inzwischen geteert.

Ich ging wahrscheinlich einfach davon aus, dass ich zur „Familie" gehörte. Mir war zu diesem Zeitpunkt nicht bewusst, dass ich schon sehr bald würde wählen müssen, zu welcher „Familie" ich wirklich gehören wollte.

Ich fühlte mich von den Menschen verraten, die nun, nachdem ein paar Jahrzehnte vergangen waren, meine Eltern und ihre Arbeit ersetzt hatten. Die Zurückweisung, die ich in diesem Moment erlebte, erwies sich aber dann als versteckter Segen. Mir ist aufgefallen, dass das oft passiert, wenn ich zulasse, dass Gott das Drehbuch schreibt. Dass ich meine Maschine selbst instand setzen musste, war eine gute Vorbereitung auf das, was noch vor mir lag. Immerhin konnten mich die Waodani nicht beschuldigen, meine eigenen Grundsätze nicht zu befolgen. Schließlich wollte ich ihnen beibringen, viele Dinge, die Leute von außerhalb schon so lange für sie übernommen hatten, selbst zu übernehmen.

Flugzeugmotoren und VW-Motoren haben vieles gemeinsam. Jeder Zylinder bildet eine eigene Einheit, die aus dem Fach herausgenommen werden kann, in dem der Motor sitzt. Als ich in Shell ankam und BTS in Augenschein nahm, stellte ich fest, dass keiner der Zylinder an seinem Platz saß. Schließlich fand ich sie alle in einem Fass mit Dieselkraftstoff.

Rick, dem das Flugzeug gehörte, hatte mich schon vorgewarnt, dass ein paar Zylinder rissig waren. Ich wollte nicht riskieren, dass mir mitten beim Start ein weiterer Zylinder riss, und so hatte ich mit ihm ausgemacht, dass ich im Gegenzug dafür, dass ich sein Flugzeug benutzte, auf meine Kosten alle Zylinder, Kolben und Scheiben auswechselte.

Ich hatte die neuen Zylinder mitgebracht, aber eigentlich damit gerechnet, dass ich die alten selbst entfernen musste – wobei ich dann auch erfahren hätte, wie die neuen eingebaut werden sollten. Stattdessen fanden sich jetzt Zylinder, Kolben und allerhand Kleinteile in einem fröhlichen Durcheinander in einem Fass. Das Ganze würde funktionieren wie ein Puzzle, bei dem man die Vorlage nicht hat.

Ich wusste nicht einmal, wo ich anfangen sollte, aber dann kam mir Teresa zu Hilfe. Als Ginny ihr von meinem Dilemma erzählte, erklärte sie mir, dass sie gerne an den Familienautos herumbastelte und mir natürlich helfen würde. Dass es hier um ein Flugzeug ging, schien sie kein bisschen einzuschüchtern.

Zwischen einem Auto und einem Flugzeug besteht vor allem ein entscheidender Unterschied. Einer der MAF-Veteranen hatte einmal gemeint: „Wenn du in einem Auto sitzt und der Motor geht kaputt, sitzt du eben da. Aber wenn du in einem Flugzeug sitzt und der Motor geht kaputt, wo sitzt du denn dann?“

Teresa erinnerte mich an die Reparaturanleitung, die ich mitgebracht hatte. Dann breiteten wir all die neuen Teile, die Connie und American Airlines hergeschafft hatten, vor uns aus und begannen, die alten Teile mit den neuen zu vergleichen. Ich blätterte ein bisschen in meiner Anleitung herum, verglich das, was in meinem Buch stand, mit dem, was ich vor mir sah, und freute mich, dass es irgendwie zusammenzupassen schien.

Schließlich kam auch noch ein MAF-Pilot aus Finnland vorbei und bot an, mir abends zu helfen. Er erzählte mir auch von einem einheimischen Mechaniker mit einer Inspektionsbefugnis, der sich meine Arbeit möglicherweise einmal ansehen konnte. Ich brauchte jemanden mit einer solchen Befugnis, um meinen ganzen Papierkram abzeichnen zu können.

Die Mitglieder der Familie Saint gibt es in zwei Ausführungen. Entweder wir werden mit dem Mechaniker-Gen oder mit dem Kunst-Gen geboren. In meinem Fall war es das Mechaniker-Gen, aber ich bin natürlich kein Fachmann. Andererseits fragte ich mich ja doch, wie schwierig es schon sein konnte, einen Flugzeugmotor zusammenzubauen.

Ich dachte, dass ich hier ganz alleine herumbasteln musste, aber dazu kam es nicht. Zuerst boten meine Jungs an, mir zu helfen. Dann schauten ein paar Waodani-Jungs, die gerade in der Stadt waren, bei mir vorbei und boten mir auch ihre Hilfe an. Gelegentlich schaute der finnische Mechaniker vorbei und zwischendurch auch der ecuadorianische. Es dauerte nicht lange, und auch die anderen MAF-Mechaniker gaben mir großzügig Ratschläge, obwohl sie eigentlich angehalten worden waren, sich aus meiner Arbeit herauszuhalten.

Ich war völlig aus dem Häuschen, als schließlich alles zusammenpasste und wir hinterher keine Teile übrig hatten.

Nun war es an der Zeit auszuprobieren, ob unsere wild zusammengebastelte Ansammlung gut geölter Teile den richtigen Lärm machen und einen Propeller antreiben konnte. Ich dachte mir, dass die jungen Waodani bestimmt ganz erstaunt sein würden, wenn es funktionierte. Aber dann war ich der Einzige, der erstaunt war; die Jungs schienen einfach davon auszugehen, dass das schon klappen würde. Stimmt, die wussten ja auch nicht, dass ich das hier noch nie gemacht hatte.

Die Maschinen liefen und der Öldruckmesser gab an, dass Öl dorthin lief, wo es hinsollte. Also sollten wir ausprobieren, ob unser BTS flog.

Ginny und die Jungs kamen zu diesem besonderen Ereignis extra her, um gemeinsam mit meiner Waodani-Crew zuzuschauen. Wir hatten ein paar Zimmer in einem alten Haus auf der anderen Straßenseite angemietet, deswegen mussten sie zugegebenermaßen nicht weit laufen. In diesem Haus hatte einer der ersten Missionsärzte aus dem Krankenhaus gewohnt, das mein Vater und seine Freunde zu bauen begonnen hatten, bevor sie umkamen.

Nachdem ich ein bisschen herumgerollt war, wurde es dunkel und die Landebahn in Shell stand kurz vor der Schließung. Ich beschloss, dass ich jetzt besser losfliegen sollte. Weil ich meine Pilotenlizenz noch nicht in Ecuador angemeldet hatte, bat ich Captain Henry, der mich während des Kriegs aus dem Dschungel „gerettet" hatte, ob er den Testflug mit mir machen würde. Auf diese Weise war er legal. Alle schauten ganz genau hin, als wir auf die Piste einbogen, als müssten sie sich genau merken, an welchen Stellen beim Abflug etwas abfiel. Ich gab Gas und wir hoben ab.

Ich flog über die Klippe an der Westseite der Rollbahn und drehte dann nach links, wo ich dem Lauf des Pastazaflusses folgte. Dann wendete ich das Flugzeug und flog zurück. Eigentlich wollte ich die Maschine nur kurz aufsetzen und dann sofort wieder hochreißen. Mir ging es richtig gut, aber alle Leute unten gaben mir wie wild Zeichen, und so fuhr ich in den kleinen Anbau, den wir angemietet hatten, und brachte das Flugzeug zum Stehen.

Alle begannen sofort auf mich einzureden und mir in Waodani, Spanisch und Englisch zu erzählen, dass aus dem Boden des Flugzeugs Flammen geschossen waren. Vor dem fast dunklen Himmel muss das ziemlich dramatisch ausgesehen haben. Ich hatte keine Ahnung, was die Stichflamme verursacht hatte. „Du fliegst dieses Ding nicht noch einmal, oder?", rief einer meiner Englisch sprechenden Freunde und dachte dabei wahrscheinlich mehr an Ginny als an mich. Ginny meinte nur ruhig: „Steve ist eigentlich immer recht vorsichtig. Er macht zwar nicht immer alles nach Vorschrift, aber er macht bestimmt nichts, was er nicht für sicher hält."

Ich flog den BTS an diesem Tag nicht noch einmal, sondern fragte die anderen nach einer Erklärung für das, was aussah wie ein Flammenwerfer. Aber ich kam zu keinem Ergebnis. Daher beschloss ich, den „Noch-einmal-Test" zu machen. Wenn irgendein Gerät etwas Unvorhergesehenes tut, das vermutlich unangenehme Folgen hat, macht der Pilot einfach noch einmal, was er beim letzten Mal gemacht hat, und schaut nach, ob dasselbe Problem wieder auftritt.

Der BTS tat es nicht „noch einmal", also tat ich, was ich beim letzten Mal auch gemacht hatte, und flog einfach weiter. Und das tat ich in den nächsten eineinhalb Jahren noch ungefähr 2300 Mal. Dieser alte, abgehalfterte Viersitzer, der zu dieser Zeit schon dreißig Jahre auf dem Buckel hatte, war für uns mehr ein Familienmitglied als ein Transportmittel. BTS war Familienkutsche, Krankenwagen, Lieferwagen und Freizeitgefährt – obwohl es als Letzteres nur ganz selten zum Einsatz kam.

Nachdem wir unser Flugzeug nun gut in die Luft gebracht hatten, stand als Nächstes an, das Haus fertigzubauen. Wir beschlossen, dass das ein Projekt für die „Jungs" war. Ich bin sicher, dass Ginny gerne mit uns gekommen wäre, aber die beiden Kinder von Rick und Teresa waren noch ziemlich klein. Und ich wusste, dass wir, bis wir unser Haus beziehen konnten, unter einer Persenning übernachten würden, die nur ein kleines Stück über dem feuchten, mit allerlei Krabbelwesen bevölkerten Dschungelboden gespannt war. Irgendwie wollte ich nicht, dass Ginny und Stephenie die Pionier-Puste allzu früh ausging.

14. Mitten im Dschungel

Als wir an der Rollbahn bauten, hatten die Waodani schon überlegt, wie dieses neue Dorf heißen sollte. Der Name musste der Wichtigkeit irgendwie Rechnung tragen. Während sie diese Frage bei einer Portion geräuchertem Wildschweinfleisch erörterten, kam mir der Gedanke, dass es eigentlich schön wäre, wenn es nach Tante Rachel benannt würde. Aber ich wollte das nicht selbst vorschlagen, bis einer der Krieger mich fragte, welchen Namen ich „gut sehen" würde.

„Nun, wie würdet ihr es sehen, wenn es Nemo-ompade hieße?", fragte ich. Mincaye antwortete sofort: „Ja, das sehe ich gut." Und dann erklärte er den anderen, die nicht aus seinem Klan kamen, dass Dayumaes Schwester Nemo, deren Namen sie Tante Rachel gegeben hatte, einmal von einem furchtbaren Fieber heimgesucht worden war, als die beiden durch genau dieses Stück Urwald gelaufen waren. „Sie war ganz heiß vom Fieber und musste trinken, und als sie vom Wasser dieses ompade (kleinen Flusses) getrunken hatte, ist sie nicht gestorben."

Also wurde unser neues Heim Nemompade genannt, „Sternfluss", um an Dayumaes beide Schwestern zu erinnern: die eine, die das Fieber überlebt hatte und später von Moipa zu Tode gehackt worden war, und die andere mit dem rosigen Gesicht, die sie als Ersatzschwester adoptiert hatte und die wir vor nicht allzu langer Zeit weiter flussaufwärts begraben hatten.

Die nächsten Wochen hielten einige aufregende Ereignisse bereit. Der erste Flug zu der gerade erst fertig gewordenen, noch ziemlich wild aussehenden Landebahn in Nemompade - wobei das Dorf zu diesem Zeitpunkt aus einem fast fertigen Haus mit einem Persenning-Dach und aus mehreren provisorischen Hütten mit Strohdach bestand - war eines der aufregendsten dieser Ereignisse.

Bevor ich zum ersten Mal in Nemompade landete, setzte ich Jaime, Shaun und Rick in der nächstgelegenen Waodani-Siedlung ab, so dass sie nach Nemompade laufen und einen letzten Blick auf die Bahn werfen konnten. Die Waodani waren natürlich auch in der Lage, die letzten Handgriffe, die noch nötig waren, zu erledigen, aber ich brauchte jemanden dort unten, der mir genau mitteilen konnte, wo der Boden uneben aussah, und mir sagte, an welchen Stellen es gefährlich war. Wir konnten es uns nicht leisten, dass unser fliegendes „Familienauto“ zu Schaden kam.

Meine erste Landung funktionierte gut. Das Schwierigste war, die Maschine auf die Bahn hinunterzubringen. Vom Boden aus sah die Bahn wirklich enorm breit aus. Aber einige Äste von den riesigen Bäumen direkt am Rand streckten sich so weit über die Bahn aus, dass das Ganze von oben mehr wie ein Tunnel aussah als wie ein Ort, an dem man mit einem Flugzeug landen konnte. Es gab genug Platz zum Landen – aber nur gerade so. Monatelang fanden wir keine Piloten, die bereit waren, in unserem kleinen Dorf zu landen; sie weigerten sich so lange, unseren Streifen anzufliegen, bis wir einige dieser überhängenden Äste weggeschnitten hatten. Wir hätten das am liebsten gleich getan – aber es war ein irrer Aufwand, diese Bäume, die gut und gerne einen Umfang von vier Metern hatten, auch nur hinaufzusteigen. Und noch schwieriger war es, in mehr als dreißig Meter Höhe auf einem Ast zu balancieren und dabei eine Axt oder Kettensäge zu schwingen.

Die Waodani, meine Jungs und ich arbeiteten noch ein paar Tage an unserem Haus, bevor Ginny und Steph zu uns zogen. Obwohl es eigentlich nicht mehr als ein Gerüst mit einer Persenning als Dach war, ließ sie mich wissen, dass sie jetzt in unser neues Haus ziehen wollte, damit wir endlich wieder alle zusammen waren. Also sägten wir genug Holzplanken aus, um damit einen etwa vier Mal vier Meter großen Boden auszulegen. Die Waodani machten einen eingekerbten Baumstamm, auf dem wir die vielleicht drei Meter vom Dschungelboden zu unserem neuem Heim hochklettern konnten.

Als ich Ginny und Steph nach Nemompade flog, waren sie ausgesprochen beeindruckt von unserer Rollbahn. Ihre Begeisterung ließ etwas nach, als ich ihnen auf dem dunklen kleinen Pfad voranging, der von der Piste zu den Unterkünften am Fluss führte. Ich musste mich immer noch ducken, wenn ich mir nicht den Kopf anstoßen wollte. Natürlich hoffte ich, dass sie sich über den

Fortschritt freuen würden, den wir mit unserem Haus gemacht hatten, aber viel hatte ich nicht zu bieten. Unser „Haus“ hatte keine Wände, keine Fenster, keine Türen und nur ein kleines Stück Boden in einer Ecke.

Ich muss gestehen, dass ich ein bisschen nervös war, als meine Frau und Tochter ihr neues Heim in Augenschein nahmen. Ich eröffnete ihnen, dass die Jungs und ich weiter in den Notunterkünften unten am Boden schlafen würden. Steph war die Erste, die ihren Kommentar abgab: „Und warum kann ich nicht bei euch unten schlafen?“

Und Ginny wandte sich zu mir um und sagte. „Das ist wunderschön, Steve. Ich möchte viel lieber hier wohnen, selbst wenn das Haus nie fertig wird.“ Ich sagte ja bereits, dass sie eine Frau zum Pferdestehlen ist.

Was für meine Mädels auch völlig neu war, war die Tatsache, dass sie sich nun in der Öffentlichkeit waschen mussten. Wir Männer zogen uns einfach bis auf die Unterhose aus, und manche der Älteren, die darunter noch ihre Tangas trugen, auch noch ein bisschen weiter. Und die Waodani-Frauen taten es genauso. Obwohl wir unsere Vorstellungen von Anstand im Verlauf der nächsten eineinhalb Jahren immer großzügiger auslegten, beschlossen Ginny und Steph, sich dem neuen Standard Schritt für Schritt anzunähern. Ginny beschloss, in einem leichten Sommerkleid zu baden, das sie wie eine Art Duschvorhang um sich hielt, wobei oben nur der Kopf herausschaute. Das klappte großartig und hatte zusätzlich den Vorteil, dass sie beim Baden mit den Nachbarn plauschen und allerhand nebenher erledigen konnte. Sie wusch sich selbst und gleichzeitig ihre Kleider, und außerdem freundete sie sich mit den Waodani an. Wahrscheinlich war das so ähnlich wie eine Party im Waschsalon, bei der alle gleichzeitig ein Bad nehmen.

Ich habe manchmal gehört, wie furchtbar es ist, in einem Haus zu wohnen, das gerade renoviert wird. Stellen Sie sich einmal vor, wie es erst ist, in einem Haus zu wohnen, das gerade erst entsteht! Ginny weitete ihren Haushalt immer weiter aus, je mehr Bodenplanken wir legten. Als wir ungefähr die halbe Bodenfläche abgedeckt hatten, lebten in unserem Haus bereits Ginny und

Stephenie, eine *cowodi*-Mutter mit ihren zwei Kindern, ungefähr sechs Waodani-Frauen mit einer Reihe von Kindern, die noch gestillt wurden, ein zahmer Tukan, ein Ara und zwei Affen.

* * *

Es dauerte nicht lange, und Mincaye übermittelte mir Anfragen anderer Siedlungen, für die wir Flüge übernehmen sollten. Dass sie plötzlich Zugang haben sollten zu einem Flugzeug, das praktisch im Waodani-Gebiet „lebte", hätten sie sich nie träumen lassen. Ich merkte, dass ich sehr bald meine gesamte Zeit im Flugzeug zubringen würde, wenn ich es nicht lernte, die wirklich dringenden Fluganfragen von den unwichtigen zu unterscheiden. Ich bat Mincaye und Kimo, ob sie mir diese Entscheidungen abnehmen würden. Diese Vorstellung machte sie schrecklich nervös. Ich habe ja bereits erwähnt, dass es in ihrer Tradition keine Möglichkeit gibt, eine Meinungsverschiedenheit auszufechten. Das einzige Mittel, das ihnen damals zur Verfügung stand, war der Mord. Wenn nun jemand um einen Flug bat, hätte es einen Konflikt bedeutet, diese Bitte abzulehnen.

Die Waodani ernennen keine Leiter. Ihrer Kultur ist die Vorstellung, dass ein Mensch einem anderen irgendetwas aufdrängt oder eine Meinung überstülpt, völlig fremd. Bei den Waodani gibt es nicht einmal Stammesälteste. Aber irgendjemand musste sich ja dafür verantwortlich zeichnen, wann und unter welchen Umständen das Flugzeug benutzt wurde. Also bat ich die Waodani, mir die *ne anani* in den Gemeinden zu zeigen, die Ältesten, die dazu ausgewählt wurden, die Gemeinde zu leiten und zu beschützen. Ich fragte die Waodani, die ich schon in meiner Kindheit in Tiwaeno gekannt und geachtet hatte, wer die *ne anani* waren. Sie schienen es nicht zu wissen. Ich erklärte weiter, dass diese „Älteren" die sind, die man um Hilfe bittet, oder die die größeren Entscheidungen fällen, die alle betreffen.

Sie konnten mir immer noch nicht sagen, wer ihre Ältesten waren. Ich war überrascht. Dann fiel mir auf, dass Kimo und Dyuwi unter uns saßen. Ich erinnerte sie daran, dass sie mich *aepaenigii* geholt hatten – ins Wasser, in dem ich getauft wurde. Sie gaben zu, dass das stimmte, und ich erinnerte sie daran, dass es für gewöhnlich die *ne anani* waren, die die Leute tauften, die ihre Entscheidung, von nun an auf Gottes Pfad zu laufen, öffentlich machen wollten.

„Also“, fuhr ich fort, „wart ihr offensichtlich *ne anani*, als ich ein Junge war. Seid ihr jetzt keine *ne anani* mehr?“ Sie fanden das, was ich sagte, anscheinend stimmig. Und trotzdem war ganz offensichtlich, dass sie sich nicht mehr als Älteste in irgendeiner Form ansahen - weder in der Gemeinde noch in ihren Dorfgemeinschaften.

Ich zählte die Aufgabenbereiche und Dienste auf, die den Ältesten zufallen. Als ich sie fragte, wer dies und das im Moment tat, bekam ich immer wieder zur Antwort: „Das machen die Ausländer. Das machen die Ausländer.“

An dieser Stelle gerieten wir in unsere erste richtige Krise. Ich war fest entschlossen, den Waodani nur bei den Dingen zu helfen, die *sie* wollten, und ihnen nicht aufzudrängen, was *ich* wollte. Irgendjemand musste mir Anweisungen geben, welche Flüge ich übernehmen sollte und welche nicht. Die Waodani mussten selbst entscheiden, ob sie zuerst eine Krankenstation aufbauen, eine Apotheke einrichten oder eine Schule bauen wollten. Und um solche Entscheidungen treffen zu können, die alle betrafen, brauchten sie Älteste.

Ich spitzte die Angelegenheit weiter zu, indem ich ankündigte, dass ich nicht mehr fliegen würde, bis die Waodani beschlossen, welche Flüge wirklich dringend waren oder dem Gemeinwohl dienten und welche nur Einzelnen nutzten. Ginny wies mich darauf hin, dass ich gerade den Ast absägte, auf dem ich saß: „Was willst du denn tun, wenn du das Flugzeug für uns nutzen möchtest?“

Zum Glück sahen Mincaye, Kimo, Tementa, Dyuwi und Komi sowie Dawa, Dayumae und ein paar andere Frauen ein, wie wichtig das war, was ich da von ihnen erwartete. Sie hängten sich ans Funkgerät, das Jesse aufgebaut hatte, und forderten reife Gott-Folger aus den anderen Dörfern auf, nach Nemompade zu kommen. Als alle angekommen waren, las Tementa, der als einziger Erwachsener in der Gruppe lesen konnte, die Passagen über die

Ältesten aus dem Neuen Testament vor, das Tante Rachel, Cathy Peek (eine Linguistin der Wycliff-Bibelübersetzer) und einige Helfer in mühevoller Arbeit in die Sprache der Waodani übersetzt hatten. Als alle Leute eine klare Vorstellung davon hatten, wer die *ne anani* sein und was sie tun sollten, wählten sie diejenigen unter sich aus, die der Beschreibung in Gottes Schrift am besten entsprachen.

Sie wählten Mincaye, Tementa, Kimo, Dyuwi, Dyuwis Sohn Tañi, Kenta, Paa, Amoa und Omene aus. Diese Männer lebten in sechs verschiedenen Dörfern, die aber auch stellvertretend für die anderen vierzehn oder fünfzehn Siedlungen stehen konnten. Aber damit nicht genug. Sie wählten auch noch einige jüngere Männer aus, die sie *nengcaeca* nannten, „die etwas tun". Das waren alles junge Männer, die lesen konnten, ein bisschen Spanisch sprachen und den Ältesten auf diese Weise bei ihren Entscheidungen helfen konnten. Sie benannten auch eine dritte Gruppe, die *piquianani* bzw. „Älteren", von denen einige keine Gott-Folger waren. Sie würden zwar nicht mitentscheiden dürfen, aber sie sollten mitreden und mit ihrer Lebenserfahrung helfen, Entscheidungen in die Praxis umzusetzen, die die Ältesten getroffen hatten.

Sie wollten, dass ich auch ein *ne anga* wurde, aber ich wies darauf hin, dass ich diese Aufgabe eigentlich nicht wahrnehmen sollte. Ich hatte nicht lange genug im Stamm gelebt und kannte mich nicht gut genug aus. Außerdem sprach ich die Sprache nicht besonders, und ich war kein Waodani. Diesen letzten Grund wollte Mincaye so nicht stehen lassen. „Bist du etwa nicht einer von uns? Du hast schon bei uns gewohnt, als du noch klein und hilflos warst! Nur deine Haut ist die eines Fremden. Und außerdem", fuhr er fort, „hast du zwar keine großen Ohrlöcher, aber das haben Tementa, Tañi und Kenta auch nicht."

Alle mussten lachen, als der treue Mincaye zum wiederholten Mal all die Dinge aufzählte, die ich wie ein waschechter Waodani konnte. Als er schließlich merkte, dass er mich nicht so einfach zum Waodani machen konnte, verkündete er, ich sei ein *Waowodi* – vielleicht nicht ganz Waodani, aber ganz sicher auch kein Fremder.

Die Ältestenschaft der Waodani hatte in meiner Kindheit gut

funktioniert – zumindest innerhalb der Kirche. Es machte mich traurig zu sehen, dass wohlmeinende Leute von außerhalb so sehr über die Waodani bestimmt hatten, dass diese nicht einmal mehr die Notwendigkeit sahen, eine eigene Führung zu benennen.

Als Mincaye am nächsten Morgen kam und mir von einigen Anfragen für Flüge berichtete, erklärte er mir sehr ausführlich, welche Flüge ich übernehmen sollte und welche nicht. Er begründete jede Entscheidung und fügte feierlich hinzu, dass *ne anani* das so beschlossen hätten. Er wirkte sehr angespannt. Mir war klar, dass er und die anderen ein großes Risiko eingingen, indem sie beschlossen, dass ich nicht alle Bitten der Waodani erfüllen sollte. Aber ich wusste, dass es sich lohnen würde, wenn die Waodani über ihre Holzbiene schließlich selbst bestimmten.

* * *

Ginnys einzige Bitte in diesen ersten Tagen war, das Haus so weit fertigzustellen, dass wir alle darin schlafen konnten – und wenn es nur eine Nacht war, bevor Jaime und Shaun in die USA zurückkehrten, um aufs College zu gehen. Dass unsere Familie nun nicht mehr zusammenleben würde, lastete schwer auf uns allen, aber Ginny nahm es am stärksten wahr.

Shaun hatte sich mit Dyuwi und einigen anderen der schwierigen Aufgabe gewidmet, Baumstämme abzusägen, um den Sumpf an der Westseite unserer Landebahn zu überbrücken. Es war eine schwere, schmutzige Arbeit, bei der einem die ganze Zeit Fliegen um den Körper summten, wenn sie einem gerade nicht in Ohren, Nase und Augen krabbelten. Aber Shaun mochte die harte körperliche Arbeit. Die Waodani waren überrascht, wie stark er war und wie sehr er sich einsetzte. Er zog schon früh am Morgen los und wir bekamen ihn kaum zu Gesicht, bis die Sonne unterging. Die Sprache der Waodani sprach er nicht, und auch nur sehr wenig Spanisch, aber es war offensichtlich, dass er die Waodani mochte, und genauso offensichtlich war, dass sie ihn mochten.

Jaime beschloss, am Haus zu arbeiten. Er arbeitet auch hart, aber er mag es nicht, wenn in Tätigkeitsbeschreibungen das Wort „schmutzig“ vorkommt. Rick und er beschlossen, dass unser Haus

Wände haben sollte. Wir lebten so einfach, dass uns das fast als überflüssiger Schnickschnack vorkam. Aber Jaime, Rick und Coba zogen um unser Haus eine ungefähr 75 Zentimeter hohe Wand. Es war irgendwie angenehm, nicht mehr befürchten zu müssen, dass man nachts aus dem Bett fallen konnte und sich zehn Meter weiter unten auf dem sumpfigen Dschungelboden wiederfand.

Als wir noch in den Staaten waren, hatte Ginny darum gebeten, dass wir es irgendwie möglich machen sollten, auch vom Dschungel aus irgendwie mit unseren Verwandten in Verbindung zu bleiben. Ich hatte Jesse gebeten, sich darum zu kümmern, und bevor ich mich recht versah, hatte er schon alles ausprobiert, eine Funklizenz erworben und mit dem Aufbau von Antennen begonnen.

Jesse bat die Waodani um Hilfe, als er verschiedene Antennen anbrachte, die er mitgebracht oder selbst gebaut hatte. Sie sollten es uns ermöglichen, direkt in die USA zu funken. Und tatsächlich – schon beim ersten Versuch landete sein Funkspruch bei einem Amateurfunker in den Staaten, der uns mit seinem Telefon verband. So konnten wir unseren Verwandten in Nordamerika Bescheid geben, dass es uns allen gut ging.

Stephenie schien den größten Beitrag von uns allen zu leisten, indem sie sich einfach dem Stamm anpasste. Mit ihren fast 1,73 war Steph größer als alle anderen im Stamm, allenfalls Kenta war vielleicht ein Stück größer. Sie hatte helle Haut und blondes Haar und passte äußerlich nicht so ganz zu den Waodani, aber emotional fühlte sie sich bei ihnen sofort zu Hause. Innerhalb von ein paar Tagen hatte sie begonnen, Wao-Tededo zu sprechen; sie verbrachte viele Stunden damit, mit den Waodani-Kindern zu spielen und von den Frauen die Waodani-Kunstfertigkeiten zu erlernen. Und je mehr es offensichtlich wurde, dass sie lernen wollte, eine Waodani zu sein, desto mehr wurde sie auch wie eine behandelt.

Die jungen Mädchen waren schrecklich gerne mit Steph zusammen. Während sie ihr die Sprache der Waodani beibrachten, lehrte Steph sie, wie man Keyboard spielte, und außerdem erzählte sie ihnen, wie ihr Leben in der Außenwelt gewesen war. Dass sie sich immer mehr anpasste, wurde mir besonders bewusst, als sie eines Tages barfuß lief. Ich musste sie dazu bringen, Gummistiefel zu tragen, damit sie sich keinen *niguas* einfing, eine Art Wurm, der durch winzige Schnitte und Wunden im Fuß in den Körper eindringt. Und ich wollte vermeiden, dass sie, wie ich seinerzeit, in einen Dorn trat, der fast durch den ganzen Fuß stach.

Einen Tag bevor Jaime und Shaun nach Quito und von dort aus weiter in die Vereinigten Staaten fliegen sollten, brachte ich Rick, Teresa und ihre Kinder nach Shell. In dieser Nacht waren wir als Familie zum ersten Mal allein in unserem Haus im Dschungel. Es wäre perfekt gewesen, wenn die Jungs nicht am nächsten Tag hätten abreisen müssen, wenn unser kürzlich zugewanderter, nachtaktiver Affe nicht ständig von den Dachbalken auf uns heruntergehüpft wäre und nicht ein wüster Regen durch die Spalten zwischen unseren Wandbrettern gedrungen wäre.

Ich nahm mir vor, Querleisten über die Risse zu nageln, die immer größer wurden, weil das Holz trocknete. Außerdem musste ich den Ast noch absägen, der von außen gegen die Pfosten von unserem Schlafzimmer schlug. Jedes Mal, wenn er das Haus traf, bekamen wir einen Regenschauer ab.

Es fiel uns schwer, Jaime und Shaun gehen zu lassen. Wir würden sie erst in den Weihnachtsferien wiedersehen. Damals wussten wir noch nicht, dass sie beide schon Hochzeitspläne schmieden würden, wenn wir wieder in die Staaten zurückkehrten. Unsere Familie würde nie wieder so sein wie früher.

Schließlich wohnten in Nemompade Mincayes Familie, darunter sein Schwiegersohn „Wildes Schwein“ und dessen Familie; Tidi und seine wachsende Familie; Wato, die Witwe meines alten Freundes Toñae, und ihr Sohn Gaba; Coba – der allein bei uns lebte, weil seine Frau, die auch die Schwester von Mincayes Frau war, nicht aus Toñampade hatte wegziehen wollen – und daneben natürlich Jesse, Stephenie, Ginny und ich. Wir dachten, dass das Leben nun langsam beginnen würde, seinen gewohnten Gang zu gehen. Heute kommt uns das fast lachhaft vor.

Ein stetiger Besucherstrom zog von den umliegenden Dörfern her nach Nemompade. Wir hatten diesen Ort für unser Dorf deshalb gewählt, weil er so zentral war. Das brachte es natürlich mit sich, dass Waodani, die von einem Dorf zu einem entfernteren unterwegs waren, mit einer gewissen Regelmäßigkeit bei uns vorbeikamen und schauten, wie die Dinge bei uns so standen. Irgendwie wurde davon ausgegangen, dass alle Besucher bei uns unterkommen würden. Auf diese Weise bekamen sie nicht nur eine Unterkunft, sondern auch ein kostenloses Unterhaltungsprogramm – es war ja auch zu spannend, uns dabei zuzusehen, wie wir eine Mischform aus dem Waodani- und dem *cowodi*-Leben hinzubekommen versuchten.

Es gab auch jede Menge *cowodi*, die uns besuchen wollten. Selbst wir fanden es unterhaltsam, die Leute aus der Außenwelt mit den Waodani interagieren zu sehen. Eines Tages, als wir schon eine Weile da waren, kam eine Frau mit hochtoupierten Haaren bei uns vorbei. Sie blieb den Sonntag über, so dass wir mit ihr zu dem Langhaus gingen, das die Waodani als Versammlungshaus errichtet hatten. Wenn die Waodani zusammenkommen, um „Gottes Dinge" zu besprechen, gibt es dabei keinen vorgegebenen Ablauf. Sie lassen einfach passieren, was passiert. Manchmal erzählen Einzelne, wie es ihnen ergangen ist, seit sie auf Gottes Pfad laufen. Manchmal stimmt einer einen Gesang an oder ein Lied aus der Außenwelt, dessen Text in die Waodani-Sprache übertragen wurde – und manchmal kam uns auch die Melodie etwas verändert vor. Andere erzählen Geschichten aus Gottes Buch, in denen es um Menschen geht, die vor langer Zeit auf Gottes Pfad gelaufen sind. Niemand hat es eilig, ein solches Treffen zu Ende zu bringen, und so ziehen sie sich oft über viele Stunden hin.

Natürlich sitzt die Gemeinde nicht steif auf irgendwelchen Bänken, während all das passiert. Die Männer schnitzen ihre Pfeile, die Frauen rollen Garn und stillen ihre Babys, die Kinder spielen und hören gleichzeitig zu. Und meistens gehört auch eine ganze Anzahl Tiere zur Versammlung.

In Nemompade schlossen sich uns für gewöhnlich einige Hunde an, außerdem unser wildes Schwein, das sich für einen Hund hielt, ein paar Vögel, die durch das Langhaus flatterten oder sich oben aufs Dach setzten und krähten, und ein oder zwei Affen. An diesem Tag kam Watos Wollaffe Macho vorbei, um nachzusehen, was es in der Kirche heute so zu erleben gab. Er kletterte an den Pfosten hoch und setzte sich still auf einen Querbalken – direkt über unserem Gast.

Als dem Schwein langweilig wurde, begann es die Hunde zu zwicken, die das Schwein im Gegenzug ins Ohr bissen. Das war das Zeichen für den *boogie*-Affen, seinen Beitrag zum allgemeinen Tumult zu leisten. Macho pinkelte vor lauter Aufregung – und zielte unglücklicherweise direkt auf die Frisur unserer Besucherin. Sie muss gedacht haben, dass ihr ein Insekt in den Haaren gelandet war, denn sie wedelte mit ihrer Hand über den Kopf, als wollte sie einen lästigen Käfer verjagen.

Genau in diesem Moment biss ein Hund ein bisschen zu fest zu, und das arme Schwein sprang hoch, wobei es aus einer Drüse am Rücken eine übel riechende Flüssigkeit auf den Hund ergoss. Einige Waodani begannen auf das Schwein einzuschimpfen und es mit Dreck zu bewerfen. Dieser Tumult war dann doch zu viel des Guten für Macho. Er ging vom „kleinen" zum „großen Geschäft" über. Als auch das im Haar unserer Besucherin landete, dachte sie immer noch, dass es wohl ein Insekt sein musste, und so schlug sie sich energisch ins Haar, um den Störenfried ein für alle Mal zu erschlagen.

Ihr Treffer ging ins Schwarze, aber offensichtlich landete ihre Hand nicht in dem, was sie erwartet hatte. Sie sah erst auf ihre Hand und dann nach oben, und was sie sah, bestätigte ihre schlimmsten Befürchtungen. Sie schrie nicht und erbrach sich auch nicht vor Ekel, das muss der Neid ihr lassen. Sie wischte sich nur die Hand an dem Holzbrett ab, auf dem sie saß, und versuchte, so zu tun, als sei nichts weiter Ungewöhnliches geschehen.

* * *

Unser Haus war in drei Abschnitte unterteilt. Es gab ein großes Zimmer in der Mitte, das gleichzeitig Küche, Essbereich, Bücherei mit Hängematten (die „Bücher" bestanden aus mehreren Jahrgängen des National Geographic) und Dorftheater war. Rechts und links davon waren je zwei Räume: Ginny und ich belegten das eine Schlafzimmer, das etwa drei mal drei Meter groß war. Steph wohnte im zweiten, das gleichzeitig das Klassenzimmer für Jesse und Steph war. Sie brachten sich dort selbst alles bei, was sie sonst in der zehnten und elften Klasse in den USA gelernt hätten.

Jesse schlief im Funkraum, der auch Büro und Lagerraum für

Geleebonbons war. Ich habe nie herausgefunden, woher Jesse all diese Bonbons hatte, aber ich erinnere mich, dass Jesse und Mincaya ständig aus Jesses Zimmer kamen und hingebungsvoll Geleebonbons lutschten.

Das vierte Zimmer sollte einmal eine Art Bad werden. Inzwischen diente es als Abstellraum, in dem wir allerhand Ersatzteile für den Außenbordmotor, Werkzeuge, Flugzeugteile und die paar Lebensmittel aufbewahrten, die wir von Shell mitgebracht hatten. Schließlich wollten wir nicht hungern, bis wir in unseren Gärten etwas Essbares ernten konnten.

Im großen mittleren Raum kochte Ginny auf ihrem kleinen gasbetriebenen Camping-Kocher, und dort wusch sie außerdem unser bisschen Geschirr ab. Dieser Raum diente auch als Esszimmer. Rick hatte uns einen Tisch geschreinert, dessen Oberfläche er richtig schön glatt geschmirgelt hatte. Er war, zusammen mit zwei Bänken, an der Wand zur Abstellkammer festgeschraubt, und wir alle lernten dieses Tischchen immer mehr zu schätzen. Wir aßen daran, machten unsere Hausaufgaben und unterhielten uns bis in die Nacht hi-nein, wobei unsere Kerze eine Spur der Verwüstung unter all den Insekten hinterließ, die ihrem Schein nicht widerstehen konnten und direkt in die Flamme flogen.

Ansonsten hingen in diesem Raum einige Hängematten. Er diente eben auch als Pension, Krankenstation, Magazin und Video-Kino von Nemompade. Ich glaube nicht, dass es eine Nacht gab, in der wir nicht einen oder zwei oder auch zwanzig oder dreißig Leute bei uns übernachten ließen, die auf der Durchreise waren. Und für gewöhnlich kamen noch mehr, um die Videos anzuschauen, wobei sich *Unsere kleine Farm*, *Zorro* und *Star Wars* als die Renner erwiesen.

Ich kann mir richtig vorstellen, wie die Waodani in den Dörfern um uns herum zueinander sagten: „Hey, es ist Freitagabend. Was haltet ihr davon, wenn wir Babae und Ongingcamo einen Besuch abstatten und sehen, was für komische Sachen sie machen und essen und was auf ihrem kleinen ‚Bie-Dee-O' läuft?" (Nur dass die Waodani nicht zwischen Freitag und anderen Wochentagen unterscheiden, so dass eigentlich jeder Abend zum Filmabend deklariert werden konnte.)

Wir besaßen die kleine TV-Video-Kombination immer noch, die mit 12 Volt lief und bei den Waodani schon so durchschlagenden Erfolg gehabt hatte, als wir noch an der Landebahn gebaut hatten. Jeden Abend baten die Waodani Stephenie und Jesse, „für die Besucher" ein Video einzuschieben. Kriegsfilme fanden sie besonders beeindruckend, und sie unterhielten sich immer wieder darüber, wie gewalttätig diese Fremden waren. Sie mochten auch Naturfilme und wollten sie immer und immer wieder anschauen, um sich die Gewohnheiten der Tiere einzuprägen, die sie zwar nicht kannten, aber schrecklich gerne gejagt hätten. Jesse und Steph mochten die Waodani wirklich gerne, aber manchmal wurde es ihnen doch zu viel, nie auch nur ein kleines Weilchen allein sein zu können. Sie versuchten unsere Kino-Fans mit Mädchenfilmen wie *Anne auf Green Gables* abzuschrecken. In diesen Filmen passiert fast nichts, und die Dialoge konnten die Waodani ja auch nicht verstehen. Aber niemand langweilte sich; sie fanden diese Filme großartig! Schnell fanden sie heraus, wer wie zu wem stand und mit wem verwandt war, und dann dachten sie sich selbst aus, was die Handlung wohl bedeuten könnte.

Sie mochten auch gerne Filme wie *Jurassic Park,* das *Dschungelbuch* – egal in welcher Version – und *Die Braut des Prinzen.* Ihre Kommentare zu diesen Filmen müsste man eigentlich in einem eigenen Buch zusammenfassen. Während der ersten Szenen von *Jurassic Park* beispielsweise wurde eine ältere Frau ganz unruhig und fragte: „Was machen wir denn, wenn dieses Vieh hierherkommt?" Dawa lachte nur: „Wir schicken diese faulen Männer los, um es zu töten. Wenn sie das schaffen, haben wir jedenfalls laaaaaange Fleisch!"

Wenn bei uns gerade kein Video lief, waren die anderen auch zufrieden, einfach uns zuzuschauen. Unsere Zimmer hatten keine Türen. Und als das feuchte Holz unserer Wände trocknete, entstanden große Risse, durch die man fast so gut sehen konnte wie durch Türrahmen.

Schließlich merkten wir jedoch, dass dieser vollständige Verzicht auf jede Art von Privatsphäre uns zu schaffen machte. Und mir wurde klar, dass wir ihn unnötigerweise hinnahmen. Wenn die Waodani allein sein wollten, gingen sie eben nach Hause. Wir waren die Einzigen, die das nicht konnten, weil in unserem Haus und Dorfzentrum ständig andere Leute waren. Leider hatte ich keine Ahnung, wie ich ein bisschen Privatsphäre für uns durchsetzen konnte, ohne unsere Waodanifamilie zu verletzen oder von uns zu entfremden. Andererseits wollte ich zumindest Ginny kleine Freiräume schaffen.

Ich bot ihr an, in dem Türrahmen, der zur Veranda und zur Treppe führte, eine richtige Tür mit einem Riegel anzubringen, aber das lehnte Ginny ab. Sie wollte zwar ab und zu ein bisschen allein sein, aber die Waodani dabei nicht verletzen. Stattdessen schnitt sie ein paar Betttücher auseinander, beschwerte den unteren Saum und hängte sie in die Türrahmen zu unseren Räumen. Nachdem ich ein paar Querleisten über die größten Risse in unserer Wand genagelt hatte, hatten wir so viel Privatsphäre, wie das in einem Haus mit 75 Zentimeter hohen Wänden, ohne Fenster, Vorhänge und Fensterläden eben möglich ist. In unsere Haustür baute ich zwar eine Art Tür mit Fliegengitter ein, aber sie ließ sich nicht verriegeln. Sie knallte jeden Tag hundertmal auf und zu, wenn unsere Waodani-Freunde, Verwandten und Nachbarn kamen und gingen, wie es ihnen beliebte. Ich war sehr dankbar, dass Ginny, Jesse und Stephenie ihr Leben genauso mit den Waodani teilen wollten wie ich.

Unser Haus wurde auch die Waodani-Krankenstation. Ginny hatte ihre Krankenschwesternausbildung schon beendet, bevor wir uns kennengelernt hatten, und ich hatte mich auch immer schon für Medizin interessiert. Weil es innerhalb des Waodani-Gebiets keine flächendeckende medizinische Versorgung gab, war der Bedarf so groß, dass sich ein stetiger Strom von Menschen durch unsere Tür schob, die alles Mögliche behandelt haben wollten, vom Schlangenbiss bis zur Problemgeburt. Wir hatten auch Patienten mit Würmern, Machetenschnitten, Knochenbrüchen und Blutvergiftung. Manch einer in Nemompade hatte eine Ausbildung in Dorfgesundheit erhalten. Ginny und ich machten ihnen Mut, möglichst viele dieser Fälle selbst zu übernehmen. Wir luden Mediziner eines Missionskrankenhauses und gelegentliche Besucher mit der entsprechenden Ausbildung ein, für diese Waodani und uns Kurse zu verschiedenen medizinischen Themen durchzuführen. Es dauerte nicht lange und wir konnten die meisten Fälle behandeln, die ohne Operation auskamen. Die Waodani baten mich auch, ihnen beim Aufbau eines Arzneihauses zu helfen (was wir als Apotheke bezeichnen würden), und Mincayes Tochter und sein Enkel, der auch Mincaye hieß, übernahmen dafür die Verantwortung.

Das Arzneihaus erfreute sich bald ungeheurer Beliebtheit. Eine Missionskrankenschwester half uns, es mit bezahlbaren Medikamenten auszustatten, die die Dorfgesundheitsleute auch richtig einzusetzen wussten. Schon bald merkte ich, dass die Leute in den Dörfern, die ich regelmäßig anflog, weniger krank waren. Leider brach das ganze System ein paar Mal zusammen, als die Ölgesellschaft kostenlose Medikamente in den Waodani-Dörfern verteilen ließ, um sich beliebt zu machen. Natürlich sprach sich im Dschungel schnell herum, dass die Ölgesellschaft allen kostenlos Arznei gab, und so kauften die Dorfgesundheitsleute ihre Vorräte begreiflicherweise nicht mehr bei uns. Sie wussten, dass sie ihre Medikamente kaum verkaufen konnten, wenn die Ölgesellschaft sie verschenkte, und so kamen sie nur noch zu uns, um uns ihre Vorräte zum Rückkauf anzubieten. Was schwerer wog, war die Tatsache, dass die Medikamente der Ölgesellschaft nicht auf die Bedürfnisse der Waodani abgestimmt waren. Es handelte sich meistens um Schmerzmittel und ältere Antibiotika. Ein bisschen Antiserum gegen Schlangenbisse war auch dabei, aber leider wirkte es bei den meisten Schlangen, mit denen wir zu tun hatten, nicht. Ich fragte mich, wie viele Menschen leiden und vielleicht sogar sterben würden, weil jemand den Waodani unbedacht eine weitere „milde Gabe“ zukommen ließ.

Die Dorfgesundheitsleute unter den Waodani konnten zwar die wesentlichen Medikamente verschreiben, aber sie hatten oft gerade das nicht vorrätig, was sie brauchten. Bisher hatte man nichts weiter tun können, als den Patienten leiden zu lassen oder einen Missionspiloten zu überreden, dass er einen Kranken an den Rand des Dschungels beförderte, wo sich die Krankenhäuser befanden. Jetzt dagegen konnten die Ältesten, wenn sie einen Patienten ins Krankenhaus schaffen wollten, beschließen, dass ich ihn ausfliegen sollte. Die einzigen Kosten, die dabei entstanden, waren Kraftstoff und Öl. Den Piloten und das Flugzeug gab es gratis.

* * *

Dass den Waodani das Flugzeug ständig zur Verfügung stand, war vermutlich die auffälligste Veränderung, seit wir in den Dschungel gezogen waren. Je mehr eine Art Alltag bei uns einkehrte - wobei jeder Tag völlig unberechenbar war - desto normaler wurde es, dass das Flugzeug fast jeden Tag zum Einsatz kam. Manchmal gab es für mich nur einen oder zwei Flüge zu absolvieren, an anderen Tagen tat ich nichts anderes als fliegen. Als ich an einem Abend - wie von der Regierung vorgeschrieben - alle meine Flüge für den vergangenen Tag in das Logbuch eintrug, fiel mir auf, dass ich dreiundzwanzigmal geflogen war. Dreiundzwanzigmal hatte ich das Flugzeug be- und entladen, Passagiere angeschnallt und Medikamente, Nachrichten und sogar ein Baby abgeliefert. Ein Flug dauerte im Durchschnitt acht Minuten. Aber eine Minute in meinem alten BTS bedeutete zwei Stunden Fußmarsch, und was mein Flugzeug laden konnte, hätten drei oder vier starke Waodani-Männer schleppen müssen. Als ich ein bisschen mit diesen Zahlen spielte, rechnete ich aus, dass eine Person bei einer Vierzig-Stunden-Woche mehr als eineinhalb Jahre marschiert wäre, um das zu erreichen, was ich an einem Tag mit einer alten, 25.000 Dollar teuren Maschine geschafft hatte.

Ich hatte Freude an der Herausforderung, vor die mich jeder Flug stellte, und fand es immer wieder aufregend, auf diesen schlammigen Pisten zu landen. Und ich genoss es sehr, den Leuten zu helfen, deren Laufbursche ich praktisch geworden war. Das Ganze hatte einen einzigen bitteren Beigeschmack, wie ich bald merkte - wir alle gewöhnten uns allzu sehr an das Flugzeug und wurden von ihm abhängig.

Was würde passieren, wenn wir wieder abzogen und die Waodani kein Flugzeug mehr hatten und auch kein Geld, sich selbst eines zu besorgen?

Der Stamm brauchte unbedingt so etwas wie ein eigenes Wirtschaftssystem. Die Waodani arbeiten hart, wenn es darauf ankommt. Sie sind findig und handwerklich geschickt. Aber sie verfügten über keinerlei Fähigkeiten, die sich in der Außenwelt vermarkten ließen. Und alles, was wir im Regenwald herstellten, um es in der Außenwelt zu verkaufen, musste sich gegen die Produkte anderer einheimischer Stämme behaupten, die ihre Waren auf der Straße beförderten. Das war natürlich rentabler als unser Vertriebsweg: wir mussten alles ausfliegen.

Nicht nur meine Zeit wurde durch das Fliegen immer mehr beansprucht, sondern auch die von Ginny. Das Gebiet, in dem ich unterwegs war, war zerklüfteter und spärlicher besiedelt als der Großteil des Regenwalds. Und so tat Ginny nun das Gleiche, was meine Mutter für meinen Vater getan hatte: Sie begleitete jeden meiner Flüge vom Funkgerät aus. Ich gab ihr durch, wo ich war und wohin ich als Nächstes flog, wen ich dabeihatte und wann ich vermutlich landen würde. Ich hatte ein unglaublich hilfreiches, winziges Navigationssystem, und folgte immer der geraden Linie auf dem Monitor, auf dem die Landkarte verschiedene Formen annahm. Wenn jemand nach mir suchte, war es so recht einfach, mich zu finden.

Ich genoss das Fliegen wirklich und arbeitete auch gerne mit Ginny zusammen. Aber ich wusste, dass ich den Waodani einen sehr viel größeren Gefallen tun würde, wenn ich einem von ihnen das Fliegen beibrachte, anstatt selber so viel Zeit in der Luft zu verbringen.

Während ich versuchte, die Welt der Waodani zu einem Ort zu machen, an dem es sich besser leben ließ, verbrachte Ginny den größten Teil ihrer Zeit - wenn sie nicht gerade meine Koordinaten aufnahm oder mir das Wetter durchgab - mit Küchenfragen. Sie experimentierte zum Beispiel herum, wie man drei Tage altes Fleisch ohne Kühlschrank vor dem Verderben bewahren konnte und wie sich Affen, Tapire, exotische Vögel, Schildkröteneier, Riesenwelse oder NUGs (Nagetiere ungewöhnlicher Größe) zu köstlichen Mahlzeiten verwandeln ließen.

Jesse und Stephenie verbrachten an den meisten Tagen einen Teil ihrer Zeit mit Schulaufgaben. Aber sie waren genauso versessen darauf wie ich, in die Kultur der Waodani einzutauchen und diesen Menschen zu helfen, die sie so gern hatten.

Sie begannen eine Schule für die Dorfkinder und setzten sich dort als Lehrer ein, bis die Waodani-Ältesten einen von Mincayes

Enkeln anstellten, einen begabten jungen Mann, der eine halbwegs passable Schulbildung durchlaufen hatte.

Als mir klar wurde, wie wenig Zeit Jesse und Stephenie mit ihren Schulaufgaben verbrachten, hatte ich Sorge, dass sie bei ihrer Rückkehr vielleicht nicht in die nächsthöhere Klasse versetzt würden. Die Sorge hätte ich mir sparen können. Nicht nur bewältigten sie den Unterrichtsstoff ihrer Klassenstufen mühelos, sie lernten auch noch ganz nebenbei, sich in zwei Fremdsprachen und zwei fremden Kulturen zurechtzufinden.

* * *

Die Waodani verliebten sich sofort in Ginny. Ginny kann sehr vieles, aber sie fühlt sich normalerweise nicht genötigt, für irgendetwas die Verantwortung zu übernehmen. Sie identifiziert sich am meisten mit denen, denen das Leben übel mitgespielt hat. Richtig in Rage kommt sie nur, wenn Menschen, die schon am Ende sind, noch zusätzlich fertig gemacht werden. Und wenn jemand ihre Lieben bedroht. Wenn Ginny sich im Dschungel je über mich geärgert hat, dann war es für gewöhnlich, weil ich zu unbekümmert sinnlose Gefahren für Leib und Leben einging.

Die Waodani-Frauen sahen Ginny schrecklich gerne zu, wenn sie in ihrer „modernen" Küche Essen machte. Sie kochten alle über offenen Feuerstellen, während Ginny einen Campingkocher mit vier Brennern hatte. Ginny besaß auch ein Spülbecken, das zwischen zwei kettengesägte Bretter eingepasst worden war. Das Wasser dafür musste sie allerdings in einem Eimer aus dem Bach hinter dem Haus herbeischleppen, und das schmutzige Wasser goss sie draußen aus.

Ginny beschwerte sich selten, aber sie grummelte schon ein bisschen, dass sie ständig unseren Klokanister ausleeren musste. Ich hatte ein Gestell gebaut, auf dem man einen Klositz anbringen konnte, als meine Mutter und mein Stiefvater Abe uns besuchen kamen. Abe kam die Stufen vor unserem Haus nur sehr schlecht herunter, um unser Klohäuschen zu nutzen und so hatten wir dieses selbstgebaute Klo. Der Kanister darunter fasste ungefähr fünf Liter.

Dieses improvisierte „Örtchen“ ersparte uns allen eine Menge Unbequemlichkeit. Wenn man ansonsten nachts nach draußen ins Häuschen ging, musste man sich die Stiefel anziehen, eine Taschenlampe schnappen und richtig wach werden. Schließlich wollten wir nicht weniger wach sein als jedes beliebige Lebewesen, das uns auf dem Pfad vom Haus zum Klohäuschen begegnen konnte. Wenn man einmal da war, bot es sich an, das Strohdach nach Taranteln und Schlangen abzusuchen und um den Sitz herum nach Ameisen und Skorpionen Ausschau zu halten.

Nachdem Mama und Papa gegangen waren, benutzte ich unser Innenklo weiter, wenn ich nachts musste. Jesse und Steph scheinen es ähnlich gehalten zu haben, denn morgens war der Kanister für gewöhnlich voll. Einmal hörte ich Ginny vor dem Haus kreischen. Ich rannte zu ihrer Rettung, aber sie stand einfach nur da und hielt unseren Nachttopf. Sie war hingefallen, und der noch warme Inhalt unseres Kanisters hatte sich über ihre Hände ergossen.

Ich begann also, den Kanister selbst zu leeren, was mir bald die nötige Motivation gab, das alte Camping-Klo zu installieren, das ich in Shell geschenkt bekommen hatte.

Ginnys anderer Beschwerdepunkt war, dass unsere Fenster keine Insektengitter hatten. Sie meinte, dass sie den Fledermäusen und riesigen Nachtinsekten so hilflos ausgeliefert war, die nachts durchs Haus flatterten. Ich musste ihr zustimmen, zumal unsere Kerzen so viele Insekten anzogen. Einige von ihnen waren so groß, dass sie die Kerzen selbst auslöschten. Andere blieben im Wachs stecken und verbrutzelten bei dem Versuch, sich freizustrampeln. Gelegentlich störte uns der Gestank ein bisschen, aber ich mochte es trotzdem, so fast im Freien zu leben.

Schließlich eröffnete mir Ginny, dass sie das Insektengitter selbst anbringen würde, wenn ich es nicht tat. Es war eigentlich keine große Sache, aber ich schob sie immer vor mir her. In Wirklichkeit wollte ich mich wohl nicht eingesperrt fühlen. Aber eines Abends setzte sich Ginny durch. Wir hatten gerade Gäste da; ein Ehepaar, das offensichtlich noch nicht oft zelten gewesen war. Wir saßen alle um unseren Tisch herum und unterhielten uns, als eine riesige Heuschrecke sich für die Kerzen auf unserem

Tisch zu interessieren begann. Wer Heuschrecken als Delikatessen verspeist, hätte an diesem Prachtexemplar wahrscheinlich seine Freude – und eine volle Mahlzeit – gehabt. Sie hatte sehr beeindruckende Stacheln an den Beinen und am Rücken und wählte die Seidenbluse unserer Besucherin als Landefläche aus.

Dass das Tier auf ihrem Rücken landete, war dabei noch lange nicht so irritierend wie die Tatsache, dass es sich mit seinen Stacheln festbohrte, um besser Halt zu haben. Ich sprang auf und zog die Heuschrecke weg, wobei die Bluse einen Riss bekam. Ohne weiter nachzudenken, hielt ich den Kopf des Insekts in die Flamme, damit es einen solchen Anschlag nicht mehr widerholen konnte – und auch, weil es seine Stacheln inzwischen in meine Handfläche gebohrt hatte. Die Geräusche und Gerüche, die entstanden, als dieser Heuschreckenkopf verbrannte, waren mehr, als unsere Besucherin für schicklich hielt. Ich weiß nicht, ob sie sich mehr vor der Heuschrecke fürchtete oder über ihre ruinierte Bluse ärgerte. Das Paar hat nie wieder einen Besuch bei uns gemacht, und so habe ich sie nie fragen können.

Sobald diese Gäste abgereist waren, brachte ich die Fliegengitter an den Fenstern an, obwohl ich zugeben muss, dass ich mich ein bisschen eingesperrt fühlte. Unser zahmer Ara war auch ganz enttäuscht. Er war morgens immer an einem Ast bis an unser Schlafzimmer herangehopst, so dass ich ihm den Kopf kraulen konnte. Das ging jetzt nicht mehr, aber dass wir keine Riesen-insekten oder Fledermäuse mehr im Haus hatten, war schon ein beachtlicher Vorteil!

Die Waodani-Frauen wollten immer, dass Ginny mit ihnen zum Flüsschen ging. Eine der schönsten Erinnerungen, die ich an unsere wunderbaren eineinhalb Dschungeljahre habe, ist, wie Ginny zusammen mit den anderen Müttern des Dorfes unsere Wäsche in dem Bach hinter unserem Haus wusch. Sie zog ihr langes Sommerkleid hoch und stopfte es sich so in die Unterhose, dass es nicht nass wurde. Und dann rückte sie dem Dreck und Schimmel mit einem Stück Seife und jeder Menge Muskelkraft zu Leibe. Ich habe noch so gut im Ohr, wie sie mit den anderen Frauen lachte und arbeitete. Ginny hat nie viel von der Waodani-Sprache gelernt, aber sie konnte sich ohne Probleme verständigen.

Den Waodani-Frauen schien es Sorge zu bereiten, dass Ginny die Kunst des Scheltens nicht so recht zu beherrschen schien. Und immer wenn sie dachten, dass ich eigentlich Schelte verdient hatte, schritten sie ein und schimpften mich tüchtig aus.

Eines Tages merkte ich, dass Ginny ganz aufgeregt war. Die Frauen hatten Tementa gebeten, vier kurze Balken in der Mitte des kleinen Teichs anzubringen, wo sie ihre Kleider wuschen, und Ginny benutzte sie auch als Ablagestelle und Waschbrett. Sie war so froh über diese neue Einrichtung, dass ich mich ganz schlecht fühlte, weil ich nicht selber darauf gekommen war. Durch dieses Waschbrett sparte sie so viel Energie! Andererseits war es auch schön zu sehen, dass die Waodani, um deren Wohl wir uns sorgten, sich auch um das unsere kümmerten.

Eine der Frauen hing besonders an Ginny. Marga war nur eine halbe Waodani. Ihr Vater war einer der letzten Zaparos, eines Stammes, der ähnlich wie die Waodani gelebt und sich dabei fast ausgerottet hatte. Marga war mit Tidi, einem unserer besten Arbeiter, verheiratet, und ganz schön helle. Sie war erst knapp über dreißig, hatte aber schon sieben Kinder. Weil sie nicht ganz Waodani war und sich manchmal etwas ausgeschlossen fühlte, konnte sie sich gut in Ginny hineinversetzen. Ginny lernte viele der Waodani-Frauen lieben, aber Marga wuchs ihr besonders ans Herz. Marga überschüttete Ginny im Gegenzug mit Zuneigung und Fürsorge.

Immer wenn jemand eine dicke frische Schwarte von einem wilden Schwein bei Ginny ablieferte, in dem noch die Borsten steckten, oder einen Wels von fünfzehn Pfund, aus dem die Eingeweide heraushingen, lächelte sie freundlich – aber eigentlich war sie ziemlich verzweifelt. Ich brauchte eine ganze Weile, bis es mir auffiel, aber Marga bemerkte es sofort.

Ginny bat Marga nie, ihr aus ihrer Notlage zu helfen; Marga kam von ganz allein darauf. Sie schnappte sich das Fleisch und brachte es einige Zeit später, gewaschen und in Bananenblätter eingeschlagen, zurück. Ginny und Steph gingen oft zu Margas Haus hinüber, und ihre Familie wusste, dass sie bei uns immer willkommen war.

Eines Morgens hörte ich, wie jemand die Stufen zu unserem Haus hochkam. Es war noch dunkel, und ich griff mir meine Taschenlampe und ging nachsehen, was los war. Draußen stand Nemonta, Margas älteste Tochter, und sie hielt etwas im Arm, das sie mir prompt in die Hand drückte.

„Das ist für Ongingcamo und Nemo, meine Mutter schickt es", erklärte sie.

Es fühlte sich an wie ein Stück Fleisch, das man in ein Tuch gewickelt hat. Bestimmt war Tidi in der Nacht jagen gewesen. Aber als ich das Bündel neben dem Spülbecken absetzte, gab es einen Laut von sich. Ich packte es aus und hielt plötzlich ein süßes Neugeborenes in den Händen. Es war ganz offensichtlich gerade erst geboren und noch nicht einmal gewaschen worden. Ich rief nach Ginny und drückte ihr dieses kostbare Bündel in die Hand. Sie quietschte vor Freude auf, und Steph kam aus ihrem Zimmer angelaufen, um zu sehen, was los war.

Ich hätte mir eigentlich denken sollen, dass das hier passieren konnte. Als Marga schwanger wurde, hatte ich sie gefragt: „Dein Baby, wann kommt es denn?", und sie hatte immer gesagt; „Nicht mein Baby, sondern Ongingcamo und Nemos Baby." Ich hatte dem damals keine weitere Bedeutung beigemessen. Aber jetzt merkte ich, dass es ihr damit wirklich ernst gewesen war.

Es ist bei den Waodani nichts Ungewöhnliches, dass sie ihre Kinder mit einem Paar teilen, das keine Kinder hat. Manchmal geben Eltern ihr Kind ihren eigenen Eltern. Marga war klar, dass wir eines Tages wieder gehen würden, aber sie wollte nie ganz von Ginny getrennt sein. Sie wollte, dass dieses Baby sie und Ginny ihr Leben lang verband.

Das war natürlich eine nicht unbeträchtliche Entwicklung, mit der ich nicht gerechnet hatte. Ich wusste, dass ich mich nicht einfach mit Ginny hinsetzen und völlig emotionslos darüber reden konnte, was wir jetzt tun sollten. Ginny ist einfach zur Mutter geboren. Vier eigene Kinder waren ihr zu wenig gewesen. Als sie nun hier im Dschungel lebte, umgeben von zufriedenen, olivbraunen Müttern, die ihre zufriedenen, olivbraunen Kinder ständig stillten, brachen Ginnys Mutterinstinkte innerhalb kürzester Zeit durch. Und während Ginny nur glücklich war, ein Baby im Haus zu haben, war Stephenie regelrecht aus dem Häuschen vor Aufregung.

In Nemompade sprach sich die Neuigkeit von unserem Neugeborenen schnell herum. Die Leute waren sehr neugierig, was wir nun tun würden. Wenn wir es ablehnten, das Kind großzuziehen, würden sie merken, dass unser Einsatz für die Waodani seine Grenzen hatte. Und wenn wir uns darauf einließen, würden wir eben ein Kind großzuziehen haben! Wir würden einen Weg finden müssen, dass unsere Kleine sich in den USA und in Ecuador und im Waodani-Stamm gleichermaßen zu Hause fühlen konnte. Und wir würden ihr drei Sprachen beibringen müssen.

Abgesehen davon würde unsere Tochter nur unwesentlich älter sein als unsere Enkel. Mincaye müsste das eigentlich gefallen haben. Er hat eine ganze Reihe Enkel, die älter sind als seine drei jüngsten Kinder.

Am schwersten wog, dass Ginny und ich an einer Stelle sogar überlegt hatten, ob wir nicht noch mehr Kinder wollten. Aber wir hatten beschlossen, dass Gott, wenn er wollte, dass wir noch mehr Kinder bekamen, auch dafür sorgen konnte. Ich hatte das schon wieder ganz vergessen, aber Ginny erinnerte mich daran, dass sie auch im Urwald immer dafür gebetet hatte. Wenn dieses süße Mädchen eine Antwort auf Ginnys Gebete sein sollte, wollte ich Gottes Plänen bestimmt nicht im Weg stehen!

Stephenie war von Anfang an völlig hingerissen bei dem Gedanken, Marga und Tidis Kind großzuziehen. Ginny versuchte sich neutral zu verhalten, aber es gelang ihr nicht besonders gut. Und noch schlimmer, auch ich begann mir dieses „Friedenskind" immer verzweifelter zu wünschen, das uns für immer mit den Waodani verbinden würde. Schließlich beschlossen wir, dass wir dieses Kind als unseres annehmen würden, wenn die Behörden es uns erlaubten.

Marga und Tidi war klar, dass wir nicht ewig im Dschungel würden bleiben können. Um unser Baby in die Vereinigten Staaten mitnehmen zu können, brauchten wir ein US-Visum. Und dieses wiederum bekam man nur, wenn man eine schriftliche Sondererlaubnis des Schiedsgerichts in Puyo vorlegen konnte. Ich erklärte Marga und Tidi, dass wir das Baby nach Puyo bringen mussten, damit es dort registriert wurde und wir beim Schiedsgericht vorsprechen konnten. Was die beiden betraf, so war die Kleine unser Kind. Wenn wir die nötigen Papiere bekamen, würden wir das auch so sehen. Mir war klar, dass eine Menge Papierkram auf uns zukommen und dass das Schiedsgericht in Puyo wenig Verständnis für unser Vorhaben aufbringen würde. Während es in der Waodani-Kultur üblich und angemessen ist, seine Kinder mit anderen zu teilen, gilt das außerhalb des Dschungels eher als ungewöhnlich.

Wir zogen gleich los, um das Kind anzumelden. Als der Beamte nach dem Namen des Kindes fragte, standen Marga und Tidi nur stumm da. Er wandte sich noch einmal an Marga, aber sie erklärte ihm, dass er mich fragen sollte, schließlich sei ich der Vater des Kindes. Ich gab keine weiteren Erklärungen ab, obwohl mir später der Gedanke kam, dass ich damit wahrscheinlich Missverständnisse vermieden hätte.

Ginny und Steph hatten beschlossen, die Kleine Ana Beth zu nennen, weil das die zweiten Namen von Ginnys und meiner Mutter waren. Und so wurde unser kuscheliges, zufriedenes kleines Bündel als Ana Beth Nenkimo angemeldet. Es wurde Zeit für einen Besuch beim Schiedsgericht.

Nur zwei der drei Mitglieder dieses Gerichts hielten sich gerade in der Stadt auf. Einer war bereit, sich mit uns zu treffen. Als er erfuhr, was wir wollten, fragte er Marga, warum sie ihr Kind weggeben wollte. Sie verstand ihn nicht. Sie gab ihr Baby doch nicht weg! Sie gab es uns. Sie erklärte, dass wir zur Familie gehörten. Sie hatte schon sieben Kinder und würde noch weitere bekommen. Aber Ongingcamo hatte kein Baby. Marga fragte den Richter, ob er wusste, wie traurig es für eine Mutter ist, kein Baby zu haben.

Ich erklärte ihm, wie wir zu den Waodani, zu Marga und Tidi standen. Er erinnerte sich noch an die Geschichte meines Vaters und hatte gerade eine Fernsehsendung darüber gesehen, wie wir unter den Menschen lebten, die einen Teil unserer Familie getötet hatten.

Aber dann erläuterte der Richter uns, dass das Schiedsgericht es nicht erlauben konnte, dass ein Baby, dessen leibliche Eltern gesund waren, das Land verließ. Er erklärte, dass es mehrere Fälle von ecuadorianischen Babys gegeben hatte, die an Adoptiveltern verkauft worden waren. Und auf jeden dieser Fälle kam eine ganze Reihe Gerüchte über weitere. Ecuador reagierte sehr empfindlich auf den Vorwurf, sich um seine eigenen Kinder nicht ausreichend zu kümmern.

Ich versuchte Tidi und Marga zu erklären, was er sagte. Marga, die ein bisschen Spanisch versteht, hatte schon begriffen, und sie fing leise an zu weinen. Aber sie nahm mir Ana Beth trotzdem nicht ab. Sie würde das Baby zwar weiterhin stillen, aber was sie betraf, war Ana Beth unser Kind.

In den darauffolgenden Monaten verliebten sich Ginny und Stephenie regelrecht in unser kleines Mädchen. Und mir ging es genauso. Immer wenn ich die Waodani besuchen fliege, wohnt Ana Beth bei mir, selbst wenn Ginny nicht dabei ist. Anderen Besuchern gegenüber ist sie immer sehr schüchtern, aber es ist ganz offensichtlich, dass sie mich als ihren Mit-Vater und Ginny als ihre zweite Mutter betrachtet.

Die Leute in Nemompade verstanden, dass man ohne bestimmte Papiere in der Welt der Fremden nicht viel erreicht. Sie wussten, dass wir Ana Beth mitgenommen und als unser eigenes Kind großgezogen hätten, wenn die *autoridades* es gut gesehen hätten. Zum Glück verbindet uns Ana Beth immer noch auf eine ganz besondere Weise mit den Waodani.

15. Der Tag, der alles veränderte

Als meine Kinder noch klein waren, war eines ihrer Lieblingsbücher das Buch von Alexander, bei dem an einem Tag einfach alles schiefging. Wie zu erwarten war, hatten wir in Nemompade auch solche Tage. Aber es gab Zeiten, an denen mich die Hoffnung, dass eine gute Zukunft vor den Waodani lag, regelrecht beflügelte. Und natürlich gab es in der unberechenbaren Welt immer wieder auch Tage, die schrecklich begannen und wunderbar endeten – oder umgekehrt.

Es war an einem solchen Tag, dass unser Leben und Arbeiten unter den Waodani in Nemompade eine völlig neue Richtung bekam. Die Ältesten waren in unserem Dorf zusammengekommen. Ich hatte sie dazu ermutigt, sich zumindest alle zwei Monate zu treffen. Die Kultur der Waodani, in der jeder tut und lässt, was er will, macht es begreiflicherweise etwas schwierig, neun Menschen an einen bestimmten Ort zu einer bestimmten Zeit zusammenzubekommen, und die Tatsache, dass Einheiten wie Wochen oder Monate für viele aus der älteren Generation keine Bedeutung hatten, machte die Sache auch nicht einfacher. Außerdem konnte man niemanden anrufen oder per E-Mail benachrichtigen, sondern nur „per Pfad". Nein, es war wirklich nicht einfach, diese Treffen einzurichten, aber ich wusste, dass sie notwendig waren, um den Bedürfnissen einer immer größer werdenden Schar von Waodani gerecht zu werden.

Und obwohl es schwierig war, alle zusammenzutrommeln, war es doch nicht völlig neu. Ganz früher war der *ne anga* des Stammes dafür verantwortlich gewesen, die Leute zu gemeinsamen Festen einzuladen. So wurden Beziehungen untereinander und die Einheit des Stammes gefördert. Es war, wie mir Mincaye erzählt hatte, sogar ein besonders fauler *ne anga* gewesen, mit dem das große Töten begonnen hatte. Mincaye zählte an den Fingern seiner Hand ab, dass das schon zehn Generationen zurücklag.

Er erzählte, dass dieser große Stammesälteste eigentlich die Aufgabe hatte, die Leute aus allen Teilen des Dschungels zusammenzutrommeln, damit alle ein großes Fest feierten, auf dem sie heiraten, zusammen tanzen und ihre Beziehungen festigen konnten. Als dieser *ne anga* das lange Zeit nicht mehr tat, gingen viele Waodani davon aus, dass es diese Feste noch gab, aber dass sie nicht eingeladen worden waren. Und so wuchs das Misstrauen, dass die anderen im Stamm etwas gegen sie hatten.

Weil alle so weit voneinander entfernt wohnten, zerbrachen sich alle den Kopf, wer von den anderen etwas gegen sie haben könnte und welche „Feinde“ dafür gesorgt hatten, dass sie sozusagen von der Liste gestrichen wurden. Und anstatt darauf zu warten, dass diese Feinde anrückten und ihnen etwas antaten, zogen sie selbst los. „Sie hatten Angst und wurden wütend, und so haben sie die Feinde umgebracht.“

Der Waodani-Ausdruck für das biblische Ältestenamt leitet sich aus dieser Bezeichnung für den (einzigen) Stammesältesten ab. Die *ne anani* – das ist der Plural von *ne anga* – kamen nun zusammen und überlegten, wie sie zu den Leuten gehen konnten, anstatt die Leute dazu zu bewegen, zu ihnen zu kommen. Seit die Fehden und Metzeleien aufgehört hatten, war der Stamm enorm gewachsen, und der gesamte Stamm traf sich nur noch, wenn Geld von außerhalb zur Verfügung stand, mit dem man Reis, Zucker und andere Nahrungsmittel kaufen konnte. Den Waodani geht es da nicht anders als den Menschen in der westlichen Welt: Richtig gut kann eine Party nur sein, wenn es jede Menge Essen gibt.

Die *ne anani* waren also alle angekommen, und die neun Krieger saßen diskutierend in unserem Wohnzimmer. Ich saß ein Stück abseits, damit sie merkten, dass es mich zwar interessierte, was sie besprachen, dass ich mich aber in ihre Entscheidungen nicht einmischen wollte.

Für jemanden aus unserer westlichen Kultur, in der man sich gerne in Leitungspositionen wählen lässt, ist es schwer, sich die Aversionen vorzustellen, die ein Waodani gegen so etwas hat. Bei den Waodani erregt jemand Anstoß, der sich von den anderen abhebt oder gar eine Leitungsposition einzunehmen versucht. Wer so etwas tat, riskierte seinerzeit, recht bald niedergemetzelt zu werden. Die *ne anani* hatten sich um diese Posten nicht beworben. Und sie wollten nicht die „großen Männer“

sein, sondern Leute, die für die anderen Verantwortung übernahmen – was ungewöhnlich war und von viel Opferbereitschaft und Mut zeugte.

Die Diskussion zog sich in die Länge. Schließlich legten sie alle eine Pause ein und gingen zu Tementas Haus, um bei ihm ein bisschen Maniok- und Pisangsaft zu trinken. Als sie weg waren, kam Ginny ins Zimmer und eröffnete mir, dass sie mir nachher unbedingt etwas sagen musste. Das klang wirklich dramatisch, und ich sah ihr an, dass sie sich Sorgen machte. Ich ging in Gedanken durch, was ich in der letzten Zeit so alles angestellt haben könnte, das sie so belastete, aber mir fiel nichts ein.

„Irgendwas liegt dir doch im Magen", sagte ich, „warum sagst du's nicht gleich, bevor du explodierst?" Ich versuchte sie ein bisschen zu beruhigen, aber es gelang mir nicht. Ginny begann zu weinen.

„Wir müssen gehen, bevor wir Teil des Problems werden anstatt Teil der Lösung, Steve", sagte sie schluchzend. Ich fragte mich, ob es Ginny vielleicht entgangen war, dass die *ne anani* gerade einen halben Tag mit Gesprächen verbracht hatten, wie sie ihrem Volk am besten helfen konnten – und ich erinnerte sie daran.

Aber Ginny war noch nicht fertig: „Ich hab euch hier beobachtet. Die *ne anani* saßen da, und sie sahen ziemlich angespannt aus, als sie da nach einer Lösung für irgendein Problem gesucht haben. Die Ärmsten, ein paar von ihnen sind regelrecht ins Schwitzen gekommen. Ich habe natürlich nicht verstanden, um was es ging, aber ich habe gesehen, dass sie offensichtlich eine Lösung gefunden hatten. Und dann haben sie zu dir hinübergeschaut. Und erinnerst du dich, wie an einer Stelle Odae mit Hühnerfedern im Maul an der Tür vorbeigekommen ist?"

Ja, das stimmte. Unser verrücktes Schwein hatte mit diesen Federn im Maul in der Tür gestanden. Er jagte immer gerne den Hühnern hinterher, die die Schlangen nachts nicht erwischt hatten. Die Waodani hatten mich schon lange gewarnt, dass er die Hühner irgendwann nicht mehr nur jagen und ihnen die Federn ausrupfen, sondern sie töten und auffressen würde. Aber ich konnte mir beim besten Willen nicht vorstellen, was das mit Ginny und ihrer Sorge zu tun haben sollte.

„Als du gerade zu Odae und den Federn geschaut hast, haben die *ne anani* dich angschaut. Sie haben offensichtlich gehofft, dass du mit ihrer Entscheidung einverstanden warst – um was auch immer es ging. Aber du hast Odae angeguckt und finster die Stirn gerunzelt. Sie haben das Schwein nicht gesehen und gedacht, dass dein Ärger sich auf ihre Entscheidung bezog, und so haben sie die Diskussion wieder aufgenommen. Ich bin mir wirklich sicher, dass sie dachten, du lehntest ihre Lösung ab, und jetzt versuchen sie sich etwas auszudenken, mit dem du einverstanden bist."

Ginny hatte recht. Ich war so zufrieden mit mir selbst, weil ich die Waodani nicht so offensichtlich beeinflusste, wie ich es hätte tun können! Und dabei hatte ich nicht bemerkt, was wirklich passierte. Die Waodani trafen Entscheidungen, von denen sie hofften, dass sie meine Zustimmung fanden. Und dann schauten sie zu mir herüber, um zu sehen, wie ich reagierte. Wenn ich nicht einverstanden schien, diskutierten sie weiter, bis sie zu einer Entscheidung kamen, die auch mir passte.

Ich merkte, dass ich den Dschungel vor lauter Bäumen nicht gesehen hatte. Die *ne anani* würden erst dann wirklich eigene Entscheidungen fällen können, wenn ich außer Reichweite war. Ich musste weit genug entfernt sein, dass ich ihnen nicht sofort aus der Patsche helfen konnte, wenn sie vielleicht einmal eine falsche Entscheidung getroffen hatten.

Wir mussten hier weg. Ginny hatte recht. Es war erst eineinhalb Jahre her, seit Tante Rachel gestorben war und die Waodani mich gebeten hatten, zu ihnen zu ziehen. Insgesamt verbrachten wir nur ungefähr fünfzehn Monate mit ihnen. Besonders viel ist das nicht, aber ich wollte auch nicht durch meine Anwesenheit den Weg in die Unabhängigkeit blockieren.

Als Ginny mir erzählt hatte, was sie beobachtet hatte, legte sich ein schweres Gewicht auf meine Schultern. Ein bisschen kam mir meine Aufgabe so vor, als hielte ich den Knopf eines Gasofens gedrückt. Wenn ich ihn zu schnell losließ, würde das Feuer nicht anbleiben. Aber solange ich den Knopf gedrückt hielt, konnte sich die Hitze nicht ausbreiten und der Ofen konnte seine Bestimmung nicht erfüllen. Wie in so vielen Bereichen unseres Lebens kam es auch hier auf den richtigen Zeitpunkt an.

Ich schlüpfte unter dem Vorhang zu unserem Schlafzimmer hindurch und setzte mich auf den Boden. Das war der einzige Ort, an dem ich weitgehend ungestört war. Ich machte mir Sorgen um die Waodani, aber noch mehr Sorgen machte ich mir um mich selbst. Es ging mir nicht nur darum, wie sie wohl ohne mich zurechtkommen würden – viel mehr fragte ich mich, wie ich ohne sie zurechtkommen sollte! Ich war kein Geschäftsmann mehr und hatte nicht mehr das Bedürfnis, in ein stressiges Leben zurückzukehren, wo sich alles ums Geld drehte. Es war schmerzhaft genug gewesen, aus einem Leben auszubrechen, in dem ich so viele Jahre meine Rolle gespielt hatte und in dem mein Erfolg davon abhing, wie sehr ich jede Minute meines Tages mit Aktivitäten füllen konnte. Es war eine Welt, in der Erfolg nicht davon abhing, wie viel man zum Gemeinwohl beitrug, sondern davon, wie sehr man sich um sich selbst drehte. Aber zu dieser Welt gehörte ich nicht mehr.

Mich überkam ein Gefühl der Einsamkeit, wie ich es noch nie erlebt hatte. Ich war gerade abgewählt worden. Natürlich nicht von der Gesellschaft – die wäre ganz zufrieden gewesen, wenn ich meine Rolle bis zum Ende meines Lebens brav weitergespielt hätte. Nein, ich hatte mich selbst abgewählt. Meine tiefe Zuneigung und Achtung vor den Menschen, die mich so sehr als einen der Ihren aufnahmen, ließen mir kaum eine andere Wahl.

Meine liebevolle, einfühlsame Ginny kam ins Zimmer und ließ sich neben mir auf dem Boden nieder. Sie legte einen Arm um mich und wir weinten zusammen und hofften, dass die *ne anani* nicht ausgerechnet jetzt zurückkamen. Ich musste ihnen sagen, dass wir bald würden gehen müssen, solange sie alle zusammen waren.

Als mir bewusst wurde, dass ich mich selbst entlassen musste, empfand ich schließlich das Dilemma der Waodani am eigenen Leib. Ich wollte, dass die Waodani sie selbst blieben und sich nie veränderten. Aber wenn sie sich nicht veränderten, würden sie verschwinden. Sich zu verändern dagegen war mit großen Risiken verbunden, und möglicherweise würden die Waodani in einer jahrzehntelangen mühsamen Anpassungsphase ausprobieren müssen, was gut für sie war.

Im Moment waren die Älteren unter ihnen noch wie betäubt. Sie verstanden nicht, wie sehr das Leben, das sie gewöhnt waren, bedroht war. Die jungen Leute dagegen waren eher so wie ich. Sie gehörten eigentlich nirgendwohin. Sie konnten das alte Leben nicht mehr leben, und das wollten sie auch gar nicht. Aber die Außenwelt würde sie nicht annehmen. Sie hingen zwischen dem Steinzeitalter und dem zwanzigsten Jahrhundert fest und griffen begierig nach jeder Möglichkeit, die sich ihnen bot.

Endlich spürte ich, wie viel Hilflosigkeit und Hoffnungslosigkeit diese merkwürdige und doch so wunderbare Welt umschloss. Von außen hatte diese Welt so schlicht und unkompliziert ausgesehen.

* * *

An diesem Nachmittag hörten wir die Affen in den Bäumen. Anstatt unsere Gespräche wieder aufzunehmen, griffen wir also nach unseren Waffen und gingen „Essen holen“. Weil meine Brille in der feuchten Luft ständig beschlug, konnte ich die kleinen Biester hoch oben in den Bäumen kaum erkennen. Aber wenn ich tatsächlich mal einen sah, war ich mit meinem Gewehr Kaliber 22 immer noch der beste Schütze der Gesellschaft. Ich war schließlich auch der Einzige, der es sich je hatte leisten können, Schießunterricht zu nehmen.

An *amoncas* mag nicht besonders viel Fleisch sein, aber sie würzen einem die Suppe ganz nett, und ich war dankbar für die Ablenkung. Ich wusste einfach nicht, wie ich den Ältesten meine Entscheidung beibringen sollte. Natürlich hatte ich immer gewusst, dass wir irgendwann gehen mussten. Ginny hatte mich nur gezwungen, der Tatsache ins Gesicht zu sehen, dass es jetzt so weit war.

Immer wenn Waodani-Besucher nach Nemompade kamen, spielte sich eine ähnliche Szene ab, die fast zum Ritual wurde. Irgendjemand aus dem Dorf fragte Stephenie oder Jesse, wie wir unsere Besucher beschäftigen würden. „Sie haben lange, lange keine Videos mehr gesehen“, begannen sie, „wie sollen sie je wissen, wie die Fremden leben?“ Steph und Jesse fragten dann zurück: „Siehst du es gut, dass wir ihnen ein Video zeigen?“

Worauf sie fröhliche Zustimmung ernteten: „Ich sehe es gut, und wenn dein Vater ja sagt, schauen wir heute Abend glücklich Videos."

An diesem Abend Ende Mai 1996, bevor wir uns zum 150. Mal *Das Dschungelbuch* anschauten, gab ich den *ne anani* und all den engen Freunden und Verwandten, die ihre Dörfer verlassen und mit uns zusammen „Sternfluss", Nemompade, gegründet hatten, meine Entscheidung bekannt:

„Iñanani", begann ich, „mein Volk. Ihr habt mir gesagt, dass ich kommen soll, und ich bin mit meinem *nanicabo* gekommen. Ich habe euch beigebracht, was die Fremden können, so wie ihr mir beigebracht habt, was die Waodani können, als ich noch klein war. Jetzt habt ihr einige dieser Dinge gelernt und ich muss an den Ort der Vereinigten Staaten zurück, damit ihr die Dinge alle tun könnt, die ihr gut seht." Als ich fertig war, saßen die Waodani nur stumm auf dem Boden, was ihre Art ist, tiefe Betroffenheit zu zeigen. Marga und Ompodae reagierten als Erste auf meine unerwartete Ankündigung: Sie gingen beide zu Ginny hinüber und nahmen sie in den Arm. Ompodae, die ein sehr weiches Herz hat, begann zu weinen.

Jesse saß mit Mincaye an seinem üblichen Platz in der Hängematte. Er griff nach Mincayes Ohrläppchen – normalerweise ein sicherer Weg, Mincayes Aufmerksamkeit zu gewinnen. Aber Mincaye schien es nicht einmal zu bemerken. Erst als er sah, dass Jesse weinte, reagierte er. Er begann diesen großen Jungen, den er so lieb hatte, zu trösten.

In Amerika legen wir manchmal eine Schweigeminute ein, aber wir wissen kaum, wie wir zusammen schweigen können. Die Waodani dagegen können das. An diesem Abend saßen wir lange zusammen, ohne dass jemand etwas sagte. Und dann standen ein paar Leute auf und verschwanden in der Dunkelheit. Niemand bat auch nur um einen Kerzenstummel, um den Dschungelpfad ein wenig auszuleuchten.

Schließlich brach Kimo unter denen von uns, die zurückgeblieben waren, das Schweigen. „Ongingcamo, Guuute-Nai", sagte er und ging dann auch. Diese wenigen Worte, die zwischen Kimo und Ginny zur Tradition geworden waren, ließen die Dämme brechen. Jemand lachte leise und dann schnieften und weinten alle vor sich hin.

Selbst mir brach das Herz, und ich konnte die Tränen kaum zurückhalten. Eins war klar: Von hier wegzugehen würde sehr viel schwieriger werden, als das Herkommen damals gewesen war. Wir hatten gespürt, dass wir hierherziehen sollten, aber nun *wussten* wir, dass wir wieder gehen mussten. Wenn wir blieben, würden wir all das wieder zerstören, was wir mit so viel Mühe aufzubauen begonnen hatten.

Das Haus war immer noch zu zwei Dritteln voll, und jemand fragte: „Babae, wer macht denn die Sachen, die du jetzt machst?" Ich hatte schon damit gerechnet, dass jemand diese Frage stellen würde, und befürchtete, dass alle einfach zu diesem Leben in Abhängigkeit von den *cowodi* zurückkehren würden. Wir hatten vielleicht noch nicht so viel Selbstbestimmung erreicht, dass es von der Außenwelt überhaupt bemerkt werden würde. Aber vielen Waodani war inzwischen klar geworden, dass sie selbst Verantwortung für sich und ihre Zukunft übernehmen mussten. Fünfundvierzig Jahre ungesunder Verhaltensmuster lassen sich nicht einfach in eineinhalb Jahren über Bord werfen, aber jeder Kurswechsel beginnt mit einem ersten Schritt in die richtige Richtung. Ich fand, dass viele diesen ersten kleinen Schritt gegangen waren. Wenn sie ans Ziel kamen, war der Beitrag, den ich dazu geleistet hatte, unerheblich. Und wenn sie das Ziel nicht erreichten, musste ich mir nicht den Kopf zerbrechen, was ich hätte besser machen können und sollen.

Ich wählte meine Worte sorgfältig: „Ihr müsst jetzt entscheiden, wer die Dinge tun soll, die ihr mir bis jetzt aufgetragen habt. *Waengongi* wird euch dabei helfen." Ein paar schnappten hörbar nach Luft, aber einige schienen mich zu verstehen und mir zuzustimmen.

Schließlich gingen alle, die nicht auf unserem Boden übernachten wollten, und Ginny und ich gingen auch ins Bett. Kenta und Ana breiteten direkt vor unserem Türdurchgang ihre Decke auf dem roh ausgesägten Fußboden aus.

In meiner Traurigkeit überschlugen sich immer noch die Gedanken, als ich überlegte, was die Zukunft wohl für uns bereithielt.

Mitten in meinen Überlegungen hörte ich, dass Ana plötzlich etwas sagte. Ihr Kopf lag kaum dreißg Zentimeter von Ginnys und meinem entfernt. Ginny stupste mich fragend an, weil Ana sehr zögernd sprach und mühsam eine Silbe nach der anderen formulierte.

Ab und zu hielt sie inne und Kenta sagte etwas. Ich lehnte mich ein Stück aus dem Bett und spähte durch den Spalt zwischen dem Türrahmen und dem Betttuch, das darin hing. Ana hatte eine kleine Kerze in der einen Hand und ihr riesiges Neues Testament in Wao-Tededo in der anderen.

Sie sprach jede Silbe mit großer Bestimmtheit aus. Wenn sie ein paar Wörter vorgelesen hatte, wiederholte Kenta in normalem Sprechtempo, was sie so stockend vorgelesen hatte. Mir wurde plötzlich bewusst, dass sie auf diese Weise abends zusammen die Bibel lasen. Ana las die Silben vor und Kenta setzte sie in Gedanken zu Wörtern und Sätzen zusammen und wiederholte sie so, dass Ana sie auch verstand. Sie hatte solche Mühe mit dem Lesen, dass sie sich die Bedeutung dessen, was sie las, nur mit seiner Hilfe erschließen konnte.

Die Gott-Folger waren nicht die Mehrheit im Stamm, sondern machten nur ungefähr 20% aus. Manchmal gingen die *ne anani*, wenn sie zusammenkamen, alle Leute, die in ihren Dörfern und Siedlungen auf Gottes Pfad gingen, dem Namen nach durch. Als Gott-Folger galten alle, die öffentlich bezeugt hatten, dass sie von nun an auf Gottes Pfad gehen wollten statt auf ihrem eigenen, die getauft waren und die ihre Überzeugungen auch auslebten.

Die Zahl wäre um einiges höher gewesen, wenn man alle dazugerechnet hätte, die von sich behaupteten, Gott-Folger zu sein, das aber nicht durch ihr Leben unterstrichen.

Natürlich waren die Gott-Folger nicht die Einzigen im Stamm, mit denen wir zu tun hatten, aber sie waren die einzigen Waodani, die sich wirklich auf eigene Kosten für die anderen einsetzten. Unter normalen Umständen schien es unsinnig, sich um der anderen willen etwas zu versagen, aber alle, die auf *Waengongis* Pfad unterwegs waren, wussten, dass er ihnen in seinem Buch diesen neuen Weg zu leben gezeigt hatte.

Am nächsten Morgen versammelte sich die ganze Gemeinschaft

in „Gottes Haus". Auch uns wurde Bescheid gegeben, dass wir kommen sollten.

Niemand leitete das Treffen, und so passierte eine ganze Weile lang nichts. Wir saßen alle nur stumm da und dachten nach. Schließlich fragte jemand, ohne seine Frage an jemanden direkt zu richten: „Wie wäre es, wenn Tementa tut, was Babae bis jetzt getan hat?"

Ich dachte auch, dass Tementa der beste Kandidat für meine Nachfolge war. Aber es war eine schwerwiegende Entscheidung, die sie nicht leichtfertig fällen konnten. Immer wenn sie gemeinsam zu einem Entschluss kommen möchten, werden die Waodani ganz verkrampft. Die Spannung lässt sich nur dann schnell lösen, wenn man schnell zu einem Konsens kommt. Einem direkten Vorschlag würde niemand zu widersprechen wagen, indem er beispielsweise einen Gegenkandidaten aufstellt. Stattdessen fragt man freundschaftlich: „Wie seht ihr es, wenn ...?" oder „Wie wäre es, wenn ...?" Einem so indirekt formulierten Vorschlag kann man leichter entgegentreten, indem man die gleichen Fragen einfach über jemand anderen stellt.

Normalerweise stimmt aber jeder dem ersten Vorschlag gleich zu – was auch daran liegen mag, dass man die Situation schon ausgelotet hat, bevor man die Frage auch nur stellt.

Als sie mich fragten, was ich von dem Vorschlag hielt, schlug ich vor, dass die Gott-Folger, die den größten Teil der Versammlung ausmachten, *Waengongi* fragen sollten, was er dachte. Sie stimmten alle zu, und die Versammlung löste sich schon wieder auf, und wir zogen los in Richtung Fluss, wo die meisten von uns wohnten. Als wir dort ankamen, meinte einer fast gebieterisch: „Nein! Ich finde, wir sollen mit *Waengongi* reden!" Also bildeten wir einen Kreis, und die Waodani fassten sich an den Händen. Das sah ihnen überhaupt nicht ähnlich, aber dann wiederum war es auch nicht üblich, dass jemand verkündete, wir sollten beten.

Ein Waodani nach dem anderen begann einfach, Gott zu bitten, dass er ihnen zeigen sollte, was zu tun war. Bis sie alle fertig waren, waren meine Hände ganz taub, aber ich begann neue Hoffnung für diese Menschen zu spüren. Als ich ankündigte, dass ich sie verlassen würde, war die Traurigkeit dieser kleinen Gruppe von Leuten fast greifbar gewesen. Aber sie waren nicht dabei stehen geblieben, sondern hatten sofort begonnen, ihre eigenen Entscheidungen zu treffen. Es entsprach nicht ihrem Wesen und auch nicht ihrer Kultur, aber sie zeigten klar, dass sie dazu in der Lage waren. Sie baten Gott, ihnen zu zeigen, was sie tun sollten, und dann wählten sie einstimmig Tementa.

Als diese Entscheidung gefällt war, begannen wir für Tementa zu beten. Zu diesem Gebetsgottesdienst setzten wir uns einfach auf ein paar herumliegende Baumstämme.

Als Nächstes wurden Omanka, Mincaye und Ompodaes älteste Tochter damit beauftragt, die winzige Apotheke zu leiten, die sie unter unserem Haus gebaut hatten. Tementa und Nemonta sollten den kleinen Laden und Tauschhandel beaufsichtigen, der auch dort war. Marga, Omanka und ein paar der anderen würden sich um die Kranken kümmern, die sich in Nemompade medizinisch versorgen lassen wollten. Sie hatten eine kleine medizinische Ausbildung erhalten und an den Trainigskursen teilgenommen, die ein Freund von uns in Nemompade abgehalten hatte.

Ginny, Stephenie, Jesse und ich kündigten an, dass wir diesen Waodani in der verbleibenden Zeit beibringen würden, was sie für ihre neuen Aufgaben wissen mussten.

* * *

Noch bevor dieser ereignisreiche Tag vorbei war, bekamen wir per Funk die Nachricht, dass der ein Jahr alte Enkel von Mincaye und Ompodae im Sterben lag. Zusammen mit den beiden sprang ich sofort ins Flugzeug und flog flussaufwärts nach Toñampade. Als wir dort ankamen, wurde uns gesagt, dass „Pummelchen“, wie wir ihn liebevoll nannten, schon gestorben war. Wir rannten alle zu dem Haus, in dem Mincayes und Ompodaes Tochter Sada mit ihrem Mann wohnte.

Pummelchen lag in einer kleinen Kiste, und man hatte ihm einen schicken Pullover angezogen. Um ihn war eine Decke gewickelt, und er sah so niedlich aus wie immer. Ich war sehr erleichtert zu sehen, dass er nur schlief und nicht tot war. Die Waodani sind mit dem Wort „tot“ ähnlich freizügig wie wir; schließlich sprechen wir ja auch davon, dass wir „todmüde“ sind oder dass etwas „nur über unsere Leiche“ geschehen wird. In Wao-Tededo kann tot eben auch alles Mögliche bedeuten.

Sada beobachtete mich genau, als ich ins Haus kam. Ich beugte mich vor, um Pummelchens Pausbäckchen zu streicheln. Er war mit einem Herzfehler geboren worden, den man hätte operieren müssen. Seine winzigen Lippen waren immer blau angelaufen. Aber als ich jetzt auf ihn heruntersah, wirkte er sogar gesünder als üblich, und sein Gesicht war ganz warm.

Sada beobachtete mich weiter. Sie muss gehofft haben, dass die Fremden irgendeinen Trick kannten, der ihren Kleinen retten konnte. Aber während ich noch dahockte und Pummelchen betrachtete, merkte ich, dass er inzwischen tatsächlich gestorben war. In dem ganzen Jahr, seit dieser kleine Junge auf der Welt war, hatte ich seine Mutter nicht ein einziges Mal ohne ihn gesehen. Sie muss an meinem Gesicht gesehen haben, dass Pummelchen nicht mehr lebte und dass es keine Hoffnung mehr gab. Sie begann haltlos zu schluchzen in einem Kummer, den nur jemand verstehen kann, der selbst ein Kind verloren hat.

Wie soll man eine Mutter trösten, die selbst noch fast ein Kind ist und deren Baby leblos vor ihr in einer roh zusammengezimmerten Kiste liegt? Wie könnte man es wagen, ihr in diesem Moment zu sagen, dass sie eines Tages nicht mehr ständig daran denken wird, wie er sich nachts an sie gekuschelt, friedlich an ihrer Brust genuckelt oder mit seiner kleinen Hand nach ihr gegriffen hat, wenn sie ihn in ihrem Tuch den ganzen Tag auf ihrer Hüfte trug?

Ompodae weinte auch um ihre Tochter und ihren Enkel. Als ich ihren Kummer sah, wurde mir wieder neu bewusst, wie viel sich geändert hatte, seit Ompodae in Sadas Alter gewesen war. Damals hatten Waodani-Mütter manchmal Babys wie den kleinen Pummelchen umgebracht und begraben, damit sie einen sterbenden Verwandten ins Leben nach dem Tod begleiteten. Und es war nicht ungewöhnlich, dass Väter ihrem Säugling den Schädel einschlugen, weil sein Weinen irgendwelchen herumstreunenden Feinden verraten könnte, wo sich die Familie befand. Wenn Kinder zu schnell hintereinander auf die Welt kamen, gab das einem

Vater auch einen Grund, eins von ihnen in den Fluss zu werfen oder im Urwald auszusetzen.

Während Sada noch schluchzte, bereitete Tidonae den kleinen Pummelchen zum Begräbnis vor. Seine Trauer sah anders aus als die seiner Frau. Er legte ein hübsches Transistorradio zu dem Kleinen in die Kiste, ein Paar winzige Schuhe und all die Spielsachen, für die er so lange hatte sparen müssen. Er spritzte Eau de Cologne über die Kiste und kramte dann eine Dose mit Talkum hervor. Er wollte Pummelchen unbedingt damit einreiben, also half ich ihm, den winzigen Körper wieder auszuwickeln.

Als Sada die winzigen Händchen wieder zum Vorschein kommen sah, begann sie den Kleinen wieder mit Küssen zu bedecken. Schließlich nahm Tidonae ihr den Jungen ab, und wir wickelten ihn wieder ein und legten ihn in seine Kiste zurück. Tidae befestigte ein Vorhängeschloss daran, was mich zuerst etwas verwirrte. Aber dann fiel mir ein, dass man in Toñampade alles einschließen musste, was wertvoll war. Pummelchen war das Wertvollste, das Tidonae besaß, und so war es nur logisch, dass er die Kiste mit einem Schloss versah.

Vor einigen Monaten hätte es eine Möglichkeit gegeben, Pummelchen zu retten, aber ich hatte mich dagegen entschieden. Der Herzfehler war behandelbar, und ich besaß genug Geld, um für die Operation zu bezahlen. Ich wurde als Teil von Mincayes Familie angesehen, und so hätte ich ihnen theoretisch helfen können, ohne mich damit allen anderen und ihren kostspieligen ärztlichen Behandlungen verpflichtet zu fühlen. Aber ich wusste, dass das nicht richtig wäre.

Von dem Geld, mit dem man Pummelchens OP bezahlte, hätte man Hunderte von Menschen mit chronischer Malaria behandeln können. Hunderte hätten sich untersuchen lassen können, und es wäre immer noch genug Geld übrig gewesen, um jedes Dorf mit Antiserum gegen Schlangengifte zu versorgen. Und außerdem bestand die Gefahr, dass Pummelchen die Operation nicht überlebte. Dann hätte ich Sada und Tidonae erklären müssen, warum mein Hilfsversuch ihn viel früher hatte sterben lassen, als wenn ich nicht eingegriffen hätte.

Der entscheidende Grund dafür, dass Pummelchen nicht operiert worden war, bestand allerdings darin, dass seine Eltern die schmerzhafte Ungewissheit nicht verkrafteten. Sie wollten nicht Fremden die Verantwortung für das Wohl ihres Kindes oder für ihr eigenes Leben überlassen. Und diese Entscheidung lag schließlich bei ihnen, nicht bei mir.

* * *

Bevor wir abreisten, mussten wir unseren Leuten unbedingt noch einiges beibringen. Dass Tementa lernte, wie man einen Laden betreibt, war ein gutes Beispiel. Der Hintergedanke bei all diesen kleinen Unternehmen war immer gewesen, dass sie dem Stamm nutzen, und nicht, dass sie Gewinn erwirtschaften sollten. Andererseits musste sich jedes von ihnen selbst finanzieren.

Bisher hatte ich mich immer darum gekümmert, dass wir alles vorrätig hatten, was die Waodani in Nemompade kaufen wollten. Wir hatten Macheten, Äxte, Feilen und Schleifsteine im Sortiment und auch einige Luxusgüter, zum Beispiel Seife, Gummistiefel, Streichhölzer, Seil, Nägel, Rucksäcke und ein paar „Delikatessen" wie Salz, Zucker, Reis, Schmalz und Öl.

Ich hatte einigen beibringen wollen, in Puyo um bessere Preise zu feilschen, aber die meisten von ihnen waren zu schüchtern. Die Ladenbesitzer konnten einem Waodani für etwas, das er gerne haben wollte, einen beliebigen Preis nennen, und er reichte ihnen wortlos das Geld über die Theke. Die älteren Leute, die nicht zählen konnten, waren in dieser Hinsicht besonders verwundbar.

Gelegentlich flogen Händler mit ihren Produkten in die Waodani-Dörfer. Zu Beginn unserer Zeit bei den Waodani war es nicht unüblich, dass ein solcher Händler ein Paar Gummistiefel, das vielleicht vier Dollar wert war, gegen eine wunderschöne, handgefertigte Hängematte oder ein Blasrohr eintauschte. An einer solchen Hängematte arbeitet man mindestens einen Monat, wenn man sonst fast nichts anderes macht! Bevor wir unseren Laden in Nemompade eröffneten, konnten die Waodani die Dinge aus der Außenwelt nur bei diesen „fliegenden Händlern" bekommen oder sie mussten ihre jungen Leute in die Städte schicken, um diese Dinge dort zu kaufen.

Aber auch dort zahlten sie oft die reinsten Wucherpreise und wurden erst recht übers Ohr gehauen. Ein beliebter Trick, mit dem die Fremden die unerfahrenen Waodani-Jugendlichen hereinlegten, bestand darin, ihnen etwas Alkoholisches zum Trinken anzubieten. Sie wussten nicht, dass man ein solches Angebot auch ablehnen kann, und so tranken sie mit. Manchmal wurde ihnen ihr Geld gestohlen, sobald sie nicht mehr klar denken konnten. Manchmal blieben sie auch auf der Rechnung für eine große Gruppe sitzen.

Wenn die Jugendlichen das Geld, das ihnen von ihrer Sippe anvertraut worden war, verloren hatten, trauten sie sich oft nicht mehr heim. Sie begannen irgendwo in den Straßen zu übernachten, und nach einiger Zeit lauerten sie selbst den nächsten Opfern auf. Weil Sparsamkeit oder gar Geiz in der Waodani-Kultur nicht vorgesehen sind, fühlten sich die Neuankömmlinge oft verpflichtet, ihre Vettern in der Stadt mit Essen, Cola und Brot zu versorgen.

Einer von Dayumaes Schwiegersöhnen war in einer dieser Grenzstädte gewesen. Er lief einfach eine Straße entlang, als er an einer Kneipe vorbeikam. Drinnen war ein Streit ausgebrochen, und die Prügelei begann sich auf die Straße auszubreiten, als er gerade dort entlangkam. Einer der Streithähne hielt ihn für einen von der Gegenpartei und schnitt ihm mit einer zerbrochenen Flasche die Kehle durch. Er kam nicht wieder nach Hause.

Die Mädchen erwischte es oft nch schlimmer. Sie gingen schrecklich gerne in die Städte, weil es dort so hübsche Dinge anzuschauen gab und weil sie nicht als wilde „Aucas“ gelten wollten. Sie wussten nur nicht, dass man außerhalb des Dschungels nicht einfach einen Unterstand bauen kann, in dem man dann die Nacht verbringt. Und sie konnten dort auch nicht ohne Weiteres Früchte und Tiere mitnehmen, an denen sie vorbeikamen.

Wenn sie Hunger hatten, waren sie leichte Beute für die *cowodi*-Jungs, die sie oft überredeten, im Austausch gegen ein billiges Kleid oder eine Mahlzeit mit ihnen zu schlafen. Bei den Waodani galt es nicht weiter als tragisch, wenn eine junge Frau vor der Ehe sexuell aktiv war – es sei denn, sie wurde schwanger. Dann wurde das Leben sehr viel komplizierter. In vielen Siedlungen wuchsen zu der Zeit, als Tante Rachel starb, gemischte Kinder heran. Und in Toñampade, wo die Lehrer leichten Zugang zu den Waodani-Mädchen hatten, gehörten solche Vorfälle zur Tagesordnung.

Der Laden in Nemompade bot den Waodani aus der Umgebung also sehr viel mehr als allerlei praktische Dinge zu erschwinglichen Preisen. Er bot eine Alternative zu den Gefahren, die mit Einkaufstouren in die Außenwelt verbunden waren.

Ich erklärte Tementa, dass er bei seinen Marktbesuchen in der Stadt immer einen niedrigeren Preis nennen sollte als den, den der Händler angab. Grundsätzlich wusste er schon, worum es beim Feilschen ging, aber er war eben nicht nur extrem intelligent, sondern auch ruhig und zurückhaltend.

„Wenn du für ein Teil einen guten Preis ausgehandelt hast, sagst du dem Händler, dass du ganz viele davon haben willst, und dann kannst du es noch einmal billiger bekommen“, erklärte ich. Ich sah den Waodani, die uns zuhörten, an, dass sie mich für ziemlich verrückt hielten. Aber Tementa schien mir genau zuzuhören, und er schrieb alles in ein kleines Notizbuch auf.

Als Nächstes erklärte ich ihm, dass er aufschreiben sollte, was er für jedes einzelne Teil bezahlt hatte. Dazu musste er natürlich den Gesamtpreis von, beispielsweise, einer Kiste Seife durch die Anzahl der Seifenstücke teilen, die in der Kiste waren. Dadurch erhielt man den Einzelpreis. Zu diesem Einzelpreis fügten wir noch einen gewissen Prozentsatz hinzu, um die Kosten für Transport oder Ausschussware abzudecken.

Die Sache mit den Prozenten erwies sich als echte Herausforderung, und Tementa verstand das einfach nicht. Ich führte ihm das Konzept mit den Bohnen in Ginnys Vorratsregal vor. Wenn man hundert Bohnen hat und ausrechnen möchte, wie viel zwanzig Prozent davon sind, zählt man einfach zwanzig weitere Bohnen ab. Das verstand er. Aber er kam nicht mehr mit, als es nur noch um fünfzig Bohnen ging, nicht mehr um einhundert. Wie konnte ich ihm nur erklären, dass zwanzig Prozent von fünfzig zehn sind und nicht zwanzig! „Wieso sind zwanzig Prozent einmal zwanzig Bohnen und beim nächsten Mal nur zehn?“

Cowodi kommen mit all diesen Zahlen für gewöhnlich gut zurecht; schließlich wird ihr Leben von ihnen beherrscht und sie verbringen viele Schuljahre damit, sie zu verstehen. Sie sind dafür völlig hilflos, wenn sie im Regenwald einen Unterstand bauen sollen. Sie können einen starken Stock kaum von einem morschen unterscheiden und wissen erst recht nicht, wie sie eine frische, brauchbare Liane von einer alten, brüchigen unterscheiden sollen, die bei der leisesten Berührung auseinanderfällt.

Die Lösung für unser Prozent-Problem erschien in Gestalt eines kleinen solarbetriebenen Taschenrechners, mit dem Tementa gut zurechtkam. Er verstand das Konzept zwar immer noch nicht, aber er lernte schnell, den Preis für eine Kiste Seife einzutippen, ihn durch die Anzahl der Seifenstücke zu teilen und den Betrag für dieses eine Stück dann mit 1,2 zu multiplizieren.

Und eigentlich musste er das mit den Prozenten ja auch nicht verstehen, wenn er damit weiter nichts zu tun hatte. Er wollte schließlich nicht Mathelehrer werden, sondern nur ausrechnen, wie viel Geld er für seine Waren verlangen konnte.

Es gab allerdings eine Sache, die Tementa schneller begriff als die meisten Nordamerikaner, nämlich die Tatsache, dass man, wenn man über einen längeren Zeitraum mehr Geld ausgibt, als man einnimmt, schnell in finanzielle, eheliche und manchmal auch gesundheitliche Schwierigkeiten gerät.

Während Ginny, Jesse, Stephenie und ich uns darauf konzentrierten, Tementa und den anderen diese Fähigkeiten beizubringen, die sie langfristig brauchen würden, um für sich selbst zu sorgen, fragte ich mich, wie andere Stämme im Regenwald eigentlich mit diesen Problemen umgingen. Fast durchgängig lautete die Antwort: „Gar nicht." Sie verließen sich auf die Fremden, die es übernahmen, sie zu lehren, zu heilen, von einem Ort zum anderen zu befördern, ihre Verständigung über große Strecken aufrechtzuerhalten und ihnen allerhand Nützliches zu verkaufen.

Immer mehr wurde mir bewusst, dass die Waodani mit ihren Nöten nicht allein dastanden. Überall in der Welt, wo traditionelle Kulturen auf die moderne Zivilisation stießen, geschah das Gleiche, und ich fragte mich, wer all den anderen Volksgruppen half, die in eine solche Abhängigkeit geraten waren.

16. Das Ende vom Anfang

Jesse und Stephenie mussten im August in den USA zurück sein, um wieder zur Schule zu gehen, und so peilten wir das als unser Abreisedatum an. Wir hatten das Gefühl, dass eine düstere Wolke über uns hing, je näher dieses Datum rückte. Ich brauche normalerweise immer eine neue Herausforderung, nach der ich mich ausstrecken kann, aber das hier war irgendwie anders. Die einzige Herausforderung, die sich uns in Bezug auf unseren Weggang stellte, bestand darin, uns alle darauf vorzubereiten.

Ginny schien die gleiche tiefe Traurigkeit zu empfinden wie ich, eine Traurigkeit, die mit eisigen Tentakeln nach unserem Herzen griff. Zum Glück hatte Shaun beschlossen, zurückzukommen und die Sommerferien bei uns zu verbringen. So gab es wenigstens etwas, auf das wir uns freuen konnten, zumal Jesse beschlossen hatte, schon vor uns in die Staaten zurückzukehren und den Sommer über arbeiten zu gehen.

Ich fand es schrecklich, Jesse abreisen zu sehen. Er fühlte sich in Gegenwart der Waodani so wohl, und ihnen ging es mit ihm genauso. Obwohl er viel größer war als sie alle, merkten die Waodani, dass er sich schnell das Haar so schnitt wie sie und sich ihren Gewohnheiten mehr und mehr anpasste. Dafür schlossen sie ihn umso fester ins Herz.

Ich würde Jesse sehr vermissen, und ich wusste, dass er einige Zeit brauchen würde, um sich wieder an unsere alte Welt zu gewöhnen. Es war auf jeden Fall besser, wenn er das während des Sommers beim Arbeiten tat als später in der Schule.

Ich weiß aus eigener Erfahrung, wie einsam man sich fühlen kann, wenn die Menschen, von denen man umgeben ist, nicht verstehen können, welche einschneidende Erfahrung einen geprägt hat, wenn man für längere Zeit im Dschungel gelebt hat. Ich glaube, dass viele meiner damaligen Klassenkameraden und Freunde sich unter anderem auch deshalb nach dem Vietnamkrieg nie wieder richtig in ihr ursprüngliches Umfeld eingefügt haben.

Gleich nach Pummelchens Beerdigung flog ich wieder nach Nemompade, um Jesse abzuholen. Er hatte mich gebeten, ihn vor seinem Abflug noch einmal für einen Besuch nach Terminal City zu fliegen. Jesse flog nur selten mit mir, weil er in Nemompade immer so viel zu tun hatte. Ich verließ mich darauf, dass er während meiner Abwesenheit alle möglichen Dinge beaufsichtigte, und hatte vollstes Vertrauen, dass er auf fast jede Situation angemessen würde reagieren können. Außerdem standen die Waodani voll hinter ihm, und jeder, der sich mit ihm anzulegen wagte, würde es mit einem ganzen Heer von Waodani zu tun bekommen.

Aber Terminal City noch einmal zu sehen, war Jesse wirklich wichtig, also flog ich die paar Meilen nach Damointado. Als wir ein paar Mal über die engen Schluchten hinwegflogen, zeigte ich Jesse, wo Gikita und Mincaye gewohnt hatten und Nenkiwi und Dabo. Dann machte ich ihm Opa Nates Eimertrick vor und drehte ein paar enge Runden zwischen zwei steilen Hügeln, die die beiden Flüsse unten in ihre Grenzen zwangen. Papa hatte sich mit den Menschen dort unten so gerne anfreunden wollen. Und jetzt waren mit Jesse und mir die beiden nächsten Generationen hier im Dschungel und taten genau dasselbe wie er. Aber diesmal waren die Menschen dort unten, die uns zuwinkten, schon Freunde.

Von den mehr als zweitausend Flügen, die ich während unserer Zeit mit den Waodani unternommen hatte, war dies der einzige, den ich allein mit Jesse unternahm.

Ich war traurig, als Jesse und ich nach Nemompade zurückflogen. Mir wurde bewusst, dass dies vermutlich das letzte Mal war, dass ich diese Strecke flog.

Nur zum Spaß flog ich über die Piste hinweg und auf den Fluss zu, und ich würgte den BTS extra ab, soweit es ging, flog um die Biegung des Flusses und bog in die gerade Strecke vor unserem Haus ein, an dem Jesse unter so viel Mühe mitgebaut hatte. Kurz bevor unser Flugzeug in die Uferböschung krachte, riss ich es hoch und wackelte ein bisschen mit den Tragflächen, um die Leute zu grüßen, die herbeigelaufen waren, um zu sehen, was los war. An dem Blick auf Jesses Gesicht konnte ich ablesen, dass die Leute da unten in seinem Herzen genauso ihre Wurzeln geschlagen hatten wie in meinem.

Der nächste Tag war Gottes Tag, und dieser hier sollte ein ganz besonderer werden. Shaun, Jesse und Stephenie hatten gesagt, dass sie noch getauft werden wollten, bevor wir Nemompade verließen. Die drei Männer, die Papa vor dreißig Jahren sozusagen in den Tod und mich wenig später in ein neues Leben hineingetauft hatten, waren wegen ihres Ältestentreffens gerade in Nemompade. Ich fragte sie, ob sie mir helfen würden, meine Kinder zu taufen, wie sie damals mich getauft hatte. Bei den jungen Waodani sprach sich schnell herum, was wir vorhatten, und einige von ihnen baten darum, auch *aepaenigii* zu werden.

Die Gläubigen aus Nemompade versammelten sich am Morgen gegen acht in ihrem *Waengongi onco* und schickten jemanden, uns zu holen. Für gewöhnlich war es Mincaye oder Tementa, der die Leute zusammenrief, um „mit *Waengongi* zu reden und etwas über ihn zu lernen". Tementa lehrte am häufigsten; er las dann eine Stelle aus Gottes Buch vor und wandte sie auf ganz konkrete Situationen an, denen wir alle täglich begegneten.

Der Gottesdienst dauerte fast fünf Stunden. Die einzige Pause gab es, als Odae, unser Schwein, die Liane durchriss, mit der es festgebunden worden war, und sich uns anschloss. Alle unsere Hunde, ein paar Affen und diverse zahme Vögel waren schon da. Als Odae auftauchte, jagte ein furchtloser Dackel namens Dobson ihn quer durch den Langbau. Ein paar Sekunden später kamen sie zurück, nur dass diesmal Odae den Dackel jagte. Alle Hunde fingen an zu bellen, und dann begann eine große Hetzjagd.

Die Leute sprangen von den Bänken auf und begannen auf die Tiere einzuschimpfen. Wini hatte gerade mit seiner Predigt begonnen, als um ihn herum das Chaos ausbrach. Er redete einfach weiter. Ich ging davon aus, dass das meiste von dem, was er sagte, vermutlich trotzdem ankam. Die Waodani sind es schließlich gewöhnt, mitten im größten Durcheinander mehrere Gespräche gleichzeitig laufen zu haben.

Das war wieder einmal zu viel der Aufregung für Macho, unseren Wollaffen, der oben in den Dachbalken saß. Und wie immer, wenn er nervös war, begann er auch jetzt zu pinkeln. Wir setzten uns alle in eine andere Ecke des Raums, um von oben keine Dusche abzubekommen. Inzwischen war Odae auch durchgedreht, und so hatte er aus der Drüse an seinem Rücken eine eklige, übel stinkende Flüssigkeit abgesondert. Die Männer lachten alle, aber die Frauen fanden das offensichtlich nicht komisch. Sie griffen sich Lianen und begannen damit auf die Tiere einzuschlagen. Ich glaube, ein paar Schläge waren auch für die Männer bestimmt.

Wini predigte unbeirrt weiter.

Als sich alle wieder beruhigt hatten, reichten die Frauen Pisangsaft und Suppe mit Wildschweinfleisch und gekochtem Maniok herum. Tementa stand auf und wandte sich an die Menge, die inzwischen auch Leute aus anderen Dörfern umfasste. Er begann von den Dörfern zu sprechen, in denen es noch keine Gott-Folger gab, die den Leuten beibringen konnten, wie sie auf *Waengongis Pfad* gehen konnten. Diese lagen sehr weit flussabwärts, und man brauchte zu Fuß Tage oder gar Wochen, um sie zu erreichen. Diese und andere Dörfer hatten darum gebeten, dass auch zu ihnen einige Gott-Folger kommen und sie lehren sollten - aber bisher war noch niemand dorthin gegangen.

Dann begannen Dyuwis Sohn Tañi - der bei der Waodani-Variante von Räuber und Gendarm, bei der man echte Blasrohre und Pfeile verwendete, ein Auge verloren hatte - und Tementa davon zu sprechen, wie wichtig es ist, dass alle Gott-Folger getauft werden. Nachdem er ein bisschen mehr als eine Stunde darüber geredet hatte, fand Tementa, dass es an der Zeit war, die zehn jungen Leute *aepaenigii* zu tauchen. Ich hatte mit meinen drei Kindern natürlich vorher schon geredet.

Wir verteilten uns auf mehrere Kanus und fuhren zu einem etwas breiteren Ufer ein wenig flussaufwärts. Ich hatte Mincaye, Kimo und Dyuwi gebeten, mit mir zusammen meine drei Kinder zu taufen und für Shaun, Jesse und Stephenie zu beten, aber ich glaube, sie hatten das so verstanden, dass sie die drei noch unterweisen sollten.

„Itota ist gerne für uns gestorben", erklärte Mincaye Jesse also, „und so sollen wir jetzt für ihn sterben. Du musst dich auf Gottes Pfad halten. Geh nicht nach rechts und nach links; bleib einfach immer, immer auf Gottes Pfad!"

Kimo sprach nur ganz kurz und ganz leise mit Stephenie, er sah freundlich, aber sehr bestimmt aus. Er beugte sich mit einer dramatischen Geste zu ihr herüber und beobachtete sie genau. Dann wandte er sich an mich und sagte: „Sie versteht; das reicht." Zusammen ließen Kimo und ich Stephenie ins Wasser hinunter, wie Mincaye und ich es mit Jesse gemacht hatten. Es war ein Symbol dafür, dass wir uns selbst sterben, und ich war so froh, dass es nur ein Symbol war. Stephenie war so unglaublich lebenshungrig, dass ich mir ein Leben ohne sie gar nicht vorstellen konnte. Ich war so dankbar dafür, wie schnell sie die Sprache der Waodani und viele ihrer Gebräuche gelernt hatte. Sie war praktisch eine blonde Waodani. Und abgesehen davon, dass sie vieles von den Waodani übernommen hatte, hatte sie ihnen auch ihr junges Herz geöffnet. Sie begriff sehr gut, wie ausgeliefert und hoffnungslos sich die Jugendlichen unter den Waodani fühlen mussten. Immer wenn ich entmutigt war, erinnerte sie mich daran, dass wir nicht irgendwelcher Ergebnisse wegen hergekommen waren, sondern aus Liebe zu diesen Menschen und aus Gehorsam Gott gegenüber. Sie war so viel weiser und reifer, als ihre sechzehn Jahre eigentlich erwarten ließen.

Der freundliche Dyuwi hatte Shaun Toñae ausgewählt. Dyuwi ist der reinste Marathon-Beter. Er betet einfach schrecklich gerne für alles und jeden. Manchmal habe ich mir gewünscht, seine Gebete würden ein kleines bisschen kürzer ausfallen, aber es war immer etwas ganz Besonderes, wenn er für unsere Familie betete. Und dies hier war natürlich ohnehin eine besondere Gelegenheit.

Wir waren eine ganz ansehnliche Menschenmenge; wegen des Ältesten-Treffens waren viele Waodani nach Nemompade gekommen, und außerdem waren einige Freunde von uns aus Shell zu Besuch da.

Am Abend zeigten wir den Jesus-Film, der sich am Lukas-Evangelium orientiert. Mehr als hundert Leute hatten sich in unserem Haus versammelt, um diesen Film auf unserem mit 12 Volt betriebenen 36cm-Fernseher anzuschauen. Er war auf Englisch, aber das schien niemandem etwas auszumachen. Die Leute, die die Geschichte kannten, erzählten sie einfach beim Zuschauen denen, die sie noch nicht gehört hatten.

* * *

In den letzten Monaten, bevor wir abreisten, war ich so wenig geflogen wie möglich. Trotzdem verging kaum ein Tag, an dem ich nicht zumindest einen oder zwei Flüge absolvierte, und manchmal war ich doch wieder den ganzen Tag unterwegs. Ich fand das herrlich.

Fast auf jedem Flug schöpfte ich das zulässige Frachtgewicht voll aus – wobei dieses Gewicht von Piste zu Piste und Wetterlage zu Wetterlage unterschiedlich ausfiel. Wenn ein starker Wind ging, Pfützen auf der Piste waren oder die Landebahn ganz mit Gras überwuchert war, wirkte sich das auf die Ladekapazitäten aus. Ich war mehr als zweitausend Mal geflogen, seit ich hier war, und weil ich über jeden dieser Flüge und alle Landebahnen gewissenhaft Buch geführt hatte, konnte ich inzwischen gut abschätzen, wie viel Fracht ich unter welchen Umständen mitnehmen konnte.

Ich versuchte natürlich, leicht genug zu sein, dass ich beim Abflug über die Baumspitzen hinwegkam, aber ich wollte doch so schwer sein, wie irgend möglich, um dieses wertvolle Hilfsmittel voll auszunutzen, das die Waodani immer noch liebevoll *ebo*, Holzbiene nannten.

Einmal landete ich in Nemompade und begann das Flugzeug auszuladen, als ich Ginny am Rand bemerkte. Sie kam dort öfters hin, damit wir zusammen nach Hause laufen konnten. In unserem Haus war immer so viel los, dass wir auf dem Pfad eher allein sein konnten als in unserem Schlafzimmer. Ein paar Mal erwischten uns die Waodani, wenn wir uns küssten, aber sie kicherten bloß darüber.

Ginny sah zu, wie ich den Passagieren aus dem Flieger half. Schließlich fragte sie: „Wie viele Leute hattest du diesmal eigentlich dabei?" Darüber musste ich erst einmal nachdenken. Auf dem Copilotensitz hatte ein Mann gesessen, der seinen kleinen Sohn auf dem Schoß hielt. Hinten waren zwei Mütter, die auch Kinder auf dem Schoß hielten, und ein Junge von vielleicht zehn oder elf Jahren, der zwischen den Frauen angeschnallt war. Acht Leute in einem Viersitzer. Das war nicht die Regel, aber die absolute Ausnahme war es auch wieder nicht.

Was den Kraftstoff betraf, war ich dagegen ganz schön penibel. Wir bewahrten ihn in großen Fässern in einer strohgedeckten Hütte auf, die neben unserem strohgedeckten Hangar stand. Ich zeigte Tementa, wie man das Benzin aus diesen Fässern in einen sauberen 25-Liter-Behälter saugen konnte, von dem aus wir es in einen Trichter und durch eine Art Fensterleder hindurchgossen. Letzteres sollte Kondenswasser zurückhalten, das sich eventuell im Fass gebildet und in den Kraftstoff getropft war.

Auf durchschnittlich acht Flugminuten kamen bei mir ein Start und eine Landung. Das verlangt einem Flugzeug ganz schön viel ab. Wenn ich nicht aufpasste, konnten Teile kaputtgehen, und wenn ich unterwegs war, konnte ich mir das einfach nicht leisten. Bei den zweitausenddreihundert Flügen setzte das Herz des guten BTS nur einmal aus: Eine Sekunde lang schienen mehrere Zylinder nicht zu zünden. Mein Herz begann sofort wie wild zu schlagen, Adrenalin schoss mir durch den Körper und mir wurde der Mund ganz trocken. Wahrscheinlich war nur ein Tropfen Wasser in den Kraftstoff geraten. Beim Abheben konnten schon wenige Tropfen tödlich sein.

Nachdem Tementa damit begonnen hatte, unser Flugzeug zu betanken, wusste ich, dass ich mich auf ihn genauso verlassen konnte wie auf mich. Er hatte zwar noch nicht so viel Erfahrung, aber dafür wurde er auch nicht ständig abgelenkt.

Als ich den Waodani eröffnet hatte, dass wir gehen mussten, konnten sie damit kaum umgehen. Mit der Zeit gewöhnten sie sich aber an den Gedanken. Doch je mehr sie sich damit abfanden, umso schwerer wurde mir das Herz bei dem Gedanken an unsere Abreise. *Wir sind hier so glücklich*, musste ich ständig denken, *und wir merken, dass wir hier wichtig sind, also warum bleiben wir nicht einfach hier?* Und dann musste ich mich immer wieder daran erinnern, dass wir um der Waodani willen gingen, nicht um unseretwillen. Dieses kleine Frage-und-Antwort-Spiel fand wohl hunderte Male in meinem Kopf statt.

Ginny und Stephenie hatten mit der gleichen Frage zu kämpfen. Das Leben bei den Waodani war an sich nicht besonders lustig. Aber die Menschen im Stamm, die uns liebten und uns vertrauten, taten das mit einer solchen Hingabe, dass es kaum vorstellbar war, sie nicht mehr abends mit einer Kerze in der Hand abziehen zu sehen, mit ihnen zusammen Videos zu schauen, sie auf unserem Boden übernachten zu lassen oder gelegentlich auf ihrem zu schlafen. Ein Leben, in dem wir nicht mehr mit ihnen jagen und fischen gehen konnten, in dem wir sie nicht mehr verarzten oder von einem Dschungeldorf zum anderen fliegen oder mit ihnen leben konnten, schien undenkbar.

17. Ein Speer am falschen Ort

Die *Colonos* – Siedler, die sich einfach im Waodani-Gebiet niederließen – waren schon ein Problem gewesen, seit die Ölgesellschaften Straßen durch den Urwald gebaut hatten. Kurz bevor wir abreisten, brachen die alten Konflikte wieder auf.

Die Regierung berief ein Treffen in Cononaco Texaco ein, einem immer weiter wachsenden Stützpunkt der Ölgesellschaft am Cononaco-Fluss. Manche der jungen Männer wussten, dass viele dieser *colonos* Kolumbianer waren, die sich den ecuadorianischen Gesetzen einfach widersetzten, um ihren Willen zu bekommen. Die jungen Leute fanden, dass es gut aussehen würde, wenn alle Waodani, die an diesem Treffen teilnahmen, in einem leicht angepassten traditionellen Kostüm kamen und ihre Speere trugen.

Dayumae wollte, dass ich sie und ein paar der anderen *piquianani* (Alten) zu der Konferenz brachte. Ich stimmte zu, erklärte ihnen aber, dass ich sie nicht alle zurückfliegen konnte. Die Rollbahn der Ölgesellschaft war für Hubschrauber und besonders kleine Flieger vorgesehen, und so konnte ich zwar mit einem voll besetzten Flugzeug landen, aber nicht abheben. Beim Rückflug konnte ich nur eine Person befördern, und sogar dazu musste ich extra an einem Fluss entlangfliegen, damit ich genug Schwung hatte, um über die Baumspitzen hinwegzukommen.

Nachdem ich also Dayumae und die anderen abgesetzt hatte, flog ich nach Nemompade zurück und wartete auf Neuigkeiten. Wir hörten schon bald etwas, aber es war nicht das, was wir erwartet hatten.

Wir bekamen die Nachricht, dass der alte Babae auf einen *colono* mit dem Speer eingestochen hatte. Alle waren geflohen, wurde uns erklärt, nur nicht die Alten, die jetzt dringend darum baten, dass ich sie abholte. Ich flog sofort wieder ab.

Als ich ankam, erzählte mir Dayumae mit dramatischen Gesten, was passiert war. Ganz offensichtlich waren etwa doppelt so viele *colonos* da gewesen wie Waodani. Schwerbewaffnete Soldaten sollten dafür sorgen, dass alles friedlich verlief, obwohl niemand wirklich damit rechnete, dass es Probleme geben würde. Die *colonos* hatten auch Gewehre dabei, aber das war nichts Ungewöhnliches. Im Regenwald trägt fast jeder eine Waffe.

Die Gruppe wurde in ein typisches Dschungelhaus geführt, das Wände aus roh zugeschnittenen Holzplanken und ein Blechdach hatte. Drinnen ging es sehr bunt und laut zu. Ein Regierungsbeamter hatte gerade begonnen, alle zu begrüßen, als Babae plötzlich etwas rief. Bevor jemand etwas unternehmen konnte, hatte der alte Krieger schon seinen Speer gezückt und ihn einem der *colonos* durch den Bauch gerammt. Er hatte mit einer solchen Wucht zugestoßen, dass der Speer durch den Mann drang und hinter ihm in der Wand stecken blieb.

Dyuwi, so erzählte Dayumae weiter, hatte sofort nach Babaes Speer gegriffen und ihn weiter in Richtung des Verwundeten gedrückt. Das sah Dyuwi gar nicht ähnlich. Aber als Dayumae erzählte, dass Kimo es Dyuwi gleichgetan hatte, wurde mir klar, dass irgendetwas nicht stimmte. Es stellte sich heraus, dass die beiden Babae entgegentraten, weil der den Speer aus der Wand ziehen wollte, um noch einmal zustoßen zu können. Er hatte ja nur den einen Speer dabei. Ich hätte erwartet, dass die Soldaten daraufhin mit ihren Maschinengewehren in die Menge schossen, aber Dayumae versicherte mir, dass das nicht passiert war. „Die Soldaten hatten selber Angst. Sie sind zusammen mit den *colonos* weggerannt und einfach verschwunden. Ich wusste, dass sie zurückkommen würden, da habe ich dir schnell Bescheid gesagt. Ich will nicht mehr hier sein, wo alle kämpfen und viele sterben werden."

Offensichtlich war es zwischen Babae und allerhand Fremden in der Vergangenheit öfter zu solchen Auseinandersetzungen gekommen. Die Waodani hatten mir erzählt, dass Babae, als Texaco eine Straße ins Waodani-Gebiet baute, unbedingt die *cowodi* sehen wollte. Er hatte sich ein Langhaus direkt an diese Straße gebaut und einige Gärten angelegt. Aber dann hatte er vor der Ernte Hunger bekommen. Obwohl er nie Gärten der Ausländer gesehen hatte, wusste er, dass sie jede Menge zu essen hatten. Er sah zu, wie sie mit ihrem großen *autodi* Essen zu ihren Arbeitern gingen, und eines Tages sagte er ihnen, dass er auch etwas zu essen wollte.

Sie kannten seine Sprache zwar nicht, aber schließlich verstanden sie, was er meinte, und gaben ihm zu essen. Er muss gedacht haben, es sei nur recht und billig, dass sie mit ihm teilten, denn schließlich nahmen sie sein Land weg; ihm Essen zu geben, war das Wenigste, das sie tun konnten.

Als die Trockenzeit kam, wurde auf dem geschotterten Weg viel Staub aufgewirbelt. Babae mochte den Staub nicht, also stellte er sich an die Straße und sagte den Fremden, sie sollten langsamer fahren. Doch weder verstanden sie ihn, noch konnten sie ihn überhaupt hören, wenn sie mit ihren lauten Pritschenwagen an ihm vorbeibretterten. Für ihn stellte sich das so dar, dass „die *cowodi* nicht auf ihn hörten". Also schnappte er sich einen Stein und warf ihn auf das *autodi*, so dass sie anhalten und hinhören mussten. Sie hielten auch an, aber anstatt auf ihn zu hören, schrien sie ihn an.

Also fällte Babae einen Baum so, dass er quer über die Straße fiel, und als der nächste Wagen vorbeikam, stach er mit seinem Speer alle Reifen kaputt, damit er langsamer fuhr. Einer von der Ölgesellschaft muss sich gedacht haben, dass jemand Babae eine Lektion erteilen sollte. Schließlich ging es nicht an, dass so ein alter „Indianer" die Arbeiter abschreckte. Schließlich, so erzählten mir die Waodani, schickte die Ölgesellschaft einen *colono*, der Babaes Haus anzündete. Babae versuchte, den Brandstifter zu finden, um sich zu rächen, aber er hatte keinen Erfolg.

Während der Einführungsrede auf der Konferenz jedoch entdeckte Babae den Mann, nach dem er gesucht hatte. Es war die ideale Gelegenheit, mit ihm abzurechnen, und praktischerweise hatte er seinen Speer dabei. Also stach er auf ihn ein. Wir erfuhren nie, was aus diesem *colono* wurde, aber wir hofften sehr, dass er überlebte und unter den anderen verbreitete, dass mit den Waodani nicht zu spaßen war.

Wochenlang hielten sich Gerüchte, dass *colonos* unterwegs waren, um an den Waodani Rache zu nehmen. Ich glaubte das eigentlich nicht, und hoffte verzweifelt, dass ich damit richtig lag. Die *colonos* waren vor einem einzigen alten Krieger mit einem Speer geflüchtet, und die Soldaten waren mit ihren Automatikwaffen schon vorher weggerannt. Ich konnte mir nicht vorstellen, dass es jemand riskieren würde, den berüchtigten Waodani auf ihrem eigenen Stammesgebiet entgegenzutreten.

Es gab so viele Bereiche, in denen die Waodani scheinbar hilflos waren, sich selbst zu beschützen. In politischen Fragen waren sie unerfahren. In wirtschaftlicher Hinsicht waren sie zu Bettlern geworden. Aber es bestand kein Zweifel daran, dass sie in ihrem eigenen Gebiet immer noch die überlegenen Guerillakämpfer waren. Die Waodani werden eher dadurch unterworfen, dass man sie in einer dauerhaften Abhängigkeit hält als durch militärisches Eingreifen. Sie leben nicht auf einem offenen Gelände, auf dem man sie als Gruppe angreifen könnte. Und von frühester Kindheit an lernt jeder Waodani, wie er innerhalb von Sekundenschnelle im dichten Blätterwerk seines Urwalds verschwinden kann. Um lange Zeit überleben zu können, brauchen sie eigentlich nichts weiter als einen scharfen Stein, wie man ihn an fast jedem Fluss finden und als Messer benutzen kann. Der Anschlag auf den *cowodi* hatte viele der alten Waodani verstört, aber er zeigte auch, dass die Waodani noch nicht aufgegeben hatten.

* * *

Jesse sollte am letzten Tag im Mai abreisen. Mir graute schon davor, nicht nur weil Ginny und ich ihn furchtbar vermissen würden, sondern auch weil er sich von Mincaye verabschieden musste. Wir wussten, dass das für sie beide sehr schmerzhaft werden würde.

Als ich das Flugzeug belud, sah ich Jesse und Mincaye auf der anderen Seite des Flugzeugs unter der Tragfläche stehen. Sie hatten die Arme umeinander geschlungen und die Köpfe zusammengesteckt, und als ich genauer hinsah, merkte ich, dass sie beide weinten. Ich hatte Mincaye noch nie weinen sehen. Es brach mir fast das Herz und berührte mich sehr.

Mincaye hatte in so vieler Hinsicht Jesses wirklichen Großvater ersetzt – jenen Mann, den er selbst umgebracht hatte. Mein Vater hätte Jesse nicht mehr lieben und nicht treuer zu Jesse stehen können als dieser Adoptiv-Opa. Ich hoffte so, dass er vom Himmel aus zusah.

Schließlich mussten wir wirklich los. Jesse stieg ein, und Mincaye verschwand. Später fand ich heraus, dass er nach Hause gerannt war, um in seiner schrecklichen Trauer alleine zu sein. Er hatte innerhalb kürzester Zeit zwei Enkel verloren: einen hatten wir in einer billigen Kiste beerdigt, der andere flog in eine merkwürdige Welt, aus der er vielleicht nie wieder zurückkehren würde.

Jesse, der Ärmste, weinte fast auf dem ganzen Flug nach Shell.

Als er weg war, beschäftigte ich mich noch intensiver mit unserer eigenen Abreise. Ich machte mir Sorgen um die Waodani. Es würde nicht viel von dem, was wir getan hatten, bleiben. Die meisten unserer Projekte – der Laden, die Krankenstation, die Gemeindestruktur und die vom ganzen Stamm verwaltete Apotheke würden recht bald zusammenbrechen, wie alles, zu dem Geld und ein gewisses Verwaltungsgeschick nötig war.

Und ich machte mir auch Sorgen um mich selbst. Das letzte Jahr hatte mich sehr geprägt. Ich erwartete, dass ich mich bei meiner Rückkehr in die USA sehr einsam fühlen würde, und fragte mich, ob ich je wieder eine so bedeutungsvolle Aufgabe finden würde. Außerdem war ich körperlich sehr erschöpft. Angesichts der ständigen Spannungen zwischen den Waodani, den Ölgesellschaften, den Behörden und Eindringlingen von außerhalb hätte ich wahrscheinlich froh sein sollen, dass ich bald nicht mehr hier sein würde. Aber mir graute davor.

Ich fühlte mich wie ein Mann, dem seine Identität abhanden gekommen ist. Meine Dschungelfamilie hatte nicht die leiseste Ahnung, wie sich mein Leben in der Außenwelt gestaltete. Dort hatte ich ein Flugzeug, das doppelt so viel Fracht aufnehmen konnte wie Bravo Tango Sierra und auch doppelt so schnell flog. Ich hatte einmal eine so eindrucksvolle technische Ausrüstung besessen, dass man die Rollbahn von Nemompade damit in ein paar Tagen hätte freiräumen können. Innerhalb eines Jahres hatte ich mehr Geld verdient als alle Waodani zusammengenommen.

Während meiner Zeit im Dschungel hatte ich dagegen gelernt, wie absurd es war, meine Identität auf meinen Besitz oder das Geld auf meinem Bankkonto zu gründen. Die Waodani hatten mir eine Liebe und Annahme entgegengebracht, die so viel wertvoller war als das Gefühl, wichtig und mächtig zu sein. Ich passte in meine alte Welt nicht mehr so recht hinein.

Eines Abends kam ich sehr spät nach Hause – so spät, dass Ginny mit einer Taschenlampe an der Landebahn auf mich wartete. Es war, soweit ich zurückdenken konnte, das einzige Mal, dass kein Empfangskomitee an der Piste stand. Ginny und ich banden das Flugzeug fest, während um uns herum Frösche und Insekten ihr nächtliches Konzert begannen.

Als wir langsam den Pfad entlang zu unserem Haus gingen, stieg ein voller Mond auf. Ich legte ihr den Arm um die Schultern und fühlte diesen so vertrauten Körper unter dem weiten Sommerkleid. Ich liebte diese Welt, in der man niemandem etwas vormachen musste. Selbst unsere Kleider drückten etwas von dieser enormen Freiheit aus. Ich merkte es, als ich meine Hand an Ginnys Rücken entlanggleiten ließ und meinen Arm um ihre Hüfte legte.

Ich war noch genauso verliebt in Ginny wie vor vielen Jahren, als ich dieses außergewöhnliche Mädchen kennengelernt hatte. In den Monaten, in denen wir in diesem unberührten Stück Regenwald gelebt hatten, hatte ich sie als meine Heldin und nicht nur als meine Partnerin schätzen gelernt. Ich hatte sie auf einen „anderen Planeten" gelockt, auf dem alles ungewohnt und unbequem war, und Ginny hatte mir das mit Achtung und Bewunderung vergolten. Während ich etwas hilflos versuchte, unser neues Leben zu verstehen, stand sie mir in jedem meiner Kämpfe treu zur Seite und brachte immer noch genug Energie auf, immer wieder neu begehrenswert für mich zu sein.

Als wir zu unserer Lichtung kamen, sah ich, dass Ginny mir ein Stück Seife und ein Handtuch auf einen Baumstumpf beim Fluss gelegt hatte. Als ich dort im Mondlicht badete und rings um mich das Wasser leise gurgeln hörte, merkte ich wieder, wie ungern ich diese Welt, in der die Leute im Freien ihre Kinder zur Welt brachten, gegen eine andere eintauschen würde. Hier schämte sich niemand für seine Nacktheit, und es waren keine Verträge nötig, um Beziehungen zueinander aufzubauen. Alles schien so geradlinig und so unwahrscheinlich real.

Stephenies und Jesses Horizont hatte sich weit über ihre eigene Kultur hinaus erweitert, während sie in drei verschiedenen Welten fast gleichzeitig lebten. Bei Shaun und Jaime hatten wir gesehen, dass sie uns nicht mehr brauchten, um die Grundsätze auch durchzusetzen, die wir ihnen beigebracht hatten. Sie hatten sie längst zu ihren eigenen gemacht und waren zu Männern herangewachsen, die gut für sich allein sorgen konnten. Es waren die kostbarsten und erfülltesten Jahre meines Lebens gewesen.

* * *

Schließlich kam der Tag, den wir alle mit Grauen erwartet hatten. Am 21. Juli 1996 würde ich das Flugzeug, bis an die Kapazitätsgrenze ausgelastet mit Ginny, Shaun und Stephenie, nach Shell fliegen. Shaun hatte den Sommer damit verbracht, zusammen mit den Waodani den Sumpf am Ende unserer Landebahn zu füllen, damit wir diese verlängern konnten. Es war eine Knochenarbeit, und leider waren sie damit bis zu unserer Abreise nicht fertig geworden.

Wir hatten beschlossen, dass ich erst Ginny und die Kinder ausfliegen und dann zurückkommen würde, um die letzte Nacht allein bei den Waodani zu verbringen.

Als wir zur Rollbahn liefen, kamen plötzlich von überallher die Menschen aus den umliegenden fünf oder sechs Dörfern angelaufen. Manche waren nur neugierig. Viele unserer Nachbarn und Freunde aus Nemompade sahen traurig aus, und manche regelrecht verzweifelt.

Die trübe Stimmung schien sogar auf die Tiere überzugreifen. Selbst unser Schwein schien bemerkt zu haben, dass jetzt nicht der richtige Zeitpunkt war, um Hunde oder Kinder zu jagen. Es lag einfach müde in einer Pfütze und sah so aus, wie wir uns alle fühlten.

Die Frauen umarmten Ginny und Steph immer und immer wieder. Alle verabschiedeten sich von Shaun. Ompodae begann zu weinen, und das schien bei den anderen auch die Schleusentore zu öffnen. Ginny hatte die kleine Ana Beth zum Rollfeld getragen, und als sie das kleine Bündel jetzt Marga in die Hände drückte, war das mehr, als ich ertragen konnte. Ich werkelte am Flugzeug herum, um das Unvermeidliche wenigstens noch ein bisschen aufzuschieben.

Schließlich meinte Steph: „Papa, wenn wir jetzt nicht sofort fliegen, komme ich hier gar nicht mehr weg.“ Und sie hatte recht. Wir luden also die letzten Sachen ein, aber dabei fiel mir auf, dass etwas nicht stimmte. Mincaye war nicht gekommen. Ich konnte Ongingcamo und Nemo und Toñae doch nicht einfach wegfliegen, ohne dass sie sich von ihm verabschiedet hatten. Höchstens ein schwerer Unfall hätte ihn davon abhalten können, jetzt bei uns zu sein, dachte ich besorgt.

Ompodae bemerkte meine Sorge und erklärte, warum Mincaye nicht gekommen war. „Er ist ganz allein am Fluss und weint wie ein kleines Kind.“ Und sie begann auch selbst wieder zu weinen. Vermutlich hatte Mincaye den Abschied von Jesse so schmerzhaft gefunden, dass er den Gedanken nicht ertragen konnte, jetzt drei weiteren „Familienmitgliedern“ Lebewohl zu sagen.

Ich startete das Flugzeug und hoffte fast, dass irgendein technisches Problem uns zwingen würde, noch einen Tag hierzubleiben. Aber alles funktionierte, und so gab ich Vollgas.

In den Sprüchen der Bibel heißt es: „Des Menschen Herz erdenkt sich seinen Weg, aber der Herr allein lenkt seinen Schritt“ (Sprüche 16,9). Das wollte ich wirklich hoffen, denn wir waren gerade auf dem Weg in ein neues Kapitel unseres Lebens und ich hatte immer noch keine Ahnung, was als Nächstes kommen würde. Wir würden „nach Hause“ gehen, aber so fühlte sich das gar nicht an.

Ginny meinte, ich könnte mich in Zukunft vielleicht aus der Entfernung für die Waodani einsetzen. Bestimmt würde ich viele Anfragen bekommen, auf Konferenzen zu sprechen, und ich konnte meine Erfahrungen aufschreiben. Ich war mir da nicht so sicher.

Als ich Ginny, Shaun und Stephenie in Shell abgesetzt hatte, flog ich für meine letzte Übernachtung nach Nemompade zurück. Eine letzte Ladung Vorräte hatte ich noch an den Laden zu liefern.

* * *

Als ich ankam, standen Tementa, Tidi und ein paar der anderen schon bereit, um mir beim Ausladen zu helfen. Mincaye nahm mich bei der Hand und führte mich zu dem Pfad, der auf unsere Häuser zu lief. Das war merkwürdig. Ich war nie vom Flugzeug weggegangen, bevor es nicht entladen war und ich die Geräte überprüft, den Tank aufgefüllt und das Flugzeug festgebunden hatte. Tementa konnte all das auch, aber ich wollte nicht so sein wie die meisten ecuadorianischen Dschungelpiloten, die die schwere Arbeit anderen überließen. Ich hatte es bisher immer so gesehen, dass ich für die Waodani arbeitete und nicht umgekehrt.

Aber nun hielt mich Mincaye an der Hand, und ich wollte mich ihm nicht entziehen. Unsere Beziehung stand vor einem Wendepunkt. Also ging ich mit diesem alten Dschungelkrieger, der mich in seine Familie aufgenommen hatte, als ich ein kleiner Junge ohne Vater war. Es war so merkwürdig, hier nebeneinander auf einem schlammigen Pfad zu laufen und Händchen zu halten.

Nachdem wir eine Weile so gelaufen waren, ohne ein Wort zu sagen, begann Mincaye beruhigend auf mich einzureden: „Nicht weinen, Babae. *Waengongi* weiß alles und du musst nicht weinen. Du gehst eine Weile an den Ort der Fremden zurück, und dann kommst du wieder und wir gehen jagen und essen viel Fleisch." Ich würde Mincyae in einer Umgebung zurücklassen, in der alles im Umbruch war, und in einer Welt, die in diesem Mann, den ich lieb hatte, immer noch einen Wilden sah. Und jetzt sprach er mir Trost zu, weil ich auf dem Weg zurück in mein überzüchtetes Disney-Welt-Leben war.

Am nächsten Morgen wurde mir klar, dass es kein Zurück mehr gab. Ich würde nun wirklich, endgültig abreisen. Als ich auf den Pfad trat, wartete die kleine Dawa, Mincayes süße vierjährige Enkelin, schon auf mich. Sie griff nach meiner Hand. Ein paar Meter weiter stand Ongimae, die Tochter meines ermordeten Freundes Toñae, und drückte mir ihren nackten kleinen Sohn Koni in den Arm.

Aus irgendeinem Grund hielten die anderen sich alle weiter hinten. Die kleine Dawa fragte die ganze Zeit: „Babae, gobi?" – *Babae, gehst du?*

„Ooo, gobopa" – *Ja, ich gehe,* sagte ich dann und wir gingen weiter.

Koni ließ sich stillschweigend von mir tragen. Auch die Waodani hinter uns waren ungewöhnlich leise; niemand lachte oder machte die üblichen Scherze.

Ich wünschte mir, dass der Pfad nie ein Ende hatte. Ich war ihn im letzten Jahr Hunderte Male entlanggegangen – um einen kleinen Jungen auszufliegen, der in einen Dorn im Fluss getreten war, um Vorräte bei den Waodani abzuliefern, die sonst keinen Zugang zu Salz, Kerzen, Arznei oder Streichhölzern hatten. Manchmal war ich traurig gewesen, wenn ich auf dem Pfad unterwegs war, manchmal hatte ich mir Sorgen gemacht. Oft hatte ich mich einsam gefühlt, manchmal war ich verwirrt gewesen – und fast immer müde. Aber heute war es am schwersten.

Es gibt für mich nichts Schöneres im Leben, als zu wissen, was Gott von mir erwartet, und es dann mit ganzem Herzen und ganzer Hingabe zu tun. Meine Zeit bei den Waodani war eine solche Zeit gewesen. Ich hatte sie lieb, und auf unserer kleinen Lichtung im Regenwald hatte ich mich zu Hause gefühlt.

Ich hatte sehen können, wie Ginny sich Herausforderungen stellte, die nur wenige Frauen mit ihrem Hintergrund sich auch nur vorstellen könnten: Skorpione im Wäschekorb zu finden, unsere Kleider im selben Fluss zu schrubben, in dem sie sich auch wusch und aus dem sie unser Wasser schöpfte. An normalen Tagen kamen zwanzig bis hundert Gäste in unser Haus, und Rückzugsmöglichkeiten gab es nicht. Sie konnte sich nicht verständigen und oft nicht einmal erraten, warum die Menschen, von denen wir umgeben waren, die eine oder andere Sache taten.

An all das musste ich denken, als Temeta nun das Flugzeug belud, die Ladung festzurrte und den Tank überprüfte. Es war das einzige Mal, dass ich abhob, ohne selbst kurz einen Stab in den Tank zu halten und zu sehen, wie viel Kraftstoff ich dabeihatte. Tementa hätte es nichts ausgemacht, aber ich wollte ihm vermitteln, dass ich ihm ganz vertraute.

Ich begann mich zu verabschieden, aber noch bevor ich irgendetwas sagen konnte, scharten sich alle um mich, und Mincaye begann zu beten: „*Waengongi*, mach, dass Babae nicht gegen die Bäume fliegt, dass ihn keine Schlange beißt, dass er kein Moskitofieber bekommt, dass ihn die *autodi* nicht überfahren ...“, und so weiter und so weiter. Er betete um Bewahrung vor so ziemlich jeder Gefahr, die man sich vorstellen kann.

Ich stieg ins Flugzeug und rief „Libre." Aber niemand antwortete. Ich rief noch einmal, aber niemand schien die Verantwortung für das Signal übernehmen zu wollen, das mich aus ihrem Leben wegtragen würde. Schließlich nickte Tementa mir zu. Vielleicht steckte ihm genauso ein Kloß im Hals wie mir und er bekam das Wort einfach nicht heraus.

Als ich auf das eine Ende der Bahn zurollte, merkte ich, dass unser Hausschwein gleichzeitig losrannte. Das hatte gerade noch gefehlt! Ich beschloss, Gas zu geben, aber selbst mit fast fünfzig Stundenkilometern konnte ich Odae nicht überholen. Schließlich flitzte er in einer irren Geschwindigkeit direkt vor mir her. Wenn ich auf ihn traf, war unser Abendessen gesichert, aber ich würde vermutlich einen neuen Propeller anfordern müssen, um nach Shell fliegen zu können. Ich wollte gerade die Geschwindigkeit drosseln, als Odae einen Haken schlug und im dichten Gestrüpp neben der Piste verschwand.

Dieses Schwein hatte uns in Nemompade lange genug bei Laune gehalten, aber diesmal war es zu weit gegangen. Ich beschloss, Odae zu erschießen, wenn ich das nächste Mal kam. Wenn er anfing, Flugzeugen in die Quere zu kommen, hatte er sein Leben verspielt!

Die Waodani schienen zum gleichen Schluss gekommen zu sein. Als ich zwei Monate später wiederkam, war das Schwein verschwunden. Ich fragte ein paar Leute, was aus ihm geworden war, aber niemand schien es zu wissen. Als ich Ompodae fragte, verzog sie das Gesicht, als hätte ich sie gerade beim Plätzchen-Klauen erwischt. „Ich hab nichts davon gegessen", beteuerte sie. Ich wette, dieses alte Schwein war schon im Kochtopf gelandet, bevor ich überhaupt in Shell angekommen war ...

18. Zwischen den Welten

Wir tätigten in Shell unsere letzten Einkäufe, reisten nach Quito und fuhren zum Internationalen Flughafen, von dem aus wir nach Florida zurückflogen. Aber all das nahm ich nur verschwommen wahr. An den ersten Tagen nach der Rückkehr aus dem Urwald, wachte ich morgens früh auf und wunderte mich, warum die Hähne nicht krähten.

Am Ticket-Schalter halfen uns einige Männer, die die Uniform von Flughafen-Angestellten trugen, unser Handgepäck beiseitezuräumen. Als sie weg waren, bemerkten wir, dass uns eine Videokamera fehlte. Allzu viel Freude würden sie damit nicht haben, denn dieser Apparat hatte schon im Dschungel seinen Geist aufgegeben. Aber es war trotzdem ein komisches Gefühl, so schutzlos zu sein. Dieses Gefühl würde uns noch eine ganze Weile lang begleiten, als wir uns im Land der Freien und Mutigen wieder einlebten.

In Quito erwartete uns noch eine andere Überraschung. Die Stadt liegt gut dreitausend Meter hoch in den Anden, so dass ein normal beladenes Flugzeug eine sehr viel längere Rollbahn benötigt, als wenn es etwa auf Meeresspiegelhöhe abfliegt. American Airlines stellte fest, dass das Flugzeug zu schwer beladen war, und bat um Freiwillige, die den nächsten Flieger nahmen. Niemand wollte freiwillig in Quito bleiben, bis sie achthundert Dollar und einen Freiflug an ein beliebiges Ziel als Ausgleich anboten.

Shaun brauchte dringend Geld fürs College, aber in Orlando warteten Freunde und vor allem eine ganz besondere junge Dame auf ihn. Die Entscheidung fiel ihm nicht leicht, aber er konnte das Angebot von American Airlines nicht ausschlagen. Ich wusste, wie sehr er Anne liebte, und ich konnte es selbst kaum erwarten, sie kennenzulernen.

Anne, die Ärmste, war sehr überrascht, als wir ohne Shaun aus dem Flieger stiegen. Für uns wiederum war es spannend, sie auf diese Weise kennenzulernen. Annes Vater war gestorben, als sie noch ein Kind war, und ich spekulierte ein bisschen darauf, so etwas wie ein Vater für sie zu sein. Wir alle waren hingerissen von Anne.

Bevor wir in den Urwald gezogen waren, hatten Ginny und ich Jaime ans Herz gelegt, eine junge Frau namens Jessica Shea ein bisschen besser kennenzulernen, deren Familie wir von der Gemeinde her kannten. Als wir nach eineinhalb Jahren in die USA zurückkehrten, waren Jaime und Jessica bis über beide Ohren ineinander verliebt, und wir freuten uns sehr für die beiden. Ich hoffte sehr, dass er um ihre Hand anhalten und dass sie ja sagen würde. Ginny war mir wie gewöhnlich wieder um Längen voraus und verhielt sich, als sei das alles längst beschlossene Sache. Und wie immer in Liebesdingen hatte sie recht. Jesse war so beeindruckt von all den tollen Dingen, die Jaime über Jessica schrieb, dass er seinen Bruder bat, ihm Jessicas Schwester Jenni vorzustellen. Noch während wir im Dschungel lebten, schrieb Jaime zurück: „Keine Sorge, Brüderchen. Ist schon alles vorbereitet." Ich bezweifelte sehr, dass selbst jemand so Redegewandtes wie Jaime Jenni überreden konnte, Jesse zu heiraten. Aber ich hatte mich wieder einmal geirrt. Ginny und ich kannten Jenni. Sie gehörte zu einer Gruppe von Jugendlichen, die jeden Mittwoch zu uns kamen. Ich erklärte ihnen dann, worum es im Leben ging und wie man auf Gottes Pfad gut hindurchkommen konnte. Als Ginny, Stephenie und ich über diese drei Mädchen sprachen, kam uns der Gedanke, dass wir mit denen gleich drei Volltreffer landen würden.

In Stephs Fall hatte die Sache mit der Liebe noch etwas Zeit. Ihr musste man nicht erst einbläuen, dass man den Partner fürs Leben nicht unbedingt gut kennenlernte, indem man regelmäßig mit verschiedenen Jungs allein ausging. Sie fand die ganze Vorstellung furchtbar. Es war nicht so, dass sie Jungs nicht mochte, aber dieses „Dating" kam ihr vor wie eine emotionale Variante von Russischem Roulette. Wenn ein Junge sie fragte, ob sie mit ihm ausgehen würde, sagte sie immer: „Klar, aber du musst erst meinen Papa fragen." Ich fand das erst heraus, als ein frustrierter Möchtegern-Bewerber all seinen Mut zusammennahm und mich fragte, ob er mich wirklich um Erlaubnis bitten musste, wenn er mit meiner Tochter ausgehen wollte. Steph sah, wie ich mit ihm redete, und ein Grinsen breitete sich auf ihrem Gesicht aus, als wollte sie sagen: „Jetzt bin ich ja mal gespannt, wie du dich da aus der Affäre ziehst, Paps.“

* * *

Ich war nur eineinhalb Jahre weg gewesen, aber es kam mir viel länger vor. Mich wieder einzuleben fiel mir nicht gerade leicht.

Jaime und Shaun hatten an der Uni unseren Kombi benutzt. Nun quetschten wir uns samt unserem Gepäck wieder hinein und fuhren nach Hause. Eine alleinerziehende Mutter mit zwei Kindern hatte in unserem Haus während unserer Abwesenheit gewohnt. Sie hatte es sauber geschrubbt und sehr einladend für uns hinterlassen. Wir hatten immer noch bei derselben Bank unser Konto, und unsere Stadt platzte weiter aus allen Nähten. Alles war ziemlich genau so, wie wir es verlassen hatten, aber es kam uns doch anders vor. Mir dämmerte immer mehr, dass wir es waren, die sich verändert hatten.

Als wir nun wieder im *cowodi omae* waren, nahmen wir viel bewusster als früher wahr, wie bequem und einfach unser Leben hier war. Wir konnten jederzeit essen, worauf wir gerade Appetit hatten. Alles war so sauber und makellos. Das Leben bewegte sich in viel geordneteren Bahnen, als es mir vorher je aufgefallen war. Die Leute hielten sogar an Stoppschildern und roten Ampeln. In Ecuador scheinen diese Dinge dagegen eher Vorschläge zu sein als Regeln.

In den ersten Wochen nach unserer Rückkehr dankte Ginny mir immer und immer wieder für den tollen Kühlschrank, den wir hatten. Er hatte einen Eiswürfelbereiter in der Tür, und sie war so dankbar dafür wie nie zuvor.

Als wir Freunden gegenüber erwähnten, wie überrascht wir waren, dass das meiste Essen in unseren Läden schon vorgekocht oder doch zumindest sehr weit vorbereitet war, meinte einer: „Vielleicht sollten wir auch einmal für eine Weile wegziehen, damit wir das besser zu schätzen wissen.“ Eine andere Freundin lachte und erzählte, wie sie vor kurzem im Supermarkt neben einer Frau gestanden hatte, die ein Fertiggericht aus der Tiefkühltruhe zog und es dann zurücklegte mit den Worten: „Ach nein, heute ist mir gar nicht so nach Kochen."

Einer der Nachteile des „guten Lebens" ist der, dass wir seine Vorteile kaum genug zu schätzen wissen.

* * *

Wir brauchten wirklich lange, um uns wieder einzugewöhnen. Es war so ähnlich, wie wenn man halbverhungert in einem All-you-can-eat-Restaurant einkehrt; es gab einfach zu viel des Guten. Ich ertappte mich dabei, wie ich in unserem Stammrestaurant am liebsten eine Fleischplatte für zwei Personen gegen einen geräucherten Fisch eingetauscht hätte. Und als ich einmal einen herrlich dekadenten Cookie-und-Sahne-Milchshake trank, wünschte ich mir plötzlich, ich könnte ihn gegen eine Kürbisflasche mit Pisangsaft eintauschen. Alles schien zu reichhaltig, zu leicht und vor allem viel zu schnell zu bekommen zu sein.

Der größte Unterschied war, dass wir abends nicht mehr hundert, fünfzig oder auch nur zwanzig Gäste zu Hause hatten, wenn wir sie nicht ausdrücklich einluden. Weder Ginny noch ich sprachen darüber, aber ich glaube, wir vermissten es beide, dass Freunde bei uns kamen und gingen oder abends bei uns blieben, weil sie ein Video anschauen oder einfach nur mit uns zusammensitzen wollten.

Im Dschungel hatte ich täglich damit gerechnet, dass Dinge nicht so klappten wie erwartet - und manchmal klappten sie viel besser als befürchtet. Daran hatte sich in der Zwischenzeit nichts geändert. Wir hatten einen Freund gebeten, während unserer Abwesenheit einiges von dem Geld für uns anzulegen, das wir aus dem Verkauf unseres Unternehmens erworben hatten. Er setzte alles aufs Ganze, obwohl wir das nicht so vorgesehen und auch nicht abgesprochen hatten. Die gute Nachricht war, dass die meisten Aktien während unserer Dschungelmonate um ungefähr dreißig Prozent gestiegen waren. Die schlechte war, dass unser Freund vor allem in Technologie-Fonds investiert hatte. Während alle anderen dreißig Prozent Gewinn gemacht hatten, war uns ungefähr genauso viel verloren gegangen.

Das stürzte mich nicht nur in eine finanzielle, sondern auch in eine geistliche Krise. Ich hätte es nicht öffentlich so formuliert, aber insgeheim war ich wahrscheinlich schon davon ausgegangen, dass Gott sich besser um unsere Geldangelegenheiten kümmern würde, während wir uns in Ecuador für ihn einsetzten. Dieser finanzielle Verlust machte mir wirklich zu schaffen. Er fraß mich regelrecht auf und ich dachte ernsthaft darüber nach, ob man meinem Finanzberater nicht die Lizenz entziehen sollte; musste nicht die Gesellschaft vor Leuten wie ihm geschützt werden? Ich wollte Rache. Ich wollte es diesem Mann, dem ich vertraut hatte, heimzahlen, dass er mich enttäuscht hatte. In meinem Herzen sah es genauso finster aus wie in dem der Waodani. Ich lebte nun in einer saubereren Umgebung. Ich musste mir keinen Speer schnappen und ihn meinem Feind durch den Leib jagen; ich konnte einen Anwalt oder den Prüfdienst anrufen und sie für mich die Drecksarbeit übernehmen lassen. Ob mein Börsenmakler nun getan hatte, was wir abgesprochen hatten, oder nicht – ich hatte den Verdacht, dass ich noch einiges zu lernen hatte.

Ich brauchte lange, um über den Verlust hinwegzukommen, aber auf eine gewisse Weise half er mir auch, Boden unter den Füßen zu gewinnen. Er erwies sich als eine Art Anker, den ein Boot auf hoher See auswirft. Er schleppte sich hinter mir her, bremste mich aus und bewahrte mich davor, wild in alle möglichen Richtungen zu rennen. Genau das brauchte ich, denn um ganz ehrlich zu sein, hatte ich das Gefühl, meine Identität verloren zu haben.

Jaime hatte es genossen, während unserer Abwesenheit allein zu leben. Er ging davon aus, dass ich meine Rolle als Familienpolizist wieder einnehmen würde, sobald wir zurück waren, und regte sich mächtig auf, als er den Eindruck bekam, dass ich mich in sein Leben einmischte und ihm nicht zutraute, selbst richtige Entscheidungen zu treffen. Mir entging das völlig. Ich versuchte gar nicht bewusst, mich einzumischen. Eigentlich war ich sogar mächtig stolz darauf, wie reif er geworden und wie gut er allein zurechtgekommen war. Im Grunde war ich erleichtert, dass er sich um sich selbst kümmerte, denn ich hatte mit mir selbst genug zu tun. Ich musste mein Leben neu ordnen oder doch zumindest einen neuen Sinn darin finden.

Es war nicht einfach gewesen, im Durcheinander der Waodani zu leben. Aber ich vermisste es schmerzhaft, so sehr gebraucht und so rückhaltlos geliebt zu werden. Immer wieder musste ich mir sagen, dass ich um ihretwillen gegangen war, nicht um meiner selbst willen, denn sonst hätte ich der Versuchung, wieder nach Nemompade zu ziehen, kaum widerstehen können. Stephenie schien es ähnlich zu gehen wie mir. Einmal hörte ich, wie sie zu Ginny sagte: „Ich mach zwar hier meinen Schulabschluss, aber ich kann mir eigentlich nicht vorstellen, dass ich auf Dauer in den USA leben werde. Ich passe hier einfach nicht mehr hin."

Schließlich begann sich doch eine Art Alltag einzustellen. Jaime hielt nach einem Auto Ausschau. Wir waren dabei, uns in alle Himmelsrichtungen zu zerstreuen. Bisher waren wir zu sechst mit einem Auto ausgekommen; jetzt würden wir vier oder sogar fünf brauchen.

Ich hatte während unserer gesamten Zeit im Dschungel ein Tagebuch geführt. Auf der letzten Seite hatte ich geschrieben: „Wir zahlen sechstausend Dollar Versicherung, nur weil wir jugendliche Autofahrer in der Familie haben. Keiner von ihnen ist je betrunken gewesen, sie sind alle ausgezeichnete Schüler und keiner von ihnen hat je einen Strafzettel bekommen. Wir zahlen für die mit, die unverantwortlich handeln, denen alles egal ist und die nichts zu verlieren haben." Mir fiel auf, dass unsere Versicherungen mehr Geld verschlangen als all unsere Ausgaben im Dschungel zusammengenommen.

Mein letzter Eintrag, als wir schon wieder in den USA waren, griff das Thema wieder auf. „Wir füllen den Tag mit Unterhaltung und allerhand Aktivitäten, wir kaufen Apparate, damit wir nicht mehr kochen, waschen, backen, denken und auch kaum noch selbst leben müssen, und dann haben wir mehr Zeit für Sport. So bleiben wir körperlich fit, wie wir es sowieso wären, wenn all die Apparate uns nicht die Arbeit abgenommen hätten. Es ist schwierig, hier zu leben und dieses Spiel nicht mitzuspielen, aber ich bin immer zufriedener darüber, wie gut wir im Dschungel zurechtgekommen sind."

Kein besonders zuversichtlicher Abschluss eines Tagebuchs.

Kurz nachdem wir zurückgekehrt waren, geschah etwas, das

meine beiden so verschiedenen Welten wenigstens ein bisschen zusammenzubringen schien. Meine Mutter rief an und fragte, ob ich zu ihr fahren und ihr einen Gefallen tun könnte. Mama und Papa Abe wohnten nur eineinhalb Kilometer von uns entfernt in Ocala.

Als ich hinkam, erzählte Mama, dass sie auf ein paar alte 16-mm-Filme gestoßen war. Sie hatte sich einen alten Projektor ausgeliehen, aber sie wusste nicht, wie sie ihn zu bedienen hatte. Eines der ersten Unternehmen, das ich als Junge in Quito gegründet hatte, war ein Verleih von alten Comboyfilmen. Zusammen mit meinem Geschäftspartner Steve McCully führten wir sie auch vor. Er sammelte immer am Eingang zum Wohnzimmer seiner Mutter, das wir jeden Freitagabend zum Kino umfunktionierten, das Geld ein. Ich kümmerte mich um die Technik. Dabei hatte ich damals gelernt, selbst die widerspenstigsten Projektoren zum Laufen zu bringen.

Als Mama nun die Vorhänge zuzog und das erste Band abspulte, rechnete ich eigentlich nicht damit, dass mich der Inhalt des alten Filmes interessieren würde. Doch ich irrte mich sehr. Es war eine Kopie des Filmmaterials, das mein Vater damals am Palmenstrand aufgenommen hatte.

Kurz nachdem Papa und seine Freunde umgebracht worden waren, hatte es einen Dokumentarfilm gegeben, in dem viel von seinem Filmmaterial verwendet worden war. Er hieß *Jenseits der Herrlichkeit*, so ähnlich wie das Buch, das Elisabeth Elliot damals über die Ereignisse geschrieben hatte: *Durchs Tor der Herrlichkeit*. Die anderen Witwen hatten sie darum gebeten, dieses Buch zu schreiben, weil so viele Menschen wissen wollten, wie es zu dem Mord an Papa, Roger, Jim, Ed und Pete gekommen war.

Ich hatte den Film schon oft gesehen. Fast jedem Besucher hatten wir damals diese halbstündige Dokumentation vorgeführt. Aber mir stellte sich immer, wenn ich ihn sah, eine Frage. Der Film zeigte, wie Papa am Palmenstrand landete. Man sieht, wie das Flugzeug an einer Biegung des Flusses sichtbar wird und dann zwischen dem dichten Gestrüpp und den Bäumen auf beiden Seiten des Flusses herfliegt. Bis Papa dort ankommt, wo Onkel Peter oder Onkel Ed mit der Kamera stehen, muss er eigentlich eine Kurve fliegen; ansonsten ist das Flugzeug schon zu niedrig, um richtig am Strand landen zu können. Stattdessen gleitet Papa locker in die Kurve und hält immer weiter aufs Wasser zu, bis er, als die Reifen es gerade berühren, am Ufer zu stehen kommt.

Jeder, der etwas vom Fliegen versteht, sieht das mit Erstaunen. Ich hatte mich gefragt, ob Papa dort wirklich gelandet war oder nur der Kamera wegen kurz aufgesetzt hatte, um das Flugzeug dann wieder in die Höhe zu reißen. Es sah einfach zu perfekt aus. Ich wollte wissen, ob Papa wirklich so gut war, aber die Dokumentation gab mir auf meine Frage keine Antwort, weil der Film gerade an der Stelle geschnitten war, an der die Reifen des alten 56 Henry auf den Sand trafen. Niemand schien zu wissen, was aus dem Original-Filmmaterial geworden war, und so hatte ich nie herausgefunden, ob die Szene in Wirklichkeit länger gewesen war.

Und jetzt sah ich sie wieder: diese erstaunliche Landung, die für all die unglaublichen Schwierigkeiten stand, die ein Kontakt zwischen der Welt der „Auca" und dem Rest der Welt mit sich brachte. Für mich hatte dieses Videomaterial immer auch dafür gestanden, wer mein Vater wirklich war.

Diesmal brach die Szene nicht ab. Endlich, mit vierzig Jahren Verspätung, sah ich, wie die Geschichte weiterging. Papa setzt wirklich zur Landung auf, und zwar gerade in dem Moment, als das Hinterrad auf den Sand des Strandes trifft. Das Flugzeug macht nicht einmal einen kleinen Hüpfer. Ich vermute, dass sonst niemand das wichtig finden wird, aber für mich war es wie eine Begegnung mit meinem lange verlorenen Papa. Er legte da gerade die schwierigste und dramatischste Landung hin, die ich je im Film gesehen habe.

Ich fragte mich, ob ich wohl je die Gelegenheit haben würde, meine Flugkünste in einer ähnlichen Situation auszutesten. Ich wusste damals noch nicht, dass ich genau diese Landung an einem noch kürzeren Strand würde vorführen müssen, als das Buch wenige Jahre später verfilmt wurde.

* * *

Zwei Monate nach unserer Abreise flog ich wieder nach Nemompade. Das hatte ich den Woadani versprochen. Ich freute mich wirklich darauf, sie alle wiederzusehen. Als ich auf der vertrauten Landebahn ankam, schienen alle auf mich zu warten. Aber sie begrüßten mich nicht mit der üblichen Überschwänglichkeit. Niemand sagte etwas, aber ich hatte den Verdacht, dass gerade jemand gestorben war. Das würde jedenfalls erklären, warum alle Ältesten und auch viele der „Alten" aus anderen Dörfern da waren. Ich fragte mich, wer wohl tot war. Es musste jemand aus Nemompade sein, denn sonst wären die Leute nicht alle hier gewesen.

Die Waodani ließen mich nicht einmal zum Haus gehen, um meine Sachen abzulegen. Mein Rucksack und ein paar Beutel mit Gewehren und anderen mit Sehnsucht erwarteten Vorräten wurden mir schon am Flugzeug abgenommen. Anstatt mich nach Hause gehen zu lassen, führten mich die Waodani direkt zum *Waengongi onco.*

Dort warteten noch mehr Menschen. *Vielleicht sind ja mehrere gestorben,* dachte ich. In Gedanken ging ich all die Bewohner von Nemompade durch, die ich kannte, aber sie schienen alle da zu sein.

Als wir schließlich zusammensaßen, merkte ich, dass sie dem Haus in der Zwischenzeit einen Betonboden verpasst hatten. Abgesehen davon war alles wie sonst auch.

Schließlich begann Tementa: „Die Alten denken etwas und wollen mit dir reden." Dann sagte wieder lange Zeit niemand etwas. Ein paar Leute räusperten sich. Ein Hund versuchte sich ins Haus zu schleichen, aber jemand zog ihm einen Stock über das Fell. Er winselte auf und zog ab. Ich ertrug die Anspannung, die in mir immer weiter wuchs, fast nicht mehr. „Kann mir vielleicht mal jemand sagen, was hier eigentlich los ist und warum alle so verdrießlich gucken?", hätte ich am liebsten gesagt. Aber so funktionierte das hier nicht. Geduldiges Warten war die Devise.

Ich schnappte mir ein Baby, um mich ein bisschen von den Sorgen abzulenken, was wohl der Anlass für ein so ernsthaftes Treffen sein könnte. Aber ich merkte schnell, dass ich die Waodani nicht verärgert hatte, weil eins der Kinder angelaufen kam und mir eine Plastiktasse mit *Yupi* brachte, ein billiges Getränkepulver, das wir hier viel tranken. Ein anderes Kind drückte mir eine Schale Suppe in die Hand, in der ein großes Stück Wildtruthahnfleisch schwamm. Nein, offensichtlich hatte ich nichts angestellt. *Aber wer dann?,* fragte ich mich beim Essen.

Schließlich stand Mincaye mit einer sehr dramatischen Geste auf und räusperte sich. Er reckte sich und räusperte sich dann noch einmal. Inzwischen saßen wir alle wahrscheinlich schon eine gute Viertelstunde da, ohne dass einer den Mund aufgemacht hatte. Ich hatte genügend Zeit gehabt, mir Sorgen zu machen, mich zu langweilen, mit einem Baby zu spielen und zu Mittag zu essen.

„Als Babaes Vater vor langer Zeit kam", begann Mincaye bedächtig und räusperte sich noch einmal, „ist er in der Holzbiene sehr schnell von einem Ort zum anderen gereist. Manche von uns haben das gesehen und wissen es noch. Und dann, eine laaaange Zeit später, ist wieder eine Holzbiene gekommen, die haben wir auch gesehen. Und wer saß da drin? Nun, das war Babae selbst. Er ist auch ganz schnell von einem Ort zum anderen gereist; er hat die Ältesten in Dörfer gebracht, in denen sie den Leuten von *Waengongi* erzählt haben, er hat Leute zum Krankenhaus gebracht und Arznei und Brot zu den anderen Siedlungen geflogen."

Es ging offensichtlich entweder um mich oder um das Flugzeug. Immerhin wusste ich schon einmal so viel.

„Aber was wird jetzt?", fuhr Mincaye fort. „Als Amoa von der Schlange gebissen wurde, wie konnte er Medizin bekommen, damit er nicht sterben musste? Und als Awani sich den Arm gebrochen hat – wie konnten wir das ganz machen, ohne dass die Holzbiene sie ins Krankenhaus flog? Als die Leute in Huamono alle Moskitofieber hatten, wie konnten wir ihnen *biimo* bringen, damit sie wieder gesund wurden?"

Aha. Diese rhetorischen Fragen schienen sich auf das Flugzeug zu beziehen, nicht auf mich. Aber vielleicht machten sie mich dafür verantwortlich, dass ich gegangen war und das Flugzeug mitgenommen hatte, das der Stamm inzwischen als sein eigenes ansah.

Ich begann, mir in Gedanken eine Verteidigungsrede zurechtzulegen. *Schließlich konnte ich doch nichts dafür, dass all diese*

Dinge passiert waren, seit ich gegangen war und sie weder ein Flugzeug noch einen Piloten hatten. Das Flugzeug hatte mir nicht gehört. Ich musste es zurückgeben. Und dass ich gegangen bin, war das Beste für euch.

Mincaye schloss seine Rede, ohne auch nur anzudeuten, wie ich all den Schaden abwenden sollte, der sich aus meiner Abwesenheit ergab. Er setzte sich einfach wieder hin.

Ich kann mich nicht mehr an die genaue Reihenfolge erinnern, in der alle Ältesten, die meisten älteren Männer und auch einige Frauen ihre eigenen Reden anschlossen. Ich weiß nur noch, dass sie alle redeten: Kimo, Dyuwi, der alte Dabo, Amoa, Paa, Tomo, Dayumae, Kenta – seine Rede fiel mit zehn Minuten sehr viel kürzer aus als alle anderen – Cobadi, Cogi, Peque und so weiter und so weiter.

Ich saß dort. Dann sank ich immer weiter in mich zusammen. Irgendwann schlief ich, gegen einen Pfosten gelehnt, tatsächlich ein. Als ich wieder aufwachte, waren meine Beine so fest eingeschlafen, dass ich mich unbedingt bewegen musste.

Ich sehnte mich nach der Abwechslung, die unser zahmes Schwein und die Hunde und Affen und Vögel mit sich gebracht hätten, die bei solchen Treffen für gewöhnlich dabei waren. Ein zahmer Wildtruthahn flog durch das Gebäude und hinten wieder heraus. Ein paar Wellensittiche flogen ihm kreischend und zeternd hinterher. Das war besser als gar nichts, aber besonders kurzweilig war es nicht.

Es wäre ja nicht so unerträglich gewesen, wenn nicht alle das Gleiche gesagt hätten wie Mincaye. Papa war in der Holzbiene angeflogen gekommen. Ich war in der Holzbiene angeflogen gekommen. Jetzt hatten sie keine Holzbiene mehr, und deswegen konnte dieser nicht ins Krankenhaus der Fremden und jener war gestorben und niemand hatte Arznei und Dyuwi war in ein Dorf gegangen, um den Leuten von *Waengongi* zu erzählen, aber sie hatten ihm nichts zu essen gegeben und so hatte er ohne Essen zwei Tage durch den Dschungel zurücklaufen müssen.

Dieses Treffen war wirklich ein erstaunliches und verwirrendes Ereignis und es dauerte mehr als vier Stunden, von denen ich jede einzelne Minute auf einem harten, rauen Holzbalken verbrachte. Ich war fast zwei volle Tage unterwegs gewesen: mit dem Auto zum Flughafen in Orlando, mit dem Linienflieger nach Miami, mit einer 757 nach Quito, mit dem Bus nach Shell und mit dem BTS nach Nemompade. Ich hatte schon zwei Tage lang gesessen – und jetzt zusätzlich noch einmal vier Stunden.

Endlich, endlich, endlich war niemand mehr übrig, der die Rede von der Holzbiene ein weiteres Mal wiederkäuen konnte. Ich hatte inzwischen eine leise Ahnung, worauf all das hinauslief. *Oh nein!*, dachte ich. *Sie können doch nicht im Ernst von mir erwarten, dass ich ihnen ein eigenes Flugzeug samt Piloten besorge.* Aber natürlich war dieses Marathon-Treffen genau deswegen einberufen worden.

Schließlich erbarmte sich Tementa und brachte die ganze Sache auf den Punkt: „Die Alten denken, dass wir eine Holzbiene brauchen. Babae, was denkst du?"

Das hier musste ich im Keim ersticken! Es war viel zu teuer und auch zu kompliziert. Ich hatte ihnen immer und immer wieder erklärt, dass die Fremden, wenn sie den Waodani Geld für etwas gaben, dann für gewöhnlich auch darüber bestimmen wollten. So lief das eben. In Waodani-Tededo hörte sich das etwa so an: „Wenn jemand das *tucudi*-Papier (Geld) gibt, kann er denken, was passieren soll. Weil er das tucudi hat, müssen alle sehen, was er gut sieht." Wer das Geld hat, hat die Macht.

Sie schienen das damals verstanden zu haben. Es gab genügend Beispiele dafür. Die Ölgesellschaften, die die Schulgebäude bauten, bestimmten darüber, wie diese Gebäude genutzt wurden. Die Regierung bezahlte in den meisten Dörfern die Lehrer, deswegen bestimmte sie auch, was gelehrt wurde, wer Lehrer werden konnte und wann die Schule beginnen und enden sollte.

„Man braucht *nangi, nangi, nangi tucudi,* um ein Flugzeug zu kaufen", sagte ich. „Du musst uns sagen, was wir tun sollen", gaben sie zurück, „wir werden sehr, sehr, sehr hart arbeiten, um eins kaufen zu können." Die Ölgesellschaften, die eigentlich der einzige Arbeitgeber für die Waodani waren, zahlten pro Tag einen Dollar. Wenn alle Erwachsenen, die jetzt an diesem Treffen teilnahmen, ausgenommen die Schwangeren und Stillenden, zehn

Jahre lang arbeiteten, konnten sie sich gerade mal einen dreißig Jahre alten Kasten wie den Bravo Tango Sierra leisten.

Jemand anderes schlug vor: „Wenn du uns zeigst, wie es geht, bauen wir unsere eigene Holzbiene." Ihnen war das wirklich ernst. Die ganze Vorstellung war so absurd, dass mir einfach die Worte fehlten. Ich musste daran denken, wie mein kleiner Bruder Phil seinen toten Kanarienvogel zu unserem Funk-Mechaniker brachte. Er war so felsenfest davon überzeugt, dass Onkel Krecky ihn „wieder ganz machen" konnte, dass wir alle es nicht übers Herz brachten, ihm die Wahrheit zu sagen.

„Wenn Gott es gut sieht, haben wir eines Tages vielleicht wirklich ein *ebo*, das ganz den Waodani gehört. Aber wer soll es fliegen und reparieren?", wandte ich ein. „Wenn einer der Fremden es fliegt, ist es nicht wirklich euers. Nur wenn ihr es selbst fliegt, könnt ihr ihm sagen, wohin es fliegen und wann es zurückkommen soll."

Darauf waren sie schon vorbereitet. Sie waren fest entschlossen, dass sie ihr eigenes Flugzeug und ihren eigenen Piloten haben würden. Ich sollte mich nur um die Details kümmern. Den Piloten hatten sie schon ausgewählt: Tementa. Das Flugzeug war meine Verantwortung.

Sie hatten mich gebeten, ihnen vieles zu zeigen: Wie man eine Schule gründet und einen Laden, wie man stabile Häuser baut, manche Maschinen repariert und Zähne zieht, einen Computer bedient, Glühlampen an Batterien anschließt, Schecks ausstellt, Schuluniformen macht, Reis anbaut, Touristen herumführt, Buch führt über Einnahmen und Ausgaben. All das, so wusste ich, ließ sich leicht lernen. Aber jetzt wollten sie in einem einzigen gewaltigen Sprung von der Steinzeit direkt in die Neuzeit gelangen.

Ich glaubte nicht, dass das ging. Ich hatte ihnen zwar gesagt, dass sie alles konnten, was die *cowodi* konnten. Aber sie konnten es eben nicht alles finanzieren. Es sei denn, sie begannen regelmäßig Dschungeltouren für Touristen anzubieten, wie sie es einmal für eine Gruppe von Freunden von uns getan hatten, die aus Ocala hergekommen waren. Irgendwie würde das vielleicht genug Geld einbringen. Aber Tementa konnte keine Cessna 172 fliegen. Er war helle genug, aber nicht groß genug.

Ich hatte bereits versucht, ihm das Fliegen ein bisschen beizubringen. Er kam gut zurecht, nur mit dem Geradeaus-Fliegen klappte es nicht ganz. Wenn ich auf einen weit entfernten Punkt, einen Baum oder eine Bergspitze zeigte und ihn aufforderte, darauf zuzuhalten, kam er unweigerlich vom Kurs ab. Schließlich fand ich heraus, dass er nicht weit genug über das Armaturenbrett sehen konnte, um diesen Punkt im Auge zu behalten. Manchmal ist Körpergröße eben doch ein Problem. Die Waodani hieben ihre Pfade nach oben nicht weit genug frei, so dass ich mir den Kopf anstieß. Und Cessna baute keine Flugzeuge für Piloten, die nur 1,57 groß waren.

Wir würden tatsächlich unser eigenes Flugzeug entwickeln müssen.

Aber die Regierung würde Tementa niemals einen Flugschein ausstellen, wenn er nicht zuerst einen Schulabschluss vorweisen konnte. Das würde Jahre dauern. Er konnte vorher nicht einmal Flugstunden nehmen.

„Wenn ihr das gut seht, denke ich darüber nach. Wenn *Waengongi* es gut sieht, werden wir es tun." Für mich stand fest, dass hier ein Wunder gefragt war.

Die Gott-Folger unter den Waodani hatten mehr Glauben als ich. Sie versicherten mir, dass sie immer, immer, immer mit *Waengongi* darüber reden würden.

Und er antwortete früher, als ich das gedacht hätte. Als ich aus dem Dschungel herausflog, geriet ich in sehr schlechtes Wetter und musste in Tena notlanden, einem kleinen Städtchen am Rand des Dschungels. Als ich dort neben der Landebahn darauf wartete, dass es wieder aufklarte, bemerkte ich ein extrem leicht gebautes, zweisitziges Flugzeug, das neben der Piste festgezurrt war. Ein solches Leichtgewicht hatte ich für die Woadani noch gar nicht in Erwägung gezogen. Ich sah mir das Flugzeug ein bisschen näher an, als der Besitzer auftauchte.

Er fragte, ob ich eine Runde mit ihm drehen wollte, und weil ich neugierig war, wie sich ein solches Ding in der Luft verhielt, sagte ich zu. Sobald das Wetter es zuließ, flogen wir los, wobei der kleine Motor hinter uns laut röhrte. „¿Qué licensia tienes?", brüllte ich über den Lärm hinweg.

„Ich habe keine Lizenz“, gab er auf Spanisch zur Antwort.
„Schon mal abgestürzt?“, wollte ich wissen.

„Claro que sí“, meinte er und deutete nacheinander auf einen winzigen Strand, eine Wiese und ein oder zwei weitere Orte, an denen er niedergegangen war, wenn die Maschine aussetzte.

Im Gegenzug bot ich ihm einen Rundflug im BTS an. Ich war froh, aus einer drahtverkleideten kleinen Flugmaschine herauszukommen, die von einem absturzerfahrenen Piloten ohne Lizenz geflogen wurde. Aber eine Sache hatte ich immerhin herausgefunden: Ein Ultraleichtgewicht war vielleicht genau das, was wir brauchten.

* * *

Ein Jahr später baute ich mit Jesse und Jaime und ein paar Freunden einen australischen Flugzeugmotor in eine Art Flugzeugbausatz ein. Wir setzten ein besonders robustes Fahrwerk ein, bastelten ein bisschen an den Kraftstoffleitungen herum und passten alles so an, dass sich die gesamte Maschine innerhalb von ein paar Stunden auseinander- und wieder zusammensetzen ließ. Bis auf zwei Teile konnten wir bei einem Flug nach Ecuador alles als reguläres Gepäck aufgeben!

Wir hatten eines dieser Flugzeuge gebaut, um auszutesten, ob es funktionierte. Ein anderes nahmen wir in Einzelteilen verpackt bei unserer üblichen Fluglinie, American Airlines, als Gepäck mit. Wir flogen die Teile nach Nemompade, und ich zeigte Tementa und ein paar anderen Waodani, wie sie die Teile, die wir vorgefertigt hatten, zusammenfügen konnten. Dann befestigten wir einen besonderen Stoff am Rahmen. Schließlich brachten wir alles nach Shell zurück, wo wir die Tragflächen anbringen, die größeren Teile einbauen und unseren Testflug machen wollten.

Die Waodani waren sehr aufgeregt. Als wir in Nemompade das Gestell zusammenbauten, wollten sie sich gegenseitig darin auf der glatten Fläche vor unserem alten Haus herumschieben. Zwei stiegen ein und streckten die Arme wie Tragflächen zur Seite, einer oder zwei schoben das Gestell und alle anderen ahmten Fluglärm nach, damit auch alles echt wirkte.

Aber es gab natürlich auch Rückschläge. Als wir die Räder anbrachten, platzte ein Reifen, und wir benötigten einen Flicken, Kleber und einen Kompressor. Aber um die Ecke gab es keine Werkstatt, wo wir das Material hätten kaufen können.

Unsere Arbeit am Flugzeug zog eine Menge Besucher an. Es sprach sich schnell herum, dass die Waodani sich ihr eigenes Flugzeug zusammenbauten. Eines Tages schauten ein paar Quechuas in Shell bei mir vorbei und deuteten an, dass ihnen ein ganz unerhörtes Gerücht zu Ohren gekommen war. Irgendwelche Waodani sollten an einem Flugzeug bauen. Ich bestätigte ihnen, dass das stimmte, und führte sie hinter Ricks Haus, damit sie sich mit eigenen Augen davon überzeugen konnten.

Tementa und einige andere Waodani arbeiteten dort mit einem erfahrenen Flugzeugbauer, ein paar Freiwilligen und mir daran, dieses kleine Flugzeug zusammenzusetzen. Es waren sogar ein paar hochrangige Offiziere der Luftwaffe vorbeigekommen, die sich das Ganze eigentlich nur anschauen wollten, dann aber sogar selbst mit Hand angelegt hatten. Es war unglaublich, diese Männer Seite an Seite mit Tementa arbeiten zu sehen. Schließlich zogen mich die Quechuas ein Stück von den anderen weg. „Bauen die Waodani dieses Flugzeug wirklich selbst?", fragten sie. Ich deutete auf Tementa und die anderen Waodani. Er zeigte gerade den Arbeitern, was sie zu tun hatten, und vergewisserte sich dann, dass sie alles richtig gemacht hatten.

„Wenn die das können, warum wir dann nicht?", wollten sie wissen. Ich versicherte ihnen, dass sie das Gleiche tun konnten. Ich musste daran denken, wie ich mich, als ich zum Kindergarten ging, mit Freunden aus der ersten Klasse unterhalten hatte. „Ha, Kindergarten ist doch einfach", sagten sie, „aber wart bloß ab, bis du in die Schule kommst." Und dann hieß es: „Warte nur, bis du auf die höhere Schule kommst", dann „richtig schwer wird es erst in der Oberstufe" und dann „auf dem College". Die Quechuas wollten, wie die Waodani und die Shua und Tausende anderer Volksgruppen auf der Welt, ernst genommen werden. Aber immer wieder wurde ihnen versichert, dass sie nicht das Zeug dazu hatten, sich zu behaupten. Diese Art von Diskriminierung drängt begabte Menschen in eine ganz besondere Form der Armut ab: die Armut der Seele.

„Ihr könnt das auch", versicherte ich ihnen.

„Hilfst du uns?", fragten sie. Ich konnte ihnen nicht helfen, aber ich sagte ihnen, dass sie sich jemanden suchen sollten, der ihnen helfen konnte. Sie lachten mich mutlos aus. „Wer hilft uns denn schon bei sowas? Wir sind doch bloß *Indigenas*."

Als sie gegangen waren, stellten die Waodani mich zur Rede. „Warum hast du gesagt, dass du uns hilfst, aber den Quechuas sagst du nein?"

„Ich hab nicht nein gesagt. Ich habe nur gesagt, dass ich ihnen nicht helfen kann, weil ich alle Hände voll zu tun habe, euch zu helfen", verteidigte ich mich. Aber sie waren noch nicht fertig mit mir.

„Du denkst wie ein Fremder. Du denkst, du musst alles selber machen. Wir sagen ja gar nicht, dass du selbst sie anleiten sollst. Aber wenn du uns alles beibringst, können wir es den anderen beibringen, die es noch nicht können."

Ja, sicher, dachte ich. Das war genauso wahrscheinlich wie ... wie wenn sich die Waodani ihr eigenes Flugzeug bauen.

An diesem Abend ging mir der Gedanke einfach nicht aus dem Kopf. Es war wirklich nicht besonders sinnvoll, zahnmedizinische Geräte oder Flugzeuge oder besondere Geräte zur Energiegewinnung nur einer kleinen Gruppe von Waodani zur Verfügung zu stellen. Wenn das Austüfteln und Entwickeln dieser Dinge sich dagegen irgendwann amortisierte, weil sie von vielen einheimischen Stämmen genutzt wurde, lohnte sich der Aufwand schon eher.

An diesem Abend wurde I-TEC geboren („Indigenous People's Technology and Education"), ein Unternehmen, das es Einheimischen ermöglicht, die bestehende Technologie ihren eigenen Bedürfnissen anzupassen und dafür entsprechend ausgebildet zu werden. Anstatt die Armen und Ungebildeten dieser Welt medizinisch und zahnmedizinisch zu versorgen – warum brachte man ihnen nicht bei, wie sie für ihre eigenen Leute sorgen konnten? Anstatt ihnen einen Fisch zu essen zu geben – warum brachte man ihnen nicht das Fischen bei? Und warum brachte man ihnen nicht bei, wie man Angelausrüstungen baut, damit sie wiederum anderen das Fischen beibringen konnten?

Es war die unwahrscheinlichste Idee, die mir je gekommen ist. Anstatt Menschen auszubilden, damit sie die Dinge so tun können, wie wir sie tun, wurde mir klar, dass wir die Geräte und Ausbildungsmethoden den Menschen anpassen mussten, die sie schließlich benutzen sollten.

Ich erinnere mich noch, wie ich mich damals, als die ersten Computer aufkamen, weigerte, mich in MS-DOS einzuarbeiten. Ich wusste, dass die Computerleute früher oder später auf den Trichter kommen würden, dass Millionen von Leuten zwar gerne ihre Computer kaufen und nutzen, dass sie aber keine Experten werden wollten. Und ich hatte Recht. Anstatt dass Millionen von Leuten lernten, so zu denken wie Computerexperten, brachten sie den Computern bei, so zu denken wie wir.

Das hier war in gewisser Weise ähnlich. Der große Unterschied bestand darin, dass unser Markt noch größer war. Der einzige Nachteil war, dass die meisten Stämme, wie eben auch die Waodani, gar nicht wissen, dass sie für sich selbst sorgen können. Sie wissen gar nicht, was sie mit einem bisschen Schulung und Geräten, die auf ihre Bedürfnisse und ihren Lebensstil zugeschnitten sind, alles ausrichten könnten. Und natürlich gab es noch ein paar andere Punkte, die zu bedenken waren. Viele, wenn nicht gar die meisten dieser Leute haben kein Geld und sie können weder lesen noch schreiben.

Die Waodani hatten gerade den Grundstein für ein Vorhaben gelegt, das ihr Leben und das Tausender anderer technologisch zurückgebliebener Stämme verändern konnte. Aber mir war klar, dass wir mit großen Hindernissen rechnen mussten. Die Einheimischen selber würden davon überzeugt werden müssen, dass sie all diese Dinge selbst tun konnten. Unsere Erfolgschancen standen ziemlich gering, aber der Nutzen, der für die Waodani und ähnliche Stämme dabei herauskommen konnte, war unglaublich groß.

Ich fühlte mich ein bisschen wie der Bauer, der im Lotto gewonnen hatte. Als man ihn fragte, was er mit all den Millionen nun machen würde, meinte er etwas ratlos: „Na, ich werd wohl einfach weiterleben wie bisher, bis das Geld alle ist." Ich wusste, dass ich eine großartige Idee hatte, aber ich wusste noch nicht, wie ich sie umsetzen sollte.

19. Am Ort der Fremden

Wir waren schon wieder ein Jahr in den Staaten und Jesses Schulabschlussfeier stand bevor. Zusammen mit Stephenie begann er zu bitten und zu betteln, Mincaye zu diesem Anlass nach Florida zu holen. Er könnte dann sogar bis zu Jaimes Hochzeit bleiben, was besonders viel bedeutete, denn schließlich war Jaime im Stamm nach Mincaye benannt worden. Ich fand die Idee großartig, aber ich wusste, dass sie sich nicht würde umsetzen lassen.

Mincaye besaß keinen Pass. Um einen zu bekommen, brauchte er Militärpapiere. Außerdem musste er nachweisen, dass er bisher bei allen Wahlen gewählt hatte, oder er musste ein offizielles Schreiben vorlegen, das erklärte, warum ihm das Wählen bisher nicht möglich gewesen war. Und wenn er das alles geschafft hatte, wurde es erst richtig spannend: Er brauchte ein Visum für die USA.

Ich hatte gerade eineinhalb Jahre gebraucht, um meinen ecuadorianischen Pass verlängern zu lassen, und selbst dazu war die Hilfe eines befreundeten Rechtsanwalts nötig gewesen. Ich kann lesen und schreiben und habe gute Beziehungen in Ecuador. Mincaye hatte niemanden außer mir. Aber Tementa besaß schon einen Pass. *Vielleicht*, überlegte ich, kann ich ja Tementa und Mincaye nach Quito mitnehmen, wenn wir das Flugzeug fertig gebaut haben und ich wieder abreise.

Wir hatten zum Zusammenbauen ein paar Wochen gebraucht und uns dann für Testflüge eine Woche freigehalten, in der die Tage besonders lang und die Nächte besonders kurz waren. Eine Verzögerung ergab sich, weil sich von einem aktiven Vulkan ausgerechnet zu dieser Zeit Lava und Rauch über den Dschungel ergoss. Einer unserer freiwilligen Helfer und ich saßen beim ersten Flug auf Gartenstühlen und so wagten wir nur ein paar kleine Hüpfer mit dem neuen Flugzeug.

Ich überlegte, dass ich zumindest für Tementa versuchen sollte ein Visum zu bekommen, damit er mich in Florida besuchen und dort mit mir Fliegen üben konnte. Aber in Mincayes Fall sah die

Lage hoffnungslos aus. Ich würde nur einen Tag haben, um in der Hauptstadt all den Papierkram mit ihm zu erledigen, für den man normalerweise Jahre braucht. Doch Jesse und Steph würden dann wissen, dass ich es immerhin versucht hatte.

Als die US-Botschaft in Quito an einem Freitagmorgen um 10 Uhr ihre Tore öffnete, zahlten wir eine Bearbeitungsgebühr und bekamen einen Zettel mit einer Nummer ausgehändigt – einer ziemlich hohen Nummer.

Als ich in den Warteraum trat, wurde mir bewusst, dass einige der Wartenden die ganze Nacht angestanden hatten, um ganz vorne in der Schlange einen Platz zu ergattern. Ich hörte, wie eine Frau einer anderen erzählte, dass fast alle ihre Kinder in New York lebten und sie schon seit fünf Jahren versuchte, ein Visum für die USA zu bekommen, um sie zu besuchen. Ganz offensichtlich war unser Besuch reine Zeitverschwendung.

Als ich für Tementa und Mincaye Visapapiere ausfüllte, sank mir der Mut noch mehr. Fast alle Angaben trafen auf die beiden nicht zu.

Telefonnummer: „Keine."

Adresse: „Wir bekommen nie Post." Oder vielleicht: „Die einundneunzigste scharfe Rechtsbiegung von Toñampade aus flussabwärts; wir wohnen auf der rechten Uferseite."

Bank: „Mincayes einzige Bank ist ein Holzbalken vor seinem Haus."

Auto: „Geht auch Flugzeug?"

Im Notfall zu benachrichtigen: „Obwohl Mincaye dreizehn Kinder, über vierzig Enkel und eine Handvoll Urenkel hat, wird es schwierig sein, die zu benachrichtigen."

* * *

Endlich gab es ein Feld, zu dem mir etwas einfiel. Es wurde nach dem Beruf des Antragstellers gefragt, und ich schrieb „Jäger/Sammler" auf beide Formulare.

Beide Formulare gab ich ab und dann warteten wir und beobachteten, wie einer nach dem anderen an die Schalter mit den dicken Glasscheiben herantrat – und abgelehnt wurde. Ich wollte gerade vorschlagen, wieder zu gehen, als ich hörte, wie einer der Angestellten zu seinem Kollegen sagte: „Hey, hör dir das mal an; das ist doch auch mal was: Beruf: Jäger/Sammler." Und sie lachten beide. Ich dachte mir, dass das vielleicht unsere Chance war, gab Mincaye und Tementa ein Zeichen, mir zu folgen, und ging auf den Schalter mit dem Bediensteten zu, der sich über die „Jäger und Sammler" amüsiert hatte.

Als ich fragte, ob er uns aufgerufen hatte, warf er einen Blick auf unsere Nummer und sagte, wir müssten weiter warten, bis wir aufgerufen wurden. Aber der Konsul war gerade im Raum und hatte die ganze Sache mitbekommen. Er nahm dem Bediensteten das Formular aus der Hand und erkärte, dass er die Befragung selbst übernehmen würde.

Zunächst fragte er mich, ob ich die Formulare ausgefüllt hatte. „Ja, Sir." Und ob ich die beiden Männer kannte. „Ja, Sir. Schon immer."

Dann begann er, von sich zu erzählen. Er war vor vielen Jahren mit dem Peace Corps in Ecuador gewesen und hatte damals ein Buch gelesen, das von einem Urwaldpiloten handelte, der zusammen mit vier Freunden von einem der Stämme im Amazonasdschungel umgebracht worden war. Er wollte wissen, ob ich irgendetwas über diese Leute wusste.

„Ja", gab ich zu, „und einer der Männer, die die Missionare damals umgebracht hatten, guckt Sie gerade durch diese Glasscheibe an."

Mist. Ich hatte ganz vergessen, dass ich auf dem Formular angekreuzt hatte, dass Mincaye sich nie strafbar gemacht hatte. Aber dem Konsul fiel das nicht weiter auf. Stattdessen fragte er: „Der Missionar in diesem Buch hatte den gleichen Nachnamen wie Sie; er war nicht zufällig mit Ihnen verwandt?"

Ja, das war er. „Doch, ja. Sie haben bestimmt die Biografie meines Vaters gelesen."

Als Nächstes wollte er wissen, warum ich den Mörder meinens Vaters mit in die Vereinigten Staaten nehmen wollte. Ich versuchte zu erklären, dass er mir „so etwas wie ein Vater" geworden war und dass wir alle eine Familie waren und mein Sohn seinen Schulabschluss machte und mein anderer Sohn ...

Er unterbrach mich mit dem Hinweis, dass er zu einer Besprechung wegmüsse. „Wenn Sie heute Nachmittag um drei noch einmal herkommen, wenn das Konsulat schließt, gebe ich Ihnen für diese beiden Männer Visa. Doch nur unter der Bedingung, dass Sie mit ihnen reisen. Aber ich sehe hier nur einen Pass. Wo ist der andere?"

Ich erklärte ihm, dass ich den am Nachmittag mitbringen würde. Das Puzzlestück, das am schwierigsten zu beschaffen war, hatten wir schon; jetzt brauchten wir nur noch einen Pass, Fotos, Ausweispapiere, eine Wahlfreistellung und einen Beleg, dass Mincaye voller Staatsbürger war.

Ich beschloss die nächste schwere Hürde zu nehmen, die Militärpapiere zu beantragen. Hier ging eine lange Schlange durch einen sehr langen Flur, der in den Tiefen eines uralten Gebäudes zu verschwinden schien. Wir standen genau am Eingang des Gebäudes – eben am Ende der Schlange.

Alle ecuadorianischen Männer müssen ein oder zwei Jahre Wehrdienst leisten. Dem entgeht man nur, wenn man dagegen Einspruch erhebt. Diesem Einspruch wird nur stattgegeben, wenn man sehr gute Gründe hat und außerdem eine Gebühr bezahlt, die angeblich dazu verwendet wird, einen anderen dafür zu bezahlen, dass er den Dienst ableistet. Ich überlegte noch, was jetzt zu tun war, als ein ruppiger kleiner Mann in einer goldbesetzten Uniform mit beeindruckenden Schulterklappen sich an uns vorbeidrückte, als wären wir Möbelstücke und nicht Menschen. Dann wandte er sich an Mincaye.

„Warum haben Sie denn diese riesigen Ohrlöcher?", wollte er auf Spanisch wissen und klang dabei etwas streitlustig. „Damit sehen Sie ja aus wie ein ‚Auca'."

Mincaye strahlte den Mann auf seine übliche entwaffnende Weise an. Er hatte kein Wort verstanden, und so antwortete ich: „Er hat diese Ohrlöcher, weil er ... naja, weil er eben ein ‚Auca' ist."

„Und was macht er hier?", fragte er.

„Er hat ein Visum, um *los Estados Unidos* zu besuchen, und dazu braucht er seine Militärpapiere", erklärte ich.

„Kommen Sie mal mit", befahl der kleine General. „Ein ‚Auca' reist in die USA", erklärte er laut allen Umstehenden und ging uns an den Anfang der Schlange voraus.

Als wir zu der etwas gequält aussehenden Sekretärin kamen, die die Anträge der Wartenden entgegennahm und sie an die betreffenden Bediensteten weiterleitete, befahl unser General ihr: „Ich habe jetzt eine Besprechung. Ich möchte, dass dieser Mann hier seine Militärpapiere hat, wenn ich nach dieser Besprechung in einer Stunde wieder hierherkomme. Ich unterzeichne sie dann selbst."

Die junge Frau sah erschrocken aus. Ich wusste, dass ihr Chef vor all den Leuten hier sein Gesicht verlieren würde, wenn sie es nicht schaffte, seinen Auftrag umzusetzen. Und wenn er sein Gesicht verlor, verlor sie vermutlich ihren Job. Sie bat mich, ihr beim Ausfüllen der Formulare zu helfen, während Mincaye uns bei unserer hektischen Arbeit zusah. Es ist wirklich nicht einfach, Formulare für Mincaye auszufüllen. Niemand weiß zum Beispiel, wann und wo er geboren ist. Er hat nur einen Namen, aber in Ecuador haben die Leute mindestens einen, oft aber zwei oder mehr Vornamen, und dazu kommen noch die Nachnamen von Mutter und Vater. Mincayes Eltern hatten aber auch keinen Nachnamen.

Doch eine Stunde später hatte Mincaye alles, was er brauchte. Sie hatten ihn vom Wehrdienst freigestellt, weil er angeblich zu alt war zum Laufen. Ich versuchte mir das Lachen zu verkneifen. Er hätte es mit jedem in diesem Raum aufnehmen können.

Es war jetzt ein Uhr. Wir brauchten nur noch eine Wahlfreistellung, ein paar Fotos und Fingerabdrücke und einen kleinen roten Pass, der fertig ausgefüllt, unterschrieben, abgestempelt und mit einem Siegel versehen war.

Ein paar Minuten vor drei, nachdem wir eine Handvoll weiterer kleiner Wunder erlebt hatten, stand der letzte Beamte vor uns und wartete darauf, dass Mincaye seinen Pass unterschrieb. Ich hatte ihm beigebracht, wie man einen Stift hält, und das hatte er sehr eifrig geübt. Dann hatte ich mir eine Unterschrift für ihn ausgedacht, zu der er nur sechs senkrechte Linien nebeneinander malen musste. Auf die ersten drei Linien setzte er zwei kleine Dächer und unter die letzten drei Linien malte er zwei kleine Gruben, so dass sich – mit viel Phantasie – die Buchstaben M und W erkennen ließen. Damit das Ganze etwas offizieller aussah, hatte ich ihm beigebracht, wie er einen eleganten Kringel um die beiden Buchstaben und einen Schrägstrich daneben setzte.

Mincaye griff so entschlossen nach dem Stift, dass ich Angst hatte, er würde ihn zerbrechen. Er konzentrierte sich ganz fest und versuchte so angestrengt, sich an seine Unterschrift zu erinnern, dass ihm der Schweiß ausbrach. Er erstarrte. Er konnte es nicht.

Irgendetwas musste geschehen. Schließlich lehnte ich mich vorsichtig zu ihm herüber und legte meine Hand auf seine. Ich begann die sechs senkrechten Linien zu malen, und merkte, wie Mincaye sich entspannte. Ich hoffte sehr, dass der Beamte keine Einwände erhob, als ich Mincayes Pass unterzeichnete! Und während ich mit Mincayes Hand seine Unterschrift setzte, strahlte Mincaye den Beamten einfach nur an.

Um zwei Minuten vor drei standen wir wieder am Straßenrand und riefen ein Taxi. Wir mussten immer noch quer durch die Stadt zurück zur Botschaft gelangen. Ich hoffte sehr, dass der Konsul auf uns wartete, wenn wir uns um einige Minuten verspäten. Er tat es.

Mincaye und Tementa saßen genauso stolz wie wir auf der Zuschauertribüne, als Jesse sein Abschlusszeugnis erhielt. Eigentlich wollte Mincaye lieber bei Jesse und seinen Klassenkameraden sitzen, aber nach einigen Erklärungen willigte er schließlich ein, bei uns auf der Tribüne Platz zu nehmen.

Es war ein unglaubliches Abenteuer gewesen, mit meiner Familie bei den Waodani im Regenwald zu sein. Jetzt erlebten wir das Gleiche einmal andersherum.

Tementa war schon ein paar Mal in Quito gewesen und kam, verglichen mit den meisten Waodani, dort sehr gut zurecht. Er wusste, was Geld war, und fühlte sich in den Kleidern, wie die Fremden sie trugen, einigermaßen wohl. Bei Mincaye sah das anders aus. Als ich mit Tementa und Mincaye nach Florida flog, musste ich die beiden so auf unser Leben in einer hochtechnisierten Welt vorbereiten, wie ich damals meine Familie auf das Leben im Dschungel vorbereitet hatte.

Jesse hatte Mincaye schon ein paar Brocken Englisch beigebracht, als wir noch in Nemompade wohnten. Jedes Mal, wenn ich

Mincaye etwas über die Welt der Fremden erklären wollte, legte er mir beruhigend den Arm um die Schulter und sagte: „Ooo-kay." Und dann strahlte er mich ermutigend an.

Er hatte auch gelernt, dass es bei uns „alles bestens" bedeutet, wenn man den Daumen hochhält, und so tat er das ständig. Er hatte sich gut um mich gekümmert und mir beigebracht, in seiner *omae* zu überleben. Jetzt würde ich dafür sorgen, dass er in meiner *omae* überlebte.

Die Komödie begann schon, als wir in Quito ins Flugzeug stiegen. Mincaye war ja schon mit verschiedenen Dschungelflugzeugen unterwegs gewesen, aber keines davon hatte mehr als zehn Sitze gehabt. Dagegen war die 757 von American Airlines das reinste Monster. Als wir die Stufen zu diesem riesigen *ebo* hinaufstiegen, war Mincaye vor und Tementa hinter mir. Die Passagiere vor uns gingen alle langsam ins Flugzeug und nahmen ihre Plätze ein. Mincaye ging durch die Einstiegsluke, drehte sich in Richtung Gang und blieb stehen. Ich war in Gedanken gerade woanders und wunderte mich erst nach einer ganzen Weile, warum es eigentlich nicht vorwärtsging.

Schließlich beugte ich mich über Mincaye, um zu sehen, was da vorne los war. Es war nichts los, und der Gang vor Mincaye war leer. Es war mir peinlich, dass wir hier den Verkehr aufhielten, und sagte: „Mincaye, gokaimba" – *geh weiter.* Aber er stand dort und lächelte breit. „Schau mal, Babae", sagte er, „die Leute sehen mich alle sehr gut."

Tatsächlich schauten alle Passagiere, die schon in ihren Sitzen saßen, diesen Fremden mit dem Federkopfschmuck und den riesigen Ohrstöpseln an. Und weil er sie so breit anlächelte, lächelten sie zurück. Ich stupste ihn an, dass er weitergehen sollte, und war froh, dass er all diese neuen Freunde nicht einzeln begrüßte. Ohne Zweifel dachte er, dass sie alle auf ihn gewartet hatten. Schließlich saßen sie voller Erwartung da und sahen ihn an.

Als unser Frühstück serviert wurde, roch Mincaye an dem Essen. „Babae, ist ein Kochhaus in diesem großen *ebo*?" Ich beschloss, ihm die Kombüse zu zeigen. Essen ist in allen Kulturen wichtig, aber bei den Waodani scheint es wichtiger als alles andere zu sein.

Ich ging davon aus, dass Mincaye begeistert sein würde, aber er schien eher nervös. Er sah immer wieder über die Schulter nach hinten, als läge ihm irgendetwas auf der Seele. Schließlich fragte er: „Babae, wohin gehen all diese Fremden?“ Ich erklärte: „Wir fliegen alle an den Miami-Ort.“

„Nein, nicht diese Fremden“, beharrte er und deutete auf die Passagiere hinter uns. „Ich meine die *cowodi*, die nach draußen gegangen sind.“ Er beugte sich über einen der Passagiere, um aus dem Fenster schauen zu können.

Ich hatte keine Ahnung, was er meinte, und so versuchte ich ihm zu versichern, dass niemand das Flugzeug verlassen konnte, solange wir in zehn Kilometern Höhe über die Karibik flogen. „Doch“, sagte er. „Ich habe zwei Fremde gesehen, die durch diese Türen gegangen sind!“ Und er deutete auf die beiden Toiletten.

Als ich ihm zeigte, was sich hinter diesen Türen verbarg, vergaß er seine Sorge um die Passagiere, die ins Wasser gefallen sein mussten. „Babae“, rief er, „das *ebo* hat sogar ein ‚Muss-mal-Haus'!“ Er hockte sich leicht hin, wie man es in allen Sprachen als Pantomime für „Ich muss mal“ versteht. „Babae“, erklärte er, „jedes Mal, wenn ich mit dir im Bravo Tango Sierra unterwegs bin, muss ich ganz dringend Wasser lassen. Warum baust du kein Muss-Mal-Haus in dein *ebo* ein?“

Zur Unterhaltung wurde auf diesem Flug *101 Dalmatiner* gezeigt. Zuerst war Mincaye verwirrt, dann ganz aufgeregt, und schließlich begann er, unter die Sitze und den Gang entlang zu schauen. Er sah all diese herrlichen Jagdhunde und wollte auch einen. Weil er so zappelte, wurde eine der Stewardessen auf ihn aufmerksam. Sie merkte schnell, dass sie sich nicht direkt mit ihm unterhalten konnte, und er war auch viel zu aufgeregt, um sie überhaupt wahrzunehmen. Er wollte einfach wissen, wo sich all diese Dalmatiner versteckten. Sein bester Jagdhund war vor kurzem von einem Schwein getötet worden, und er wünschte sich einen neuen.

Die Stewardess fragte mich, ob ich Mincaye kannte. Ich hätte am liebsten nein gesagt, nur um zu sehen, wie sie reagierte. Aber dann erklärte sie mir, dass sie Mincaye Beruhigungstabletten geben oder ihm Handschellen anlegen würde, wenn er weiterhin solche Unruhe verursachte. Ich war nahe daran, ihr zu erklären, dass er nach den Hundewelpen suchte, aber dann überlegte ich es mir anders und sagte stattdessen Mincaye, dass die Frau sehr böse war und wir in ihrem Flugzeug besser keine Hunde jagten.

Als wir an der Einwanderungsbehörde vorbeikamen, unser Gepäck abholten, durch den Zoll gingen und uns durch die Menschenmenge am Flughafen von Miami drückten, schaute Tementa immer nur, wie ich das machte, und tat es mir dann nach. Mit Mincaye war das anders. Er war wie ein siebzigjähriges Kind im Bonbongeschäft. Alles war für ihn neu und faszinierend. Er wollte alles genau betrachten - auch einige Leute. Besonders hatten es ihm Übergewichtige angetan, und an seiner Faszination für sie hat sich bis heute nichts geändert.

Ich hatte ein Auto gemietet, um von Miami nach Ocala fahren zu können, und so schob ich mich durch das Terminal zu dem Ausgang, auf dem ein Shuttle zu den Mietwagen wartete. Ich seufzte erleichtert auf, als wir in den kleinen Bus stiegen und ich mich entspannen konnte. Aber Mincaye setzte sich nicht zu Tementa und mir. Er starrte nur den Fahrer an und rückte ihm immer dichter auf die Pelle, bis der Fahrer ganz offensichtlich nervös wurde. Mincaye trug zwar einigermaßen normale Kleider, aber er fühlte sich darin sichtlich unwohl, und außerdem hatte er immer noch seinen Kopfschmuck und die Ohrstöpsel an.

Ich wollte gerade etwas sagen, als Mincaye laut seufzte und sagte: „Babae, ich sehe diesen Fremden sehr gut. Er hat einen Mond auf uns gewartet und vielleicht hat er nicht einmal gegessen."

Da wurde mir klar, warum Mincaye so beeindruckt war. Ich war fast einen Monat im Dschungel gewesen. Offensichtlich dachte Mincaye, dass dieser Fahrer ein Freund von mir war, und weil er ja nicht genau wissen konnte, wann wir ankommen würden, hatte er einen ganzen Monat auf uns gewartet. Was natürlich wahre Freundschaft bewies.

Als wir zu unserem Mietwagen kamen, stellte Mincaye fest, dass er das rote Auto mehr mochte als das weiße, das uns zugeteilt war. Tementa zog ihn auf: „Mincaye fährt das rote, und Babae das weiße." Da überlegte es sich Mincaye anders und beschloss, dass er weiß doch schöner fand als rot.

Als wir vom Flughafen wegfuhren und auf eine Schnellstraße kamen, war Mincaye eine Weile still und stellte dann eine Frage, die mir einen tiefen Blick in das Herz dieses Mannes gewährte, den ich so zu lieben gelernt hatte. Ganz leise und fast dringlich fragte er: „Babae, ist das *Itota's weca?*" *Ist das der Ort von Jesus?* Ich verstand nicht ganz, worauf er hinauswollte.

Ich musste an etwas zurückdenken, das ich in Tante Rachels Tagebuch gelesen hatte. Kurz nachdem sie mit Dayumae, Tante Betty und Valerie zu den Waodani gezogen war, berichtete ihr Dayumae, dass Mincaye sie erstechen wollte. Und dann hörte Tante Rachel eines Nachts, wie jemand um das kleine, strohgedeckte Haus schlich, das Kimo für sie gebaut hatte.

Die Waodani hatten ungehinderte Sicht auf diese merkwürdige Fremde mit der weißen Haut und dem langen, hellbraunen Haar haben wollen, und so hatte Kimo ihr Strohdach einfach auf ein paar Pfähle gesetzt und keine Wände aus gespaltenen Bambusstäben oder Stroh eingezogen. So war sie immer gut zu sehen.

Tante Rachel hatte keine Angst, aber sie wollte doch wissen, wer da um ihre kleine Hütte herumschlich. „Acani-imi?", rief sie. *Wer bist du?* Mincaye antwortete aus dem Dunkel, dass er nur mal pinkeln musste, aber ein paar Miunten später kam er zu ihr und hockte sich an ihr Feuer neben ihrer Hängematte.

Er fragte Tante Rachel, ob es stimmte, dass *Waengongi* stark genug war, das Herz jedes Menschen sauber zu machen, und Tante Rachel versicherte ihm, dass es so in Gottes Schrift stand. Als Nächstes fragte er, ob sein Herz auch von Furcht und Hass befreit werden konnte, und Tante Rachel bestätigte auch das. Er stand auf und ging. Am nächsten Morgen kam er wieder und verkündete, dass sie recht gehabt hatte. „Ich habe mit *Waengongi* geredet und ihn darum gebeten", sagte er einfach, „und er hat mein Herz sauber gemacht." Eine unglaubliche Verwandlung hatte begonnen.

Ich wusste, dass Mincaye sich sehnlichst wünschte, dass auch alle anderen auf dem „guten Pfad" liefen, der nach unserem Leben hier im Dreck direkt zu *Waengongi* führt. Er dachte, dass die Fremden aus den *Estados Unidos* nie jemanden hassten oder töteten. Er sollte noch früh genug herausfinden, dass die Fremden genauso lernen mussten, auf *Waengongis Pfad* zu laufen wie die Waodani.

Ich hätte Mincaye so gerne gesagt, was er hören wollte: dass alle Fremden auf Gottes Pfad gingen. Aber ich musste ihm die Wahrheit sagen. Hier war es nicht anders als bei den Waodani. Manche Menschen hatten davon gehört, dass *Waengongi* sie lieb hatte und ihnen einen Pfad geschlagen hatte. Andere hatten das noch nicht gehört oder verstanden. Manche von denen, die es verstanden hatten, beschlossen, auf dem Pfad des Schöpfers zu laufen, andere blieben lieber auf ihrem eigenen Pfad.

Am Flughafen von Miami hatte Mincaye einen Mann getroffen, der treu einen Monat lang auf uns gewartet hatte, und jetzt waren wir auf einer sechsspurigen Straße, auf der alle geordnet in dieselbe Richtung fuhren. Mir wurde bewusst, was Mincaye denken musste: *Waengongi* hatte seinen Sohn an einem solchen Ort zur Welt kommen lassen. Er hoffte, dass hier das Heilige Land war.

Ich wurde von meinen Gefühlen übermannt. Dieser alte Amazonaskrieger Mincaye, der seine Feinde früher umgebracht hatte, war nun ein freundlicher und liebevoller Mann. Er hatte mich und meine Familie lieb. Und ich hatte ihn auch tief und aufrichtig lieb. Ich konnte es kaum erwarten, ihn – und Tementa – bei meiner Familie abzuliefern.

* * *

Jedes Mal, wenn wir Freunde zu Besuch hatten oder zusammen einen Film anschauten oder irgendetwas unternahmen, erlebten wir mit Tementa und Mincaye ein kleines Abenteuer. Ich kann nicht all diese Erlebnisse erzählen, aber ein paar von ihnen möchte ich doch wiedergeben.

Als wir in Ocala ankamen, bat Ginny mich, gerade noch zum Supermarkt zu fahren und ein paar Sachen zum Abendessen einzukaufen. Einige der Freunde, die bei unserer ersten Wao-Tour dabeigewesen waren, wollten unsere beiden Besucher gerne wiedersehen.

Ich nahm Mincaye mit zum Einkaufen. Wir waren noch nicht

ganz am Obst und Gemüse vorbei, als Mincaye mit offenem Mund stehen blieb. „Wem gehört all dieses Essen?“

Eine Frau beobachtete, wie Mincaye all die guten Sachen bestaunte und anfasste. Ich sah auch zu ihm hin, und so stellte sie sich neben mich und meinte: „Er ist wohl nicht von hier, was?“

„Nein“, bestätigte ich. „Er kommt aus dem Regenwald am Amazonas.“ Sie überlegte einen Moment und vermutete dann: „Ich wette, er spricht nicht einmal Englisch.“

Ich musste ihr wieder zustimmen.

Gerade in diesem Moment sah Mincaye zu uns herüber. Er lächelte die Frau freundlich an, sagte „Hi!“ und hielt den Daumen hoch. Sie sah mich an, als hätte ich sie angelogen, und verschwand um die nächste Ecke.

Mincaye bestand darauf, dass wir jeden einzelnen Gang abschritten. Er wollte wissen, was in jeder dieser Kisten und Dosen und Schachteln war, und legte immer wieder etwas in unseren Einkaufswagen. Er wollte Ongingcamo eine Freude machen, indem er ihr jede Menge Essen mitbrachte. Wenn er nicht hinschaute, nahm ich die Sachen wieder heraus und stellte sie irgendwo in ein Regal. Es würde mich nicht wundern, wenn irgendein armer Angestellter Überstunden machen musste, um alles wieder an seinen richtigen Platz zu räumen.

Besonders beeindruckt war Mincaye von der Bäckerei und der Fleisch- und Wursttheke. Ich erklärte ihm, was in all den Päckchen war: Kuh *bang*, Schwein *bang*, Hühnchen *bang*, Fisch *bang* ... Er wollte ein paar lebende Hummer mitnehmen, damit wir mit denen noch ein bisschen spielen und sie dann essen konnten. Ich erklärte ihm, dass sie nicht gut waren – nicht gut für meinen Geldbeutel jedenfalls.

Als wir in Richtung Ausgang gingen, sah Mincaye genau hin, was die junge Frau hinter der Kasse tat, und dann bestand er darauf, die großen Tüten voller Essen selbst zum Auto zu tragen. Er wuchtete sie sich auf die Schulter, wie wir das im Dschungel tun, und wir zogen ab.

Ginny hatte mich losgeschickt, um Chips, Dips und ein Brot zu kaufen. Als wir heimkamen, hatten wir Lebensmittel im Wert von über hundert Dollar dabei. Ich konnte Mincaye einfach nicht verwehren, als er Ginny all diese guten Sachen mitbringen wollte.

Als wir später wieder im Dschungel waren, erklärte Mincaye seinen Freunden von den großen Essenshäusern der Fremden. „Jetzt weiß ich, warum die Fremden alle so dick und fett sind. Sie laufen nicht und sie bauen keine Gärten an und jagen auch nicht." Seine Frau, Ompadae, schnaubte. Das nahm sie ihm nicht ab. Wie kamen die Leute denn dann von einem Ort zum anderen? Und woher bekamen sie ihr Essen? Das war Mincayes große Stunde, und er erzählte von seinen Erfahrungen.

„Es stimmt wirklich, dass die Fremden nicht laufen. Sie fahren überall mit ihren *autodi* hin. Und wenn sie doch manchmal auf einem Pfad sind, müssen sie auch nicht laufen. Sie treten auf den Pfad, und dann bewegt sich der Pfad unter ihnen." Das mussten die Rollwege sein, die wir auf dem Flughafen gesehen hatten. Die Leute fanden es schwer, Mincaye all diese Märchen abzunehmen, aber schließlich war Tementa auch da gewesen, also musste es wohl stimmen.

Mincaye erklärte weiter, was es mit den Essenshäusern der Fremden auf sich hatte. „Sie sind so groß, dass ganz viele Leute gleichzeitig darin wohnen können. Wenn ich irgendwann einmal am Ort der Fremden wohnen muss, möchte ich gerne da wohnen."

Er erklärte weiter, dass nie jemand Essen ins Essenshaus bringt. Er hatte das genau beobachtet, aber alle hatten immer nur Essen herausgetragen. Ein paar Leute fanden das unglaublich, aber schließlich brachten die *cowodi* auch schwere Flugzeuge zum Fliegen. Sie konnten sich durch kleine Kisten über große Entfernungen verständigen, und in einer anderen kleinen Kiste konnten sie Leute einsperren, die wir abends beobachten konnten. Im Vergleich dazu war es vielleicht gar nicht so unwahrscheinlich, dass sie einen unerschöpflichen Vorrat an Essen in einem Haus hatten.

Jeder konnte so viel Essen mitnehmen, wie er wollte, erklärte Mincaye weiter. Man bekam sogar einen kleinen Wagen, damit man möglichst viel mitnehmen konnte.

„Man muss dann nur eine Sache machen", schloss er. „Wenn man geht, muss man an einem Tisch vorbei, an dem ein Mädchen von den Fremden steht. Die schauen einen sehr ernst an. Aber man muss nur dort stehen und lächeln, und wenn sie zurücklächeln, kann man das Essen mitnehmen und essen.“

Ich hatte den Eindruck, dass ich an dieser Stelle einschreiten sollte. Ich wusste genau, was als Nächstes kommen würde. Die Waodani würden mich bitten, ihnen einen Supermarkt zu bauen, damit sie auch alle dick werden konnten. Aber die meisten von Mincayes Zuhörern waren schon älter und hatten keine Erfahrung mit Geld. Ich zog meine Kreditkarte hervor und sagte: „Nur wenn man den Ausländern so etwas wie das hier gibt, kann man das Essen mitnehmen.“

Garantiert wusste keiner der Waodani, was eine Kreditkarte war, aber es war mir doch wichtig, dass sie mitbekamen, dass man das Essen aus dem Essenshaus doch nicht so ohne Weiteres bekam.

Mincaye winkte nur ab, als wäre das nicht weiter bedeutend. „Keine Sorge“, meinte er, „sie geben einem das Ding sofort wieder zurück, und dann kann man nach Hause gehen und das alles essen.“

Ompodae war noch nicht bereit, all das widerspruchslos hinzunehmen, was Mincaye erzählte, und stellte ihn auf die Probe. „Du hast gesagt, dass du und Babae in einem *autodi* im ganzen *cowodi omae* herumgefahren seid. Woher hattet ihr denn das Essen, wenn ihr nicht in der Nähe von dem Essenshaus wart?“

Mincaye lachte und hatte auch darauf eine Erklärung parat. Er genoss es sichtlich, den anderen von seinen Abenteuern zu erzählen. „Babae hat überall Freunde“, meinte er. „Wenn wir weg sind von dem großen, großen Essenshaus und mein Bauch tut weh, sage ich Babae das. Und dann hält er bei einem seiner Freunde an. Die öffnen ein kleines Fenster in ihrer Wand und geben uns Essen. Die Leute mögen Babae alle gern, wie wir auch.“

Eines Abends schauten wir einen Dokumentarfilm über den Zweiten Weltkrieg. Mincaye und Tementa schauten beide fasziniert zu, aber als die Alliierten vom Flugzeug aus Bomben über Deutschland abwarfen, griff Mincaye aufgeregt nach Ginnys Arm und bat sie um eine Erklärung. Er machte sich Sorgen, dass das Flugzeug abstürzte, wenn so viel von ihm abfiel.

„Nein“, erklärten wir, „diese Dinger sind wie Dynamit. Die lassen sie absichtlich fallen.“ „Aber schaut doch nur“, wandte Mincaye ein, „die lassen sie ja über einem Ort fallen, wo Menschen wohnen. Auf dem Boden könnten Leute sterben, wenn das Dynamit sie trifft." Wir mussten ihm erklären, dass die Piloten genau das vorhatten.

Mincaye konnte das nicht glauben. Er fragte sich, warum sie all diese Leute töten wollten. „Sie sind ihre Feinde", versuchten wir zu erklären, aber dann wollte er wissen, wie die Piloten aus dieser Entfernung erkennen konnten, wer ihre Feinde waren. „Sie schauen nicht nach, ob dort jemand ein Feind von ihnen selbst ist; sie hassen alle und wollen alle töten."

„Wir haben Leute ohne Grund getötet", kommentierte Mincaye, „aber wir haben nur unsere Feinde getötet. Alle anderen haben wir am Leben gelassen, nur nicht die Fremden."

Am Ende der Dokumentation war noch ein Filmausschnitt, der aus einem Konzentrationslager stammte. Mincaye, der so begeistert von dicken Menschen war, betrachtete entsetzt die ausgemergelten Gestalten, die dort gezeigt wurden. Als wir ihm erklärten, dass man die Menschen dort absichtlich hungern ließ, meinte er: „Wir haben sehr schlecht gelebt und unsere Herzen waren sehr dunkel. Wir haben unsere Feinde getötet, aber wir haben sie nie leben lassen, ohne ihnen etwas zu essen zu geben."

Er und Tementa standen auf und gingen in ihr Zimmer. Ich wusste nicht, was ich sagen sollte. Sie hatten gerade gemerkt, dass der Unterschied zwischen ihrer Kultur und der Kultur derjenigen, die ihnen den guten Pfad gezeigt hatten, nicht darin bestand, dass die Waodani gewalttätig waren. Die Fremden waren auch gewalttätig – aus ihrer Sicht sogar auf eine schlimmere Weise. Beide, die Waodani und die *cowodi* mussten einen guten Weg im Leben finden, und sie begannen zu bemerken, dass wir drei den Fremden sagen konnten, wie wir gelernt hatten, auf *Waengongis* gutem Pfad zu laufen.

20. Unterwegs

Direkt nach Jesses Schulabschlussfeier hatte ich einige Vortragsveranstaltungen angesetzt. Anstatt dorthin zu fliegen, beschloss ich zu fahren, so dass ich Tementa und Mincaye mitnehmen konnte. Jesse würde dorthin fliegen und sich uns für die Rückfahrt anschließen. Wir würden auf eine Tournee gehen.

Ziemlich am Anfang machten wir in Waxhaw in North Carolina Halt, wo eine große Missionsgesellschaft ihren Sitz hat, die Bibelübersetzer wie Tante Rachel unterstützte. Eine ganze Reihe Piloten und Techniker von JAARS, die dort wohnten, hatten unter den Waodani ihren Dienst getan. Ich war noch nie beim JAARS-Zentrum gewesen, aber ich dachte mir, dass Tementa und Minacye es bestimmt auch gerne sehen würden. Ich versuchte, den beiden zu erklären, wen wir dort sehen würden, aber sie verstanden es nicht, bis wir am Hangar vorbeigingen und dort eine Helio Cruiser stehen sahen. Tementa und Mincaye erkannten das Flugzeug beide und wurden ganz aufgeregt. Sie fragten mich, wem das Flugzeug gehörte. Das waren doch die Leute, die Vorräte zu ihnen geflogen hatten und ihnen geholfen hatten, friedliche Beziehungen mit den Verwandten flussabwärts aufzunehmen. Diese Flugzeuge und die von der MAF hatten kranke Waodani zum Krankenhaus geflogen und Medizin geliefert.

Wir trafen ein paar Mitarbeiter von JAARS, die in Ecuador gewesen waren und uns drei kannten. Einer der Männer erzählte, dass der Bericht vom Tod meines Vaters und seiner Freunde ihn damals bewogen hatte, sein Leben ganz in den Dienst Gottes zu stellen. Ich bat ihn, das auch Mincaye und Tementa zu erzählen.

Vier Jahrzehnte lang war Mincaye „einer der ‚Auca'-Krieger" gewesen, „die die fünf Missionare umgebracht haben", und Tementas Vater hatte im Hintergrund ebenfalls dafür gesorgt, dass das geschah. Nun sollten die beiden merken, dass Gott aus dem, was Böse gemeint war, im Leben so vieler Menschen enorm viel Gutes bewirkt hatte. Ich übersetzte die Geschichte dieses Mannes, dessen Leben von dem Ereignis geprägt worden war, das auch uns drei miteinander verband. Mincaye und Tementa waren sichtlich bewegt. Dann fragte der Mann uns, ob wir am nächsten Tag bei ihrer wöchentlichen Vollversammlung ein paar Worte sagen wollten, und ich sagte zu.

Am nächsten Morgen stellte uns derselbe Mann vor. Er erklärte, dass Tementas Vater und Mincaye etwas getan hatten, was ihn dazu bewogen hatte, bei JAARS einzusteigen. Und dann fragte er, ob es noch andere Mitarbeiter von JAARS gab, die Leuten wie den Waodani halfen, weil sie genau dieselbe Geschichte gehört und gelesen hatten. Er bat sie aufzustehen.

Zu meinem Erstaunen stand fast die halbe Versammlung auf. Ich wusste ja, dass die Geschichte das Leben vieler Menschen geprägt hatte – nicht zuletzt meins. Aber dass es so viele waren, überraschte mich dann doch.

Dann kam unser Part. Ich wollte erst Tementa übersetzen, aber er stand einfach nur da. In seinen Augen standen Tränen. Er war so von Gefühlen überwältigt, dass er nicht reden konnte. Das sah ihm gar nicht ähnlich. Im Gegensatz zu Mincaye, der überschwänglich ist und gerne ein bisschen übertreibt, ist Tementa zurückhaltend und wirkt oft fast ein bisschen kühl, bis man ihn besser kennengelernt hat.

An diesem Morgen sah ich mit eigenen Augen, dass das Opfer von fünf Missionaren im Leben vieler anderer so viel Frucht getragen hatte. Ich dachte, dass ich bestimmt nicht noch eindrucksvoller sehen würde, wie viel *Waengongi* mit dieser Geschichte bewirkt hatte, die uns verband. Ich sollte mich täuschen.

* * *

Auf der Fahrt von North Carolina nach Pennsylvania fuhren wir durchs Gebirge von West Virginia. Tementa wollte wissen, was es mit diesen großen Stapeln schwarzer Felsen auf sich hatte, die neben der Straße lagen. Ich erklärte, dass das *dica gungungu* waren – „Steine, die brennen". Das war ein weiteres dieser schwer zu glaubenden Rätsel, die die Welt der Fremden aufgab – ähnlich wie „hartes Wasser" (Eis). Ich merkte, dass sie sich Steine, die brannten, nicht so recht vorstellen konnten, deswegen hielt ich an und nahm ein paar Kohlenstücke mit, die von vorbeifahrenden Lastern gefallen waren. Als wir wieder weiterfuhren, erzählte ich ihnen alles, was ich über Kohle wusste, als ich im Rückspiegel ein Polizeiauto bemerkte, das uns mit Blaulicht hinterherkam. Ich fuhr an den Straßenrand, ging auf den Polizisten zu und versuchte ihm zu erklären, dass ich meinen Gästen vom brennenden Stein erzählt und darüber glatt vergessen hatte, auf die Geschwindigkeit zu achten.

Vielleicht dachte er, ich wollte ihn veräppeln, also holte ich weiter aus und erzählte, dass meine Besucher aus dem Ausland kamen. Er unterbrach mich und schickte mich zurück zum Auto, um meine Fahrzeugpapiere zu holen. Ich musste Mincaye bitten auszusteigen, damit ich an die Papiere herankam.

Bis ich sie gefunden hatte, war Mincaye schon zu dem Polizeibeamten hinübergegangen. Er dachte, das sei ein Freund von mir, und ich hätte angehalten, um ein paar Worte mit ihm zu wechseln.

Mincaye rückte dem Beamten immer weiter auf die Pelle, tätschelte dabei das Polizeiauto und erklärte, wie sehr ihm diese bunten Lichter gefielen, die blitzten und sich so lustig drehten. Der Polizist hatte eine Hand an seiner Pistole und versuchte mit der anderen, sich Mincaye vom Leib zu halten. *Oh nein*, dachte ich, *wie bringe ich den anderen bloß bei, dass Mincaye von einem Streifenpolizisten in West Virginia erschossen worden ist?*

Dem Beamten schien viel daran gelegen, uns wieder los zu sein. Ich erhielt nur eine Warnung, langsamer zu fahren, damit meine Freunde lange genug lebten, um in den Dschungel zurückkehren zu können.

* * *

Als wir unseren Vortrag für das Treffen in Pennsylvania vorbereiteten, fragte mich Mincaye, was die Leute denn wissen sollten. Ich schlug vor, einfach davon zu erzählen, wie sein Leben war, bevor er auf *Waengongis* Pfad lief, und wie es sich dann verändert hatte.

Zuerst hielt ein anderer Mann einen Vortrag. Er war gerade aus monatelanger Geiselhaft der kolumbianischen Guerilla freigekommen. Es war eine sehr spannende, aber auch sehr lange Geschichte. Als er fertig war, sollte das Treffen eigentlich schon enden. Ich hoffte, sie würden uns wenigstens ein Grußwort sagen lassen, aber das war ihnen wohl zu wenig.

Ich stellte kurz Tementa vor und dann erzählte er, dass er und die anderen Gott-Folger im Stamm nicht mehr immer wegen allem Möglichen fremde Hilfe in Anspruch nehmen wollten. Er fragte: „Steht in *Waengongis* Schrift nicht geschrieben, dass seine Nachfolger allen anderen sagen sollen, wie sie ihm folgen können?" Er erzählte, dass er ausgewählt worden war, das Fliegen zu lernen, und dass andere lernten, wie man Zähne behandelt. Und er erklärte, dass sie den anderen im Stamm erklärten, wie sie auf *Waengongis* Pfad gehen konnten.

Als Mincaye an die Reihe kam, war es schon wirklich spät. Aber sobald er sprach, schaute niemand im Publikum mehr auf die Uhr. Mincaye erzählte, wie sein Stamm in der ständigen Unruhe von Angst und Hass gelebt hatte. Dann legte er mir einen Arm um die Schulter und erklärte, wie mein Vater und seine Freunde gekommen waren, um ihnen „den guten Pfad zum Leben" zu zeigen. Als er ein junger Mann war, berichtete er, hatte sein Leben vor allem darin bestanden, andere Menschen umzubringen: „Wir haben die anderen getötet und sie uns."

Er war sich nicht sicher, ob das Meer der Fremden da vor ihm verstand, was er sagen wollte. Ich hatte Mühe, die Waodani-Gedanken so umzugestalten, dass sie in unser nordamerikanisches Denken passten. Tementa kam mir mit seinem ungeschliffenen Spanisch gelegentlich zu Hilfe.

Mincaye beschloss, in ein paar Worten zusammenzufassen, was er eben gesagt hatte. „Wir haben schlimm, schlimm gehandelt, bis sie Gottes Zeichen brachten. Jetzt sehen wir seine Fährte und gehen auf seinem Pfad, und wir leben glücklich und in Frieden." Dann legte er mir den Arm um den Hals und zog mein Gesicht ganz nah an das seine heran. Mincaye ist ein alter Amazonas-Krieger. Er kann weder lesen noch schreiben. Er weiß nicht einmal, was eine Berühmtheit ist. Aber nach dieser Rede in Pennsylvania wurde er selbst eine. In dem Treffen saßen Mart Green, ein Geschäftsmann aus Oklahoma, und seine Frau, und als Mincaye davon sprach, wie Hass und Mord ein Ende gefunden hatten und dafür der Frieden eingekehrt war, wünschte er sich nichts sehnlicher, als dass diese Botschaft von Versöhnung und Umgestaltung auch in seiner Kultur neu verbreitet wurde. Das Massaker an der Highschool von Columbia lag noch nicht lange zurück, und so dachten wir in Nordamerika auch viel über Gewalt nach.

Schließlich, auf einer anderen Vortragsreise, machten Mincaye und ich in Columbine Halt. Dieser Besuch gab dann auch den Ausschlag, dass Mincaye und die anderen Waodani mit Mart Green ihre Geschichte verfilmten.

Ich flog mit Mart und seinem Team in den Urwald und stellte sie den Leuten vor, die damals in Damointado dabei gewesen waren, als Papa, Jim, Ed, Pete und Roger umgekommen waren. Ich war erstaunt, dass so vielbeschäftigte Leute sich die Zeit nahmen, die Waodani kennenzulernen, und noch erstaunter war ich über die Wärme und Achtung, die sie diesen Menschen entgegenbrachten, die mich so selbstverständlich in ihr Leben aufgenommen hatten.

Als ich sie davor warnte, dass sie vielleicht auch nackt dargestellt würden, wie sie damals gewesen waren, riss Ompodae sich einfach die Bluse und den Rock vom Leib und meinte: „Sollen sie doch sehen, wie wir waren – voller Wut, und wir haben andere gehasst und getötet. Wir waren nicht besser als Tiere." Mincaye, Dabo und Kimo hatten Ompodaes Brüder, ihre Mutter und ihre kleine Schwester getötet. Und nun saßen dieselben Leute friedlich mit uns zusammen. „Und schaut uns jetzt einmal an!", rief Ompodae und lächelte dabei. Aber Mart Green, seine Frau und die Filmmannschaft sahen alle anderswohin. Sie waren es nicht gewohnt, dass Leute sich in einer Besprechung die Kleider vom Leib rissen.

21. Jetzt sehe ich es gut

Im Sommer 2000 waren Tementa, Mincaye und ich eingeladen, auf einer Konferenz für Evangelisten aus aller Welt zu sprechen. Amsterdam war zwar nicht gerade um die Ecke, aber die Einladung kam von der Billy Graham Evangelistic Association. Ich hatte Dr. Graham schon als kleiner Junge in Quito kennengelernt, und im Lauf der Zeit hatte ich Männer wie Kimo, Dyuwi, Mincaye, Toñae und Tementa schätzen gelernt. Es würde bestimmt spannend sein, wenn Leute wie sie aus der ganzen Welt zusammenkamen. Und ich wollte so gerne dazu beitragen, dass Männer und Frauen gestärkt wurden, die ihr Leben dafür einsetzten, dass andere Menschen geistlich Hoffnung und Heilung finden konnten.

Ich dachte mir auch, dass es für Mincaye und Tementa interessant sein würde, zu sehen, dass unsere Arbeit nur ein winziger Farbklecks in dem großen Bild war, das *Waengongi* in der ganzen Welt malte.

Bevor wir nach Amsterdam aufbrachen, hatten wir aber noch ein besonderes Familienfest zu feiern. Stephenie war ein Jahr lang mit einer christlichen Musikgruppe in den USA und Indien unterwegs gewesen und sollte nun nach Hause kommen, nachdem sie noch eine Gruppe Schüler von Minneapolis nach Trinidad begleitet hatte.

Stephenie war groß gewachsen, hatte langes blondes Haar und die gleichen dunklen Augenbrauen wie ihre Mutter. Sie bot einfach einen schönen Anblick – und man hatte sie einfach gerne um sich. Sie ließ sich mit oberflächlichen Gesprächen nicht zufriedenstellen, ging keine faulen Kompromisse ein und war bereit, für das zu kämpfen, was ihr wichtig war. Sie hatte mir in diesem Jahr schrecklich gefehlt.

Als sie noch klein war, hatte ich ihr das Versprechen abgenommen, dass sie nie erwachsen werden würde. Aber dann hatten wir es doch in jeder Phase ihres Lebens genossen, ihre Eltern zu sein. Schwer gefallen war uns nur die Zeit, in der sie aus dem Haus ging, um Klavier zu studieren. Aber selbst dann kam sie jedes

Wochenende nach Hause und manchmal auch am Mittwoch. Wir standen uns als Familie immer sehr nahe. Ginny hielt uns zusammen, Steph war der sprühende Funke in unserer Familie und Shaun, Jaime, Jesse und ich lieferten den Kraftstoff.

Als Steph angefragt wurde, mit Jugend für Christus auf Tournee zu gehen, versuchte ich ihr das auszureden. Ich konnte sie noch nicht gehen lassen. Nicht dass ich mir Sorgen um sie gemacht hätte; sie war ein intelligentes Mädchen und war in schwierigen Situationen immer gut zurechtgekommen. Sie hatte in Afrika, in Nordamerika, in den Anden und im Amazonasdschungel gewohnt, und obwohl sie noch so jung war, hatte sie jede Menge erlebt.

Eigentlich war das Problem nur, dass ich noch nicht so weit war, mein kleines Mädchen gehen zu lassen. Ich hielt ihr vor, dass es auch anderswo Abenteuer zu erleben gab, aber sie hielt dagegen, dass sie es nicht um des Abenteuers wegen vorhatte. Schließlich gab ich vor, dass es unsinnig war, Tausende von Dollars auszugeben, nur um sich ein Jahr lang abzurackern und aus dem Koffer zu leben. Außerdem, so stellte ich sie auf die Probe, würde sie in dieser Zeit meiner Meinung nach nicht viele Leute prägen können.

Kurze Zeit darauf kam sie auf diesen Einwand zurück: „Wenn ich ein Jahr meines Lebens einsetze, und ein einziger Mensch profitiert davon – reicht das nicht?"

Kurz bevor mein Vater loszog, um sich mit den Waodani anzufreunden, hatte er einen Rundbrief an einige Freunde geschrieben. Er wusste, dass er sein Leben riskierte.

In diesem Brief, den er drei Wochen vor seinem Tod schrieb, wog er das zu erwartende Risiko und den Gewinn gegeneinander ab. „Wenn wir die Zukunft abwägen und versuchen, den Willen Gottes herauszufinden – ist es da gerechtfertigt, dass wir unser Leben für eine Handvoll Wilde einsetzen?"

Und natürlich ging es dabei nicht nur um sein Leben; wir würden alle von seiner Entscheidung betroffen sein. Was sollte aus mir – aus uns – werden, wenn Papa etwas passierte?

Ein Stück weiter unten schrieb er: „Mögen wir, die wir Christus kennen, während dieser Weihnachtszeit den Schrei der Verdammten hören, die kopfüber in eine Nacht ohne Christus stürzen, ohne je eine Wahl gehabt zu haben." Und er fuhr fort: „Ach, wenn wir doch nur das Los dieser Steinzeit-Menschen verstünden, die in ständiger Todesangst vor Überfällen auf ihren Dschungelpfaden unterwegs sind ... für die der Knall eines Gewehrs einen plötzlichen, merkwürdigen Tod bedeutet ... die denken, dass alle Menschen einander umbringen, wie sie es tun. Wenn Gott uns doch nur eine klare Sicht gäbe – das Wort ‚Opfer' würde von unseren Lippen und aus unseren Gedanken verschwinden; wir würden zu hassen beginnen, was uns jetzt so wertvoll scheint, unser Leben würde uns plötzlich viel zu kurz erscheinen, wir würden all die zeitverschwenderischen Ablenkungen verabscheuen und uns im Namen Christi mit aller Macht dem Feind entgegenstellen. Möge Gott uns helfen, die Ewigkeiten zu sehen, die zwischen den Aucas und Weihnachten liegen, zwischen ihnen und dem, der reich war und doch um unseretwillen arm wurde, damit wir durch seine Armut reich würden."

Am Weihnachtsabend schrieb Papa zum letzten Mal an meine Großeltern: „Wir hatten hier ein herrliches Weihnachtsfest ... Rachel war schon früh schlafen gegangen ... Marj und ich saßen noch auf der Schlafcouch im Wohnzimmer, betrachteten die Kerzen am Weihnachtsbaum und dachten über Gottes Güte nach. Es dauerte nicht lange, und Kathy und Stevie ringelten sich neben uns zusammen und legten den Kopf auf unseren Schoß. Sie sahen in diesem sanften, farbigen Licht so wunderbar aus. Sie sind schnell eingeschlafen, wie Philip, den wir schon ins Bett gebracht hatten."

Wenn Papa sein Leben riskiert hätte und Mincaye der einzige Gewinn gewesen wäre, überlegte ich, wäre es das wohl wert gewesen? Wenn ich an die Ewigkeit glaube, dann sicher. So wie es aussah, würde ich in der Ewigkeit Papa zurückbekommen und trotzdem mit Großvater Mincaye und dem guten alten Kimo zusammenleben und mit dem freundlichen Dyuwi und Epa und Ompodae und Tementa und dem alten Dabo und Wiba und Toñae ...

Konnte ich meine Kleine ein Jahr lang abgeben, damit vielleicht jemand anderes, den ich nicht einmal kannte, die gleiche Gelegenheit bekam wie ich damals und erfuhr, wie man auf Gottes

Pfad geht? Wenn es nichts mehr als dieses Leben gab, wäre es das sicher nicht wert gewesen. Aber ich glaubte ja, dass dieses Leben nur die Aufwärmübung für das nächste ist, das ewig dauern wird. Wenn ich mir das vor Augen hielt, war der Gedanke, dass ein einziger Mensch dadurch zum Glauben kommen könnte, es wert, dass meine Tochter uns verließ.

* * *

Aber all das lag lange zurück. Endlich war der Tag gekommen, an dem Stephenie zu uns zurückkehren würde. In der Zwischenzeit war unsere Familie um zwei weitere Enkelinnen gewachsen, die Steph unbedingt kennenlernen wollte, und ein weiteres Enkelkind war unterwegs. In ein paar Wochen würde unser Leben wieder in den gewohnten Bahnen verlaufen.

Mincaye war genauso aufgeregt wie wir. Wir begannen zu planen, wie wir Steph am Flughafen abholen und eine kleine, aber fröhliche Willkommensparty für sie ausrichten wollten, um ihre langersehnte Rückkehr zu feiern.

Stephenie lebte sehr intensiv, so wie ich. Ginny dagegen war eher bedächtiger. Steph und ich mussten immer alles analysieren. Wir setzten uns klare Ziele und gingen dann entschlossen darauf zu. Ginny tat, was im Leben wirklich wichtig war, ohne sich je darüber Gedanken zu machen; sie wusste instinktiv, wem man trauen konnte und worauf es ankam. Sie hatte keinen Ehrgeiz, Großes zu erreichen. Die Familie war der Mittelpunkt ihrer Welt, und wahrscheinlich verehrten Steph und ich sie deswegen so. Sie war unser Fanclub, der uns immer wieder anfeuerte. Während wir loszogen, um Großes zu erreichen, liebte Ginny uns einfach nur rückhaltlos.

Jedes Mal, wenn draußen auf dem Vorfeld ein Flugzeug vorbeifuhr, griff Mincaye nach meiner Hand und sagte: „Nemo pompa“ – *Stern kommt.* Und immer wieder vertröstete ich ihn: „Waca“ – *noch eins.*

Und dann war es endlich so weit: Stephenies Flugzeug war gelandet.

Ich stupste Mincaye an und sagte. „Sie kommt.“ Er griff nach dem Schild und begann es über seinem Kopf hin und her zu schwenken. Er war viel zu klein, als dass er selbst über die Köpfe all dieser Fremden hinweg etwas hätte sehen können.

Schließlich hüpfte er mit dem Schild auf und ab. Er wollte einfach nicht, dass Stern uns verpasste. Andere Leute beobachteten Mincaye auch. Schließlich sieht man im Flughafen nicht alle Tage jemanden mit einem Kopfschmuck aus Vogelfedern, einer Halskette aus Piranhazähnen und riesigen Ohrstopfen auf und ab hüpfen. Vor allem nicht, wenn er sein Schild verkehrt herum hält.

Ich sah den Ausdruck auf Stephs Gesicht, als sie uns bemerkte. Sie legte sich die Hand über die Augen und blickte nach unten, als wäre es ihr peinlich, dass sie zu uns gehörte. Dass Tementa und Großvater Mincaye bei uns waren, war für sie eine Überraschung. Sie muss sich gedacht haben, dass der mit dem Schild Mincaye war. Wer sonst würde ein solches Brimborium machen?

Sie tat so, als sähe sie uns nicht. Aber Mincaye hatte sie erblickt und flitzte zwischen den Leuten hindurch wie ein Hund auf der Suche nach einem Knochen. Ich konnte schon von weitem sehen, wo in der Halle er gerade war, weil um ihn herum die Leute auseinanderstoben, während er auf Steph zurannte.

Er holte sie schließlich ein, griff nach ihrem Arm und begann wieder auf und ab zu hüpfen.

Mir wurde klar, dass ich nicht der Einzige war, der Mincaye beobachtete. Als die Wartenden sahen, wie herzlich der alte Krieger die hübsche, hochgewachsene Blondine begrüßte, breitete sich auf ihren Gesichtern ein Lächeln aus. Sie konnten nicht ahnen, was den Mann in dem merkwürdigen Aufzug und die stattliche junge Dame in ihrer Jeans und der schwarzen Lederjacke miteinander verband, aber offensichtlich fanden sie es rührend.

Meine aufregende aufgeregte Tochter war endlich zu Hause. Wir wollten nachholen, was wir in diesem einen Jahr verpasst hatten, und vor allem Ginny konnte es kaum erwarten, Steph wiederzusehen. Als wir nach Hause kamen, schnappte sich Steph sofort Jesse Joy, eine ihrer neugeborenen Nichten. Sie schien ein bisschen gekränkt, dass ihre Schwägerinnen mit dem Kinderkriegen nicht gewartet hatten, bis sie wieder zurück war.

Unser Haus füllte sich mit Gästen, die Stephenie zu Hause willkommen heißen wollten. Wir hatten zwar offiziell niemanden eingeladen, der nicht zur Familie gehörte, aber neben Ginny und mir waren Tementa und Mincaye da, Jesse und seine Frau Jenni, ihre Jesse Joy, Jaime und seine Frau Jessica, die bald unser drittes Enkelkind zur Welt bringen würde. Und ein paar alte Freunde schauten auf ein paar Minuten vorbei. Das einzige Mal, dass ich meine Tochter allein erwischte, war, als wir im Flur zufällig aufeinandertrafen. Steph stellte sich mir in den Weg, schlang die Arme um mich und legte mir den Kopf auf die Schulter. Mit wenigen Worten ließ sie mich wissen, dass sie all die Gefühle, die mein Herz fast vor Freunde über ihre Wiederkehr platzen ließen, erwiderte.

„Ich hab dich lieb, Paps!“ Mir war klar, dass ich mich an diesen Moment noch lange zurückerinnern würde. Das Leben würde nie wieder vollkommener sein als in diesem Moment.

Weil Steph über Kopfschmerzen klagte, durchwühlte ich unser Dschungel-Medizinkästchen nach einer Tablette und genoss die wenigen Minuten allein mit meiner Tochter.

Ein paar Minuten später waren die Kopfschmerzen so schlimm, dass Steph Ginny und mich darum bat, für sie zu beten. Und Ginny, so dachte ich im Stillen, wollte wahrscheinlich auch ein Weilchen mit uns beiden alleine sein.

* * *

Als wir in ihr Zimmer kamen und Stephenie es vor Kopfschmerzen kaum noch aushalten konnte, setzte sich Ginny zu Steph aufs Bett und nahm ihren Kopf auf ihren Schoß. Ich setzte mich neben die beiden und legte die Arme um sie. Ich begann dafür zu beten, dass Gott – *Waengongi* – der Schöpfer des Universums, der sich den ganzen Tag um Millionen von großen Krisen kümmerte, sich der Kopfschmerzen meiner Tochter annahm und ihr die Schmerzen nahm.

Ich betete noch, als Steph sich verkrampfte und vor Schmerz leise aufschrie. Ihre Augen verdrehten sich. Von da an verlief alles wie in Zeitlupe. Ginny rief den Notarzt und bevor wir unseren Gästen überhaupt sagen konnten, was los war, stand schon ein

Krankenwagen vor unserer Tür. Was hätten wir auch sagen sollen? Steph war müde und hatte vielleicht in dem heißen Sommer in Trinidad nicht genug getrunken. Wir waren es gewohnt, uns medizinisch selbst zu versorgen. Ich hatte nur Hilfe angefordert, um ganz sicherzugehen.

Ich rannte durch den Flur und fing die Sanitäter an der Haustür ab. Als sie zu Stephenies Zimmer kamen, hoben sie sie auf eine Trage mit Rollen und machten sich sofort wieder auf in Richtung Ausgang. Steph reagierte nicht. Ihr Kopf hüpfte leicht auf und ab, als sie nach draußen geschoben wurde, und ich hielt ihn fest, so gut ich konnte. Ich ging hinter den drei Sanitätern her und sprang mit in den Krankenwagen.

Innerhalb kürzester Zeit waren wir in der Notaufnahme des Krankenhauses. Noch vor ein paar Minuten hatten Ginny und ich mit Steph auf deren Bett gesessen. Ich rechnete fest damit, dass Steph sich jeden Moment aufsetzen, den Kopf schütteln und mir vorwerfen würde, dass ich sie gleich zweimal an einem Nachmittag in Verlegenheit brachte.

Dann erschienen auch Jesse, Mincaye und Ginny. Sie waren dem Krankenwagen hinterhergefahren. Steph hatte eine Infusion im Arm und einen Schlauch im Hals, damit ihre Luftröhre frei blieb.

Ginny und Jesse wollten schrecklich gerne irgendetwas für Stephenie tun, aber das konnten wir natürlich nicht. Dadurch fühlten wir uns so furchtbar hilflos.

Mincaye reagierte ganz anders. Er sah, dass Nemo nicht bei Bewusstsein war und dass merkwürdige Schläuche und Kabel sie mit noch merkwürdigeren Kisten verbanden, während fremde Menschen alles Mögliche mit ihr anstellten. Er griff mir in den Nacken und zog mein Gesicht ganz nah an seins heran. Dabei sah ich, wie verstört er war.

„Babae, wer macht diese Sachen?", fragte er. Sein Blick irrte in der Notaufnahme des großen Krankenhauses umher, und ich merkte, dass er versuchte zu begreifen. Ich reagierte nicht sofort, und er wiederholte seine Frage, nur klang sie diesmal noch drängender. Der Ausdruck auf seinem Gesicht jagte mir Angst ein, und seine Hände lagen so schwer auf meiner Schulter und in meinem Nacken, dass es wehtat.

Mincaye war außerordentlich verwirrt. Mitten während der Wilkommensfeier für Nemo hatte draußen plötzlich ein merkwürdiges Fahrzeug mit einem bunten Licht vor unserem Haus gehalten. Fremde Leute waren in unser Haus gerannt, hatten Stephenie mitgenommen, und nun hatten sie Nadeln und Schläuche in sie hineingesteckt. Diese Leute stellten irgendetwas Furchtbares mit Stephenie an, und Großvater Mincaye wollte sie beschützen.

Wer weiß, wie viele Menschen Mincaye eigenhändig getötet hat. Ich merkte, dass er wissen wollte, wer seiner Enkelin so etwas antat.

„Waa, ininamai", sagte ich zu Mincaye – *ich weiß es nicht.* „Niemand macht diese Sachen." Etwas Besseres fiel mir nicht ein.

Inzwischen war Ginnys Mutter eingetroffen und sprach uns Mut zu. Aber ich merkte, wie ein riesiger, finsterer Sturm sich um mich herum erhob. Am liebsten hätte ich all die Nadeln und Schläuche weggerissen und wäre mit meiner Tochter irgendwohin gerannt, wo es ruhig war und ich sie in den Armen halten konnte, bis es ihr besser ging.

Um uns herum schien alles verlangsamt zu geschehen, während meine Gedanken sich überschlugen. Gerade vor einer halben Stunde war ich vor Glück fast geplatzt, und jetzt brach mir das Herz. Mich beschlich das leise, immer lauter werdende schreckliche Gefühl, dass meine Tochter mir nie wieder sagen würde, dass sie mich lieb hatte, und dass sie nie wieder den Kopf auf meine Schulter legen würde.

Während ich noch versuchte, all das Durcheinander in mir und um mich herum irgendwie zu verarbeiten, sah ich, wie die Wut aus Mincayes Gesicht wich. An ihre Stelle traten Frieden und Zuversicht, und er sah mich direkt an.

„Babae", sagte er und lächelte breit, „jetzt sehe ich es gut. Siehst du es nicht? *Waengongi* macht das selbst, er holt Stern, damit sie mit ihm in *Oneidi* lebt." Und er nickte heftig, um seine Worte zu bekräftigen.

Was für einen Unsinn Mincaye da redete. Ein liebender Gott würde uns so etwas doch nicht antun. Er war uns noch so einiges schuldig. Als er von uns gefordert hatte, alles aufzugeben und in den Dschungel zu ziehen, hatten wir das getan. Und jetzt forderte ich im Gegenzug nichts anderes, als dass ich meine Tochter zurückhaben wollte.

Großvater hielt mich mit einer Hand fest und streckte die andere Hand nach den Leuten aus der Notaufnahme aus, die um uns herumrannten. Schließlich waren wir nicht die Einzigen, deren Leben hier mit zu einem Drama voller ungeahnter Schmerzen wurde. Mincaye hatte vergessen, dass ihn niemand verstehen konnte.

„Leute, Leute", sagte er, „merkt ihr nicht, was passiert? *Waengongi* hat Nemo lieb und er holt sie zu sich, damit sie bei ihm leben kann. Ich bin ein alter Mann und gehe auch bald dorthin. Wenn ihr auf *Waengongis* Pfad lauft und dann sterbt, kommt ihr auch an seinen Ort, und Stephenie und ich warten dort auf euch. Wir kommen euch fröhlich entgegen."

Ich merkte, wie mir mein Glaube entglitt, als sich die Wolke der Verzweiflung in mir ausbreitete. Aber Mincaye legte seinen Arm und seinen Glauben um mich wie einen Mantel. Wie merkwürdig muss es in seinen Ohren geklungen haben, als Tante Rachel ihm damals diese Dinge erzählte. Sie erklärte ihm, dass *Waengongi* versprochen hatte, ihn zu beschützen, wenn er seine Feinde nicht mehr umbrachte, sondern *Waengongi* gehorchte. Mincaye wusste damals, dass das unlogisch war. Wenn er aufhörte, andere umzubringen, würde er im Gegenzug von anderen getötet. Und doch hatte er damals keine Blutrache mehr geübt.

Ich merkte, wie die Rettungsschnur meines Vertrauens auf Gottes Kraft und seinen Schutz mir durch die taub gewordenen Finger glitt. Und jetzt glaubte dieser alte Krieger für mich mit. Ob ich einem „Wilden", der nicht lesen und schreiben konnte und der nicht mehr wusste als das, was wir ihm selbst einmal erklärt hatten, wohl vertrauen konnte? Nicht dass ich eine Wahl gehabt hätte. Große Dunkelheit breitete sich um mich herum aus. Ich empfand fast körperlich, dass ich nach Mincayes Hand griff, nachdem mir die Rettungsleine entglitten war. Und als ich dort in der Notaufnahme stand, stieg in mir ein Bild auf, das Bild einer wunderschönen, saftig grünen Wiese. Ein paar gewaltige Eichen standen darauf, die Schatten spendeten, und durch die Wiese schlängelte sich ein ruhiger kleiner Bach. Ich war mehrmals an so etwas vorbeigekommen, wenn wir als Familie an den Oklawaha-

Fluss nicht weit von unserem Zuhause entfernt gefahren waren. Ich sah Stephenie und Mincaye plötzlich vor mir, wie sie da auf einem Mäuerchen saßen und die Füße ins Wasser baumeln ließen.

Ginny stand ein Stück entfernt von mir. Sie sah unendlich verzweifelt aus, als Stephenie an uns vorbeigeschoben wurde, damit eine Computertomographie vielleicht Aufschluss darüber geben konnte, was mit ihr los war. Ich spürte, dass Stephenie starb, und wusste, dass ich auch Ginny darauf vorbereiten sollte. „Ich glaube, Steph stirbt, Ginny“, sagte ich. „Ich glaube nicht, dass sie zurückkommt.“

„Nein“, wehrte sich Ginny. „Nein, wir können doch nicht einfach die Hoffnung aufgeben.“ Und sie hatte recht. Mincaye hatte mir gerade geholfen, Hoffnung zu schöpfen. Wir mussten nicht verzweifeln, auch wenn unsere geliebte einzige Tochter im Sterben lag. Wir konnten uns an dieser Zuversicht festhalten, die jetzt über mich hinweggespült wurde, wie ich es noch nie zuvor erlebt hatte. Wir durften glauben, dass wir sie wiedersehen würden, zusammen mit Papa und Ginnys Vater und Gikita und Tante Rachel und dem Baby, das wir verloren hatten, bevor Jaime geboren wurde, und Dyuwis Frau Oba und all den anderen Menschen, die wir liebten und von denen wir wussten, dass sie sich auf Gottes Pfad gehalten hatten.

Der Arzt kam aus dem Raum, in dem der Computertomograph stand, und begann zu erklären: „Bei schweren Verletzungen wie dieser ...“ Schweren Verletzungen? Steph war doch gar nicht verletzt worden. Ich merkte, wie die Anspannung wieder in mir hochkroch. In Stephs Gehirn waren ein oder auch mehrere Blutgefäße geplatzt, so erläuterte uns der Arzt. Man konnte in diesem Fall operieren, aber die Blutungen waren so stark, dass das Gehirn angeschwollen war und seine Funktion eingestellt hatte.

Der Arzt erklärte, dass keine Hoffnung bestand. Er erzählte, dass er selbst eine Tochter hatte, die nur ein bisschen jünger war als Stephenie. Wenn ihr so etwas passieren würde, meinte er, würde er nicht operieren. Er hatte Tränen in den Augen, und das bedeutete mir mehr, als er sich je hätte denken können.

Sie fuhren Steph zur Intensivstation, und Ginny und ich gingen mit. Eine Maschine nahm ihr das Atmen ab, während sich der

Warteraum draußen mit Leuten füllte, denen an uns gelegen war. Unser Sohn Shaun kam mit seiner Frau Anne und der kleinen Elizabeth angereist, die gerade erst geboren war, bevor Steph zurückgekommen war.

Shaun, der fast mit dem Medizinstudium fertig war, brachte Elizabeth ins Zimmer, und wir machten ein Foto von ihr und Stephenie. Ich rechnete fast damit, dass Steph sich aufsetzen und das Baby für das Foto in den Arm nehmen würde, und in dem Moment kam mir ein unerhörter Gedanke. In der Bibel war doch an mehreren Stellen berichtet worden, wie Jesus Menschen vom Tod auferweckte. Ein Mann hatte seine Tochter zurückbekommen, die schon gestorben war. Ich konnte mich nicht mehr so genau erinnern, ob es Jesus war, der dieses Wunder gewirkt hatte, oder ein Prophet oder einer der Jünger. Aber ich wusste, dass es in der Kraft Gottes geschehen war, und ich glaubte, dass Gott dasselbe für uns tun konnte.

Ich stellte mir vor, wie Steph sich auf dieser Trage aufsetzte. Sie würde fragen, warum wir alle im Krankenhaus waren, und dann würden wir all die Nadeln und Schläuche herausziehen und nach Hause gehen, um ihre Willkommensparty weiterzufeiern.

Aber dann dachte ich: *Wenn Gott allmächtig und allwissend ist, ist das alles ja nicht ohne sein Wissen oder gegen seinen Willen geschehen.* Es musste mit seinem Plan für Stephenie zu tun haben und für uns, wie Mincaye es den Leuten in der Notaufnahme zu erklären versucht hatte. Es war alles Teil der Geschichte, die Gott mit uns schrieb. Sicher war es ein außerordentlich schmerzhaftes Kapitel, aber ich merkte, dass ich plötzlich glauben konnte, dass dieses furchtbare Ereignis irgendwann und irgendwie – jenseits dessen, was wir verstehen können – zu einem Eckpunkt in Gottes Handeln mit uns werden würde.

* * *

Zu Stephenies Beerdigung war die Kirche gerammelt voll, Hunderte von Menschen waren gekommen. Mart Green, der gerade seinen Film drehte, reiste mit seiner ganzen Familie an. Jesse hatte eine Diashow über Stephenie zusammengestellt, und wir mussten alle lachen, als wir ein Bild von Steph sahen, die ein Waodani-Baby im Arm hielt, während ihr ein kleiner Affe mit riesigen Augen durchs Haar wuschelte.

Während des Gottesdienstes betete Tementa: „Oh Vater, Schöpfer, du machst immer alles gut." Und er dankte Gott voller Zuversicht dafür, dass er einen Ort für die Menschen vorbereitet hatte, die sich auf seinem Pfad hielten, und dass sie dort ewig leben würden. Mir wurde bewusst, wie schwer für ihn der Gedanke an die vielen Mitglieder seines Stammes sein musste, die erstochen und niedergemetzelt worden waren, ohne je von diesem Pfad gehört zu haben, der zu *Waengongi* führt.

Auf dem Friedhof sang ein junger Mann aus der Gruppe, mit der Stephenie ein Jahr lang unterwegs gewesen war, „Du großer Gott, wenn ich die Welt betrachte" auf Englisch und in Ungarisch, seiner Muttersprache. Er hatte sich während der Tournee in Steph verliebt. Es war das schwerste Telefongespräch meines Lebens, ihn anzurufen und ihm zu sagen, dass er nie bei mir um ihre Hand würde anhalten können. Ich konnte mir allenfalls auszumalen versuchen, was ihm in der Stille, die auf meine Ankündigung folgte, durch den Kopf gegangen war. Und jetzt sang er:

Du großer Gott, wenn ich die Welt betrachte,
die du geschaffen durch dein Allmachtwort,
wenn ich auf alle jene Wesen achte,
die du regierst und nährest fort und fort,
dann jauchzt mein Herz dir, großer Herrscher zu:
Wie groß bist du! Wie groß bist du!

Mincaye wollte auch singen, und er tat es in der Art der Waodani. Er fing an, und Tementa und ich fielen ein:

Waengongi *hat alles geschaffen*
die blauen und purpurnen macaws, er hat sie geschaffen
die Sterne und die Sonne, er hat sie geschaffen
er hat einen Ort geschaffen, an dem wir alle leben können
wenn wir an ihn glauben und ihm folgen, kommen wir dorthin.

Mir wurde bewusst, dass der Glaube und der Tod die großen Gleichmacher des Lebens sind. Menschen werden in so unglaublich verschiedene Umstände hineingeboren. Manche wachsen im Wohlstand auf, der für andere unvorstellbar ist. Und manche halten sich, wie einige Waodani, für reich, obwohl sie eigentlich bettelarm sind. Meine Familie wurde mit der amerikanischen Staatsbürgerschaft geboren, und sehr viel Freiheit wurde uns zugesichert. Ich kenne auch Menschen in Afrika, die in die Sklaverei hineingeboren wurden. Aber uns allen ist gemeinsam, dass wir irgendwann sterben müssen, und danach ist es nicht mehr entscheidend, wo wir geboren sind und wie viel Geld wir hatten.

Dieses Leben ist nur die Aufwärmübung für das nächste, und die einzige wirklich entscheidende, über dieses Leben hinausreichende Frage ist die, auf welchem Pfad wir unterwegs sind. Ich habe Mincaye so oft übersetzt, wenn er das erklärte: „Wenn wir auf unserem eigenen Pfad gehen, wo kommen wir dann hin? Aber wenn wir auf *Waengongis* Pfad gehen, kommen wir am Ende dahin, wo er ist. Er hat einen Ort für uns vorbereitet, an dem wir alle glücklich und in Frieden leben können." Und das glaubte er wirklich.

Wir senkten den Sarg mit Stephenies Körper in die Erde. Dann gingen wir zusammen heim und dachten über die Tragödie nach, die wir gerade erlebt hatten. Sie wog so schwer, dass wir darunter eigentlich hätten zerbrechen müssen. Stattdessen schienen alle froh zu sein. Heute kommt uns das unangemessen vor, aber es schien uns damals fast, als würden wir das Fest fortsetzen, das vor vier Tagen, als Stephenie nach Hause gekommen war, unterbrochen worden war.

Wir kamen ganz gut zurecht. Wir waren traurig, aber getröstet. Solange wir zusammenblieben, dachte ich, würden wir das alles irgendwie überstehen. Aber am nächsten Tag sollte ich mit Mincaye und Tementa nach Amsterdam fliegen. Ich wollte die Reise absagen, um meine Familie in dieser schweren Stunde nicht allein zu lassen.

Aber Ginny sagte. „Ich weiß ja, dass wir alle im Moment zerbrechlich und verletzlich sind, und sicher wäre es das Einfachste, hierzubleiben und kein Risiko einzugehen. Aber ich weiß auch, dass ihr den Menschen in Amsterdam Mut machen könnt, wenn ihr ihnen erzählt, dass auch uns Amerikanern manches Schlimme zustößt."

Vielleicht hatten Mincaye und Tementa den gleichen Gedanken gehabt. Sie hatten ihr Leben lang gesehen, wie Menschen starben, weil sie keinen Zugang zu Medikamenten oder Antiserum hatten. Manche starben, weil das Funkgerät nicht funktionierte und das Flugzeug nicht gerufen werden konnte oder weil das Wetter schlecht war und das Flugzeug nicht landen konnte. Manchmal wurden Medikamente auch nicht geliefert, weil die Verantwortlichen zwar die Hilferufe wahrnahmen, aber nicht glauben wollten, dass die Situation wirklich ernst war. Und manchmal hatten sie eben alle Hände voll zu tun, anderen Menschen zu helfen. Ich dagegen hatte ein eigenes Auto und ein Flugzeug. Ich hatte Geld, Medikamente zu kaufen, und einen Sohn, der Arzt war. Und doch war Stephenie gestorben.

Ginny fuhr fort: „Vergiss nicht, dass wir einen geistlichen Feind haben. Vielleicht will uns der Teufel mit dem hier ja davon abhalten, das zu tun, was Gott will. Das würde ich nicht riskieren. Ich finde, du solltest nach Amsterdam fliegen." Und unsere Söhne und Schwiegertöchter stimmten alle zu.

Als ich Mincaye erzählte, was Ongincamo gesagt hatte, stimmte er ihr zu: „Ich sage auch, wir sollen gehen und den Leuten auf der anderen Seite vom großen, großen Wasser von *Waengongi* erzählen."

22. Eine Wolke von Zeugen

Tom, ein Mitglied des Filmteams, beschloss, mit uns zu der Konferenz in Amsterdam zu reisen, um uns bei den praktischen Angelegenheiten unter die Arme zu greifen. Er hatte seine Freundschaft schon unter Beweis gestellt, als er für Tementa, Mincaye und mich eine Vortragsreise geplant hatte.

Auf dem Weg nach Europa unterhielten wir uns. Ich erzählte ihm von unserer kleinen Rede in North Carolina, als all diese Menschen aufgestanden waren und Mincaye und Tementa gesehen hatten, wie viel Segen aus den schrecklichen Morden an meinem Vater und seinen Freunden entstanden war. „Wow", meinte Tom, „dann müsst ihr auf dieser Konferenz das Gleiche erzählen."

Aber das ging nicht. Man hatte uns in der Plenumsveranstaltung nur zehn Minuten zugestanden, und wir waren nach der Königin aus irgendeinem exotisch klingenden Land an der Reihe und vor Charles Colson, dem ehemaligen Berater der Nixon-Regierung, der wegen seiner Verwicklung in den Watergate-Skandal im Gefängnis gesessen hatte. Er war dort zum Gott-Folger geworden und hatte eine bedeutende christliche Arbeit unter Gefangenen aufgebaut.

Ich wusste noch nicht, was wir sagen würden. Was soll man schon in zehn Minuten sagen, wenn man zu dritt ist und zwei von uns übersetzt werden müssen? Was wir sagten, musste leicht zu verstehen sein. Was ich auf Englisch sagte oder aus Waodani-Tededo ins Englische übersetzte, würde gleichzeitig in viele andere Sprachen übersetzt werden, und die Teilnehmer der Konferenz würden kleine Kopfhörer tragen, auf denen sie eine Sprache einstellen konnten, die sie verstanden.

Von allen Rednern auf der Konferenz wurde erwartet, dass sie vorher schriftlich einreichten, was sie sagen würden, damit die Dolmetscher es schon im Voraus lesen und sich darauf einstellen konnten.

Nein, ich konnte mir wirklich nicht vorstellen, wie wir in zehn Minuten etwas sagen konnten, das all diese Delegierten aus der ganzen Welt berühren würde. Ich hatte gerade meine einzige Tochter zu Grabe getragen und konnte an nichts anderes denken. Und mir war klar, dass viele Konferenzteilnehmer noch weit Schlimmeres erlebten. Manche stammten aus Ländern, in denen Christen um ihres Glaubens willen benachteiligt oder sogar getötet wurden. Manche von ihnen hatten ihre ganze Familie im Völkermord verloren. Andere lebten in Ländern, die von Hungersnöten und Naturkatastrophen heimgesucht wurden. Manche reisten von so abgelegenen Gebieten an, dass sie nie zuvor Schuhe getragen hatten. Nur sehr wenige konnten die Reise und die Konferenz selbst bezahlen und für viele war es das aufregendste Ereignis ihres Lebens. Und wir sollten zehn Minuten davon füllen.

Uns war gesagt worden, dass man elftausend Delegierte aus 209 Ländern erwartete - mehr Länder, als selbst die Vereinten Nationen jemals an einem Ort zusammengebracht hatten. Als wir in Amsterdam ankamen, wurde mir bewusst, dass die Vorinformationen nicht übertrieben gewesen waren.

Unsere inneren Uhren waren natürlich noch nicht auf die europäische Zeit eingestellt, und wir waren müde und ausgelaugt. Trotzdem schlug ich Tom vor, dass wir mit Mincaye und Tementa an diesem Abend zur Plenumsveranstaltung gehen sollten, damit die beiden sich ein ungefähres Bild davon machen konnten, was sie erwartete. Schließlich würden sie selbst vor dieser riesigen Menschenmenge stehen.

Ich merkte gleich, dass wir nicht besonders auffielen. Bei elftausend Teilnehmern, die in ihrer Nationaltracht erschienen waren und sich jetzt in dem Stadtteil umschauten, in dem unsere riesige Versammlungshalle war, war das auch nicht verwunderlich.

Im Plenum saßen wir mit einigen Delegierten aus Simbabwe. Mincaye war sofort von ihnen beeindruckt. Früher hatten die Waodani gedacht, dass die Weißen in Bäumen lebten, wie weiße Termiten oder andere blasse Insekten, die selten ans Licht kamen. Er hatte immer betont, wie dunkel seine Haut war - aber im Vergleich zu unseren Sitznachbarn aus Simbabwe sahen er und Tementa selbst aus, als wären sie aus einer Höhle gekrochen.

Ich wurde ein bisschen nervös, als wir aufgefordert wurden, uns einander zuzuwenden und in kleinen Gruppen zu beten. Ich hielt die Augen offen, als einer der Männer aus Simbabwe zu beten begann, und tatsächlich: Mincaye konnte sich nicht zurückhalten. Er streckte die Hand aus und tätschelte dem Mann den Arm. Er musste einfach herausfinden, wie sich diese wunderbare schwarze Haut anfühlte. Ich lenkte ihn ab, bevor er seine Experimente weiter ausdehnte. Zum Glück scheint es nur im Westen ein Tabu zu sein, dass Männer einander so unbekümmert berühren. Mincayes Nachbar schien es nicht einmal zu bemerken.

Später fragte mich Mincaye, ob es stimmte, dass Gott uns einen neuen Körper gibt, wenn wir an seinen Ort kommen. „Ja", sagte ich. „Das steht so in *Waengongis* Buch." Er dachte einen Moment lang nach und meinte dann: „Wenn ich nach Oneidi komme, möchte ich gerne Haut haben wie die Männer aus diesem Afrika-Ort und Haare wie die Frau im Flugzeug." Schwarze Haut und rotes Haar – das würde Mincaye sicher gut stehen!

Mincaye und Tementa schliefen ein, sobald wir zu unseren Zimmern kamen. Ich dagegen wälzte mich unruhig hin und her. Wir hatten sechs Stunden Zeitverschiebung, aber abgesehen davon brachte mich der Gedanke an zu Hause ganz durcheinander. Ich wurde das Gefühl nicht los, dass ich meine Familie in einer so schwierigen Zeit im Stich gelassen hatte.

Am nächsten Tag sollten wir zu dritt im Plenum auftreten.

Wir wurden Franklin Graham vorgestellt, der seinen Vater Billy vertrat, und den Leuten, die für den Ablauf und die technischen Details der Plenumsveranstaltung verantwortlich waren. Der Tontechniker wollte, dass wir das Mikrofon am Rednerpult benutzten. Wir würden uns abwechselnd daran stellen müssen. Weil es ein kleines verdecktes Licht an diesem Pult gab, konnte ich immerhin meine Notizen erkennen.

Als es so weit war, ging ich den beiden auf die dunkle Bühne voraus, nahm das Mikro aus dem Gestell und dachte: *Naja, in wenigen Minuten haben wir das alles hinter uns.*

In diesem Moment gingen die Scheinwerfer an – und strahlten uns diekt ins Gesicht. Ich konnte weder die Zuschauer noch meine Notizen erkennen, und es blieb mir nichts anderes übrig, als zu improvisieren. Ich würde den Leuten einfach sagen, was mir auf dem Herzen lag, und Mincaye sollte das Gleiche tun.

„Danke! Es ist mir eine große Ehre und eine wirkliche Freude, heute Abend zu so vielen Gott-Folgern aus aller Welt zu sprechen“, begann ich. „Ich habe zwei meiner besten Freunde mitgebracht. Tementa hier ist einer der Ältesten der Waodani-Kirche. Sein Vater war der einzige Mann des Stammes, den mein Vater überhaupt kennen lernte. Als er zu dem Strand kam, an dem mein Vater und seine vier Freunde mit ihrem kleinen Flugzeug gelandet waren, war er ganz fasziniert von dem Flugzeug und gab mit Zeichensprache zu verstehen, dass er gerne eine Runde darin drehen würde, und schließlich drehte mein Vater einige Runden mit ihm.“ Ich erzählte weiter, wie die Waodani-Ältesten mich darum gebeten hatten, einem von ihnen das Fliegen beizubringen, und wie wir Tementa ausgewählt hatten, Nenkiwis Sohn. Er war der erste Waodani, der fliegen konnte.

„Letzten Samstag ist Tementa zum ersten Mal selbst geflogen“, berichtete ich. Diesmal klatschten die Zuschauer begeistert.

Immerhin wussten sie jetzt, wer Tementa war. Ich fuhr fort mit meiner improvisierten Ansprache: „Und jetzt möchte ich Ihnen gerne noch *Maemae* Mincaye vorstellen, der auch noch ein paar Worte an Sie richten will. *Maemae* bedeutet Großvater. Ich nenne ihn so, weil meine Kinder ihn so nennen. Sie haben ihn sehr lieb. Die meisten von uns wissen ja, dass Gott auf ganz rätselhafte Weise wirkt, nicht? Und Gott hat es so eingerichtet, dass dieser Mann, den meine Kinder Großvater nennen, ihren eigentlichen Großvater ersetzt hat. Diesen Mann, meinen Vater, hat Mincaye selbst getötet, als ich noch ein kleiner Junge war.“

Ich hielt inne und fuhr dann fort: „Vor einer Woche, etwa um diese Zeit, ist Mincayes einzige blonde Enkelin, meine Tochter Stephenie Rachel, in den Himmel heimgerufen worden.“ Ich erzählte den anderen, wie Mincaye mir geholfen hatte, Gott in all dem zu sehen, sogar in Stephenies Tod.

„Darf ich Ihnen also“, schloss ich, „einen meiner besten Freunde und Ihren Bruder in Christus vorstellen – Maemae Mincaye?“

„Meine Vorfahren haben in Ärger und Wut gelebt“, begann Mincaye. „Sie haben einander gehasst und kannten gar nichts anderes. Die älteren Leute, meine Vorfahren, sind zum Coca Fluss gegangen und wollten die Fremden erstechen. Und als wir sie sahen, haben wir sie wirklich umgebracht. Aber nicht nur die Fremden; wir haben uns auch gegenseitig erstochen. Das war unser Leben. Es war eine schlechte Art zu leben, aber wir kannten keinen anderen Pfad. Meine Vorfahren kannten Gottes Schrift nicht. Wie konnten sie auf Gottes Pfad gehen, wenn sie sein Buch nicht hatten? Ich wusste ja auch nichts, bis jemand kam und mir von Gottes Buch erzählte. Und dann habe ich es verstanden.

Als ich Steves Vater getötet habe, wusste ich es nicht besser. Niemand hatte uns etwas anderes beigebracht.

Mein Herz war ganz schwarz und krank von Sünde, aber dann hörte ich, dass Gott seinen eigenen Sohn schickte. Dessen Blut tropfte und tropfte und wusch mein Herz sauber. Jetzt lebe ich gut. Und ihr, Gott-Folger von überall auf der Welt – jetzt sehe ich euch auch gut, weil ihr alle meine Brüder seid und Gott auch eure Herzen sauber gewaschen hat." Es war nicht zu übersehen, dass die Zuhörer Mincaye an den Lippen hingen. Sie applaudierten jetzt kräftig, und aus den Reihen der weniger zurückhaltenden Delegierten kamen einige Rufe und aufmunternde Pfiffe.

Mincaye schloss seine Rede: „Ich gehe in ein paar Tagen wieder weg und sehe euch alle bestimmt nicht hier wieder. Aber ich sehe euch dort. Wir müssen Gottes Zeichen in der ganzen Welt verbreiten, damit ganz viele Menschen Gottes Pfad folgen und dann mit uns an Gottes Ort wohnen, im Himmel." An dieser Stelle schlug Mincaye donnernder Applaus entgegen.

* * *

Die meisten Drehbücher beginnen damit, dass alles in bester Ordnung ist. Dann passiert irgendetwas Schlimmes – meistens, weil irgendjemand von irgendetwas nicht genug bekommen konnte – und dann bricht Gewalt aus. Der Höhepunkt besteht darin, dass die Guten in einem gewaltigen Rachezug die Bösen ausschalten. Gewehre gehen los, Explosionen reißen Gebäude auseinander, und der Rächer reitet verdreckt und leicht verwundet, aber siegreich dem Sonnenuntergang entgegen.

Diese Geschichte dagegen begann mit Gewalt und Unglück, aber aus der Zerstörung ging Frieden hervor. Es ist ein Drehbuch, das so weit hergeholt scheint, dass es wahrscheinlich niemand glauben würde – wenn es nicht wahr wäre. Ich habe einen Platz in der ersten Reihe gehabt, als sich die Geschichte über die letzten fünfzig Jahre entfaltete.

Vor kurzem bin ich wieder von einem Besuch im Dschungel zurückgekehrt. Die Zukunftsaussichten der Waodani sind weiterhin alles andere als rosig und ihre Kultur fällt immer weiter auseinander. Viele junge Leute wissen immer noch nicht, wer sie sind. Aber immerhin haben sie die Möglichkeit, sich all diesen Kämpfen direkt zu stellen und ihre Zukunft selbst zu bestimmen. Das macht mir Mut. Ich würde am liebsten Spendenmittel einwerben, um den Waodani das Leben von einem Tag auf den anderen leichter zu machen. Aber ich weiß, dass das ihr gegenwärtiges Dilemma nicht löst. Also habe ich meine Dschungelfamilie einfach weiterhin lieb, so wie sie mich zuerst lieb gehabt hat. Und ich freue mich, dass meine Enkel, die vierte Generation seit der Ermordung meines Vaters, diese Liebe für die Waodani und von ihnen auch erlebt.

Das ist nicht das Ende der Geschichte. Solange die Spieler darin bereit sind, ihre Rolle weiterzuspielen und den Meister das Drehbuch weiterschreiben zu lassen, wird sie weitergehen.

Nachwort - Vielleicht wussten sie es ja ...

Ich habe schon mehr als einmal gesagt, dass ich, wenn ich zurückgehen und diese Geschichte meiner Familie mit den Waodani umschreiben könnte, nichts ändern würde als die gegenwärtige Situation dieses Stammes. Nicht nur habe ich mich bei einigen von ihnen gefühlt, als gehörte ich zur Familie; ich habe diese Menschen schon geliebt, bewundert und geachtet, seit ich denken kann.

Aber ein Detail habe ich immer gerne ändern wollen. Es hat mir immer wehgetan zu denken, dass mein Vater, der immer so liebevoll für mich da gewesen war, an diesem Strand mit dem Wissen starb, Frau und Kinder allein zu lassen.

Als meine eigenen Jungs noch kleiner waren, habe ich mich manchmal gefragt, wie es wohl wäre, wenn ich nun stürbe und sie ohne Vater aufwachsen würden – ohne einen Vater, der ihnen erklärt, wie man im Leben zurechtkommt und zu einem brauchbaren Mitglied der Gesellschaft wird, wie man sich auf Gottes Pfad hält und wie man ein guter Ehemann und Vater werden kann. Ich stelle mir vor, dass das noch viel schlimmer ist als das Sterben an sich.

Mein Vater und seine Freunde haben nicht mehr mitbekommen, dass genau die Männer, die so gnadenlos auf sie einstachen und sie niedermetzelten, eines Tages ihre Frauen und Kinder in ihren strohgedeckten Urwald-Hütten willkommen heißen würden. Und sie haben auch nicht mehr erfahren, dass ich als ein Vertreter der fünf Familien bei genau diesen Menschen leben und viele der Dinge tun würde, die Papa, Pete, Jim, Ed und Roger so gerne für sie getan hätten.

Es ist wirklich in den letzten fünfzig Jahren ein wunder Punkt für mich gewesen, dass sie nicht die leiseste Ahnung davon hatten, dass Tausende von Menschen in ihre Fußstapfen treten würden, weil sie vorgelebt hatten, wie man gut lebt und gut stirbt. Aber vor ein paar Jahren ist etwas vorgefallen, was diesem Schmerz die Spitze genommen hat.

Das Ganze hatte schon vor längerer Zeit begonnen, als Olive Fleming den Palmenstrand besuchte, wo ihr erster Mann, Pete, gestorben war. Natürlich brannten ihr auch eine Menge Fragen auf der Seele, und meine Tante Rachel hatte zwischen Olive und Dawa gedolmetscht. Während des Gesprächs deutete Dawa über die Bäume jenseits des Strands hinweg und sagte ganz sachlich: „Und da oben haben wir die anderen Fremden gesehen. Die haben gesungen, als wir die Fremden hier unten getötet haben. Sie hatten alle das gleiche *weicoo* (Tuch) an." Sie hatten ausgesehen, so erzählte sie weiter, wie der Chor, den sie und ihr Mann Kimo gesehen hatten, als sie mit Tante Rachel vor langer Zeit in die USA geflogen waren.

Manche Menschen, denen die geistliche Welt um unsere herum nicht bewusst ist, finden das, was Dawa beschrieb, vermutlich schwer zu glauben. Aber für mich war es sehr bedeutend.

Jahre später bestätigte mir Kimo, Dawas Mann, dieses Ereignis. Mir war klar, dass sich die Waodani die Engelsgestalten nicht ausgedacht hatten. Sie hatten Fremde in schweren Maschinen durch die Luft fliegen sehen. Sie hatten sie in kleine Kisten hineinsprechen hören, so dass man sie weit entfernt hören konnte. Die Fremden steckten Tiere, Menschen und Häuser in einen kleinen Kasten, in denen man sie immer und immer wieder angucken konnte, und sie hatten Essenshäuser, die nie leer wurden, obwohl alle etwas aus ihnen heraustrugen.

Was war für die Waodani schon Verwunderliches daran, dass ein paar Fremde über den Bäumen schwebten und sangen? Und warum sollten sie sich so etwas ausdenken? Wahrscheinlich waren sie die ganze Zeit davon ausgegangen, dass wir die Fremden kannten und wussten, was sie dort taten. Und schließlich war an dem Tag so viel Bedeutenderes geschehen, das die Trennwand zwischen den Waodani und der Außenwelt endgültig niederreißen sollte.

Aber für mich war es bedeutend. Ich glaube an eine geistliche Welt. Ich habe ihre gute und ihre böse Seite erlebt. Ich bin weiterhin überzeugt, dass das, was die Waodani sahen, Engel waren. Und wenn Kimo sie gesehen und gehört und dann gemerkt hat, dass er gerade etwas sehr Schlimmes tat, könnte ich mir denken, dass mein Vater und Jim und Ed und Pete und Roger sie auch gehört haben.

Wenn die Geister Kimo überzeugen konnten, dass etwas, das in seiner Kultur als normal und gut galt, eigentlich böse war, kann es gut sein, dass diese fünf mutigen Männer die Botschaft verstanden haben, dass sie nicht umsonst starben. Was ihnen an diesem Tag widerfuhr und was Ihnen und mir heute und morgen begegnet, ist alles Teil der großen Geschichte, an der Gott seit dem Anfang der Welt geschrieben hat. Was ich auf diesen Seiten niedergeschrieben habe, ist nicht meine eigene Geschichte. Es ist nur ein unbedeutendes Kapitel in der großen Geschichte, die Gottes Sehnsucht nach den Menschen und die Suche der Menschen nach Gott beschreibt. Es ist Gottes Geschichte.

Aus irgendeinem Grund, der sich mir nicht erschließt, hat diese Geschichte viele Menschen geprägt und ihnen Mut gemacht, Gott die Geschichte ihres eigenen Lebens schreiben zu lassen. Es ist ein enormer Trost für mich, dass die Väter, die Steve, Mike, Matt, Beth, Jerome, Valerie, Kathy, Phil und ich so gerne länger bei uns gehabt hätten, nicht ohne Grund in Gottes Palmenstrand-Drehbuch standen. Andere – darunter Beth Youderian Kachikis, Marilou McCully, meine Mutter, Tante Rachel, Nenkiwi, Gikita, Nampa, Akawo und unsere geliebte Stephenie – wissen inzwischen, welchen Sinn ihr Leben gehabt hat. Und wir anderen werden es ganz sicher sehr bald herausfinden.

Andachten aus dem Missionsalltag

Stefan Kürle / Wolfgang Winkler (Hg.)
Ich male meine Freude an den Himmel
Mutmachende Andachten für jeden Tag des Jahres
ISBN 978-3-86827-109-6
560 Seiten, Paperback

Aus dem Inhalt:

Auf dem Rückweg von einer Indianerkonferenz saß Alfredo neben mir auf dem Beifahrersitz unseres vollbesetzten Landrovers. Es war windig, kalt und dunkel. Ich schaltete die Heizung an und eine angenehme Wärme breitete sich aus. Alfredo wurde immer unruhiger und sah sich überall um. Nach einiger Zeit fragte er mich sichtlich verwirrt: „Wo hast du dein Feuer gemacht?"
Erst verstand ich nicht, doch dann ging mir ein Licht auf: Er meinte die angenehme Wärme im Wagen. Natürlich, wenn ihm kalt war, machte er in seiner Strohhütte ein Feuer und setzte sich daneben. Dass man in einem fahrenden Auto so etwas auch tun konnte, hatte er bis dahin noch nicht erlebt. Als ich ihn nach 2 Stunden Fahrt vor seiner Hütte absetzte, meinte er: „Ich steige nicht aus, dein Feuer gefällt mir!"

Geht es uns nicht manchmal auch so? Wir haben feste Vorstellungen, wie alles funktioniert oder wie Gott uns helfen sollte. Aber er geht oft ganz andere Wege, um uns zu „erwärmen". Trauen wir es Gott zu, über unser Verstehen hinaus in unser Leben hineinzuwirken?

Aus dem spannenden Leben einer Urwaldhebamme

Ilse Roennpagel
Die Urwaldhebamme
Der spannende Alltag einer Missionarin
ISBN 978-3-86122-955-1
160 Seiten, kartoniert

38 Jahre lang trägt Schwester Ilse Roennpagel das Licht Gottes in die „grüne Hölle" Brasiliens. Als Hebamme ist sie unermüdlich unterwegs in den unendlichen Urwäldern des Riesenlandes. 2000 Kindern verhilft die „Mutter des Volkes", wie die Brasilianer sie nennen, zum Leben. Sie bringt den Menschen Krankenpflege und Nähkurse, Hygienetipps und Leseunterricht - vor allem aber das Wort und die Liebe Gottes.
Ihr mutmachendes und packendes Lebenszeugnis ist ein Lobgesang auf einen mächtigen Gott.

Auch als Hörbuch erhältlich:

ISBN 978-3-86827-078-5
CD, 75 Min. Laufzeit
gesprochen von Ilse Roennpagel

Ilse Roennpagel
Die Urwaldhebamme und ihre Kinder
ISBN 978-3-86827-034-1
176 Seiten, kartoniert

„Man muss sie erlebt haben, die Urwaldhebamme und ihre unvergleichlichen Geschichten zwischen Himmel und Erde. Sie ist ein Backofen voller Wärme und Liebe, ihr strahlendes Gesicht und ihr gewinnendes Wesen erzählen die Höhen und Tiefen eines Lebens unter der Regie Gottes. Schwester Ilse hat sich für ein Leben in einer Schwesterngemeinschaft entschieden, sie hat auf Ehe und Familie verzichtet und ist auf bewegende Weise vielen Menschen in Brasilien zu einer Mutter in Christus geworden. Sie hat als Hebamme nicht nur den Neugeborenen ins Leben geholfen, sie hat auch vielen Erwachsenen geistliche Geburtshilfe geleistet. Vorsicht, die Lektüre dieses Buches ist ansteckend."
Jürgen Mette

„Mein Wunsch wäre, dass durch die Bücher von Ilse Roennpagel Menschen den Mut bekommen, sich Gott ebenso zur Verfügung zu stellen und mit ihm Taten zu tun."
(aus dem Vorwort von Prof. Dr. Wiesemann)

„Was diese Frau mit ihrer positiven Lebenseinstellung alles geleistet hat, da kann man nur staunen und sich mit seinem alltäglichen allzu „wichtigen" Kleinkram und Ärger nicht mehr so wichtig nehmen."
Bettina Stockmayer, Lektorin